Ertragsteuerliche Behandlung von Sanierungsgewinnen

Forum Unternehmens-, Steuer- und Bilanzrecht

Deutsche, europäische und internationale Rechtsfragen
Herausgegeben von Oliver Fehrenbacher / Michael Stöber

Band 2

PL ACADEMIC RESEARCH

Stephan Kappes

Ertragsteuerliche Behandlung von Sanierungsgewinnen

PL ACADEMIC RESEARCH

Bibliografische Information der Deutschen Nationalbibliothek
Die Deutsche Nationalbibliothek verzeichnet diese Publikation in der Deutschen Nationalbibliografie; detaillierte bibliografische Daten sind im Internet über http://dnb.d-nb.de abrufbar.

Zugl.: Konstanz, Univ., Diss., 2015

Dissertation der Universität Konstanz
Tag der mündlichen Prüfung: 15. Dezember 2015
Referent: Herr Prof. Dr. Oliver Fehrenbacher
Referentin: Frau Prof. Dr. Birgit Elsa Bippus

D 352
ISSN 2366-293X
ISBN 978-3-631-67237-2 (Print)
E-ISBN 978-3-653-06796-5 (E-Book)
DOI 10.3726/978-3-653-06796-5

PL Academic Research ist ein Imprint der Peter Lang GmbH.

Peter Lang – Frankfurt am Main · Bern · Bruxelles · New York · Oxford · Warszawa · Wien

Diese Publikation wurde begutachtet.

www.peterlang.com

Vorwort

Die vorliegende Arbeit wurde im Wintersemester 2015/2016 von der Universität Konstanz als Dissertation angenommen.

Mein herzlicher Dank gilt meinem Doktorvater, Herrn Prof. Dr. Oliver Fehrenbacher, der mich bei der Themenauswahl sowie während der Entstehung der Arbeit jederzeit engagiert unterstützt hat. Bedanken möchte ich mich außerdem bei Frau Prof. Dr. Birgit Elsa Bippus für die zügige Erstellung des Zweitgutachtens. Schließlich danke ich meinem Doktorvater und Herrn Prof. Dr. Michael Stöber für die Aufnahme der Arbeit in die vorliegende Schriftenreihe.

Mein besonderer Dank gilt meiner Freundin Nina Witzmann und meinen Eltern, Anneliese und Werner Kappes, die mich bei der Umsetzung meines Promotionsvorhabens immer unterstützt haben.

Hamburg, im April 2016 | Stephan Kappes

Inhaltsverzeichnis

A. Einführung

Die jüngste Finanz- und Wirtschaftskrise hat eine Vielzahl deutscher Unternehmen schwer getroffen. Nicht zuletzt deshalb hat sie veranschaulicht, welche enorme Bedeutung zielgerichtete Sanierungsmaßnahmen für den Erhalt defizitärer Unternehmen haben. Das Stadium der finanziellen Krise stellt sich für betroffene Unternehmen schließlich keineswegs als eine Einbahnstraße auf dem Weg zur letztendlichen Abwicklung dar. Insbesondere für die Unternehmen, die vornehmlich auf Grund der bestehenden Unternehmensstrukturen in die Krise geraten sind, bietet die frühzeitige Ergreifung umfassender Sanierungsmaßnahmen erhebliche Chancen, das Unternehmen und die mit ihm verbundenen Arbeitsplätze zu erhalten.

Auch der Gesetzgeber ist daher seit einigen Jahren bestrebt, die Sanierung erhaltenswerter Unternehmen durch zunehmend auf diese zugeschnittene (insolvenz) rechtliche Rahmenbedingungen zu fördern. Doch obwohl das zu diesem Zweck vorgesehene Insolvenzplanverfahren bereits mit Einführung der Insolvenzordnung 1999 implementiert wurde, spielt es bis heute in der Praxis nur eine schwindend geringe Rolle.[1] Tatsächlich wird in lediglich zwei Prozent aller Insolvenzverfahren eine Sanierung im ordentlichen Insolvenzplanverfahren bestritten.[2]

Diese Erkenntnis nahm der Gesetzgeber zum Anlass, im Rahmen des Gesetzes zur weiteren Erleichterung der Sanierung von Unternehmen (ESUG)[3], insbesondere das Insolvenzplanverfahren weiter auszubauen, um die Möglichkeiten der Unternehmenssanierung im Wege des Insolvenzplanverfahrens zu verbessern und bestehende Sanierungshindernisse zu reduzieren.[4] Gleichwohl wurde bisher versäumt, diese Bestrebungen mit entsprechenden steuerlichen Begleitmaßnahmen zu stützen, was vor allem deshalb überrascht, da sich gerade das deutsche Ertragsteuerrecht gegenwärtig als hochgradig krisenverschärfend darstellt[5] und wirtschaftlich sinnvollen Sanierungsvorhaben häufig nur schwer zu überwindende Hürden in den Weg stellt. Besonders deutlich wird diese sanierungshemmende Wirkung an einer zwischen Insolvenz- und Steuerrecht äußerst konfliktträchtigen Schnittstelle – der Frage nach der ertragsteuerlichen Behandlung von bei der Sanierung entstehenden

---

1 *Herzig/Liekenbrock*, Ubg 2011, 313, 314 Fn. 4; *Meyer/Degener*, BB 2011, 846, 847; *Willemsen/Rechel*, BB 2010, 2059; siehe auch Gesetzentwurf der Bundesregierung zum Gesetz zur weiteren Erleichterung der Sanierung von Unternehmen, BT-Drucks. 17/5712, S. 1.

2 *Willemsen/Rechel*, BB 2010, 2059 m.w.N.

3 BGBl. I 2011, 2582 ff.

4 Gesetzentwurf der Bundesregierung zum Gesetz zur weiteren Erleichterung der Sanierung von Unternehmen, BT-Drucks. 17/5712, S. 2.

5 Dazu haben insbesondere im letzten Jahrzehnt eingeführte Steuerinstrumente wie die Zinsschranke (§ 4h EStG), die Mindestbesteuerung (§ 10d Abs. 2 EStG) und die Verlustabzugsbeschränkung des § 8c KStG maßgeblich beigetragen.

Buchgewinnen. Gerade in diesem Punkt fehlt es an einer gesetzlich verankerten Abstimmung der beiden Rechtsgebiete, mit der Folge, dass die geltende steuerliche Gesetzeslage der erfolgreichen Durchführung einer Sanierung diametral entgegensteht. Diese Divergenz zwischen dem geltenden Steuerrecht einerseits und den mit der Insolvenzordnung verfolgten Zielen andererseits gibt Anlass zu der Frage, ob zum Abbau bestehender Sanierungshindernisse, über die mit dem ESUG vorgenommenen Änderungen hinaus, ein weitergehender (steuer)gesetzgeberischer Handlungsbedarf besteht. Ausgehend vom geltenden Recht und im Hinblick auf das gesetzgeberische Ziel, die Attraktivität des Sanierungsstandortes Deutschland zu steigern, intendiert die vorliegende Arbeit diese Fragestellung inhaltlich zu konkretisieren und einen Beitrag zu ihrer Beantwortung zu leisten.

B. Der Konflikt an der Schnittstelle von Insolvenz- und Steuerrecht

Der angedeutete Konflikt an der Schnittstelle von Insolvenz- und Steuerrecht ist maßgeblich durch das Spannungsverhältnis dreier Aspekte geprägt, namentlich (i) der Zielsetzung und Wirkungsrichtung von Sanierungsmaßnahmen, (ii) der steuerlichen Auswirkungen von Sanierungsmaßnahmen sowie (iii) der für seine Lösung relevanten europarechtlichen Rahmenbedingungen.

I. Zielsetzung und Wirkungsrichtung von Sanierungsmaßnahmen

Zur Gesundung eines Unternehmens, dessen Produkte und Leistung grundsätzlich Marktchancen eröffnen, sind vor allem finanzwirtschaftliche Instrumente von Bedeutung, die auf die finanzielle Wiedergesundung des Unternehmens gerichtet sind.[6] Unter dem Begriff der Unternehmenssanierung werden daher primär zielorientierte finanzwirtschaftliche Maßnahmen verstanden, die darauf gerichtet und dafür „geeignet sind, ein Unternehmen vor dem" finanziellen „Zusammenbruch zu bewahren", es „wieder ertragsfähig zu machen" und dadurch langfristig als wirtschaftliche Einheit zu erhalten.[7] Sanierungsvorhaben sehen deshalb regelmäßig eine grundlegende Restrukturierung der Passivseite der Bilanz des Unternehmens vor, um drohende oder bereits bestehende Insolvenzeröffnungsgründe nachhaltig abzuwenden.[8] Insoweit ist zur Vermeidung bzw. Beseitigung einer Überschuldung (§ 19 InsO) des Unternehmens eine Verbesserung der Eigenkapitalquote erforderlich, die insbesondere durch den Abbau von Verbindlichkeiten erzielt werden kann.[9] Damit einhergehend verbessert sich das Kreditrating des Unternehmens und die Fremdfinanzierungsaufwendungen werden gesenkt, was ebenso wie das Freiwerden von

---

6 *Gänsler*, Ugb 2013, 154; Lüdicke/Sistermann/*Loose/Maier*, Unternehmensteuerrecht, § 17 Rn. 6; *Winnefeld*, DB 1991, 2208.

7 Ständige Rechtsprechung des BFH, siehe BFH, Urteil vom 19.03.1993 – III R 79/91, BFH/NV 1993, 536, 537; BFH, Urteil vom 16.05.2002 – IV R 11/01, BStBl. II 2002, 854, 855; BFH, Urteil vom 10.04.2003 – IV R 63/01, ZIP 2003, 1949, 1950; BFH, Urteil vom 17.11.2004 – I R 11/04, BFH/NV 2005, 1027, 1028; BFH, Urteil vom 12.10.2005 – X R 20/03, BFH/NV 2006, 713, 714; BFH, Urteil vom 12.10.2005 – X R 42/03, BFH/NV 2006, 715, 716; Lüdicke/Sistermann/*Loose/Maier*, Unternehmensteuerrecht, § 17 Rn. 6; siehe auch BMF, Schreiben vom 27.03.2003 – IV A 6 – S 2140 – 8/03, BStBl. I 2003, 240; Drüen/*Schauhoff*, JbFfSt 2009/2010, 183; *Düll/Fuhrmann/Eberhard*, DStR 2003, 862; *Fleischer*, Stbg 2009, 437; *Fritsche*, DStR 2000, 2171, 2172; *Kahlert/Rühland*, Sanierungs- und Insolvenzsteuerrecht, Teil A Rn. 136; *Wendt*, FS Fiedler, 823.

8 Siehe auch *Gänsler*, Ugb 2013, 154; *Oelke/Wöhlert/Degen*, BB 2010, 299.

9 *Braun/Geist*, BB 2009, 2508; *Braun/Geist*, BB 2013, 351; *Heinz*, FR 2010, 1134.

Aktiva zur Stabilisierung der Liquiditätssituation des Unternehmens und damit zur Abwendung einer (drohenden) Zahlungsunfähigkeit (§§ 17, 18 InsO) beiträgt.[10] Mit Ausnahme der Sanierungsinstrumente, die lediglich eine Veränderung der Rückzahlungsmodalitäten der Schuld zum Ziel haben – wie die Aussetzung der Tilgung oder der Rangrücktritt – wirken auf die Restrukturierung der Passivseite ausgerichtete Sanierungsmaßnahmen somit vornehmlich auf den Abbau von Verbindlichkeiten hin. Diese Sanierungsinstrumente sind folglich, unabhängig von ihrer konkreten rechtlichen Ausgestaltung, im Kern auf das zivilrechtliche Erlöschen der Schuld des in der Krise befindlichen Unternehmens gerichtet.

II. Steuerliche Aspekte von Sanierungsmaßnahmen

Diese Wirkungsrichtung typischer Sanierungsmaßnahmen impliziert jedoch ein beachtliches steuerliches Risiko, das nachfolgend anhand eines typischen Beispiels aus der Sanierungspraxis veranschaulicht werden soll. Das Beispiel zeigt an der Fallkonstellation eines Forderungserlasses durch einen Drittgläubiger die steuerliche Belastung auf der Seite des Unternehmens sowie ihre Auswirkung auf den Sanierungserfolg. Anschließend werden die aktuell gesetzlich zur Verfügung stehenden Möglichkeiten erörtert, um die Steuerbelastung abzuwenden.

1. Konfliktentstehung – Die steuerliche Belastung und ihre Auswirkung auf den Sanierungserfolg

Die Konfliktsituation entsteht dadurch, dass mit einer entschuldenden Sanierungsmaßnahme regelmäßig eine steuerliche Belastung einhergeht, die sich negativ auf den mit der Maßnahme beabsichtigten Sanierungserfolg auswirkt.

a) Steuerliche Auswirkung des Forderungserlasses

Auf Grund des Forderungserlasses erlischt die Verbindlichkeit des Schuldnerunternehmens gegenüber dem Drittgläubiger nach § 397 Abs. 1 BGB und ist in Folge dessen aus der Handels- sowie der Steuerbilanz auszubuchen.[11] Durch den ersatzlosen Wegfall der zuvor ausgewiesenen Verbindlichkeit führt der Forderungserlass beim Schuldnerunternehmen in voller Höhe des Erlasses zu einer

---

10 *Heinz*, FR 2010, 1134.

11 *Adler/Düring/Schmaltz*, Rechnungslegung und Prüfung von Unternehmen, Teilband 6, § 246 Rn. 126; Beck'scher Bilanz-Kommentar/*Schubert*, § 247 Rn. 235; *Blaas/Schwahn*, DB 2013, 2350, 2353; Blümich/*Krumm*, EStG/KStG/GewStG, § 5 EStG Rn. 953 (Stand: August 2015); *Fritsche*, DStR 2000, 2171, 2172; *Hoffmann*, BC 2006, 49, 51; *Knebel/Schmidt*, BB 2009, 430, 431; Lüdicke/Sistermann/*Loose/Maier*, Unternehmensteuerrecht, § 17 Rn. 68; Schmidt/*Weber-Grellet*, EStG, § 5 Rn. 671; *Tschersich*, Ertragsbesteuerung der Unternehmenssanierung, 101 f.; *Winnefeld*, Bilanzhandbuch, D Rn. 1439.

Betriebsvermögensmehrung.[12] Bei einem vollständigen Forderungserlass generiert das Schuldnerunternehmen daher eine Betriebsvermögensmehrung in Höhe des Nennwerts der Verbindlichkeit, bei einem teilweisen Forderungserlass in Höhe des erlassenen Teilbetrags.[13] Dabei entsteht die aus dem Forderungserlass resultierende Betriebsvermögensmehrung, ohne dass dem Unternehmen Liquidität oder Mittel zugeführt wurden.[14] Sie ist nicht durch ein Handeln des Unternehmers am Markt erwirtschaftet worden, sondern lediglich bilanziell entstanden (sog. Buchgewinn).[15] Ungeachtet dessen ist sie steuerlich wie jede andere betrieblich bedingte Betriebsvermögensmehrung zu behandeln. Sie führt grundsätzlich in voller Höhe zu einem Gewinn i.S.d. §§ 4 Abs. 1, 5 Abs. 1 EStG und damit zu steuerbaren Einkünften nach § 2 Abs. 1 Nr. 2, Abs. 2 Nr. 1 EStG. Da es gegenwärtig an einer gesetzlichen Steuerbefreiung für aus Sanierungsmaßnahmen resultierende Gewinne fehlt, ist dieser sog. „Sanierungsgewinn" auch einkommen- bzw. körperschaftsteuerpflichtig. Darüber hinaus führt ein Sanierungsgewinn nach § 7 Satz 1 GewStG zu einem Gewerbeertrag. Im Ergebnis unterliegen Sanierungsgewinne daher nach der gegenwärtigen Gesetzeslage grundsätzlich voll der Einkommen- bzw. Körperschaftsteuer sowie der Gewerbesteuer.[16]

---

12 Beck'scher Bilanz-Kommentar/*Schubert*, § 247 Rn. 236; *Blaas/Schwahn*, DB 2013, 2350, 2353; Blümich/*Krumm*, EStG/KStG/GewStG, § 5 EStG Rn. 953 (Stand: August 2015); *Fritsche*, DStR 2000, 2171, 2172; *Geist*, BB 2008, 2658, 2659; *Keuthen/Hübner*, FR 2015, 865; *Knebel*, DB 2009, 1094, 1095; Gottwald/*Drukarczyk/Schöntag*, Insolvenzrechts-Handbuch, § 3 Rn. 89; *Knebel/Schmidt*, BB 2009, 430, 431; Lüdicke/Sistermann/*Loose/Maier*, Unternehmensteuerrecht, § 17 Rn. 69; *Paus*, EStB 2003, 433; *Tschersich*, Ertragsbesteuerung der Unternehmenssanierung, 102; *Winnefeld*, Bilanzhandbuch, D Rn. 1439.

13 Blümich/*Krumm*, EStG/KStG/GewStG, § 5 EStG Rn. 953 (Stand: August 2015); *Knebel/Schmidt*, BB 2009, 430, 431; Lüdicke/Sistermann/*Loose/Maier*, Unternehmensteuerrecht, § 17 Rn. 69; *Paus*, EStB 2003, 433.

14 BFH, Beschluss vom 25.03.2015 – X R 23/13, DStR 2015, 1443, 1447; Erle/Sauter/*Schulte*, KStG, § 8 Rn. 365; *Frey/Mückl*, GmbHR 2010, 1193, 1196; *Gänsler*, Ugb 2013, 154; *Geist*, BB 2008, 2658, 2659; *Gondert/Büttner*, DStR 2008, 1676, 1679; *Knebel*, DB 2009, 1094, 1095; *Seer*, FR 2010, 306, 307; *Töben*, FR 2010, 249, 253.

15 BFH, Beschluss vom 25.03.2015 – X R 23/13, DStR 2015, 1443, 1447; *Crezelius*, NZI 2014, 255, 256; *ders.* NZI 2012, 72, 73; Drüen/*Schauhoff*, JbFfSt 2009/2010, 183, 189; Erle/Sauter/*Schulte*, KStG, § 8 Rn. 365; *Gänsler*, Ugb 2013, 154; *Geist*, BB 2008, 2658, 2659; *Gondert/Büttner*, DStR 2008, 1676, 1679; *Hageböke/Hasbach*, DStR 2015, 1713, 1714; *Herzig/Liekenbrock*, Ubg 2011, 313, 316 f.; *Knebel*, DB 2009, 1094, 1095; *Paus*, EStB 2003, 433; *Schmidt/Mielke*, Ubg 2009, 395, 401; *Seer*, FR 2010, 306, 307; *Thiele*, ZinsO 2014, 325, 326; *Töben*, FR 2010, 249, 253; *Weber*, DStZ 1994, 129, 130.

16 *Crezelius*, NZI 2014, 255, 256; *ders.* NZI 2012, 72, 73; *Düll/Fuhrmann/Eberhard*, DStR 2003, 862; *Geist*, BB 2008, 2658, 2659; *Hageböke/Hasbach*, DStR 2015, 1713, 1714; *Hölzle*, FR 2004, 1192, 1204; *Kahlert/Rühland*, Sanierungs- und Insolvenzsteuerrecht, Teil A Rn. 121; *Khan/Adam*, ZInsO 2008, 899, 900; *Knebel*, DB 2009, 1094, 1095; *Kroschel*, DStR 1999, 1383, 1384; Lüdicke/Sistermann/*Loose/Maier*,

b) Konsequenzen für den Sanierungserfolg

Ein Vergleich der steuerlichen Auswirkungen des Forderungserlasses mit den Intentionen, die mit ihm verfolgt werden, verdeutlicht, dass die steuerlichen Konsequenzen den mit der Sanierung verfolgten Zielen geradezu antagonistisch gegenüberstehen. Vornehmliches Ziel eines vom Gläubiger erklärten Forderungserlasses ist es, durch diesen zur Entschuldung des Unternehmens beizutragen und dessen wirtschaftliche Handlungsfähigkeit wiederherzustellen, damit der endgültige finanzielle Zusammenbruch vermieden werden kann.[17] Die grundsätzliche Steuerpflicht des aus der Sanierungsmaßnahme resultierenden Gewinns bewirkt jedoch das genaue Gegenteil. Zwar entfällt in Folge des Forderungserlasses die Verbindlichkeit des Unternehmens gegenüber dem Gläubiger, gleichzeitig entsteht jedoch durch die Steuerpflicht des daraus resultierenden Gewinns eine neue Verbindlichkeit gegenüber dem Fiskus,[18] welche nicht selten von erheblichem Ausmaß sein wird.[19] Im Ergebnis kommt es somit gerade nicht zu der beabsichtigten umfassenden Entschuldung des Unternehmens, sondern nur zu einer teilweisen Entschuldung, gepaart mit einer partiellen Umschuldung von den Gläubigern auf den Fiskus.[20]

aa) Auswirkung der Steuerbelastung auf die Überschuldungssituation

Diese partielle Umschuldung wird häufig dazu führen, dass sich die Überschuldung des Unternehmens – wenn auch vermindert – fortsetzt.[21] Der Effekt wird noch zusätzlich verschärft, wenn das Unternehmen nicht nur überschuldet, sondern auch zahlungsunfähig oder von der Zahlungsunfähigkeit bedroht ist. In diesen Fällen wird das Unternehmen ggf. sogar neues Fremdkapital aufnehmen müssen, um die Steuerverbindlichkeit begleichen zu können. Dies erhöht nicht nur die Gefahr einer erneuten Überschuldung,[22] die Aufnahme weiterer Darlehen wird – sofern überhaupt möglich – auch nur zu sehr ungünstigen Konditionen realisierbar sein.

Unternehmensteuerrecht, § 17 Rn. 69; *Maus*, ZIP 2002, 589; *Schäfer-Elmayer/Müller*, StB 2009, 190, 191; *Schwenker/Fischer*, DStR 2010, 1117, 1119; *Strüber/von Donat*, BB 2003, 2036; *Thiele*, ZinsO 2014, 325, 326; *Töben*, FR 2010, 249, 253; *Töben/Lohbeck/Specker*, NWB 2009, 1484, 1486; *Undritz*, ZGR 2010, 201, 214.

17 *Gondert/Büttner*, DStR 2008, 1676, 1679.

18 *Düll/Fuhrmann/Eberhard*, DStR 2003, 862; *Fritsche*, DStR 2000, 2171; *Groh*, DB 1996, 1890; *Maus*, ZIP 2002, 589, 591; ähnlich *Gänsler*, Ugb 2013, 154.

19 So unterliegt beispielsweise der Gewinn aus einem gegenüber einer Kapitalgesellschaft erklärten Forderungserlass regelmäßig einer Ertragsbesteuerung (Körperschaftsteuer und Gewerbesteuer) in Höhe von c.a. 30%.

20 BFH, Urteil vom 26.04.1986 – IV R 282/84, BStBl. II 1986, 672, 673; *Dziadkowski*, DB 1997, 447, 448; *Dziadkowski/Treisch*, FR 1995, 330, 333; *Fritsche*, DStR 2000, 2171, 2172; *Maus*, ZIP 2002, 589, 591; *Schäfer-Elmayer/Müller*, StB 2009, 190, 191.

21 *Gondert/Büttner*, DStR 2008, 1676, 1679.

22 Ebenso *Lenger/Gohlke*, NZI 2014, 9, 13.

bb) *Auswirkung der Steuerbelastung auf die Liquidität*

Außerdem ist mit der Besteuerung des aus der Sanierungsmaßnahme entstehenden Gewinns ein zusätzlicher Liquiditätsabfluss verbunden.[23] Durch die Zahlung an den Fiskus fließt Liquidität aus dem Unternehmen ab, obwohl ihm im Zusammenhang mit dem Forderungserlass keine liquiden Mittel zugeführt worden sind.[24] Das Unternehmen verliert insofern eher an Liquidität und damit zusammenhängend an wirtschaftlicher Handlungsfähigkeit, als dass diese wiederhergestellt wird. Der entstehende Liquiditätsverlust kann besonders für ein von der Zahlungsunfähigkeit bedrohtes oder bereits zahlungsunfähiges Unternehmen eine existenzielle Bedrohung darstellen, da er die Zahlungsunfähigkeit weiter vorantreibt. In diesem Zusammenhang zeigt sich auch die besonders krisenverschärfende Wirkung der Zinsschrankenregelung (§ 4h EStG). Sofern das Unternehmen zur Begleichung der Steuerverbindlichkeit tatsächlich neue Darlehen aufnehmen muss, werden die dabei entstehenden Finanzierungskosten in Folge der Zinsschrankenregelung häufig nur bedingt abzugsfähig sein, da diese an das in der Krise regelmäßig eher schwache EBITDA des Unternehmens geknüpft ist.[25] Dabei ist gleichwohl zu beachten, dass die Zinsschrankenregelung für (kleinere) Unternehmen, bei denen der Betrag der Zinsaufwendungen, soweit er den Betrag der Zinserträge übersteigt, weniger als drei Millionen Euro beträgt, nicht relevant wird, § 4h Abs. 2 Satz 1 lit. a) EStG.

cc) *Auswirkung der Steuerbelastung auf das Gläubigerverhalten*

Die vorstehend dargestellten Auswirkungen der Sanierungsgewinnbesteuerung auf die Erfolgsaussichten der Sanierung beeinflussen schließlich auch das Gläubigerverhalten. Die Gläubiger leisten ihren Sanierungsbeitrag mit der Intention, dass durch ihren Beitrag eine dauerhafte finanzielle Gesundung des Unternehmens erreicht wird.[26] Indem die Besteuerung des Sanierungsgewinns den mit der Sanierungsmaßnahme verbundenen Entlastungseffekt (zumindest teilweise) zu Gunsten des Fiskus seiner Wirkung beraubt, wird das von den Gläubigern beabsichtigte Sanierungsziel jedoch unter Umständen nicht erreicht werden. In jedem Fall hat die Besteuerung des Sanierungsgewinns für die Gläubiger den Nachteil, dass sie, die die Sanierung durch ihre Forderungsverzichte erst möglich gemacht haben, nun die Früchte der Sanierung mit dem Fiskus teilen müssen.[27] Es ist daher mehr als fraglich, ob die betroffenen Gläubiger überhaupt auf ihre Forderungen gegen das

---

23 Ebenso *Braun/Geist*, BB 2009, 2508; *Dziadkowski*, DB 1997, 447, 449; *Geist*, BB 2008, 2658, 2659; *Weber*, DStZ 1994, 129, 130.

24 *Dziadkowski*, DB 1997, 447, 449; Erle/Sauter/*Schulte*, KStG, § 8 Rn. 365; *Frey/Mückl*, GmbHR 2010, 1193, 1196; *Geist*, BB 2008, 2658, 2659; *Gondert/Büttner*, DStR 2008, 1676, 1679; *Knebel*, DB 2009, 1094, 1095; *Seer*, FR 2010, 306, 307; *Töben*, FR 2010, 249, 253.

25 Siehe auch *Eilers/Bühring*, StuW 2009, 246, 253.

26 *Gondert/Büttner*, DStR 2008, 1676, 1679.

27 *Gondert/Büttner*, DStR 2008, 1676, 1679.

Unternehmen verzichten werden.[28] Nicht selten ist es der Fall, dass Gläubiger auf Grund dieser Gefahren von vorneherein von grundsätzlich wirtschaftlich sinnvollen Sanierungsmaßnahmen Abstand nehmen.[29] Die Besteuerung des Sanierungsgewinns kann dann ausschlaggebend dafür sein, dass die Sanierungsbemühungen schon im Planungsstadium scheitern.[30]

c) *Zielkonflikt mit dem Insolvenzrecht*

Die Besteuerung von Sanierungsgewinnen steht den mit der Sanierung verfolgten Intentionen somit diametral entgegen und folglich im direkten Zielkonflikt mit dem Insolvenzrecht,[31] dessen Ziel es gerade ist, wirtschaftlich sinnvolle Sanierungen zu fördern.

2. Konfliktursache – Fehlende Ausrichtung der Besteuerung am Leistungsfähigkeitsprinzip

Aus steuerrechtlicher Sicht liegt es nahe, die Ursache des Zielkonfliktes darin zu sehen, dass es in Bezug auf Sanierungsgewinne an einer am Leistungsfähigkeitsprinzip ausgerichteten Besteuerung fehlt. Anlass zu dieser Annahme geben vor allem zwei Aspekte. Zum einen ist fraglich, ob rein bilanziell entstehende Betriebsvermögensmehrungen im Grundsatz überhaupt geeignet sind, die objektive wirtschaftliche Leistungsfähigkeit eines Gewerbetreibenden positiv zu berühren. Sollte dies der Fall sein, ist zum anderen zweifelhaft, ob diese Betriebsvermögensmehrungen auch dann, wenn sie durch ein sanierungsbedürftiges Unternehmen erzielt werden, Anknüpfungspunkt für eine am Leistungsfähigkeitsprinzip orientierte Ertragsbesteuerung sein können. Wie noch zu zeigen sein wird, ist jedenfalls Letzteres zu verneinen, da Sanierungsgewinne kein Indikator einer positiven

---

28 *Fest*, NZI 2011, 345, 346; *Fritsche*, DStR 2000, 2171, 2172; *Gondert/Büttner*, DStR 2008, 1676, 1679; *Keuthen/Hübner*, FR 2015, 865; *Lenger/Gohlke*, NZI 2014, 9, 13; *Maus*, ZIP 2002, 589, 591; *Schmidt/Hageböke*, DStR 2002, 2150; *Schmidt/Mielke*, Ubg 2009, 395, 401.

29 *Fest*, NZI 2011, 345, 346; *Fritsche*, DStR 2000, 2171, 2172; *Groh*, DB 1996, 1890; *Kahlert/* Rühland, Sanierungs- und Insolvenzsteuerrecht, 2. Aufl., Rn. 2.6; *Keuthen/Hübner*, FR 2015, 865; *Maus*, ZIP 2002, 589, 591.

30 BFH, Urteil vom 26.04.1986 – IV R 282/84, BStBl. II 1986, 672, 673; *Düll/Fuhrmann/ Eberhard*, DStR 2003, 862, 863; *Fritsche*, DStR 2000, 2171, 2172; *Janssen*, DStR 2003, 1055, 1056; *Kahlert*/Rühland, Sanierungs- und Insolvenzsteuerrecht, 2. Aufl., Rn. 2.6; *Maus*, ZIP 2002, 589, 591; *Schmidt/Hageböke*, DStR 2002, 2150; *Vögeli*, ZInsO 2000, 144, 145.

31 Auf den Zielkonflikt weisen auch hin *Lukas*, NWB 2011, 3022, 3023; *Mitschke*, FR 2014, 661, 662; *Wendt*, FS Fiedler, 823, 824.

objektiven wirtschaftlichen Leistungsfähigkeit sind. Ihre ertragsteuerliche Belastung verstößt daher gegen das Prinzip der Besteuerung nach der wirtschaftlichen Leistungsfähigkeit.[32]

3. Unzureichende Konfliktlösung – Gesetzliche Möglichkeiten zur Abwendung der Steuerbelastung

Es schließt sich die Frage an, ob nach der gegenwärtigen Gesetzeslage Möglichkeiten bestehen, die tatsächliche Steuerbelastung eines Sanierungsgewinns hinreichend sicher abzuwenden, damit eine am Leistungsfähigkeitsprinzip ausgerichtete Besteuerung letztlich dennoch gewährleistet und der Zielkonflikt zwischen Insolvenz- und Steuerrecht vermieden werden kann.

a) Verlustverrechnung

Diesbezüglich ist zunächst an den Ausgleich des entstandenen Sanierungsgewinns mit laufenden Verlusten bzw. die Verrechnung mit Verlustvorträgen zu denken. Insoweit kann in der soeben geschilderten Fallkonstellation eines Forderungserlasses eine tatsächliche Steuerbelastung vermieden werden, wenn dem Sanierungsgewinn laufende Verluste bzw. Verlustvorträge in entsprechender Höhe gegenüberstehen. Dies impliziert jedoch, dass das Unternehmen auch über ein entsprechend hohes Verlustverrechnungspotential verfügt. Tatsächlich ist es hingegen nicht jedem sanierungsbedürftigen Unternehmen immanent, über ausreichend hohe Verlustvorträge bzw. ausgleichsfähige laufende Verluste zu verfügen, um den aus dem Forderungsverzicht resultierenden Sanierungsgewinn zu neutralisieren.[33] Grund dafür kann unter anderem der vorherige (teilweise) Untergang bestehender Verlustvorträge auf Grund eines schädlichen Beteiligungserwerbes nach § 8c KStG sein.[34] Ferner kann eine Sanierung auch dann geboten sein, wenn noch gar keine Verluste aufgetreten sind, sondern das Unternehmen „lediglich" zahlungsunfähig ist.[35] Doch selbst wenn ein Verlustausgleichsvolumen in grundsätzlich ausreichender Höhe vorhanden sein sollte, bleibt letztlich fraglich, ob dieses auch tatsächlich vollumfänglich zur Verrechnung des Sanierungsgewinns genutzt werden kann. Insoweit

---

32 Diese Thematik wird im Folgenden unter **D.I.** ausführlich adressiert und erörtert. Den folgenden Ausführungen liegt ungeachtet der erst nachfolgenden Begründung jedoch bereits das Verständnis zugrunde, dass die ertragsteuerliche Belastung von Sanierungsgewinnen gegen das Leistungsfähigkeitsprinzip verstößt.

33 *Boochs/Dauernheim*, Steuerrecht in der Insolvenz, Rn. 224; *Düll/Fuhrmann/Eberhard*, DStR 2003, 862; *Kahlert*/Rühland, Sanierungs- und Insolvenzsteuerrecht, 2. Aufl., Rn. 2.5; *Romswinkel/Weßling*, ZInsO 2003, 886, 887.

34 Ebenso *Düll/Fuhrmann/Eberhard*, DStR 2003, 862, 863; *Kahlert*/Rühland, Sanierungs- und Insolvenzsteuerrecht, 2. Aufl., Rn. 2.5; siehe auch *Romswinkel/Weßling*, ZInsO 2003, 886, 887 zu § 8 Abs. 4 KStG aF; Schnitger/*Fehrenbacher*, KStG, § 8 Rn. 705.

35 *Dziadkowski*, DB 1997, 447, 448; *Fritsche*, DStR 2000, 2171, 2172.

ist bei der Verrechnung des Gewinns mit Verlustvorträgen die Mindestbesteuerung nach § 10d Abs. 2 EStG zu beachten. Gemäß § 10d Abs. 2 EStG ist die Verrechnung nur für Gewinne bis zu einer Höhe von 1 Mio. Euro unbeschränkt möglich. Darüber hinaus sind nur bis zu 60 % der 1 Mio. Euro übersteigenden Gewinne zur Verrechnung mit Verlustvorträgen zugänglich. Das bedeutet, selbst wenn Verlustvorträge in ausreichender Höhe vorhanden sind, bleiben 40 % eines 1 Mio. Euro übersteigenden Sanierungsgewinns dennoch steuerpflichtig. Die Möglichkeit, den aus der Sanierungsmaßnahme resultierenden Gewinn mit bestehendem Verlustverrechnungspotential auszugleichen, vermag demnach im Einzelfall die Steuerbelastung abzumildern oder sogar völlig abzuwenden. Gleichwohl ist diese Option im Grundsatz kein probates Mittel zur hinreichend sicheren Abwendung der Steuerbelastung.

b) Materiell-rechtliche Steuerbefreiung und verfahrensrechtlicher Erlass der auf den Sanierungsgewinn entfallenden Steuer

In Betracht kommt sodann eine materiell-rechtliche Steuerbefreiung des Sanierungsgewinns oder ein verfahrensrechtlicher Erlass der auf diesen entfallenden Steuer.

aa) Materiell-rechtliche Steuerbefreiung

Bis 1997 kannte das deutsche Steuerrecht die Regelung des § 3 Nr. 66 EStG aF, die aus bestimmten Sanierungsmaßnahmen hervorgehende Gewinne steuerfrei stellte. Diese Steuerbefreiung für Sanierungsgewinne wurde jedoch durch das Gesetz zur Fortsetzung der Unternehmenssteuerreform vom 29.10.1997[36] ersatzlos gestrichen. Eine materiell-rechtliche Steuerbefreiung für Sanierungsgewinne besteht daher gegenwärtig nicht.

bb) Erlass der Steuer aus Billigkeitsgründen (§§ 163, 227 AO)

Um die Besteuerung des Sanierungsgewinns abzuwenden, verbleibt schließlich noch die verfahrensrechtliche Möglichkeit eines Steuererlasses aus Billigkeitsgründen.[37] Die erforderlichen gesetzlichen Grundlagen bieten § 163 AO für das Festsetzungsverfahren und § 227 AO für das Erhebungsverfahren.[38] Auf

---

36 BGBl. I 1997, 2590.

37 Billigkeitsmaßnahmen eröffnen die Möglichkeit, den Steuerpflichtigen von einer unbilligen Härte zu befreien, die durch die Anwendung des generalisierenden Gesetzes auf den atypischen Einzelfall entstehen kann. Siehe dazu FG Baden-Württ., Urteil vom 04.10.1984 – IX 345/82, EFG 1985, 249; *Fritsche*, DStR 2000, 2171, 2173; *Maus*, ZIP 2002, 589, 594; Tipke/Lang/*Seer*, Steuerrecht, § 21 Rn. 330; *Vögeli*, ZInsO 2000, 144, 145.

38 Zunächst kommt ein Antrag auf abweichende Steuerfestsetzung nach § 163 AO in Betracht. Dieser kann darauf gerichtet werden, dass jedenfalls derjenige Teil des Sanierungsgewinns, der die vorhandenen Verlustvorträge übersteigt, bei der

tatbestandlicher Ebene[39] wird im Rahmen der §§ 163, 227 AO hinsichtlich der Art der Unbilligkeit zwischen sachlicher und persönlicher Unbilligkeit unterschieden. Für den Erlass von Steuern auf Sanierungsgewinne werden regelmäßig sachliche Billigkeitsgründe im Vordergrund stehen. Sachliche Unbilligkeit[40] kann vorliegen, wenn die Aussage des Gesetzes in einem atypischen Einzelfall über den vom Gesetzgeber verfolgten Zweck hinausgeht und es dadurch zu einem ungewollten Überhang steuerlicher Belastung im konkreten Fall kommt.[41] Ob in der Besteuerung von Sanierungsgewinnen ein Fall sachlicher Unbilligkeit zu sehen ist – insbesondere, ob es in diesen Fällen zu einem ungewollten Überhang steuerlicher Belastung kommt – ist in Rechtsprechung und Literatur höchst umstritten. Für die Frage, inwieweit verfahrensrechtliche Billigkeitsmaßnahmen zur hinreichend sicheren Abwendung der auf Sanierungsgewinne entfallenden Steuerbelastung geeignet sind, ist die Entscheidung des Streites gleichwohl nur bedingt ausschlaggebend und soll daher zunächst dahinstehen. Denn selbst wenn in diesen Fällen tatbestandlich ein ungewollter Überhang steuerlicher Belastung, und mithin eine unbillige Härte, angenommen wird, verbleibt immer noch das für die Sanierungspraxis bedeutende Problem, dass ein Erlass der Steuer auf den Sanierungsgewinn nach den §§ 163, 227 AO – unter ausschließlicher Beachtung der gesetzlichen Regelung – nicht verbindlich geregelt ist. Vielmehr steht der Finanzverwaltung auf der Rechtsfolgenseite eine Ermessensentscheidung zu. Zwar wird vertreten, dass der Ermessensspielraum der Finanzverwaltung im Falle des Mitwirkens aller anderen Gläubiger an der Rettung des Unternehmens regelmäßig sehr gering sein wird.[42] Der tatsächliche Erlass der Steuer bleibt dennoch mit einer erheblichen Restunsicherheit behaftet.[43] Diese Unsicherheit ist deshalb besonders nachteilig, da das Erhebungsverfahren im Zeitpunkt der Vorlage des Sanierungskonzepts an die Gläubiger regelmäßig noch nicht abgeschlossen sein wird, sodass ein Erlass der Steuer auf den Sanierungsgewinn bei der Beschlussfassung der Gläubiger über das Sanierungskonzept noch ungewiss ist.[44] Es ist daher äußerst fraglich, ob die Gläubiger bereit sein werden, einem Sanierungskonzept zuzustimmen, dessen Erfolgsaussichten noch maßgeblich

---

Ermittlung der Bemessungsgrundlage nicht berücksichtigt wird. Ist die Steuer bereits festgesetzt, bleibt dann im Erhebungsverfahren noch die Option einen Erlass nach § 227 AO zu beantragen, *Graf/Wunsch*, ZIP 2001, 1029, 1039.

39 Die tatbestandlichen Voraussetzungen der §§ 163, 227 AO sind identisch. Daher können die Billigkeitsmaßnahmen hier zusammen behandelt werden.

40 I.S.e. Zweckverfehlung.

41 Ständige Rspr. BFH, Urteil vom 25.11.1980 – VII R 17/78, BStBl. II 1981, 204, 206; BFH, Urteil vom 20.02.1991 – II R 63/88, BStBl. II 1991, 541, 542; BFH, Urteil vom 23.11.1994 – X R 124/92, BStBl. II 1995, 824, 826; Tipke/Lang/*Seer*, Steuerrecht, § 21 Rn. 330, 335.

42 *Fritsche*, DStR 2000, 2171, 2174.

43 Ebenso *Graf/Wunsch*, ZIP 2001, 1029, 1040; *Maus*, ZIP 2002, 589, 595.

44 *Maus*, ZIP 2002, 589, 594; ähnlich auch *Graf/Wunsch*, ZIP 2001, 1029, 1040.

von Ermessensentscheidungen der Finanzverwaltung abhängig sind.[45] Hinsichtlich des Steuererlasses, und damit der Abwendung der steuerlichen Belastung, verbleibt mithin ein bedeutender Mangel an planerischer Sicherheit. Durch die Möglichkeit des Erlasses der Steuer aus Billigkeitsgründen nach den §§ 163, 227 AO ist die Abwendung bzw. Abmilderung der durch die Sanierung auftretenden steuerlichen Belastung somit ebenfalls nicht hinreichend gesichert.

III. Erfordernis einer Spezialregelung zur Gewährleistung einer an der Leistungsfähigkeit ausgerichteten Besteuerung von Sanierungsgewinnen

Die vorstehenden Ausführungen veranschaulichen, dass die gegenwärtige Gesetzeslage nicht geeignet ist, den Konflikt zwischen Insolvenz- und Steuerrecht zu entschärfen und den betroffenen Unternehmen keine Möglichkeit eröffnet, die auf Sanierungsgewinne entfallende Steuerbelastung hinreichend sicher abzuwenden. Um eine am Leistungsfähigkeitsprinzip ausgerichtete Besteuerung von Sanierungsbemühungen zu gewährleisten, bedarf es daher einer speziellen, auf die ertragsteuerliche Behandlung von Sanierungsgewinnen zugeschnittenen Regelung. Ziel dieser Regelung muss es sein, die Divergenz zwischen der steuerlichen Gesetzeslage und den Intentionen der Insolvenzordnung zu schließen, indem sie Sanierungsgewinne, der wirtschaftlichen Leistungsfähigkeit des Unternehmers entsprechend, von der Besteuerung ausnimmt.

1. Europarechtliche Vorgaben

Besonderer Bedeutung kommt dabei dem Umstand zu, dass eine solche Regelung, indem sie an sich ertragsteuerpflichtige Unternehmensgewinne steuerlich begünstigt, stets auch mit einer steuerrechtlichen „Bevorteilung" der von ihr profitierenden Unternehmen einhergeht. Auf Grund dessen ist sie immer auch an Art. 107 AEUV zu messen, der im Grundsatz ein Verbot für aus staatlichen Mitteln gewährte Beihilfen normiert. Die Regelung muss daher in einer Weise ausgestaltet sein, dass sie nicht nur eine an der Leistungsfähigkeit ausgerichtete Besteuerung gewährleistet, sondern gleichzeitig den geltenden gemeinschaftsrechtlichen Anforderungen gerecht wird.

2. Gegenwärtige Spezialregelung – „Sanierungserlass"

Seit der Aufhebung der in § 3 Nr. 66 EStG aF verankterten materiell-rechtlichen Steuerbefreiung für Sanierungsgewinne sieht das deutsche Steuerrecht keine gesetzliche Spezialregelung zur ertragsteuerlichen Behandlung von Sanierungsgewinnen mehr vor. Die insoweit entstandene Lücke schließt ein im März 2003

---

45 *Graf/Wunsch*, ZIP 2001, 1029, 1040; *Maus*, ZIP 2002, 589, 594 f.

veröffentlichtes Verwaltungsschreiben des Bundesministeriums der Finanzen, der sog. „Sanierungserlass".[46] Dieser enthält das aktuelle „Regelungswerk", das speziell auf die ertragsteuerliche Behandlung von Sanierungsgewinnen zugeschnitten ist und die Finanzverwaltung in ihrer Entscheidung über die steuerliche Begünstigung dieser Betriebsvermögensmehrungen bindet.

46 BMF, Schreiben vom 27.03.2003 – IV A 6 – S 2140 – 8/03, BStBl. I 2003, 240.

C. Konkretisierung der Ausgangsfrage, Arbeitsfragen und Aufbau der Arbeit

Auf der Grundlage der Erkenntnis, dass es zur Lösung des Zielkonfliktes zwischen Insolvenz- und Steuerrecht einer gemeinschaftsrechtskonformen Spezialregelung zur ertragsteuerlichen Behandlung von Sanierungsgewinnen bedarf, kann die in der Einführung aufgeworfene Ausgangsfrage nach einem etwaigen weitergehenden gesetzgeberischen Handlungsbedarf nunmehr konkretisiert werden. Für ihre Beantwortung kommt es entscheidend darauf an, ob der Sanierungserlass den soeben herausgearbeiteten Anforderungen an eine solche Spezialregelung in der Weise gerecht wird, dass die unter seiner Einbeziehung rechtlich bestehenden Möglichkeiten ausreichen, um eine an der wirtschaftlichen Leistungsfähigkeit des Unternehmers ausgerichtete Ertragsbesteuerung der bei einer Sanierung auftretenden Gewinne zu gewährleisten. Besonderes Augenmerk kommt dabei der Frage zu, ob der Sanierungserlass den europarechtlichen Vorgaben entspricht.

Ziel dieser Arbeit ist daher, zu untersuchen, ob die de lege lata tatsächlich bestehenden Möglichkeiten dem Konflikt zwischen den Gewinnauswirkungen von Sanierungsbemühungen einerseits und der Wahrung des Prinzips der Besteuerung nach der wirtschaftlichen Leistungsfähigkeit andererseits, genügen. Sollte die Untersuchung zu dem Ergebnis gelangen, dass dies nicht der Fall ist, soll im Weiteren analysiert werden, welche Anpassungen de lege ferenda hinsichtlich der steuerlichen Rahmenbedingungen für Sanierungen erforderlich sind, um den dargestellten Konflikt einer sachgerechten Lösung zuzuführen. Daran anschließend soll ein Vorschlag zur Umsetzung der erforderlichen Anpassungen erarbeitet werden.

Im ersten Teil[47] der vorliegenden Arbeit wird zunächst erörtert, dass die Besteuerung von Sanierungsgewinnen mit dem verfassungsrechtlichen Prinzip der Besteuerung nach der wirtschaftlichen Leistungsfähigkeit nicht vereinbar ist. Sodann wird, nach einer kurzen rechtshistorischen Übersicht zur steuerlichen Behandlung von Sanierungsgewinnen, der Sanierungserlass umfassend dargestellt und im Anschluss kritisch beleuchtet. Im zweiten Teil[48] werden typische Sanierungssachverhalte in den Blick genommen und ihre steuerlichen Folgen analysiert sowie untersucht, ob und ggf. in welchem Umfang der Sanierungserlass die aus den Sanierungssachverhalten resultierenden Gewinne steuerlich begünstigt.

47 Abschnitt **D.**
48 Abschnitt **E.**

D. Ertragsteuerliche Behandlung von Sanierungsgewinnen

Nach der gegenwärtigen Gesetzeslage sind Sanierungsgewinne grundsätzlich voll ertragsteuerpflichtig, obwohl sie lediglich bilanziell entstehen und gerade nicht mit der Zuführung von Liquidität oder Mitteln an das Unternehmen einhergehen.[49] Der Umstand, dass ein durch ein defizitäres Unternehmen erzielter Buchgewinn ertragsteuerlich belastet wird, gibt Anlass zu untersuchen, ob die gegenwärtige Gesetzeslage insoweit mit dem Prinzip der Besteuerung nach der wirtschaftlichen Leistungsfähigkeit vereinbar ist.

I. Besteuerung von Sanierungsgewinnen – Verstoß gegen das Prinzip der Besteuerung nach der wirtschaftlichen Leistungsfähigkeit

Im Gegensatz zu Gebühren sind Steuern hoheitlich auferlegte Abgaben, für die der Staat keine direkte Gegenleistung erbringt. Aus verfassungsrechtlicher Sicht ist es daher zur Rechtfertigung der steuerlichen Belastung zwingend, dass das Maß für die Bemessung einer Steuer von dem Grundsatz der „prinzipiellen Gleichheit des individuellen Steueropfers aller Bürger“ getragen wird.[50] Für den Bereich der Einkommensbesteuerung wird dieser aus dem Gleichheitsgrundrecht des Art. 3 Abs. 1 GG resultierende Gerechtigkeitsgedanke[51] insbesondere dadurch umgesetzt, dass sich der Maßstab für die Bemessung der Einkommensteuer nach der individuellen wirtschaftlichen Leistungsfähigkeit eines jeden Steuerpflichtigen richtet.[52] Die individuelle wirtschaftliche Leistungsfähigkeit[53] bestimmt sich dabei nach dem, was

49 Erle/Sauter/*Schulte*, KStG, § 8 Rn. 365; *Frey/Mückl*, GmbHR 2010, 1193, 1196; *Geist*, BB 2008, 2658, 2659; *Gondert/Büttner*, DStR 2008, 1676, 1679; *Knebel*, DB 2009, 1094, 1095; *Seer*, FR 2010, 306, 307; *Töben*, FR 2010, 249, 253.

50 *Jakob*, Einkommensteuer, Rn. 8.

51 Insoweit hat auch das BVerfG ausdrücklich hervorgehoben, dass „es ein grundsätzliches Gebot der Steuergerechtigkeit“ ist, „dass die Besteuerung nach der wirtschaftlichen Leistungsfähigkeit ausgerichtet wird.“ BVerfG, Urteil vom 22.02.1984 – 1 BvL 10/80, BVerfGE 66, 214, 223.

52 *Jakob*, Einkommensteuer, Rn. 9.

53 Im Hinblick auf die individuelle wirtschaftliche Leistungsfähigkeit eines Steuerpflichtigen können zwei Ebenen unterschieden werden, die Ebene der objektiven Leistungsfähigkeit, die insbesondere durch § 2 Abs. 1 und 2 EStG verwirklicht wird und die der subjektiven Leistungsfähigkeit, die in § 2 Abs. 4 und 5 EStG Berücksichtigung findet. Die Frage der Vereinbarkeit des ertragsteuerlichen Zugriffs auf Sanierungsgewinne mit dem Leistungsfähigkeitsprinzip betrifft ausschließlich die Ebene der *objektiven* Leistungsfähigkeit des Gewerbetreibenden. Der Begriff der „wirtschaftlichen

dem Steuerpflichtigen nach seinen individuellen Umständen zur Verfügung steht, um seine Steuerleistung zu erbringen.[54]

Für die Frage, ob die ertragsteuerliche Belastung von Sanierungsgewinnen mit dem Prinzip der Besteuerung nach der Leistungsfähigkeit vereinbar ist, sind vor allem zwei Fragestellungen von Bedeutung:

i. Sind rein bilanziell entstehende Betriebsvermögensmehrungen im Allgemeinen geeignet, die objektive wirtschaftliche Leistungsfähigkeit eines Gewerbetreibenden positiv zu berühren?
ii. Soweit dies der Fall ist, sind diese Betriebsvermögensmehrungen auch dann, wenn sie durch ein sanierungsbedürftiges Unternehmen erzielt werden, als Anknüpfungspunkt für eine am Leistungsfähigkeitsprinzip ortientierte Ertragsbesteuerung geeignet?

Diesen Fragestellungen soll im Folgenden nachgegangen werden.

1. Leistungsfähigkeitsprinzip und Buchgewinne im Allgemeinen

Nur wenn rein bilanziell entstehenden Betriebsvermögensmehrungen im Grundsatz geeignet sind, die wirtschaftliche Leistungsfähigkeit eines Gewerbetreibenden positiv zu berühren, kann der Steuerzugriff auf Sanierungsgewinne mit dem Leistungsfähigkeitsprinzip vereinbar sein. Um diese Frage beantworten zu können, muss bestimmt werden, was nach Maßgabe des § 2 Abs. 1 und 2 EStG der Maßstab für die wirtschaftliche Leistungsfähigkeit eines Gewerbetreibenden ist. Dazu sind vor allem zwei divergierende Ansätze denkbar.

a) Gesetzessystematischer Ansatz – Bilanzgewinn als Anknüpfungspunkt für die Besteuerung von Gewerbetreibenden

Zunächst kommt in Betracht, den Maßstab für die wirtschaftliche Leistungsfähigkeit eines Gewerbetreibenden streng anhand der Systematik des Gesetzes zu bestimmen. In § 2 Abs. 2 Nr. 1 EStG knüpft das Gesetz für die Ermittlung der Einkünfte aus Gewerbebetrieb an den Gewinn i.S.d. §§ 4 ff. EStG an. Unterstellt, dass der historische Gesetzgeber bei der Normierung dieser Anknüpfung das Prinzip der Besteuerung nach der wirtschaftlichen Leistungsfähigkeit berücksichtigt hat, lässt die so geschaffene Systematik der §§ 2 Abs. 1 Nr. 2, Abs. 2 Nr. 1, 4 ff. EStG den Rückschluss zu, dass der nach den §§ 4 Abs. 1, 5 Abs. 1 EStG zu ermittelnde Bilanzgewinn nach der

---

Leistungsfähigkeit" des Gewerbetreibenden bezieht sich daher in allen nachfolgenden Teilen dieser Arbeit auf die *objektive* wirtschaftliche Leistungsfähigkeit, wobei unterstellt wird, dass der Gewerbetreibende ausschließlich dieses Unternehmen betreibt und somit nur Einkünfte aus dem defizitären Gewerbebetrieb erzielt.

54 *Birk/Desens/Tappe*, Steuerrecht, Rn. 33; *Jakob*, Einkommensteuer, Rn. 9.

gesetzgeberischen Vorstellung der Maßstab für die wirtschaftliche Leistungsfähigkeit des Gewerbetreibenden sein soll.

b) Vermögenszuflussorientierter Ansatz – Modifizierter Bilanzgewinn als Anknüpfungspunkt für die Besteuerung von Gewerbetreibenden

Daneben ist denkbar, den Maßstab für die wirtschaftliche Leistungsfähigkeit eines Gewerbetreibenden nicht ausschließlich anhand der gesetzlichen Systematik, sondern unter zusätzlicher Berücksichtigung einer weitergehenden Voraussetzung zu bestimmen. In der Literatur wird die Auffassung vertreten, dass nur die mit einem realen Vermögenszufluss einhergehenden und somit aus einer *tatsächlichen* Betriebsvermögensmehrung resultierenden Gewinne die wirtschaftliche Leistungsfähigkeit eines Gewerbetreibenden erhöhen, während rein bilanziell entstehende und nur eine *formale* Betriebsvermögensmehrung abbildende Gewinne die wirtschaftliche Leistungsfähigkeit des Gewerbetreibenden unberührt belassen.[55] Diese Auffassung legt nahe, den nach den §§ 4 ff. EStG ermittelten Bilanzgewinn nur insoweit als Maßstab der wirtschaftlichen Leistungsfähigkeit eines Gewerbetreibenden anzusehen, als er ausschließlich Beriebsvermögensmehrungen umfasst, die aus einem tatsächlichen Vermögenszufluss resultieren.

c) Stellungnahme

Der gesetzessystematische Ansatz ist vorzugswürdig. Für ihn spricht zunächst der im Wortlaut der §§ 2 Abs. 1 Nr. 2, Abs. 2 Nr. 1, 4 ff. EStG zum Ausdruck kommende gesetzgeberische Wille, nach dem der Bilanzgewinn grundsätzlich der Anknüpfungspunkt für die Einkommensbesteuerung von Gewerbetreibenden ist. Daneben können die Argumente der den vermögenszuflussorientierten Ansatz stützenden Auffassung nicht überzeugen. Danach soll eine bilanziell entstehende Betriebsvermögensmehrung deshalb keinen Einfluss auf die wirtschaftliche Leistungsfähigkeit des Gewerbetreibenden haben, weil sie nicht mit einem tatsächlichen Vermögenszufluss einhergeht.[56] Dieses Argument lässt außer Acht, dass es bei der Ermittlung des Bilanzgewinns durch Betriebsvermögensvergleich gerade nicht auf einen Zu- oder Abfluss von Vermögen ankommt. Es ist vielmehr ein reiner Bestandsvergleich vorzunehmen, im Rahmen dessen es nicht nur durch den Zufluss von Vermögen zu einer Betriebsvermögensmehrung – und damit zu einem Gewinn – kommen kann, sondern insbesondere auch durch das Freiwerden von Aktiva (z.B. in Folge des Wegfalls einer Verbindlichkeit). Ferner wird in der Literatur vertreten, die

---

55 *Eilers*, StuW 2010, 205, 210; *Geist*, BB 2008, 2658, 2659; *Gondert/Büttner*, DStR 2008, 1676, 1679; *Knobbe-Keuk*, Bilanz- und Unternehmenssteuerrecht, S. 256; *Seer*, FR 2010, 306, 307; *Winnefeld*, DB 1991, 2208, 2210 m.w.N; ähnlich auch *Eicke*, PIStB 2012, 131, 133; i.E. wohl auch *Tschersich*, Ertragsbesteuerung der Unternehmenssanierung, 74.

56 *Geist*, BB 2008, 2658, 2659; *Gondert/Büttner*, DStR 2008, 1676, 1679; *Knobbe-Keuk*, Bilanz- und Unternehmenssteuerrecht, S. 256.

Besteuerung eines Buchgewinns bedeute auf Grund des fehlenden Vermögenszuflusses im Ergebnis eine Substanzbesteuerung, die mit dem „Gebot der Ertragsbesteuerung" nicht in Einklang zu bringen sei.[57] Auch diese Argumentation vermag nicht zu überzeugen. Der Umstand, dass dem Unternehmen im Zusammenhang mit einem Buchgewinn keine Vermögenssubstanz zugeführt wird, bedeutet nicht, dass es nicht zu einer Ertragsbesteuerung kommt. Anknüpfungspunkt der Besteuerung ist nämlich gerade nicht die bereits vorhandene Vermögenssubstanz, sondern die Betriebsvermögensmehrung, die dadurch entsteht, dass bereits vorhandene Aktiva nicht mehr durch Passiva gebunden sind.

d) Zwischenergebnis

Maßstab für die wirtschaftliche Leistungsfähigkeit eines Gewerbetreibenden ist daher im Grundsatz der nach den §§ 4 ff. EStG ermittelte Bilanzgewinn, und zwar ungeachtet dessen, ob er sich ausschließlich aus Betriebsvermögensmehrungen zusammensetzt, die aus einem tatsächlichen Vermögenszufluss resultieren oder auch aus rein bilanziell entstehenden Betriebsvermögensmehrungen. Daraus folgt, dass auch rein bilanziell entstehende Betriebsvermögensmehrungen die wirtschaftliche Leistungsfähigkeit eines Gewerbetreibenden positiv berühren. Sie kommen daher im Grundsatz als Anknüpfungspunkt für eine am Leistungsfähigkeitsprinzip orientierte Ertragsbesteuerung in Betracht.

2. Leistungsfähigkeitsprinzip und Sanierungsgewinne im Besonderen

Entsprechend der vorstehenden Ausführungen zu Buchgewinnen im Allgemeinen haben auch Sanierungsgewinne im Besonderen einen positiven Einfluss auf die wirtschaftliche Leistungsfähigkeit des Gewerbetreibenden.[58] Ungeachtet dessen kommen sie als Anknüpfungspunkt für eine mit dem Leistungsfähigkeitsprinzip im Einklang stehende Ertragsbesteuerung letztlich nicht in Betracht. Betrachtet man die „Entstehung" des Sanierungsgewinns über die Totalperiode, so zeigt sich, dass der Sanierungsgewinn letztlich ein Korrektivposten dafür ist, dass die Belastung des Betriebsvermögens, die aus der ursprünglichen Einbuchung der mit dem Sanierungsgewinn korrespondieren Verbindlichkeit entstanden ist, durch den Schulderlass weggefallen ist.[59] Zur Gewährleistung einer korrekten Totalbesteuerung wird der Gewerbetreibende nunmehr über den Sanierungsgewinn insoweit

---

57 *Gondert/Büttner*, DStR 2008, 1676, 1679; ähnlich *Winnefeld*, DB 1991, 2208, 2210.

58 Vgl. dazu auch *Tschersich*, Ertragsbesteuerung der Unternehmenssanierung, 147, die zutreffend darauf hinweist, dass Sanierungsgewinne allein deshalb die Leistungsfähigkeit des Gewerbetreibenden steigern, da der Gewerbetreibende, ungeachtet dessen, dass er die Verbindlichkeit unter Umständen nicht bedienen kann, durch diese ökonomisch belastet und als Konsequenz „durch den Erlass bereichert ist."

59 Siehe auch FG Köln, Urteil vom 24.04.2008 – 6 K 2488/06, EFG 2008, 1555, 1556.

zur Ertragsbesteuerung herangezogen, wie die mit dem Sanierungsgewinn korrespondierende Verbindlichkeit ursprünglich das Betriebsvermögen und damit den steuerlichen Gewinn gemindert hat. Im Unterschied zum Zeitpunkt der Einbuchung der Verbindlichkeit, als das Unternehmen noch wirtschaftlich gesund war, fehlt es dem defizitären Unternehmen nunmehr jedoch an der erforderlichen Vermögenssubstanz, um die mit dem Sanierungsgewinn einhergehende Ertragsteuerbelastung tragen zu können. Der Gewerbetreibende eines sanierungsbedürftigen[60] Unternehmens befindet sich aus steuerlicher Sicht nämlich in einem Zustand „negativer Leistungsfähigkeit".[61] Der Sanierungsgewinn hat daher zwar ebenso einen positiven Einfluss auf seine wirtschaftliche Leistungsfähigkeit wie dies eine rein bilanziell entstehende Betriebsvermögensmehrung bei einem Gewerbetreibenden eines wirtschaftlich gesunden Unternehmens hat. Er führt jedoch auf Grund der besonderen Situation, in der sich das Unternehmen und der Gewerbetreibende befinden, nicht zu einer Erhöhung der „positiven Leistungsfähigkeit", sondern nur zu einer Verringerung der „negativen Leistungsfähigkeit".[62] Der Sanierungsgewinn ist demnach kein Indikator einer „positiven Leistungsfähigkeit", die Anknüpfungspunkt einer am Leistungsfähigkeitsprinzip orientierten Ertragsbesteuerung sein kann, sondern lediglich das Ergebnis ihrer Wiederherstellung.[63] Im Unterschied zu wirtschaftlich gesunden Unternehmen besteht somit bei sanierungsbedürftigen Unternehmen in Bezug auf Buchgewinne eine Diskrepanz zwischen steuerbilanziellem Gewinn einerseits und positiver wirtschaftlicher Leistungsfähigkeit des Unternehmers andererseits. Die vorstehend beschriebene Heranziehung des Gewerbetreibenden zur Ertragsbesteuerung mit dem Sanierungsgewinn verstößt daher gegen das Prinzip der Besteuerung nach der wirtschaftlichen Leistungsfähigkeit.

Diese Beurteilung entspricht nach dem hiesigen Verständnis auch der Auffassung der höchstrichterlichen Rechtsprechung. Der Bundesfinanzhof (BFH) hat zu § 3 Nr. 66 EStG aF ausgeführt, mit dieser Regelung würde erreicht, dass „ein nicht mehr leistungsfähiger Schuldner nicht aufgrund von Maßnahmen zur Einkommensteuer herangezogen wird, die dazu dienen, seine Leistungsfähigkeit wieder herzustellen."[64] Der BFH geht demnach ebenfalls davon aus, dass sich der Unternehmer eines sanierungsbedürftigen Unternehmens in einem Zustand negativer Leistungsfähigkeit befindet und die aus den Maßnahmen zur Sanierung des Unternehmens resultierenden Betriebsvermögensmehrungen keine Anzeichen positiver wirtschaftlicher Leistungsfähigkeit, sondern lediglich ein Resultat ihrer Wiederherstellung durch Verringerung der negativen Leistungsfähigkeit sind.

---

60 Zum Begriff der Sanierungsbedürftigkeit siehe sogleich unter **D.III.1.**

61 Vgl. *Ströfer*, StuW 1982, 231, 247, ebenso wohl auch *Winnefeld*, DB 1991, 2208, 2210.

62 Vgl. *Ströfer*, StuW 1982, 231, 247.

63 Vgl. *Seer*, FR 2010, 306, 307; *Ströfer*, StuW 1982, 231, 246; *Winnefeld*, DB 1991, 2208, 2210.

64 BFH, Urteil vom 14.03.1990 – I R 64/85, BStBl. II 1990, 810, 813; BFH, Urteil vom 14.03.1990 – I R106/85, BStBl. II 1990, 813, 815.

3. Ergebnis

Die gegenwärtige Gesetzeslage, nach der Sanierungsgewinne vollumfänglich ertragsteuerlich belastet werden, ist mithin nicht mit dem verfassungsrechtlichen Prinzip der Besteuerung nach der wirtschaftlichen Leistungsfähigkeit vereinbar, da insoweit ein durch ein defizitäres Unternehmen erzielter Buchgewinn ertragsteuerlich belastet wird.

II. Rechtsentwicklung zur ertragsteuerlichen Behandlung von Sanierungsgewinnen

Über weite Teile des vergangenen Jahrhunderts waren Sanierungsgewinne von der Ertragsbesteuerung ausgenommen. Die ertragsteuerliche Befreiung gründete dabei zunächst auf einer Rechtsfortbildung der höchstrichterlichen Finanzrechtsprechung, bevor sie in der Folge gesetzlich kodifiziert wurde.

1. Steuerbefreiung von Sanierungsgewinnen nach der Rechtsprechung des Reichsfinanzhofes

Die Steuerbefreiung von Sanierungsgewinnen basiert ursprünglich auf einer richterlichen Rechtsfortbildung.[65] Bereits 1927 qualifizierte der VI. Senat des Reichsfinanzhofes (RFH) Sanierungsgewinne als einkommensteuerfrei.[66] Der Senat begründete seine Ansicht zunächst damit, der Gläubigererlass sei ein Rechtsvorgang, der außerhalb des Geschäftsbetriebes des Schuldners liege und der daher nicht zur Vermehrung des steuerpflichtigen Geschäftsvermögens führe. Im Grunde sei der Gläubigererlass eine Vereinbarung, die zwar gegebenenfalls vom Schuldner angeregt, letztlich jedoch zwischen den Gläubigern allein getroffen würde. Erst die Durchführung des Erlasses geschehe „durch Rechtsgeschäfte mit dem Schuldner." Der Schuldner erlange daher seine „formelle Vermögensmehrung als Ergebnis der Vereinbarungen anderer Personen" (hier der Gläubiger) und damit in Folge „eines Rechtsvorganges, der schon deshalb außerhalb seines Geschäftsbetriebes" liege, da er an diesem nicht beteiligt sei.[67] Der Erlass würde insoweit nicht dem Geschäft des Schuldners, sondern diesem als Privatperson gewährt, sodass er dem Erlass einer Geschäftsschuld im Wege der Schenkung gleiche. Eine steuerpflichtige Vermehrung

---

65 *Dziadkowski*, DB 1997, 447; Herrmann/Heuer/Raupach/*Kanzler*, EStG/KStG, § 3 Nr. 66 EStG Anm. 1 (Stand: Mai 1995).

66 RFH, Urteil vom 30.06.1927 – VI A 297/27, RFHE 21, 263; RFH, Urteil vom 12.12.1928 – VI A 1499/28, RStBl. 1929, 86.

67 Die Frage der Zugehörigkeit des Vorgangs zum Betrieb des jeweiligen Gläubigers beurteilte der Senat indes anders. Dahingehend führte er aus, es lasse sich nicht bezweifeln, dass sich der Vorgang für einen Gläubiger, der seinerseits ein Kaufmann ist, als ein innerbetrieblicher Vorgang darstellt.

des Geschäftsvermögens sei daher mangels eines innerhalb des Geschäftsbetriebes des Schuldners liegenden Rechtsvorgangs nicht anzunehmen.[68]

Diese Begründung überzeugt nicht. Für die Frage, ob der Schuldner seine Vermögensmehrung auf Grund eines außer- oder eines innerhalb seines Geschäftsbetriebes liegenden Vorganges erhält, kann es nur darauf ankommen, zwischen welchen Parteien diejenige Vereinbarung getroffen wurde, die die Vermögensmehrung auch tatsächlich auslöst. Die Vermögensmehrung beim Schuldner entsteht jedoch nicht bereits durch eine vorgelagerte Vereinbarung der Gläubiger, sondern erst durch den zwischen dem jeweiligen Gläubiger und dem Schuldner geschlossenen Erlassvertrag, in Folge dessen die Forderung erlischt, § 397 Abs. 1 BGB. Entgegen der Auffassung des VI. Senats erlangt der Schuldner seine Vermögensmehrung daher nicht durch eine Vereinbarung der Gläubiger, an der er nicht beteiligt ist, sondern durch den jeweiligen Erlassvertrag zwischen ihm und dem Gläubiger. Der Schuldner ist daher sehr wohl an dem Rechtsvorgang beteiligt, auf Grund dessen er die Vermögensmehrung erlangt. Die Schlussfolgerung des VI. Senats, die Vermögensmehrung beruhe auf einem Rechtsvorgang, der bereits deshalb nicht zum Geschäftsbetrieb des Schuldners gehöre, da dieser an diesem nicht beteiligt sei, ist deshalb nicht überzeugend. Ungeachtet dessen bestehen erhebliche Bedenken gegen die Auffassung des Senats, der Forderungserlass stelle für den jeweiligen Gläubiger einen innerbetrieblichen und für den Schuldner einen außerbetrieblichen Vorgang dar. Wie auch der BFH in einer späteren Entscheidung[69] verdeutlicht hat, kann ein Vorgang, der auf Seiten des Forderungsgläubigers als innerbetrieblich qualifiziert wird, auf Seiten des Forderungsschuldners nicht der außerbetrieblichen Sphäre zugeordnet werden.[70]

In der Folge änderte der VI. Senat seine zuvor bezogene Stellung und erkannte im folgenden Urteil den Gläubigernachlass zumindest für Zwecke der Handelsbilanz als einen betrieblichen Vorgang an. Anfangs- und Schlussbilanz, „die alle wirtschaftlichen Veränderungen [...] zum Ausdruck bringen sollen, müssen auch von einem“ Gläubigernachlass „berührt werden.“[71] Damit sah der Senat in einem Gläubigererlass nicht nur das Vorliegen eines betrieblichen Vorgangs, sondern stellte zudem klar, dass es sich bei einem Sanierungsgewinn auch um einen Gewinn im handelsrechtlichen Sinne handelt.[72] Diese Beurteilung vermochte der VI. Sentat gleichwohl nicht auf die einkommensteuerliche Ebene zu übertragen. Insoweit führte der Senat aus, es handele sich bei dem Gläubigernachlass aus einkommensteuerlicher Sicht um einen Vorgang, der „in tiefem Sinne als betriebsfremd bezeichnet“ werden müsse.[73] Denn ein Gläubigererlass bezwecke lediglich die wirtschaftliche Erleichterung der

68 Zum Ganzen RFH, Urteil vom 30.06.1927 – VI A 297/27, RFHE 21, 263, 264 f.
69 BFH, Urteil vom 27.09.1968 – VI R 41/66, BStBl. II 1968, 102.
70 BFH, Urteil vom 27.09.1968 – VI R 41/66, BStBl. II 1968, 102, 103.
71 RFH, Urteil vom 12.12.1928 – VI A 1499/28, RStBl. 1929, 86.
72 Ähnlich *Dziadkowski/Treisch*, FR 1995, 330, 331.
73 RFH, Urteil vom 12.12.1928 – VI A 1499/28, RStBl. 1929, 86.

Unternehmenslage zur Weiterführung der einkommensteuerpflichtige Einkünfte generierenden Tätigkeit des Unternehmens und stehe damit gerade nicht in „unmittelbarem Zusammenhang mit der erwerbenden Tätigkeit des Unternehmens und den darauf gerichteten Vorgängen." Insofern könne der Gläubigererlass für einkommensteuerliche Zwecke der Zuführung neuen Kapitals zum Unternehmen gleichgestellt werden und führe, ebenso wie diese, nicht zu einer Vermehrung des einkommensteuerpflichtigen Vermögens aus Gewerbebetrieb.[74]

Auch diese Begründung kann nicht vollumfänglich überzeugen, da die Gleichstellung des Gläubigererlasses mit der Zuführung neuen Kapitals nicht schlüssig erscheint. Insoweit ist es nicht verständlich, wie ein Gläubiger, der nicht an dem Unternehmen beteiligt ist, dem Unternehmen Eigenkapital zuführen kann. Zutreffend ist hingegen die Überlegung des Senats, dass ein Sanierungsgewinn nicht in unmittelbarem Zusammenhang mit der werbenden Tätigkeit des Unternehmens steht, da er nicht am Markt erwirtschaftet wurde sondern nur bilanziell entsteht.

Der vorstehend erläuterten Auffassung des VI. Senats für die Einkommensteuer ist der für die Körperschaftsteuer zuständige I. Senat des RFH nicht gefolgt.[75] Der I. Senat begründete seine Auffassung zunächst damit, dass die Gründe des VI. Senats für die Steuerbefreiung von Sanierungsgewinnen im Rahmen der Einkommensteuer für die Beurteilung bei Aktiengesellschaften und Gesellschaften mbH grundlegend nicht einschlägig seien. Eine neben der Gesellschaft als selbstständigem Steuerrechtssubjekt stehende Person, die dem Geschäftsinhaber eines Einzelunternehmens entspricht, könne bei Aktiengesellschaften und Gesellschaften mbH nicht angenommen werden. Daher bestehe auch neben dem Betriebsvermögen der Gesellschaft kein außerbetriebliches Vermögen, mit der Folge, dass ein außerhalb des Geschäftsbetriebes liegender Rechtsvorgang bei Aktiengesellschaften und Gesellschaften mbH nicht in Betracht komme. Bei Aktiengesellschaften und Gesellschaften mbH könne die Steuerbefreiung des Sanierungsgewinns nicht mit einem außerhalb des Geschäftsbetriebes liegendem, dem Erlass einer Geschäftsschuld im Wege der Schenkung gleichstehendem Rechtsvorgang begründet werden.[76]

Die grundsätzliche Betriebsbezogenheit des Gläubigererlasses voraussetzend, stellte sich für den I. Senat anschließend die Frage, ob er dem VI. Senat insoweit zuzustimmen vermag, als dass der Gläubigererlass ein jedenfalls für das Steuerrecht betriebsfremder Vorgang ist, dessen Auswirkungen deshalb für das Recht der Körperschaftsteuer nicht als steuerpflichtiges Einkommen anzusehen sind. Der I. Senat sah jedoch keine Notwendigkeit den Grundsatz aufzugeben, dass jeder Vermögenszuwachs grundsätzlich steuerpflichtig ist.[77] Für Zwecke der Körperschaftsteuer seien nicht nur solche Vermögenszuwächse steuerpflichtig, die in unmittelbarem Zusammenhang mit der erwerbenden Tätigkeit des Unternehmens stehen, sondern

---

74 Zum Ganzen RFH, Urteil vom 12.12.1928 – VI A 1499/28, RStBl. 1929, 86, 87.
75 RFH, Urteil vom 05.02.1929 – I A 394/27, RStBl. 1929, 228.
76 Zum Ganzen RFH, Urteil vom 05.02.1929 – I A 394/27, RStBl. 1929, 228, 229.
77 RFH, Urteil vom 05.02.1929 – I A 394/27, RStBl. 1929, 228, 230.

grundsätzlich alle Vermögenszuwächse und damit auch die Vermehrung des Betriebsvermögens durch einen Sanierungsgewinn. Als Konsequenz behandelte der I. Senat Sanierungsgewinne mithin für die Körperschaftsteuer als steuerpflichtig.[78]

Der aus der Uneinheitlichkeit der Rechtsprechung der beiden Senate resultierenden Divergenz zwischen der einkommen- und der körperschaftsteuerlichen Behandlung von Sanierungsgewinnen begegnete die Finanzverwaltung, indem sie in den Fällen, in denen eine körperschaftsteuerliche Belastung von Sanierungsgewinnen zu einer unbilligen Härte führte, dem Steuerpflichtigen einen Erlass aus Billigkeitsgründen gewährte.[79]

2. § 11 Nr. 4 KStG 1934

In Übereinstimmung mit der Handhabung der Finanzverwaltung setzte der Gesetzgeber daraufhin die Rechtslage für die Körperschaftsteuer in § 11 Nr. 4 KStG 1934 gesetzlich fest. Nach § 11 Nr. 4 KStG 1934 waren Sanierungsgewinne bei der Ermittlung des Einkommens abzuziehen. Die Regelung hatte folgenden Wortlaut:

> *„Bei Ermittlung des Einkommens sind die folgenden Beträge abzuziehen, soweit sie nicht bereits nach den Vorschriften des Einkommensteuergesetzes abzugsfähige Ausgaben sind: [...] 4. Vermögensmehrungen, die dadurch entstehen, daß Schulden zum Zweck der Sanierung ganz oder teilweise erlassen werden.“*[80]

Die Gesetzesbegründung zu § 11 Nr. 4 KStG 1934 führt aus, dass Zweck der Vorschrift die einheitliche steuerliche Behandlung von Einzelpersonen und Körperschaften im Bereich der Besteuerung von Sanierungsgewinnen ist.[81]

3. Steuerbefreiung von Sanierungsgewinnen nach der Rechtsprechung des Bundesfinanzhofes

Im Gegensatz zum Körperschaftsteuerrecht wurde die Steuerbefreiung von Sanierungsgewinnen für die Einkommensteuer zunächst nicht gesetzlich geregelt.[82] Daher begründeten sowohl der RFH als auch der BFH die Steuerbefreiung von Sanierungsgewinnen für die Einkommensteuer in der Folgezeit unter Berufung auf die gewohnheitsrechtliche Steuerbefreiung von Sanierungsgewinnen oder die Regelung des § 11 Nr. 4 KStG.[83]

---

78 Zum Ganzen RFH, Urteil vom 05.02.1929 – I A 394/27, RStBl. 1929, 228, 230.

79 Siehe dazu Gesetzesbegründung zu § 11 KStG 1934, RStBl. 1935, 81, 85.

80 RStBl. 1934, 1287, 1288 f.

81 Gesetzesbegründung zu § 11 KStG 1934, RStBl. 1935, 81, 85.

82 Siehe auch *Dziadkowski*, DB 1997, 447, 448; *Dziadkowski/Treisch*, FR 1995, 330, 331.

83 BFH, Urteil vom 25.10.1963 – I 359/60 S, BStBl. III 1964, 122; BFH, Urteil vom 27.09.1968 – VI R 41/66, BStBl. II 1968, 102; siehe auch *Kahlert*/Rühland, Sanierungs- und Insolvenzsteuerrecht, 2. Aufl., Rn. 2.2.

Zwar widersprach der BFH der Rechtsprechung des RFH insoweit, als er den Gläubigererlass nicht als außerbetrieblichen sondern als innerbetrieblichen Vorgang qualifizierte. Dieser Unterschied in der Beurteilung allein führte hingegen nicht zu einer Abweichung von der auf der richterlichen Rechtsfortbildung des VI. Senats des RFH beruhenden Steuerbefreiung von Sanierungsgewinnen.[84] Dazu führte der VI. Senat des BFH aus, es läge nahe, die auf der richterlichen Rechtsfortbildung beruhende Anerkennung der Einkommensteuerfreiheit von Sanierungsgewinnen als eine „lang andauernde Übung" anzusehen, der „die Überzeugung der Rechtsgeltung zu Grunde" liege. Die richterliche Rechtsfortbildung sei daher als Gewohnheitsrecht anzusehen.[85] Jedenfalls sei jedoch der in § 11 Nr. 4 KStG zum Ausdruck gebrachte Grundsatz auch auf das Einkommensteuerrecht zu übertragen.[86] Zwar regele § 11 Nr. 4 KStG die Steuerfreiheit von Sanierungsgewinnen direkt nur für die Körperschaftsteuer, gleichwohl ließe die Regelung erkennen, dass der Gesetzgeber die Steuerfreiheit von Sanierungsgewinnen insgesamt für sachgerecht hält. Darüber hinaus sei die einheitliche steuerliche Behandlung von Einzelpersonen und Körperschaften im Bereich der Besteuerung von Sanierungsgewinnen gerade das Ziel des § 11 Nr. 4 KStG[87], sodass eine Anwendung des aus dieser Regelung resultierenden Grundsatzes auf das Einkommensteuerrecht geboten sei.[88]

4. Verrechnung von Sanierungsgewinnen mit laufenden Verlusten oder Verlustvorträgen

Mit der steuerlichen Behandlung von Sanierungsgewinnen in engem Zusammenhang steht die Frage, ob ein Sanierungsgewinn mit laufenden Verlusten oder Verlustvorträgen aus vorhergehenden Veranlagungszeiträumen zu verrechnen ist. Bis 1968 hatten der RFH und der BFH in ständiger Rechtsprechung entschieden, dass laufende Verluste und Verlustvorträge durch einen Sanierungsgewinn abgeschmolzen werden.[89] Diese Rechtsprechung änderte der Große Senat des BFH mit Urteil vom 15.07.1968 und erklärte die Verrechnung von Sanierungsgewinnen mit laufenden Verlusten und Verlustvorträgen für unzulässig.[90] Nach dem Wortlaut des § 11 Nr. 4 KStG sei der Abzug des Sanierungsgewinns unabhängig davon zulässig, „ob der Steuerpflichtige im Jahr der Sanierung Gewinne erziele," ohne Berücksichtigung des

84 BFH, Urteil vom 25.10.1963 – I 359/60 S, BStBl. III 1964, 122, 123; BFH, Urteil vom 27.09.1968 – VI R 41/66, BStBl. II 1968, 102, 103.

85 BFH, Urteil vom 27.09.1968 – VI R 41/66, BStBl. II 1968, 102, 103.

86 BFH, Urteil vom 27.09.1968 – VI R 41/66, BStBl. II 1968, 102, 103.

87 Siehe Begründung zum KStG 1934, RStBl. 1935, 81, 85.

88 BFH, Urteil vom 27.09.1968 – VI R 41/66, BStBl. II 1968, 102, 103.

89 BFH, Urteil vom 16.01.1951 – I 46/50, BStBl. III 1951, 63 f.; BFH, Urteil vom 04.06.1961 – VI 35/61, BStBl. III 1961, 516; BFH, Urteil vom 22.11.1963 – VI 117/62, BStBl. III 1964, 128; BFH, Urteil vom 15.07.1968 – Gr. S 2/67, BStBl. II 1968, 666, 667 m.w.N. zur Rechtsprechung des RFH.

90 BFH, Urteil vom 15.07.1968 – Gr. S 2/67, BStBl. II 1968, 666.

Sanierungsgewinns einen Verlust erleide „oder einen Verlustabzug geltend machen" könne. Der Sanierungsgewinn sei daher in jedem Fall steuerlich außer Acht zu lassen, mit der Folge, dass er auch nicht mit einem laufenden Verlust oder einem Verlustvortrag verrechnet werden dürfe, da er sonst gleichwohl versteuert würde.[91] § 11 Nr. 4 KStG und die Vorschriften über die steuerlichen Wirkungen eines Verlustes (§ 2 Abs. 2 S. 1 EStG und § 10d EStG), die dem Steuerpflichtigen einen Anspruch auf Verlustausgleich und Verlustabzug gewähren, kommen vielmehr uneingeschränkt nebeneinander zur Anwendung. Auch die aus dem Nebeneinander von steuerfreiem Sanierungsgewinn und Verlustausgleich bzw. -abzug entstehende doppelte Vergünstigung für den Steuerpflichtigen, stehe der Ansicht des Großen Senates nicht entgegen. Im Gegenteil sei sie dem Wortlaut der betreffenden Vorschriften folgend, „ein vom Gesetzgeber gewolltes Ergebnis."[92]

Wie noch zu erörtern sein wird, hat diese Rechtsprechungsänderung durch den Großen Senat des BFH weitreichende Konsequenzen für die steuerliche Behandlung von Sanierungsgewinnen in der Folgezeit. Gerade diese Kombination aus der Steuerbefreiung des Sanierungsgewinns einerseits und der gleichzeitigen Aufrechterhaltung von bestehendem Verlustverrechnungspotential andererseits, stellt einen der zentralen Streitpunkte in Bezug auf jede gesetzliche oder außergesetzliche Regelung dar, die die ertragsteuerliche Behandlung von Sanierungsgewinnen zu regeln sucht.

5. § 3 Nr. 66 EStG aF

Mit dem Körperschaftsteuergesetz vom 31.08.1976[93] beseitigte der Gesetzgeber das Ungleichgewicht der lediglich einseitigen Kodifizierung der Steuerbefreiung von Sanierungsgewinnen im Körperschaftsteuerrecht und schuf mit § 3 Nr. 66 EStG aF eine gesetzliche Verankerung der Steuerfreiheit von Sanierungsgewinnen für die Einkommensteuer.[94] Das KStG 1977 enthielt hingegen keine eigenständige Befreiungsvorschrift mehr. Gleichwohl verwies es in § 8 Abs. 1 KStG auf die Gewinnermittlungsvorschriften des EStG und damit auch auf § 3 Nr. 66 EStG aF, sodass dessen sachliche Steuerbefreiung von Sanierungsgewinnen auch im Körperschaftsteuerrecht Anwendung fand.[95] Damit hat der Gesetzgeber schließlich eine einheitliche gesetzliche Grundlage für die Befreiung von Sanierungsgewinnen im Einkommen- und Körperschaftsteuerrecht geschaffen.

91 BFH, Urteil vom 15.07.1968 – Gr. S 2/67, BStBl. II 1968, 666, 667.
92 Zum Ganzen BFH, Urteil vom 15.07.1968 – Gr. S 2/67, BStBl. II 1968, 666, 667.
93 BGBl. I 1976, 2597; BStBl. I 1976, 445.
94 Siehe auch *Dziadkowski/Treisch*, FR 1995, 330, 332; *Kroschel*, DStR 1999, 1383, 1384.
95 Siehe auch *Dziadkowski/Treisch*, FR 1995, 330, 332; Herrmann/Heuer/Raupach/*Kanzler*, EStG/KStG, § 3 Nr. 66 EStG Anm. 1 (Stand: Mai 1995); *Kahlert*/Rühland, Sanierungs- und Insolvenzsteuerrecht, 2. Aufl., Rn. 2.3; *Kroschel*, DStR 1999, 1383, 1384.

a) Voraussetzungen der Steuerbefreiung

Nach § 3 Nr. 66 EStG aF waren steuerfrei „Erhöhungen des Betriebsvermögens, die dadurch entstehen, daß Schulden zum Zweck der Sanierung ganz oder teilweise erlassen werden". Der Gesetzgeber knüpfte damit nahezu unterschiedslos an den Wortlaut des § 11 Nr. 4 KStG an.[96] Dabei finden sich die von der Rechtsprechung des RFH sowie des BFH entwickelten Voraussetzungen für die Steuerbefreiung von Sanierungsgewinnen in den gesetzlichen sowie ungeschriebenen Tatbestandsmerkmalen des § 3 Nr. 66 EStG wider.

aa) Erlass von Schulden

§ 3 Nr. 66 EStG aF begünstigte nur solche Erhöhungen des Betriebsvermögens, die durch den Erlass einer betrieblichen Verbindlichkeit entstanden sind.[97] Zwar bedurfte die Maßnahme, aus der die Erhöhung des Betriebsvermögens resultierte, keiner bestimmten Form, sie musste sich jedoch als ein Erlass i.S.d. § 397 Abs. 1 BGB oder ein negatives Schuldanerkenntnis nach § 397 Abs. 2 BGB darstellen.[98] Vor diesem Hintergrund war auch ein Erlass mit Besserungsabrede von § 3 Nr. 66 EStG aF erfasst.[99] Bei einem Erlass mit Besserungabrede wird der Erlassvertrag nach § 397 Abs. 1 BGB regelmäßig unter der auflösenden Bedingung (§ 158 Abs. 2 BGB) der Besserung der wirtschaftlichen Situation des Schuldnerunternehmens vereinbart.[100] Die Besonderheit des Erlasses mit Besserungsabrede besteht darin, dass der Erlass zunächst voll wirksam ist, mit der Folge, dass eine Entschuldung des Unternehmens bewirkt wird, die ursprüngliche Forderung jedoch bei Eintritt des Besserungsfalles wieder auflebt und der Gläubiger auf diese Weise an der Gesundung des Unternehmens partizipiert.[101]

---

96 Ebenso *Dziadkowski/Treisch*, FR 1995, 330, 332.

97 Herrmann/Heuer/Raupach/*Kanzler*, EStG/KStG, § 3 Nr. 66 EStG Anm. 40 (Stand: Mai 1995).

98 BFH, Urteil vom 26.11.1980 – I R 52/77, BStBl. II 1981, 181, 182; BFH, vom 22.01.1985 – VIII R 37/84, BStBl. II 1985, 501, 504; BFH, Urteil vom 14.10.1987 – I R 381/83, BFH/NV 1989, 141, 143.

99 Blümich/*Erhard*, EStG/KStG/GewStG, § 3 EStG, Rn. 834 (Stand: Juni 2008); Herrmann/Heuer/Raupach/*Kanzler*, EStG/KStG, § 3 Nr. 66 EStG Anm. 40 (Stand: Mai 1995).

100 *Becker/Pape/Wobbe*, DStR 2010, 506, 507; *Bildstein/Dallwitz*, DStR 2009, 1177, 1178; Blümich/*Krumm*, EStG/KStG/GewStG, § 5 EStG Rn. 920 Stichwort „Besserungsscheine", 957 (Stand: August 2015); Gottwald/*Drukarczyk/Schöntag*, Insolvenzrechts-Handbuch, § 3 Rn. 91; *Häuselmann*, BB 1993, 1552, 1553; *Kahlert*/Rühland, Sanierungs- und Insolvenzsteuerrecht, 2. Aufl., Rn. 2.48; *Knebel*, DB 2009, 1094, 1095; Schmidt/Uhlenbruck/*Crezelius*, Die GmbH in Krise, Sanierung und Insolvenz, 2. Teil, Rn. 2.356; *Schwenker/Fischer*, DStR 2010, 1117, 1119.

101 Gottwald/*Drukarczyk/Schöntag*, Insolvenzrechts-Handbuch, § 3 Rn. 91; Lüdicke/Sistermann/*Loose/Maier*, Unternehmensteuerrecht, § 17 Rn. 78; *Schwenker/Fischer*, DStR 2010, 1117, 1119.

Aus anderen Sanierungsmaßnahmen resultierende Betriebsvermögenserhöhungen begünstigte die Steuerbefreiung gleichwohl nicht.[102] Mangels tatsächlichem Schulderlass lag daher insbesondere kein steuerfreier Sanierungsgewinn vor, wenn dieser aus einer Vereinbarung zwischen Gläubiger und Schuldner resultierte, die nicht auf ein Erlöschen der Schuld gerichtet war, wie dies z.B. bei einem Rangrücktritt der Fall ist.[103] Sofern die Forderung auf andere Weise erlosch – z.B. durch Konfusion – war der daraus generierte Sanierungsgewinn ebenfalls nicht steuerbefreit.[104] Dies galt sogar in den Fällen, in denen der Schuldner die eigene Verbindlichkeit zurückkaufte (Debt-Buy-Back) und die Forderung durch Konfusion erlosch.[105] Schließlich erfasste § 3 Nr. 66 EStG auch nicht die Fälle der Umwandlung der Forderung in eine Beteiligung (Debt-Equity-Swap).[106]

bb) Schulderlass zum Zweck der Sanierung

§ 3 Nr. 66 EStG aF setzte im Weiteren voraus, dass die Schulden „zum Zweck der Sanierung“ erlassen worden sind.

(1) Sanierungsbegriff

Nach der ständigen Rechtsprechung des BFH umfasste der Sanierungsbegriff Maßnahmen, die darauf gerichtet und dafür „geeignet sind, ein Unternehmen vor dem Zusammenbruch zu bewahren und wieder ertragsfähig zu machen.“[107] Die Steuerbefreiung erfasste damit zunächst Fälle der Sanierung des Unternehmens selbst (sog. unternehmensbezogene Sanierung). Dies sind insbesondere die Fälle, in denen die Sanierungsmaßnahme auf die Fortführung des Unternehmens in der Hand des ursprünglichen Unternehmensträgers gerichtet ist. Dabei ist es unerheblich, ob es sich

---

102 Blümich/*Erhard*, EStG/KStG/GewStG, § 3 EStG, Rn. 836 (Stand: Juni 2008); Herrmann/Heuer/Raupach/*Kanzler*, EStG/KStG, § 3 Nr. 66 EStG Anm. 41 (Stand: Mai 1995).

103 Blümich/*Erhard*, EStG/KStG/GewStG, § 3 EStG, Rn. 836 (Stand: Juni 2008); Herrmann/Heuer/Raupach/*Kanzler*, EStG/KStG, § 3 Nr. 66 EStG Anm. 41 (Stand: Mai 1995).

104 BFH, Urteil vom 14.10.1987 – I R 381/83, BFH/NV 1989, 141, 143 f.; siehe auch Herrmann/Heuer/Raupach/*Kanzler*, EStG/KStG, § 3 Nr. 66 EStG Anm. 41 (Stand: Mai 1995).

105 Herrmann/Heuer/Raupach/*Kanzler*, EStG/KStG, § 3 Nr. 66 EStG Anm. 41 (Stand: Mai 1995).

106 BFH, Urteil vom 19.03.1991 – VIII R 214/85, BStBl. II 1991, 633, 635; siehe auch Blümich/*Erhard*, EStG/KStG/GewStG, § 3 EStG, Rn. 836 (Stand: Juni 2008); Herrmann/Heuer/Raupach/*Kanzler*, EStG/KStG, § 3 Nr. 66 EStG Anm. 41 (Stand: Mai 1995).

107 Siehe BFH, Urteil vom 26.11.1980 – I R 52/77, BStBl. II 1981, 181, 182; BFH, vom 22.01.1985 – VIII R 37/84, BStBl. II 1985, 501, 503; BFH, Urteil vom 14.10.1987 – I R 381/83, BFH/NV 1989, 141, 143; BFH, Urteil vom 19.03.1993 – III R 79/91, BFH/NV 1993, 536, 537; BFH, Urteil vom 16.05.2002 – IV R 11/01, BStBl. II 2002, 854, 855; BFH, Urteil vom 10.04.2003 – IV R 63/01, ZIP 2003, 1949, 1950; BFH, Urteil vom 17.11.2004 – I R 11/04, BFH/NV 2005, 1027, 1028; BFH, Urteil vom 12.10.2005 – X R 20/03, BFH/NV 2006, 713, 714; BFH, Urteil vom 12.10.2005 – X R 42/03, BFH/NV 2006, 715, 716.

bei dem Träger des Unternehmens um eine Körperschaft, eine Mitunternehmerschaft oder um einen Einzelunternehmer handelt. Eine unternehmensbezogene Sanierung kommt unabhängig von der Person des Unternehmensträgers in Betracht.[108]

Daneben umfasste die Vorschrift des § 3 Nr. 66 EStG aF auch die Sanierung des Unternehmers selbst (sog. unternehmerbezogene Sanierung). Dabei ist zu beachten, dass eine unternehmerbezogene Sanierung nur dann in Betracht kommt, wenn es sich beim dem Unternehmensträger um eine Mitunternehmerschaft oder einen Einzelunternehmer handelt. In Fällen der unternehmensbezogenen Sanierung erfolgt die Sanierungsmaßnahme mit dem Ziel, dem Unternehmer einen schuldenfreien Übergang in sein Privatleben oder den Aufbau einer anderen Existenzgrundlage zu ermöglichen.[109]

Schließlich erfasste die Regelung des § 3 Nr. 66 EStG aF die Fälle, in denen das Unternehmen in der Hand eines neuen Unternehmensträgers fortgeführt wird (sog. übertragende Sanierung).[110] Unter diese Fallgruppe fällt beispielsweise die Fortführung des Unternehmens einer OHG durch eine GmbH,[111] die Einbringung eines Einzelunternehmens in eine GmbH[112] sowie die Auswechslung der Gesellschafter einer KG[113].

(2) Sanierungsbedürftigkeit, Sanierungseignung und Sanierungsabsicht

Aus dem Wortlaut „zum Zweck der Sanierung" erschließt sich ein weiteres geschriebenes Tatbestandsmerkmal, die Sanierungsabsicht des Gläubigers. Darüber hinaus forderte der BFH in ständiger Rechtsprechung die Sanierungsbedürftigkeit des Unternehmens und die Sanierungseignung des Schulderlasses als weitere ungeschriebene Tatbestandsmerkmale.[114] Diese ursprünglich von der

---

108 Ebenso Blümich/*Erhard*, EStG/KStG/GewStG, § 3 EStG, Rn. 851 (Stand: Juni 2008).

109 Herrmann/Heuer/Raupach/*Kanzler*, EStG/KStG, § 3 Nr. 66 EStG Anm. 52 (Stand: Mai 1995).

110 Blümich/*Erhard*, EStG/KStG/GewStG, § 3 EStG, Rn. 851 ff. (Stand: Juni 2008); Herrmann/Heuer/Raupach/*Kanzler*, EStG/KStG, § 3 Nr. 66 EStG Anm. 42, 52 jeweils m.w.N. (Stand: Mai 1995).

111 BFH, Urteil vom 24.04.1986 – IV R 282/84, BStBl. II 1986, 672.

112 BFH, Urteil vom 14.03.1990 – I R 121/88, BStBl. II 1990, 806.

113 BFH, Urteil vom 23.09.1993 – IV R 103/90, BFH/NV 1994, 468.

114 BFH, Urteil vom 25.10.1963 – I 359/60 S, BStBl. III 1964, 122; BFH, Urteil vom 25.02.1972 – VIII R 30/66, BStBl. II 1972, 531, 532; BFH, Urteil vom 26.11.1980 – I R 52/77, BStBl. II 1981, 181, 182; BFH, vom 22.01.1985 – VIII R 37/84, BStBl. II 1985, 501, 504; BFH, Urteil vom 20.02.1986 – IV R 172/84, BFH/NV 1987, 493, 494; BFH, Urteil vom 14.10.1987 – I R 381/83, BFH/NV 1989, 141, 143; BFH, Urteil vom 14.03.1990 – I R 64/85, BStBl. II 1990, 810, 811; BFH, Urteil vom 19.03.1993 – III R 79/91, BFH/NV 1993, 536, 537; BFH, Urteil vom 24.04.1994 – IV R 71/92, BFH/NV 1995, 15; BFH, Urteil vom 16.05.2002 – IV R 11/01, BStBl. II 2002, 854, 855; BFH, Urteil vom 10.04.2003 – IV R 63/01, ZIP 2003, 1949, 1950; BFH, Urteil vom 17.11.2004 – I R 11/04, BFH/NV 2005, 1027, 1028; BFH, Urteil vom 12.10.2005 – X

Rechtsprechung[115] entwickelten Voraussetzungen[116] mussten im Zeitpunkt des Schulderlasses kumulativ vorliegen. Fehlte nur eine dieser Voraussetzungen, so griff die Steuerbefreiung des § 3 Nr. 66 EStG nicht ein.[117]

b) *Verhältnis des § 3 Nr. 66 EStG aF zu den Vorschriften über die Berücksichtigung von Verlusten*

Wie bereits dargestellt, hat der Große Senat des BFH mit Urteil vom 15.07.1968 die Verrechnung von Sanierungsgewinnen mit laufenden Verlusten und Verlustvorträgen für unzulässig erklärt.[118] Der Große Senat war der Auffassung, die sachliche Steuerbefreiung der gesetzlichen Regelung – zu diesem Zeitpunkt noch § 11 Nr. 4 KStG – würde aufgehoben, wenn der Sanierungsgewinn gleichwohl mit einem laufenden Verlust oder einem Verlustvortrag verrechnet würde.[119] Diese Rechtsprechung galt auch für § 3 Nr. 66 EStG aF als Nachfolgeregelung der gesetzlichen Kodifizierung der sachlichen Steuerbefreiung fort. Der Sanierungsgewinn blieb daher bei der Ermittlung der Einkünfte vollumfänglich außer Betracht.[120] § 3 Nr. 66 EStG aF und die Vorschriften über die steuerlichen Wirkungen eines Verlustes kamen mithin nebeneinander zur Anwendung, mit der Folge, dass laufende Verluste und Verlustvorträge trotz der Steuerbefreiung des Sanierungsgewinns erhalten blieben.

c) *Aufhebung des § 3 Nr. 66 EStG aF*

Durch das Gesetz zur Fortsetzung der Unternehmenssteuerreform vom 29.10.1997[121] wurde § 3 Nr. 66 EStG aF schließlich aufgehoben. Die Streichung des § 3 Nr. 66 EStG aF basiert auf einem Vorschlag der sog. „Bareis-Kommission".[122] Diese vertrat die

---

R 20/03, BFH/NV 2006, 713, 714; BFH, Urteil vom 12.10.2005 – X R 42/03, BFH/NV 2006, 715, 716.

115 Siehe so z.B. bereits BFH, Urteil vom 25.10.1963 – I 359/60 S, BStBl. III 1964, 122.

116 Zur umfassenden Erläuterung der Merkmale siehe **D.III.1.**

117 BFH, Urteil vom 14.10.1987 – I R 381/83, BFH/NV 1989, 141, 143; BFH, Urteil vom 14.03.1990 – I R 64/85, BStBl. II 1990, 810, 811; BFH, Urteil vom 19.03.1993 – III R 79/91, BFH/NV 1993, 536, 537; BFH, Urteil vom 24.04.1994 – IV R 71/92, BFH/NV 1995, 15; BFH, Urteil vom 27.01.1998 – VIII R 64/96, BStBl. II 1998, 537; BFH, Urteil vom 16.05.2002 – IV R 11/01, BStBl. II 2002, 854, 855; BFH, Urteil vom 10.04.2003 – IV R 63/01, ZIP 2003, 1949, 1950; BFH, Urteil vom 17.11.2004 – I R 11/04, BFH/NV 2005, 1027, 1028; BFH, Urteil vom 12.10.2005 – X R 20/03, BFH/NV 2006, 713, 714; BFH, Urteil vom 12.10.2005 – X R 42/03, BFH/NV 2006, 715, 716.

118 BFH, Urteil vom 15.07.1968 – Gr. S 2/67, BStBl. II 1968, 666.

119 BFH, Urteil vom 15.07.1968 – Gr. S 2/67, BStBl. II 1968, 666, 667.

120 Siehe dazu auch Herrmann/Heuer/Raupach/*Kanzler*, EStG/KStG, § 3 Nr. 66 Anm. 26 m.w.N. (Stand: Mai 1995).

121 BGBl. I 1997, 2590.

122 Thesen der Einkommensteuer-Kommission zur Steuerfreistellung des Existenzminimums ab 1996 und zur Reform der Einkommensteuer, BB 1994, Beilage zu Heft 34, S. 7.

Auffassung, eine Besteuerung von Sanierungsgewinnen sei gerechtfertigt, da Sanierungsgewinne mit „zuvor erlittenen Verlusten im Zusammenhang stehen" und eine korrekte Totalbesteuerung bereits „über einen Verlustausgleich oder Verlustabzug" gesichert ist.[123] Dieser Ansicht hat sich der Gesetzgeber letztlich angeschlossen.

aa) Begründung der Aufhebung des § 3 Nr. 66 EStG aF

In der Gesetzesbegründung wies der Gesetzgeber darauf hin, dass die sachliche Steuerbefreiung des § 3 Nr. 66 EStG aF „nach den Grundprinzipien des Einkommensteuerrechts systemwidrig" sei, da der aus der Sanierungsmaßnahme resultierende Gewinn, „entgegen den allgemeinen ertragsteuerlichen Regeln", nicht besteuert würde. Die Vorschrift stamme aus einer Zeit, als das Einkommensteuerrecht „einen unbegrenzten Verlustvortrag noch nicht vorsah" und sollte „einen Ausgleich für nicht abzugsfähige Verluste darstellen". Vor diesem Hintergrund sah der Gesetzgeber die Steuerbefreiung trotz ihres grundsätzlich systemwidrigen Charakters ursprünglich als gerechtfertigt an. Mit Einführung des unbegrenzten Verlustvortrags bestehe diese Rechtfertigung jedoch nicht mehr.[124]

Der Argumentation der „Bareis-Kommission" und des Gesetzgebers lag der Gedanke zugrunde, dass der Steuerpflichtige durch die Steuerbefreiung des Sanierungsgewinns letztlich doppelt begünstigt würde.[125] Die später zum Zweck der Sanierung erlassene Schuld mindert im Zeitpunkt ihres Entstehens das Betriebsvermögen und führt damit grundsätzlich noch im gleichen Jahr zu abziehbaren Verlusten.[126] Diese mit dem Sanierungsgewinn zusammenhängenden Verluste mindern dann im Wege des Verlustausgleichs, -rücktrags und -abzugs die Steuerbelastung des Unternehmens.[127] Auf diesem Weg könnten nach Ansicht des damaligen Gesetzgebers und der „Bareis-Kommission" regelmäßig auch die aus der Sanierung entstehenden Gewinne ausgeglichen und somit eine korrekte Totalbesteuerung gewährleistet werden.[128] Soweit Sanierungsgewinne jedoch durch § 3 Nr. 66 EStG aF von der Steuer befreit und damit von der Verrechnung mit laufenden Verlusten oder Verlustvorträgen ausgenommen sind, kann es erst gar nicht zu einem Ausgleich

---

123 Thesen der Einkommensteuer-Kommission zur Steuerfreistellung des Existenzminimums ab 1996 und zur Reform der Einkommensteuer, BB 1994, Beilage zu Heft 34, S. 7.

124 Zum Ganzen Gesetzesbegründung zum Gesetz zur Fortsetzung der Unternehmenssteuerreform vom 29.10.1997, BT-Drucks. Nr. 13/7480, S. 192.

125 *Braun/Geist*, BB 2009, 2508, 2509; *Düll/Fuhrmann/Eberhard*, DStR 2003, 862; *Geist*, BB 2008, 2658, 2659; *Gondert/Büttner*, DStR 2008, 1676, 1677; *Groh*, DB 1996, 1890, 1892; *Janssen*, BB 2005, 1026, 1027; *Kahlert*/Rühland, Sanierungs- und Insolvenzsteuerrecht, 2. Aufl., Rn. 2.4; *Kroniger/Korb*, BB 2008, 2656.

126 Siehe dazu ausführlich FG Köln, Urteil vom 24.04.2008 – 6 K 2488/06, EFG 2008, 1555.

127 *Groh*, DB 1996, 1890, 1892.

128 Thesen der Einkommensteuer-Kommission zur Steuerfreistellung des Existenzminimums ab 1996 und zur Reform der Einkommensteuer, BB 1994, Beilage zu Heft 34, S. 7.

des Sanierungsgewinns mit den diesen bedingenden Verlusten des Unternehmens kommen.[129] Im Ergebnis führt dies dazu, dass nicht nur der Sanierungsgewinn, sondern durch die Erhaltung der Verluste auch spätere, am Markt erwirtschaftete Gewinne des Unternehmens steuerfrei bleiben, da diese mit den erhaltenen Verlusten verrechnet werden können.[130] Die Steuerbefreiung des Sanierungsgewinns unter gleichzeitiger Aufrechterhaltung der Möglichkeit Verluste unbeschränkt vorzutragen, wurde daher von der „Bareis-Kommission“ und dem Gesetzgeber als eine systemwidrige Doppelbegünstigung des Steuerpflichtigen aufgefasst.

bb) Kritik der Fachliteratur

In Folge der Aufhebung des § 3 Nr. 66 EStG aF sind Sanierungsgewinne seither grundsätzlich steuerpflichtige Betriebsvermögensmehrungen.[131] Die sich aus der Besteuerung von Sanierungsgewinnen ergebenden nachteiligen Folgen[132] sind gleichwohl nicht von der Hand zu weisen. Als Konsequenz dessen ist die Aufhebung der materiell-rechtlichen Steuerbefreiung des § 3 Nr. 66 EStG aF in der Literatur vielfach kritisiert worden.[133] Neben dem Argument, dass die Besteuerung des Sanierungsgewinns gegen das Prinzip der Besteuerung nach der wirtschaftlichen Leistungsfähigkeit verstößt,[134] wurde in der Literatur insbesondere darauf hingewiesen, dass die mit der Sanierung beabsichtigten Vorteile durch die Besteuerung des Sanierungsgewinns vereitelt werden und damit der Erfolg der Sanierung erheblich gefährdet wird.[135] Ungeachtet der weitverbreiteten Kritik in der Literatur, kann eine Befreiung von der auf Sanierungsgewinne entfallenden Steuer seither nur noch über

---

129 *Geist*, BB 2008, 2658, 2659.

130 *Braun/Geist*, BB 2009, 2508, 2509; *Geist*, BB 2008, 2658, 2659; *Gondert/Büttner*, DStR 2008, 1676, 1677; *Groh*, DB 1996, 1890, 1892; *Janssen*, BB 2005, 1026, 1027; *ders.* DStR 2003, 1055, 1056; *Kahlert*/Rühland, Sanierungs- und Insolvenzsteuerrecht, 2. Aufl., Rn. 2.4.

131 Siehe dazu *Blöse*, GmbHR 2003, 579; *Düll/Fuhrmann/Eberhard*, DStR 2003, 862; *Geist*, BB 2008, 2658, 2659; *Hölzle*, FR 2004, 1192, 1204; *Kahlert*/Rühland, Sanierungs- und Insolvenzsteuerrecht, 2. Aufl., Rn. 2.3; *Khan/Adam*, ZInsO 2008, 899, 900; *Knebel*, DB 2009, 1094, 1095; *Kroschel*, DStR 1999, 1383, 1384; Lüdicke/Sistermann/*Loose/Maier*, Unternehmensteuerrecht, § 17 Rn. 69; *Maus*, ZIP 2002, 589; *Schäfer-Elmayer/Müller*, StB 2009, 190, 191; *Schwenker/Fischer*, DStR 2010, 1117, 1119; *Strüber/von Donat*, BB 2003, 2036; *Töben*, FR 2010, 249, 253; *Töben/Lohbeck/Specker*, NWB 2009, 1484, 1486.

132 Siehe dazu ausführlich oben unter **B.II.**

133 Siehe nur *Braun/Geist*, BB 2009, 2508; *Dziadkowski*, DB 1997, 447, 448; *Fritsche*, DStR 2000, 2171, 2172; *Gondert/Büttner*, DStR 2008, 1676, 1679.

134 *Winnefeld*, DB 1991, 2208, 2210.

135 *Blöse*, GmbHR 2003, 579; *Braun/Geist*, BB 2009, 2508; *Düll/Fuhrmann/Eberhard*, DStR 2003, 862, 863; *Dziadkowski*, DB 1997, 447, 448; *Fritsche*, DStR 2000, 2171, 2172; *Gondert/Büttner*, DStR 2008, 1676, 1679; *Janssen*, DStR 2003, 1055, 1056; *Maus*, ZIP 2002, 589, 591; *Vögeli*, ZInsO 2000, 144, 145; *Wagner*, BB 2008, 2671.

die allgemeinen Regelungen der Abgabenordnung erreicht werden.[136] Sowohl die „Bareis-Kommission" als auch der Gesetzgeber hatten insoweit auf die Möglichkeit des Erlasses der Steuer auf den Sanierungsgewinn in Einzelfällen hingewiesen.[137] Wie jedoch bereits dargestellt,[138] ist der Weg über die allgemeinen Regelungen der Abgabenordnung allein kein hinreichend sicheres Mittel, um eine Befreiung von der auf den Sanierungsgewinn entfallenden steuerlichen Belastung zu erreichen.

III. „Sanierungserlass"

Diese Misslage hat auch das Bundesministerium der Finanzen (BMF) erkannt und mit Schreiben vom 27.03.2003 im Einvernehmen mit den obersten Finanzbehörden der Länder eine normkonkretisierende Verwaltungsvorschrift erlassen (sog. „Sanierungserlass")[139], die die Anwendung der §§ 163, 222, 227 AO in Bezug auf Sanierungsgewinne verbindlich regelt. In diesem Schreiben konkretisiert das BMF im Hinblick auf Sanierungsgewinne den unbestimmten Rechtsbegriff der „Unbilligkeit" anhand verschiedener Kriterien, mit dem Ziel, die Anwendung der §§ 163, 222, 227 AO in diesen Fällen zu vereinheitlichen.[140] Sofern die im Sanierungserlass dargelegten Kriterien vorliegen und nach Ausschöpfen der ertragsteuerrechtlichen Verlustverrechnungsmöglichkeiten ein Sanierungsgewinn verbleibt, ist die Erhebung der Steuer auf diesen Gewinn nach Ansicht des BMF für den Steuerpflichtigen stets sachlich unbillig.[141] Die Steuer ist daher nach den Regelungen des Sanierungserlasses auf Antrag des Steuerpflichtigen nach § 163 AO abweichend festzusetzen und nach § 222 AO mit dem Ziel des späteren Erlasses (§ 227 AO) zunächst unter Widerrufsvorbehalt ab Fälligkeit (AEAO zu § 240 Nr. 6a) zu stunden. Nach abschließender Prüfung und nach Feststellung der endgültigen auf den verbleibenden zu versteuernden Sanierungsgewinn entfallenden Steuer, ist die Steuer nach § 227 AO zu erlassen. Gleiches gilt für ggf. erhobene, auf gestundete Steuerbeträge entfallende, Stundungszinsen.[142]

Im Hinblick auf das Problem der Gewährleistung einer am Leistungsfähigkeitsprinzip ausgerichteten Besteuerung von Sanierungsgewinnen ist positiv hervorzuheben, dass der Sanierungserlass den Erlass der auf begünstigte Sanierungsgewinne entfallenden Steuer zwingend anordnet („*ist* die Steuer nach § 227 AO zu erlassen").[143]

---

136 Siehe auch *Kahlert*/Rühland, Sanierungs- und Insolvenzsteuerrecht, 2. Aufl., Rn. 2.7.

137 Thesen der Einkommensteuer-Kommission zur Steuerfreistellung des Existenzminimums ab 1996 und zur Reform der Einkommensteuer, BB 1994, Beilage zu Heft 34, S. 7; Gesetzesbegründung zum Gesetz zur Fortsetzung der Unternehmenssteuerreform vom 29.10.1997, BT-Drucks. Nr. 13/7480, S. 192.

138 Siehe dazu **B.II.3.**

139 BMF, Schreiben vom 27.03.2003 – IV A 6 – S 2140 – 8/03, BStBl. I 2003, 240.

140 Vgl. BGH, Urteil vom 13.03.2014 – IX ZR 23/10, DStR 2014, 895, 897.

141 BMF, Schreiben vom 27.03.2003 – IV A 6 – S 2140 – 8/03, BStBl. I 2003, 240, Tz. 8.

142 BMF, Schreiben vom 27.03.2003 – IV A 6 – S 2140 – 8/03, BStBl. I 2003, 240, Tz. 8, 12.

143 BMF, Schreiben vom 27.03.2003 – IV A 6 – S 2140 – 8/03, BStBl. I 2003, 240, Tz. 12.

Der tatsächliche Erlass der Steuer auf den Sanierungsgewinn ist somit bei Vorliegen der im Sanierungserlass genannten Kriterien nicht mehr von Ermessensentscheidungen der Finanzverwaltung abhängig (Ermessensreduzierung auf Null).[144] Dies verbessert die Eignung verfahrensrechtlicher Billigkeitsmaßnahmen zur hinreichend sicheren Abwendung der auf Sanierungsgewinne entfallenden Steuerbelastung und erhöht dadurch – jedenfalls in einem gewissen Maße – die Planungssicherheit hinsichtlich der bei der Durchführung der Sanierung entstehenden Steuerfolgen. Der Steuerpflichtige hat bei Vorliegen der Kriterien des Sanierungserlasses wegen der Selbstbindung der Verwaltung einen Anspruch auf Erlass der Steuer (Art. 3 GG).

1. Kriterien für den Erlass der Steuer nach dem Sanierungserlass

Hinsichtlich der Kriterien für einen Erlass der Steuer aus sachlichen Billigkeitsgründen knüpft das BMF an die von der Rechtsprechung des BFH entwickelten Merkmale zu § 3 Nr. 66 EStG aF an. Gleichwohl sind die Kritererien des Sanierungserlasses erheblich enger als die Merkmale der materiell-rechtlichen Steuerbefreiung. Es finden sich im BMF-Schreiben insoweit einige Abweichungen, die die Möglichkeit des Erlasses der auf Sanierungsgewinne entfallenden Steuer im Vergleich zu § 3 Nr. 66 EStG aF wesentlich einschränken.[145]

a) Unternehmensbezogene Sanierung

Voraussetzung für die Anwendung des Sanierungserlasses ist zunächst, dass die Situation einer Sanierung i.S.d. BMF-Schreibens vorliegt. Wann eine Sanierungssituation anzunehmen ist, richtet sich nach den Teilziffern 1 und 2 des BMF-Schreibens.

aa) Begriff der Sanierung

Eine Sanierung im Sinne des Sanierungserlasses ist eine Maßnahme, die darauf gerichtet ist, ein Unternehmen oder einen Unternehmensträger (juristische oder natürliche Person) vor dem finanziellen Zusammenbruch zu bewahren und wieder ertragsfähig zu machen.[146] Insofern geht der Sanierungserlass stillschweigend von der Fortführung des Unternehmens als „Normalfall“ der Sanierung aus.[147] Dies ergibt sich insbesondere auch im Umkehrschluss aus Teilziffer 2 Sätze 1 und 3 des BMF-Schreibens, in denen bestimmt wird, dass die Nichtfortführung oder Einstellung des Unternehmens als Ausnahmefälle nur unter bestimmten weiteren Voraussetzungen

---

144 BMF, Schreiben vom 27.03.2003 – IV A 6 – S 2140 – 8/03, BStBl. I 2003, 240, Tz. 12.

145 Ähnlich *Janssen*, BB 2005, 1026, 1027; siehe auch *Kahlert*/Rühland, Sanierungs- und Insolvenzsteuerrecht, 2. Aufl., Rn. 2.8.

146 BMF, Schreiben vom 27.03.2003 – IV A 6 – S 2140 – 8/03, BStBl. I 2003, 240, Tz. 1.

147 *Geist*, BB 2008, 2658, 2663; *Tschersich*, Ertragsbesteuerung der Unternehmenssanierung, 124.

eine Sanierung i.S.d. BMF-Schreibens darstellen.[148] Der Klammerzusatz am Satzende der Begriffsdefinition in Teilziffer 1 stellt insoweit klar, dass der Sanierungserlass nur unternehmensbezogene Sanierungen erfasst.

bb) Grundsätzlicher Anwendungsbereich

Im Grundsatz findet der Sanierungserlass sowohl auf außergerichtliche Sanierungen als auch auf Sanierungen im Rahmen des Planinsolvenzverfahrens nach den §§ 217 ff. InsO Anwendung.[149] Letzteres hat das BMF erneut mit Schreiben vom 22.12.2009[150] verdeutlicht. Das BMF weist außerdem ausdrücklich darauf hin, dass der Sanierungserlass auch auf außergerichtliche Sanierungen Anwendung findet, bei denen sich die Gesellschafterstruktur des in die Krise geratenen zu sanierenden Unternehmens (Personengesellschaft oder Kapitalgesellschaft) ändert. Ebenfalls findet das BMF-Schreiben Anwendung auf andere gesellschaftsrechtliche Umstrukturierungen im Rahmen der außergerichtlichen Sanierung von Kapitalgesellschaften.[151]

cc) Anwendungsbereich bei Nichtfortführung des Unternehmens

Sofern das Unternehmen nicht fortgeführt oder trotz der Sanierungsmaßnahme eingestellt wird, liegt eine Sanierung i.S.d. Sanierungserlasses indes nur dann vor, sofern die Schulden aus „betrieblichen Gründen" erlassen werden.[152] Erfolgt der Schulderlass in Fällen der Nichtfortführung des Unternehmens nicht aus betrieblichen Gründen, kommt ein Erlass der Steuer auf den Sanierungsgewinn nach den Kriterien des Sanierungserlasses somit von vorneherein nicht in Betracht. Das BMF schließt die Anwendung des Sanierungserlasses zudem ausdrücklich für die Fälle aus, in denen der Schulderlass erfolgt, um dem Steuerpflichtigen oder einem Beteiligten einen schuldenfreien Übergang in sein Privatleben oder den Aufbau einer anderen Existenzgrundlage zu ermöglichen (unternehmerbezogene Sanierung).[153] In diesem Punkt weicht das BMF grundlegend von der Rechtsprechung des BFH zu § 3 Nr. 66 EStG aF ab, nach der auch eine unternehmerbezogene Sanierung steuerlich begünstigt war.[154]

---

148 BMF, Schreiben vom 27.03.2003 – IV A 6 – S 2140 – 8/03, BStBl. I 2003, 240, Tz. 2.

149 BMF, Schreiben vom 27.03.2003 – IV A 6 – S 2140 – 8/03, BStBl. I 2003, 240, Tz. 1.

150 BMF, Schreiben vom 22.12.2009 – IV C 6 – S 2140/07/10001–01, BStBl. I 2010, 18, Tz. 3.

151 BMF, Schreiben vom 27.03.2003 – IV A 6 – S 2140 – 8/03, BStBl. I 2003, 240, Tz. 1.

152 BMF, Schreiben vom 27.03.2003 – IV A 6 – S 2140 – 8/03, BStBl. I 2003, 240, Tz. 2 Satz 1.

153 BMF, Schreiben vom 27.03.2003 – IV A 6 – S 2140 – 8/03, BStBl. I 2003, 240, Tz. 2 Satz 2.

154 Zur unternehmerbezogenen Sanierung und den in Literatur und Rechtsprechung divergierenden Ansichten zur Frage, ob diese auch im Rahmen des Sanierungserlasses begünstigt sein sollte, siehe **D.IV.3.**

(1) Erlass der Schulden aus betrieblichen Gründen

Wenn Fälle der Nichtfortführung des Unternehmens der zusätzlichen Voraussetzung des Schulderlasses aus betrieblichen Gründen unterliegen, schließt sich die Frage an, unter welchen Voraussetzungen ein solcher Schulderlass aus betrieblichen Gründen anzunehmen ist. Das BMF nennt in diesem Zusammenhang beispielhaft den Schulderlass zur Ermöglichung eines Sozialplanes zu Gunsten der Arbeitnehmer.[155] Darüber hinaus wird der Begriff „betriebliche Gründe" durch das BMF gleichwohl nicht weiter erläutert oder konkretisiert. Auch in der Fachliteratur wird lediglich vereinzelt zu dieser Frage Stellung genommen.[156] Da der Anwendungsbereich des Sanierungserlasses in Fällen der Nichtfortführung des Unternehmens jedoch ausdrücklich auf solche Fälle beschränkt ist, in denen der Schulderlass aus betrieblichen Gründen erfolgte, scheint eine genauere Begriffsauslegung geboten.

Ebenfalls nicht näher bestimmt und damit auch ausfüllungsbedürftig ist der Begriff des „Unternehmens" in Teilziffer 2 des BMF-Schreibens. In Teilziffer 1[157] des Sanierungserlasses wird die bei Gesellschaften erforderliche sprachliche Unterscheidung zwischen dem Unternehmen und dem Unternehmensträger vorgenommen.[158] Im Rahmen der Regelung der Fälle der Nichtfortführung des Unternehmens in Teilziffer 2[159] fehlt diese Unterscheidung hingegen.[160] Fraglich bleibt daher, ob der Unternehmensbegriff in Teilziffer 2 das Unternehmen einschließlich des Unternehmensträgers meint oder den Unternehmensträger gerade nicht umfasst. Auch diesbezüglich scheint eine Begriffsauslegung angezeigt.

Hinsichtlich der Auslegung des Unternehmensbegriffes in Teilziffer 2 sind drei Möglichkeiten denkbar. Zunächst könnte „Unternehmen" in einem extensiven Sinne als Unternehmen nebst Unternehmensträger gemeint sein (weiter Unternehmensbegriff). Daneben kommt eine restriktive Auslegung als Unternehmen ohne Unternehmensträger in Betracht (enger Unternehmensbegriff). Schließlich ist es denkbar, dass der Unternehmensbegriff allein den Unternehmensträger ohne das Unternehmen erfasst.[161]

Nach der hier vertretenen Auffassung bietet die systematische Ausgestaltung der Teilziffer 2 des BMF-Schreibens die entscheidenden Anhaltspunkte für die Auslegung des Unternehmensbegriffes. Teilziffer 2 Satz 1 bestimmt, dass eine i.S.d. Sanierungserlasses begünstigte Sanierung bei Nichtfortführung des Unternehmens nur dann vorliegen kann, wenn die Schulden aus betrieblichen Gründe erlassen

155 BMF, Schreiben vom 27.03.2003 – IV A 6 – S 2140 – 8/03, BStBl. I 2003, 240, Tz. 2.

156 Ausführlich zu diesem Punkt nur *Geist*, BB 2008, 2658; *Ebbinghaus/Neu*, DB 2012, 2831.

157 BMF, Schreiben vom 27.03.2003 – IV A 6 – S 2140 – 8/03, BStBl. I 2003, 240, Tz. 1: „[...] die darauf gerichtet ist, ein Unternehmen oder einen Unternehmensträger [...]".

158 Ebenso *Geist*, BB 2008, 2658, 2664.

159 BMF, Schreiben vom 27.03.2003 – IV A 6 – S 2140 – 8/03, BStBl. I 2003, 240, Tz. 2: „Wird das Unternehmen nicht fortgeführt [...]".

160 Ebenso *Geist*, BB 2008, 2658, 2664.

161 Ebenso *Geist*, BB 2008, 2658, 2664.

werden.[162] In Teilziffer 2 Satz 3 ist geregelt, dass im Fall einer übertragenden Sanierung von einem betrieblichen Interesse auch auszugehen ist, sofern der Schulderlass erforderlich ist, um das Nachfolgeunternehmen von der Inanspruchnahme von Schulden des Vorgängerunternehmens freizustellen.[163] Teilziffer 2 Satz 3 enthält somit für Fälle der übertragenden Sanierung eine Erweiterung hinsichtlich des Vorliegens eines betrieblichen Grundes, von dem für Fälle der übertragenden Sanierung ausnahmsweise *auch* auszugehen ist, wenn der Schulderlass zur Freistellung des Nachfolgeunternehmens von der Inanspruchnahme von Schulden des Vorgängerunternehmens erfolgt. Teilziffer 2 Satz 3 regelt die übertragende Sanierung mithin als einen Spezialfall von Teilziffer 2 Satz 1.[164] Dieser Schlussfolgerung steht nicht entgegen, dass Teilziffer 2 Satz 3 nicht von betrieblichen „Gründen", sondern von einem betrieblichen „Interesse" spricht, da die Formulierung „auch" die entscheidende Verknüpfung dahingehend herstellt, dass mit beiden Ausdrücken das gleiche gemeint ist. Der Unterschied in der Wortwahl scheint insoweit nur eine sprachliche Ungenauigkeit zu sein.[165]

Eine solche Erweiterung des Vorliegens eines betrieblichen Grundes für einen speziellen Fall – hier den der übertragenden Sanierung – über die Verknüpfung mit dem Wort „auch", ist gleichwohl nur dann systematisch stringent, wenn der spezielle Fall grundsätzlich von der allgemeinen Regelung – hier der des Satz 1 – erfasst ist. Die vorgesehene Verknüpfung ist also nur dann systematisch sinnvoll, wenn der spezielle Fall der übertragenden Sanierung im Grundsatz überhaupt von betrieblichen Gründen abhängig ist.[166] Auf Grund der Systematik muss daher davon ausgegangen werden, dass die übertragende Sanierung von Teilziffer 2 Satz 1 grundsätzlich erfasst – d. h. von betrieblichen Gründen abhängig – sein soll und die Erweiterung in Teilziffer 2 Satz 3 zur Konkretisierung des Anwendungsbereiches des Sanierungserlasses auf die übertragende Sanierung vorgenommen wurde.

Bei einer übertragenden Sanierung wird das Unternehmen weiterbetrieben und nur der Unternehmensträger (unter Liquidation des alten Unternehmensträgers) gewechselt. Nichtfortgeführt wird mithin nur der alte Unternehmensträger. Wenn der Unternehmensbegriff in Teilziffer 2 Satz 1, der Systematik nach die übertragende Sanierung grundsätzlich erfasst, dann muss das BMF einen weiten Unternehmensbegriff zu Grunde gelegt haben, da nur dieser die Nichtfortführung auch des Unternehmensträgers und damit grundsätzlich den Fall der übertragenden Sanierung erfasst. Bei Zugrundelegung eines engen Unternehmensbegriffes, der nur die Nichtfortführung des Unternehmens, nicht aber die Nichtfortführung des Unternehmensträgers erfasst, wären Fälle der übertragenden Sanierung überhaupt nicht von dem

162 BMF, Schreiben vom 27.03.2003 – IV A 6 – S 2140 – 8/03, BStBl. I 2003, 240, Tz. 2 Satz 1.
163 BMF, Schreiben vom 27.03.2003 – IV A 6 – S 2140 – 8/03, BStBl. I 2003, 240, Tz. 2 Satz 3.
164 Ebenso *Geist*, BB 2008, 2658, 2664.
165 So im Ergebnis auch *Geist*, BB 2008, 2658, 2664.
166 Ähnlich *Geist*, BB 2008, 2658, 2664.

Vorliegen betrieblicher Gründe abhängig.[167] Eine Erweiterung betrieblicher Gründe in Teilziffer 2 Satz 3 wäre obsolet.[168] Die Systematik des BMF-Schreibens ist daher in sich nur stimmig, wenn der Begriff des Unternehmens in Teilziffer 2 Satz 1 weit ausgelegt wird. Vor diesem Hintergrund ist nur eine Auslegung i.S.e. weiten Unternehmensbegriffes sinnvoll.[169] Trotz der fehlenden sprachlichen Unterscheidung meint der Begriff des „Unternehmens" in Teilziffer 2 daher das Unternehmen nebst Unternehmensträger. In Folge dessen erfasst Teilziffer 2 Satz 1 Fälle in denen allein das Unternehmen eingestellt wird und Fälle in denen auch der Unternehmensträger nicht fortgeführt wird. Fälle, in denen nur der Unternehmensträger nicht fortgeführt, wird (übertragende Sanierung) sind hingegen von Teilziffer 2 Satz 3 erfasst.[170]

Ob in den betreffenden Fällen auch eine i.S.d. Sanierungserlasses begünstigte Sanierung vorliegt, hängt dann neben weiteren Voraussetzungen entscheidend davon ab, ob der Schulderlass aus betrieblichen Gründen bzw. aus betrieblichen Interessen ergangen ist. Als Beispiel für einen Fall des Schulderlasses aus betrieblichen Gründen i.S.d. BMF-Schreibens nennt dieses den Erlass zur Ermöglichung eines Sozialplanes zu Gunsten der Arbeitnehmer.[171] Die beispielhafte Nennung dieser Fallgruppe lässt darauf schließen, dass es nach Auffassung des BMF grundsätzlich noch weitere Fallgruppen geben kann, in denen ein Schulderlass aus betrieblichen Gründen anzunehmen ist. Mit Blick auf die Konkretisierung des Anwendungsbereiches des Sanierungserlasses ist daher fraglich, anhand welcher Merkmale etwaige weitere Fallgruppen von Erlassgründen als „betrieblich" charakterisiert werden können. In der Literatur wird diesbezüglich vertreten, dass geeignete Merkmale zur Charakterisierung von weiteren Erlassgründen als „betrieblich" über eine teleologische Auslegung des BMF-Schreibens hergeleitet werden können.[172] So sei es nach Ansicht der Rechtsprechung Sinn und Zweck des § 3 Nr. 66 EStG aF gewesen, „das Unternehmen als Faktor des Wirtschaftslebens" und als „Einkunftsquelle des Unternehmers und seiner Mitarbeiter" zu erhalten.[173] Nach Einstellung des Unternehmens verblieben demnach vom Sinn und Zweck des § 3 Nr. 66 EStG aF nur noch die Arbeitnehmerinteressen als schutzwürdige Interessen. Dies sei ein Indikator dafür,

167 Ebenso *Geist*, BB 2008, 2658, 2664.

168 Ebenso *Geist*, BB 2008, 2658, 2664.

169 Nicht gleichermaßen eindeutig im Ergebnis *Geist*, BB 2008, 2658, 2664, der letztlich folgert, dass eine Auslegung zu keinem klaren Ergebnis kommt. Gleichwohl sprächen die besseren Argumente für eine weite Auslegung des Unternehmensbegriffes.

170 Ebenso *Geist*, BB 2008, 2658, 2664.

171 BMF, Schreiben vom 27.03.2003 – IV A 6 – S 2140 – 8/03, BStBl. I 2003, 240, Tz. 2.

172 *Geist*, BB 2008, 2658, 2665.

173 *Geist*, BB 2008, 2658, 2665 mit Verweis auf BFH, Urteil vom 07.02.1985 – IV R 177/83, BStBl. II 1985, 504, 505; BFH, Urteil vom 03.07.1997 – IV R 31/96, BStBl. II 1997, 690, 691.

dass der Begriff „betriebliche Gründe" in Teilziffer 2 Satz 1 des BMF-Schreibens gleichermaßen auf die Interessen der Arbeitnehmer beschränkt ist.[174]

Diese Auslegung ist zwar im Ergebnis wohl zutreffend, der Transfer vom Sinn und Zweck des § 3 Nr. 66 EStG aF auf den Sanierungserlass erscheint allerdings in der Herleitung nicht ganz schlüssig. Nach der Rechtsprechung des BFH zu § 3 Nr. 66 EStG aF war auch eine unternehmerbezogene Sanierung mit dem Steuerprivileg begünstigt. Die Steuerbefreiung griff mithin auch dann ein, wenn dem Schuldner durch den Forderungserlass eine schuldenfreie Liquidierung seines Unternehmens und der „Aufbau einer Existenz in selbstständiger oder nichtselbstständiger Position" ermöglicht werden sollte, ohne dass er dabei von den weiterbestehenden Schulden aus der früheren unternehmerischen Tätigkeit beeinträchtigt bleibt.[175] § 3 Nr. 66 EStG aF hatte in Fällen der Einstellung des Unternehmens deshalb keineswegs nur noch die Interessen der Arbeitnehmer, sondern auch noch die des Unternehmers im Blick. Nach Auffassung des BFH sollte mit der Steuerbefreiung des Sanierungsgewinns in Fällen der unternehmerbezogenen Sanierung erreicht werden, dass der Schuldner „nicht aufgrund von Maßnahmen zur Einkommensteuer herangezogen [...] wird, die dazu dienen, seine Leistungsfähigkeit" als Subjekt der Einkommensteuer erst „wieder herzustellen."[176] Die Schlussfolgerung, dass nach Einstellung des Unternehmens vom Sinn und Zweck des § 3 Nr. 66 EStG aF nur noch die Arbeitnehmerinteressen als schutzwürdige Interessen verblieben, ist folglich nicht zutreffend. Ein Transfer vom vermeintlichen Sinn und Zweck des § 3 Nr. 66 EStG aF auf den Sanierungserlass mit dem Ergebnis, dass nur noch die Arbeitnehmerinteressen als schutzwürdige Interessen verbleiben, kann deshalb so nicht völlig überzeugen.

Daneben wird in der Literatur vertreten, der Begriff „betriebliche Gründe" verfolge den Zweck, hinsichtlich der Zielrichtung der mit dem Schulderlass einhergehenden Begünstigung die Unternehmens- von der Unternehmersphäre abzugrenzen.[177] Ein Schulderlass erfolge daher dann aus betrieblichen Gründen, wenn er ausschließlich zu einer Begünstigung auf der Ebene des Unternehmens führt. Soweit jedoch auch eine Schuldbefreiung auf der Ebene des Gesellschafters ausgelöst würde, wie das z. B. beim Erlass einer Verbindlichkeit, für die sich der Gesellschafter verbürgt hat, der Fall sei, erfolge der Schulderlass nicht aus betrieblichen Gründen, da dieser auch dazu diene, dem Gesellschafter einen schuldenfreien Übergang in sein Privatleben zu ermöglichen.[178] Nach dieser Auffassung wären weitere Fallgruppen von Erlassgründen somit dann als „betrieblich" zu charakterisieren, wenn diese ausschließlich eine Begünstigung des Unternehmens, nicht aber eine Begünstigung des Unternehmers im Blick haben. Auch diese Auslegung vermag

---

174 *Geist*, BB 2008, 2658, 2665.

175 BFH, Urteil vom 12.10.2005 – X R 42/03, BFH/NV 2006, 715, 716; siehe auch schon BFH, Urteil vom 14.03.1990 – I R 106/85, BStBl. II 1990, 813, 815; BFH, Urteil vom 14.03.1990 – I R 64/85, BStBl. II 1990, 810, 813.

176 BFH, Urteil vom 14.03.1990 – I R 106/85, BStBl. II 1990, 813, 815.

177 *Ebbinghaus/Neu*, DB 2012, 2831, 2833 f.

178 *Ebbinghaus/Neu*, DB 2012, 2831, 2833 f.

nicht völlig zu überzeugen, da das vorstehende Begriffsverständnis das Erfordernis des Schulderlasses aus betrieblichen Gründen darauf beschränkt, sicherzustellen, dass unternehmerbezogene Sanierungen nicht vom Sanierungserlass begünstigt sind. Ob Tz. 2 tatsächlich so zu verstehen ist, darf zumindest bezweifelt werden. Denn der Ausschluss unternehmerbezogener Sanierungen aus dem Anwendungsbereich des Sanierungserlasses ergibt sich bereits aus Tz. 2 Satz 2. Das vorstehende Begriffsverständnis des Merkmals „betriebliche Gründe" unterstellt, hätte es dieses Merkmals mit Blick auf die Regelung der Tz. 2 Satz 2 gar nicht bedurft. Der Umstand, dass die Finanzverwaltung gleichwohl zusätzlich zum Ausschluss unternehmerbezogener Sanierungen in Tz. 2 Satz 2 noch das Erfordernis des Schulderlasses aus betrieblichen Gründen in Tz. 2 Satz 1 aufgenommen hat, spricht daher dafür, dass dieses Merkmal nicht lediglich der Abgrenzung der Unternehmens- von der Unternehmersphäre dient, sondern eine darüber hinausgehende Einschränkung des Anwendungsbereiches des Sanierungserlasses im Blick hat. Das von *Ebbinghaus/ Neu* zugrunde gelegte Begriffsverständnis erscheint daher nicht zutreffend.

Vorzugswürdig erscheint, Merkmale zur Charakterisierung weiterer Fallgruppen von Erlassgründen als „betrieblich" über eine Auslegung nach dem Wortsinn des wirtschaftswissenschaftlichen Begriffs des Betriebes herauszuarbeiten. Die Betriebswirtschaftslehre versteht einen Betrieb als „ökonomische, technische, soziale und umweltbezogene Einheit".[179] Der „Betrieb stellt dabei die kleinste Einheit dar, in der sich durch Zusammenfassung von Menschen und Sachen wirtschaftliche Handlungen vollziehen lassen."[180] Der Betrieb verkörpert mithin die wirtschaftlichen Interessen der Menschen, die im Rahmen einer organisierten Einheit[181] am Wirtschaftsverkehr teilnehmen. Im Kern handelt es sich dabei vor allem um das wirtschaftliche Interesse des Unternehmers und seiner Mitarbeiter, durch die Tätigkeit als wirtschaftliche Einheit am Markt Gewinne bzw. Einkünfte zu erzielen. Versteht man den Betrieb mithin als eine Einheit, die nach außen von dem Interesse der wirtschaftlichen Tätigkeit und im Kern von den Interessen der in der wirtschaftlichen Einheit aktiven Menschen (Unternehmer und Mitarbeiter) getragen ist, so können betriebliche Gründe insbesondere solche sein, die diesen Interessen Rechnung tragen. Betriebliche Gründe können demnach grundsätzlich in Fällen anzunehmen sein, in denen der Schulderlass dem Schutz der wirtschaftlich tätigen Einheit als Ganzes oder dem Schutz der Interessen der dahinterstehenden Personen zu dienen bestimmt ist.

Es schließt sich daher die Frage an, in welchen dieser Fälle auch betriebliche Gründen i.S.d. Teilziffer 2 Satz 1 des Sanierungserlasses anzunehmen sind. Ein Schulderlass zum Schutz bzw. Erhalt der wirtschaftlich tätigen Einheit als Ganzes kommt im Rahmen der Teilziffer 2 des BMF-Schreibens als betrieblicher Grund nicht

179 *Bea/Schweitzer*, Allgemeine Betriebswirtschaftslehre, S. 28.

180 *Corsten/Reiß*, Betriebswirtschaftslehre, S. 17.

181 Siehe auch Baumbach/*Hopt*, HGB, Einl. vor § 1 Rn. 33, der darauf hinweist, dass ein Betrieb „eine organisierte Einheit am Markt und im Verkehr" ist.

in Betracht, da diese ja gerade die Nichtfortführung des Unternehmens und somit die Einstellung der wirtschaftlichen Tätigkeit des Betriebes regelt. Ein Schulderlass zum Erhalt der wirtschaftlich tätigen Einheit als Ganzes ist vielmehr der klassische Fall der fortführenden Sanierung der von Teilziffer 1 des Sanierungserlasses geregelt ist. Ein Schulderlass zum Schutz der Interessen des Unternehmers kommt vor dem Hintergrund von Teilziffer 2 Satz 2 des BMF-Schreibens ebenfalls nicht in Betracht, da die unternehmerbezogene Sanierung gerade nicht erfasst werden soll und insoweit als nicht begünstigte Fallgruppe gerade das Gegenteil betrieblicher Gründe verkörpert. Als Fälle des Schulderlasses aus betrieblichen Gründen kommen daher nur solche in Frage, in denen der Schulderlass die Interessen der Arbeitnehmer unterstützen soll. Zu denken ist in diesem Zusammenhang vor allem an das ursprüngliche Interesse der Arbeitnehmer, Einkünfte aus dem Betrieb zu erzielen und ihren Lebensunterhalt zu bestreiten. Sofern die wirtschaftliche Tätigkeit des Betriebes nicht fortgeführt wird, liegt es im Interesse der Arbeitnehmer, den Ausfall an Einkünften zu kompensieren. Erfolgt ein Schulderlass mit der Intention, diese oder ähnliche Interessen der Arbeitnehmer zu fördern, kann von einem betrieblichen Grund gesprochen werden. Insoweit steht die hier vorgenommene Auslegung auch mit dem vom BMF gegebenen Beispiel des Sozialplans im Einklang, da der Sozialplan ausschließlich die Interessen der Arbeitnehmer im Blick hat und einen Ausgleich für die den Arbeitnehmern aus der Betriebsänderung erwachsenden Nachteile darstellt.[182]

In Übereinstimmung mit der in der Literatur vertretenen teleologischen Auslegung[183] ist daher im Ergebnis davon auszugehen, dass betriebliche Gründe i.S.d. Teilziffer 2 Satz 1 des BMF-Schreibens dann vorliegen, wenn der Schulderlass zur Unterstützung der Arbeitnehmerinteressen erfolgt. Im Hinblick auf die Anwendung des Sanierungserlasses in Fällen der Nichtfortführung des Unternehmens sind weitere Fallgruppen von Erlassgründen somit am Merkmal des Schutzes von Arbeitnehmerinteressen abzugrenzen und als „betrieblich" zu charakterisieren.

(2) Sonderfall der übertragenden Sanierung

Wie bereits erläutert, versteht das BMF die übertragende Sanierung als Sonderfall der Nichtfortführung des Unternehmens nach Teilziffer 2 Satz 1 des Sanierungserlasses. Dies hat zur Folge, dass die Anwendbarkeit des BMF-Schreibens auf diese Fallgruppe auch von einer weiteren Voraussetzung abhängig ist, die auf den betrieblichen Bezug des Schulderlasses abstellt. Um die Fallgruppe der übertragenden Sanierung effektiv in die Systematik des BMF-Schreibens einzukleiden, war es jedoch nötig, eine Erweiterung des Merkmals „betriebliche Gründe" vorzunehmen, die auf die Besonderheit zugeschnitten ist, dass bei der übertragenden Sanierung nur der alte Unternehmensträger, nicht jedoch der Betrieb des Unternehmens, eingestellt wird.

---

182 Siehe dazu § 112 BetrVG.

183 *Geist*, BB 2008, 2658, 2665.

Im Zentrum des Konzepts der übertragenden Sanierung steht die Intention, dem Unternehmen in der Hand eines neuen Unternehmensträgers einen altschuldenfreien Neuanfang zu ermöglichen.[184] Dies setzt zunächst voraus, dass die Gläubiger der Altgesellschaft die mit ihren Forderungen korrespondierenden Verbindlichkeiten erlassen, sodass die übernehmende Gesellschaft nicht für die Altverbindlichkeit in Anspruch genommen werden kann. Darüber hinaus ist unumgänglich, dass die von den Gläubigern erklärten Forderungserlasse bei der Altgesellschaft nicht zu einer steuerlichen Belastung führen, da das Konzept ansonsten ins Leere läuft.[185] Würden die aus den Forderungserlasse resultierenden Sanierungsgewinne der Besteuerung unterliegen, wäre ein altschuldenfreier Neuanfang nicht möglich. Aus diesem Grund sieht der Sanierungserlass in Teilziffer 2 Satz 3 vor, dass die aus dem Schulderlass resultierenden Sanierungsgewinne bei Nichtfortführung des Unternehmens auch dann dem Anwendungsbereich des BMF-Schreibens unterfallen, sofern der Schulderlass gegenüber dem alten Unternehmensträger in der Absicht erklärt wird, einen altschuldenfreien Übergang des Unternehmens auf einen neuen Unternehmensträger zu ermöglichen. Dies steht auch im Einklang mit der Rechtsprechung des BFH zur Behandlung von Sanierungsgewinnen aus einer übertragenden Sanierung im Rahmen des § 3 Nr. 66 EStG aF.[186] Nach Auffassung des BFH war kein Grund ersichtlich, einem Schulderlass zum Zwecke der Sanierung des Unternehmens in der Hand eines neuen Trägers die Steuerprivilegierung des § 3 Nr. 66 EStG aF zu versagen.[187] Daran knüpft das BMF mit der Erweiterung des Vorliegens betrieblicher Gründe in Teilziffer 2 Satz 3 des Sanierungserlasses an.

b) Sanierungsgewinn

Liegt die Situation einer Sanierung i.S.d. Teilziffern 1, 2 des Sanierungserlasses vor, ist im Weiteren zu prüfen, ob durch die Sanierungsmaßnahme ein Sanierungsgewinn entstanden ist. Unter einem Sanierungsgewinn versteht der Sanierungserlass die Erhöhung des Betriebsvermögens, die dadurch entsteht, dass Schulden zum Zweck der Sanierung ganz oder teilweise erlassen werden.[188] Ein solcher Erlass von Schulden setzt eine vertragliche Vereinbarung zwischen Schuldner und Gläubiger voraus, nach der letzterer auf seine Forderung(en) verzichtet.[189] Entscheidend ist dabei, dass es durch den schuldrechtlichen Vertrag zum Untergang der Forderung gegen den Schuldner kommt – und somit zu einer Verringerung der von diesem auszuweisenden Verbindlichkeiten – „ohne dass der Gläubiger eine" entsprechende

---

184 BFH, Urteil vom 24.04.1986 – IV R 282/84, BStBl. II 1986, 672, 673.

185 *Geist*, BB 2008, 2658, 2665.

186 BFH, Urteil vom 24.04.1986 – IV R 282/84, BStBl. II 1986, 672.

187 BFH, Urteil vom 24.04.1986 – IV R 282/84, BStBl. II 1986, 672, 673.

188 BMF, Schreiben vom 27.03.2003 – IV A 6 – S 2140 – 8/03, BStBl. I 2003, 240, Tz. 3 Satz 1; so auch bereits § 11 Nr. 4 KStG 1934, § 3 Nr. 66 EStG 1977.

189 *Kahlert/Rühland*, Sanierungs- und Insolvenzsteuerrecht, Teil A Rn. 141; Lüdicke/Sistermann/*Loose/Maier*, Unternehmensteuerrecht, § 17 Rn. 127.

„wirtschaftliche Gegenleistung erhält."[190] Das BMF weist daher ausdrücklich darauf hin, dass Schulden insbesondere durch einen Erlassvertrag nach § 397 Abs. 1 BGB oder durch ein negatives Schuldanerkenntnis nach § 397 Abs. 2 BGB erlassen werden.[191] Wie sich aus Teilziffer 5 des BMF-Schreibens ergibt, stellt auch der Forderungserlass gegen Besserungsschein[192] einen Schulderlass i.S.d. Sanierungserlasses dar, sodass auch ein aus diesem bedingten Erlass generierter Gewinn bei Vorliegen der weiteren Kriterien von dem Sanierungserlass begünstigt ist.[193]

Zu einer Erhöhung des Betriebsvermögens und damit zu einem Sanierungsgewinn kann es nur kommen, wenn die Einkünfte durch einen Betriebsvermögensvergleich ermittelt werden.[194] Der Sanierungserlass steht daher ausschließlich bilanzierenden Unternehmern offen.[195] Werden die Einkünfte hingegen durch Einnahmeüberschussrechnung ermittelt, kommt es in Folge des Schulderlasses nicht zu einer Betriebsvermögenserhöhung.[196] Aus diesem Grund wird teilweise empfohlen, ggf. vor dem Erlass der Schulden die Gewinnermittlungsart von der Einnahmeüberschussrechnung hin zur Gewinnermittlung durch Bestandsvergleich zu wechseln.[197] Dies wäre z.B. dann sinnvoll, wenn das Unternehmen bestehende Verlustvorträge bereits anderweitig verrechnen konnte, sodass aktuell keine oder jedenfalls nur sehr geringe Verlustvorträge bestehen und dadurch der nach Ausschöpfen der ertragsteuerrechtlichen Verlustverrechnungsmöglichkeiten verbleibende Sanierungsgewinn entsprechend hoch wäre.[198] Gleichwohl sollten weitere steuerliche Konsequenzen eines Wechsels der Gewinnermittlungsart nicht unberücksichtigt bleiben.[199] Der

190 *Strüber/von Donat*, BB 2003, 2036, 2037.

191 BMF, Schreiben vom 27.03.2003 – IV A 6 – S 2140 – 8/03, BStBl. I 2003, 240, Tz. 3 Satz 2.

192 Zur Ausführlichen Darstelltung des Forderungserlasses gegen Besserungsschein siehe **E.II.**

193 BMF, Schreiben vom 27.03.2003 – IV A 6 – S 2140 – 8/03, BStBl. I 2003, 240, Tz. 5 Satz 1.

194 *Kahlert*/Rühland, Sanierungs- und Insolvenzsteuerrecht, 2. Aufl., Rn. 2.26; *Khan/Adam*, ZInsO 2008, 899, 901; Lüdicke/Sistermann/*Loose/Maier*, Unternehmensteuerrecht, § 17 Rn. 127; *Maus*, Steuern im Insolvenzverfahren, Rn. 427; *Tschersich*, Ertragsbesteuerung der Unternehmenssanierung, 124 f.

195 *Kahlert*/Rühland, Sanierungs- und Insolvenzsteuerrecht, 2. Aufl., Rn. 2.26, *Maus*, Steuern im Insolvenzverfahren, Rn. 427.

196 *Kahlert*/Rühland, Sanierungs- und Insolvenzsteuerrecht, 2. Aufl., Rn. 2.26; Lüdicke/Sistermann/*Loose/Maier*, Unternehmensteuerrecht, § 17 Rn. 127; *Maus*, Steuern im Insolvenzverfahren, Rn. 427.

197 *Kahlert*/Rühland, Sanierungs- und Insolvenzsteuerrecht, 2. Aufl., Rn. 2.26; *Khan/Adam*, ZInsO 2008, 899, 901; Lüdicke/Sistermann/*Loose/Maier*, Unternehmensteuerrecht, § 17 Rn. 127; *Maus*, Steuern im Insolvenzverfahren, Rn. 428.

198 Beispiel von *Khan/Adam*, ZInsO 2008, 899, 901 Fn. 26.

199 *Kahlert*/Rühland, Sanierungs- und Insolvenzsteuerrecht, 2. Aufl., Rn. 2.26; *Khan/Adam*, ZInsO 2008, 899, 901.

Wechsel der Gewinnermittlungsart wird regelmäßig Gewinnkorrekturen zur Folge haben, die sich auch zu Lasten des Unternehmens auswirken können.[200]

c) Begünstigter Sanierungsgewinn

Ein im Rahmen einer Sanierungsmaßnahme durch den Erlass von Schulden generierter Sanierungsgewinn ist nur dann von dem BMF-Schreiben begünstigt, wenn das Unternehmen sanierungsbedürftig und sanierungsfähig ist, der Schulderlass sanierungsgeeignet ist und die Gläubiger in Sanierungsabsicht handeln.[201] Denn ein Erlass nach den §§ 163, 227 AO kommt nur dann in Betracht, wenn die Erhebung der Steuer (163 AO) bzw. die Einziehung der Ansprüche aus dem Steuerschuldverhältnis (227 AO) nach der Lage im Einzelfall unbillig wäre, was nach der Rechtsauffasung des BMF im Hinblick auf die Besteuerung von Sanierungsgewinnen nur bei Vorliegen dieser Kriterien der Fall ist.[202] Das BMF knüpft insoweit an die Tatbestandsmerkmale der sachlichen Steuerbefreiung des § 3 Nr. 66 EStG aF an.[203] Nach dem Wortlaut des Sanierungserlasses und im Kontext des § 3 Nr. 66 EStG aF ist davon auszugehen, dass Kriterien für einen begünstigten Sanierungsgewinn im Zeitpunkt des Schulderlasses kumulativ vorliegen müssen.[204] Sofern nur ein Kriterium fehlt, ist hingegen für die Annahme eines i.S.d. Sanierungserlasses begünstigten Sanierungsgewinns kein Raum.[205] Die Kriterien werden vom BMF nicht definiert oder weiter erläutert. Zur Konkretisierung kann jedoch nach allgemeiner Ansicht auf die Rechtsprechung des BFH zu § 3 Nr. 66 EStG aF zurückgegriffen werden.[206] Dabei

---

200 *Khan/Adam*, ZInsO 2008, 899, 901.

201 BMF, Schreiben vom 27.03.2003 – IV A 6 – S 2140 – 8/03, BStBl. I 2003, 240, Tz. 4 Satz 1.

202 Das BMF konkretisiert den unbestimmten Rechtsbegriff der „Unbilligkeit" i.S.d. §§ 163, 227 AO insoweit insbesondere über diese vier Kriterien.

203 Siehe auch *Kahlert*/Rühland, Sanierungs- und Insolvenzsteuerrecht, 2. Aufl., Rn. 2.28.

204 BFH, Beschluss vom 24.03.2015 – X B 127/14, BFH/NV 2015, 809 unter 2.; ebenso bereits *Lukas*, NWB 2011, 3022, 3024.

205 BFH, Urteil vom 22.11.1983 – VIII R 14/81, BStBl. II 1984, 472, 473; BFH, Urteil vom 14.10.1987 – I R 381/83, BFH/NV 1989, 141, 143; BFH, Urteil vom 14.03.1990 – I R 64/85, BStBl. II 1990, 810, 811; BFH, Urteil vom 19.03.1993 – III R 79/91, BFH/NV 1993, 536, 537; BFH, Urteil vom 24.04.1994 – IV R 71/92, BFH/NV 1995, 15; BFH, Urteil vom 27.01.1998 – VIII R 64/96, BStBl. II 1998, 537; BFH, Urteil vom 16.05.2002 – IV R 11/01, BStBl. II 2002, 854, 855; BFH, Urteil vom 10.04.2003 – IV R 63/01, ZIP 2003, 1949, 1950; BFH, Urteil vom 17.11.2004 – I R 11/04, BFH/NV 2005, 1027, 1028; BFH, Urteil vom 12.10.2005 – X R 20/03, BFH/NV 2006, 713, 714; BFH, Urteil vom 12.10.2005 – X R 42/03, BFH/NV 2006, 715, 716; siehe auch *Kahlert*/Rühland, Sanierungs- und Insolvenzsteuerrecht, 2. Aufl., Rn. 2.28.

206 *Düll/Fuhrmann/Eberhard*, DStR 2003, 862, 864; *Hölzle*, FR 2004, 1192, 1205 Fn. 178; *Janssen*, DStR 2003, 1055, 1056; *Kahlert*/Rühland, Sanierungs- und Insolvenzsteuerrecht, 2. Aufl., Rn. 2.28; *Khan/Adam*, ZInsO 2008, 899, 902; *Lukas*, NWB 2011, 3022,

ist gleichwohl der unterschiedlichen Reichweite des Anwendungsbereiches des Sanierungserlasses einerseits und der Vorschrift des § 3 Nr. 66 EStG aF andererseits Rechnung zu tragen. Mit Blick auf die Konkretisierung der einzelnen Kriterien ist zwischen einer fortführenden Sanierung i.S.d. Teilziffer 1 des BMF-Schreibens und einer das Unternehmen nichtfortführenden Sanierung i.S.d. Teilziffer 2 zu unterscheiden, da einzelne Kriterien im letzteren Fall umgedeutet werden müssen.

aa) Fortführende Sanierung

Zunächst sind die Kriterien für die Fälle einer fortführenden Sanierung zu konkretisieren.

(1) Sanierungsbedürftigkeit des Unternehmens

Für die Prüfung der Sanierungsbedürftigkeit eines Unternehmens sind die Verhältnisse zum Zeitpunkt des Gläubigererlasses maßgebend.[207] Der Begriff der Sanierungsbedürftigkeit knüpft damit direkt an den Ist-Zustand des zu sanierenden Unternehmens an.[208] Entscheidend für die Sanierungsbedürftigkeit ist, welche wirtschaftliche Entwicklung das Unternehmen ohne den Gläubigererlass nehmen würde.[209] Es ist eine Prognose aufzustellen, im Rahmen derer insbesondere die Ertragslage, „die Höhe des Betriebsvermögens vor und nach der Sanierung, die Kapitalverzinsung durch die Erträge des Unternehmens," das Verhältnis der liquiden Mittel zur Schuldenlast und die „Gesamtleistungsfähigkeit des Unternehmens" zu prüfen ist.[210] Offenbart diese Prognose, dass die für „eine erfolgreiche Weiterführung des Betriebs und die Abdeckung der bestehenden Verpflichtungen erforderliche Betriebssubstanz" ohne den Schulderlass „nicht erhalten werden könnte", ist das

3023; Lüdicke/Sistermann/*Loose/Maier*, Unternehmensteuerrecht, § 17 Rn. 128; *Maus*, Steuern im Insolvenzverfahren, Rn. 417; *Strüber/von Donat*, BB 2003, 2036, 2037; *Tschersich*, Ertragsbesteuerung der Unternehmenssanierung, 125.

207 BFH, Urteil vom 22.11.1983 – VIII R 14/81, BStBl. II 1984, 472, 474; BFH, Urteil vom 20.02.1986 – IV R 172/84, BFH/NV 1987, 493, 494; BFH, Urteil vom 14.03.1990 – I R 64/85, BStBl. II 1990, 810, 811; BFH, Urteil vom 19.03.1993 – III R 79/91, BFH/NV 1993, 536, 537; BFH, Urteil vom 27.01.1998 – VIII R 64/96, BStBl. II 1998, 537, 539.

208 *Geist*, BB 2008, 2658, 2661.

209 BFH, Urteil vom 25.10.1963 – I 359/60 S, BStBl. III 1964, 122, 123; BFH, Urteil vom 03.12.1963 – I 375/60 U, BStBl. III 1964, 128, 130; BFH, Urteil vom 22.11.1983 – VIII R 14/81, BStBl. II 1984, 472, 474; BFH, Urteil vom 27.01.1998 – VIII R 64/96, BStBl. II 1998, 537, 539.

210 BFH, Urteil vom 25.10.1963 – I 359/60 S, BStBl. III 1964, 122, 123; BFH, Urteil vom 03.12.1963 – I 375/60 U, BStBl. III 1964, 128, 130; BFH, Urteil vom 22.11.1983 – VIII R 14/81, BStBl. II 1984, 472, 474; BFH, Urteil vom 19.03.1993 – III R 79/91, BFH/NV 1993, 536, 537; BFH, Urteil vom 27.01.1998 – VIII R 64/96, BStBl. II 1998, 537, 539; BFH, Urteil vom 12.12.2013 – X R 39/10, BFH/NV 2014, 670, 671.

Unternehmen als sanierungsbedürftig anzusehen.[211] Von einer Sanierungsbedürftigkeit des Unternehmens ist zudem ohne weitere Prüfung dann auszugehen, wenn das Unternehmen überschuldet, erfolglos und auf Grund der konkreten Situation des Unternehmens keine Besserung der wirtschaftlichen Lage in Sicht ist.[212] Außerdem ist unabhängig vom Vorliegen einer Überschuldungssituation bei einem allgemeinen Gläubigererlass grundsätzlich die Sanierungsbedürftigkeit des Unternehmens anzunehmen.[213] Im Gegensatz dazu ist es ein Anzeichen für eine fehlende Sanierungsbedürftigkeit, wenn der Erlass nur von einem einzelnen Gläubiger ausgesprochen wird, dessen offenkundiges Interesse es ist, seine Geschäftsbeziehung mit dem Schuldner zu erhalten.[214]

Bei Personengesellschaften ist ferner zwischen der Ebene der Gesellschaft und der Ebene der Gesellschafter zu unterscheiden. Erfolgt ein Schulderlass im Bereich des Sonderbetriebsvermögens eines Gesellschafters und wird dadurch in diesem Sonderbetriebsvermögen ein Sanierungsgewinn generiert, ist hinsichtlich der Frage, ob dieser Gewinn von dem Sanierungserlass begünstigt ist oder nicht, auf die Gesellschaft abzustellen.[215] Das Merkmal der Sanierungsbedürftigkeit ist daher nur dann gegeben, „wenn die Gesellschaft als solche in wirtschaftliche Schwierigkeiten geraten" und damit sanierungsbedürftig ist. Nicht ausreichend ist hingegen, wenn nur der Inhaber des Sonderbetriebsvermögens seinen finanziellen Verpflichtungen nicht mehr nachkommen kann.[216] Hintergrund ist, dass die Gesellschaft das Sanierungsobjekt ist und nicht das Sonderbetriebsvermögen des überschuldeten Gesellschafters.[217] Als Konsequenz ist bei der Prüfung der Sanierungsbedürftigkeit auch die Vermögenssituation der weiteren Gesellschafter zu berücksichtigen und festzustellen, ob die Gesellschaft „durch den drohenden Verlust des Kapitals und der Mitarbeit" des überschuldeten Gesellschafters als sanierungsbedürftig zu qualifizieren ist.[218]

Schließlich ist im Anwendungsbereich des Sanierungserlasses von besonderer Bedeutung, inwieweit Umstände aus der Spähre des Unternehmensträgers – wie bespielsweise das Privatvermögen eines Einzelunternehmers oder eines persönlich haftetenden Gesellschafters einer Personengesellschaft – bei der Prüfung der Sanierungsbedürftigkeit zu berücksichtigen sind. Nach der Rechtsprechung des BFH zu

---

211 BFH, Urteil vom 25.10.1963 – I 359/60 S, BStBl. III 1964, 122, 123; BFH, Urteil vom 16.05.2002 – IV R 11/01, BStBl. II 2002, 854, 855; BFH, Urteil vom 10.04.2003 – IV R 63/01, ZIP 2003, 1949, 1951.

212 BFH, Urteil vom 17.11.2004 – I R 11/04, BFH/NV 2005, 1027, 1028; BFH, Urteil vom 12.10.2005 – X R 20/03, BFH/NV 2006, 713, 714; BFH, Urteil vom 12.10.2005 – X R 42/03, BFH/NV 2006, 715, 716.

213 BFH, Urteil vom 03.12.1963 – I 375/60 U, BStBl. III 1964, 128, 130.

214 BFH, Urteil vom 22.11.1983 – VIII R 14/81, BStBl. II 1984, 472, 474.

215 BFH, Urteil vom 03.07.1997 – IV R 31/96, BStBl. II 1997, 690, 691.

216 BFH, Urteil vom 03.07.1997 – IV R 31/96, BStBl. II 1997, 690, 691.

217 *Kahlert*/Rühland, Sanierungs- und Insolvenzsteuerrecht, 2. Aufl., Rn. 2.29.

218 BFH, Urteil vom 27.01.1998 – VIII R 64/96, BStBl. II 1998, 537, 539.

§ 3 Nr. 66 EStG aF waren diese trägerspezifischen Umstände in die Beurteilung der Sanierungsbedürftigkeit des Unternehmens einzubeziehen. So führte die Überschuldung einer Gesellschaft mit persönlich haftenden Gesellschaftern nicht zwingend zur Sanierungsbedürftigkeit des Unternehmens. Soweit die Verpflichtungen des Unternehmens durch die Heranziehung des Privatvermögens der Gesellschafter erfüllt werden konnten, war das Unternehmen nicht als sanierungsbedürftig anzusehen.[219] Ebenso war auch das Privatvermögen eines Einzelunternehmers bei der Beurteilung der Sanierungsbedürftigkeit eines von ihm geführten Unternehmens zu berücksichtigen.[220] Sofern eine Person mehrere Unternehmen betrieb und nur eines der Unternehmen defizitär war, war mit Blick auf die Sanierungsbedürftigkeit auf die Gesamtheit der Unternehmen abzustellen.[221]

Eine jüngere Entscheidung[222] des BFH lässt erkennen, dass die höchstrichterliche Rechtsprechung auch für den Anwendungsbereich des Sanierungserlasses an dieser Auffassung festhalten wird. Darin hat der BFH entschieden, dass im Anwendungsbereich des Sanierungserlasses bei der Prüfung der Sanierungsbedürftigkeit des Unternehmens eines Einzelunternehmers auch dessen Privatvermögen zu berücksichtigen ist.[223] Diese Auffassung ist abzulehnen. Vielmehr müssen Umstände aus der Sphäre des Unternehmensträgers bei der Prüfung der Sanierungsbedürftigkeit im Rahmen des Sanierungserlasses außer Acht bleiben. Dies folgt aus dem von § 3 Nr. 66 EStG aF abweichenden Anwendungsbereich des Sanierungserlasses. Der Sanierungserlass, anders als § 3 Nr. 66 EStG aF, begünstigt ausweislich der Teilziffer 1 ausschließlich unternehmensbezogene Sanierungen. Dem Sanierungserlass liegt mithin ein rein unternehmensbezogener Ansatz zugrunde. Im Hinblick darauf ist es nur konsequent, die Kriterien für einen begünstigten Sanierungsgewinn ebenfalls rein unternehmens- und gerade nicht unternehmerbezogen auszulegen. Dies impliziert jedoch, dass etwaige Umstände aus der Sphäre des Unternehmensträgers bei der Beurteilung der Sanierungsbedürftigkeit unberücksichtigt bleiben müssen, da die Sanierungsbedürftigkeit des Unternehmens anderenfalls gerade nicht unternehmens- sondern trägerbezogen beurteilt würde. Die Sanierungsbedürftigkeit eines von einer Gesellschaft mit persönlich haftenden Gesellschaftern geführten Unternehmens ist daher abweichend von der höchstrichterlichen Rechtsprechung ohne die Heranziehung des Privatvermögens dieser Gesellschafter zu beurteilen. Gleiches gilt für von Einzelunternehmern geführte Unternehmen. Zudem ist, wenn eine Person mehere Unternehmen betreibt und nur eines der Unternehmen defizitär ist, nur auf dieses Unternehmen und nicht auf die Gesamtheit der Unternehmen abzustellen.

---

219 BFH, Urteil vom 27.01.1998 – VIII R 64/96, BStBl. II 1998, 537, 539.
220 BFH, Urteil vom 14.03.1990 – I R 129/85, BStBl. II 1990, 955.
221 BFH, Urteil vom 25.10.1963 – I 359/60 S, BStBl. III 1964, 122, 123.
222 BFH, Urteil vom 12.12.2013 – X R 39/10, BStBl. II 2014, 572.
223 BFH, Urteil vom 12.12.2013 – X R 39/10, BStBl. II 2014, 572, 574; siehe auch OFD Frankfurt am Main, Rundvfg. vom 26.11.2015 – S 2140 A – 4 – St 213, juris.

(2) Sanierungsfähigkeit des Unternehmens

Auch das Kriterium der Sanierungsfähigkeit des Unternehmens ist der Rechtsprechung des BFH zu § 3 Nr. 66 EStG aF entnommen. Im Rahmen des § 3 Nr. 66 EStG aF war die Sanierungsfähigkeit des Unternehmens gleichwohl nicht als eigenes Tatbestandsmerkmal, sondern als Teil der Sanierungseignung des Schulderlasses zu prüfen. Die Sanierungseignung des Schulderlasses setzte unter anderem voraus, dass dieser einem sanierungsfähigen Unternehmen gewährt wurde. Diese Voraussetzung hat das BMF aufgegriffen und in einem eigenen Kriterium verankert.

Nach der Rechtsprechung des BFH zu § 3 Nr. 66 EStG aF ist ein Unternehmen dann als sanierungsfähig zu qualifizieren, wenn es „im Zeitpunkt des Erlasses als lebensfähig angesehen werden" kann.[224] Die Wiederherstellung der Ertragskraft des Unternehmens muss somit als mögliche Folge der Sanierung erachtet werden können. Es ist demnach festzustellen, ob zum Zeitpunkt des Schulderlasses eine positive wirtschaftliche Fortführungsprognose und damit eine generelle „Grundlage für das Fortbestehen des Unternehmens" erkennbar war.[225] Dies ist dann der Fall, wenn das Unternehmen „nach der Sanierung einen Überschuss der Einnahmen über die Ausgaben erwirtschaften kann."[226] Der BFH hat die Überlebensfähigkeit eines Unternehmens in einer Entscheidung aus dem Umstand hergeleitet, dass eine Bank zur weiteren Finanzierung des Schuldnerunternehmens bereit war, sofern die anderen Gläubiger ihre Forderungen erlassen.[227] Die Bereitschaft der finanzierenden Bank gab insoweit das entscheidende Indiz für die Sanierungsfähigkeit, da eben diese Bereitschaft im Falle der Sanierungsunfähigkeit wohl nicht bestanden hätte. An einer positiven Fortführungsprognose soll es hingegen dann mangeln, wenn das Unternehmen seine werbende Tätigkeit zeitlich vor dem Schulderlass eingestellt und nicht wieder aufgenommen hat.[228] Eine Wiederherstellung der Ertragskraft sei nur dann zu erreichen, wenn das Unternehmen spätestens zeitgleich mit dem Schulderlass seine werbende Tätigkeit wieder aufnimmt.[229]

(3) Sanierungseignung des Schulderlasses

Ein nach dem BMF-Schreiben begünstigter Sanierungsgewinn liegt im Weiteren nur dann vor, wenn er aus einem sanierungsgeeigneten Schulderlass entstanden ist. Dies ist dann der Fall, wenn der Schulderlass allein oder im Zusammenwirken mit

---

224 BFH, Urteil vom 20.02.1986 – IV R 172/84, BFH/NV 1987, 493, 494; BFH, Urteil vom 16.05.2002 – IV R 11/01, BStBl. II 2002, 854, 856.

225 BFH, Urteil vom 20.02.1986 – IV R 172/84, BFH/NV 1987, 493, 494; ebenso *Geist*, BB 2008, 2658, 2662; *Khan/Adam*, ZInsO 2008, 899, 902.

226 *Kahlert/Rühland*, Sanierungs- und Insolvenzsteuerrecht, Teil A Rn. 152; Lüdicke/Sistermann/*Loose/Maier*, Unternehmensteuerrecht, § 17 Rn. 130; siehe auch *Khan/Adam*, ZInsO 2008, 899, 902; *Maus*, Steuern im Insolvenzverfahren, Rn. 417.

227 BFH, Urteil vom 16.05.2002 – IV R 11/01, BStBl. II 2002, 854, 856.

228 BFH, Urteil vom 22.01.1985 – VIII R 37/84, BStBl. II 1985, 501, 504.

229 BFH, Urteil vom 22.01.1985 – VIII R 37/84, BStBl. II 1985, 501, 504.

weiteren Sanierungsmaßnahmen das Fortbestehen des Unternehmens herbeizuführen geeignet ist.[230] Es ist insoweit ausreichend, wenn der Schulderlass Teil einer auf einem einheitlichen Plan beruhenden Gesamtmaßnahme ist, „die eine realistische Chance zur Sanierung" des Unternehmens eröffnet.[231] Dabei ist nicht zwingend erforderlich, dass die einzelnen Sanierungsmaßnahmen in zeitlich unmittelbarer Folge vorgenommen werden.[232] In der Konsequenz fehlt einem Schulderlass die Sanierungseignung, wenn mit ihm erkennbar das angestrebte Ziel des Fortbestands des Unternehmens nicht erreicht werden kann.[233] Bei mehreren aufeinander folgenden und nicht zu einem Gesamtkonzept gehörenden Schulderlassen, die jeder für sich nicht geeignet sind die Ertragslage nachhaltig zu verbessern, liegt eine Sanierungseignung nicht vor.[234]

Für die Beurteilung der Sanierungseignung des Schulderlasses sind allein die Erkenntnisse zum Zeitpunkt des Schulderlasses maßgeblich.[235] Ausschlaggebend ist, wie sich die Sanierungsmaßnahmen in Anbetracht der Situation des Unternehmens auswirken werden und ob eine erfolgreiche Sanierung des Unternehmens erwartet werden kann.[236] Misslingt die Sanierung durch nachträglich eintretende Umstände, ist dies für die Beurteilung der Sanierungseignung des Schulderlasses nicht von Bedeutung.[237]

Hinsichtlich der aufzustellenden Prognose ist insbesondere zu prüfen, „welche Zahlungsverpflichtungen" das Unternehmen „im Zeitpunkt des Schulderlasses hatte," in wie weit das Unternehmen diesen Verpflichtungen „aus dem laufenden Geschäft" nachkommen und ob die Zahlungsfähigkeit des Unternehmens nach dem Wegfall der erlassenen Schulden „als gesichert angesehen werden" kann.[238] Insoweit gehören auch Tilgungsleistungen für verbliebene Verbindlichkeiten zu den Zahlungsverpflichtungen, da anderenfalls nicht sichergestellt werden kann, dass keine neue Zahlungsunfähigkeit dadurch eintritt, dass die „Erträge nicht zur Erbringung" der erforderlichen „Leistungen ausreichen".[239]

---

230 BFH, Urteil vom 20.02.1986 – IV R 172/84, BFH/NV 1987, 493, 494; BFH, Urteil vom 19.03.1993 – III R 79/91, BFH/NV 1993, 536, 537 f.; BFH, Urteil vom 17.11.2004 – I R 11/04, BFH/NV 2005, 1027, 1028.

231 BFH, Urteil vom 17.11.2004 – I R 11/04, BFH/NV 2005, 1027, 1028; siehe auch schon BFH, Urteil vom 30.05.1997 – I B 139/96, BFH/NV 1997, 753.

232 BFH, Urteil vom 17.11.2004 – I R 11/04, BFH/NV 2005, 1027, 1028.

233 BFH, Urteil vom 12.03.1970 – IV R 39/69, BStBl. II 1970, 518, 519; BFH, Urteil vom 25.02.1972 – VIII R 30/66, BStBl. II 1972, 531, 533; BFH, Urteil vom 19.03.1993 – III R 79/91, BFH/NV 1993, 536, 538.

234 BFH, Urteil vom 30.05.1997 – I B 139/96, BFH/NV 1997, 753.

235 BFH, Urteil vom 19.03.1993 – III R 79/91, BFH/NV 1993, 536, 538.

236 BFH, Urteil vom 19.03.1993 – III R 79/91, BFH/NV 1993, 536, 537.

237 BFH, Urteil vom 19.03.1993 – III R 79/91, BFH/NV 1993, 536, 537 f.

238 BFH, Urteil vom 20.02.1986 – IV R 172/84, BFH/NV 1987, 493, 494.

239 *Geist*, BB 2008, 2658, 2662.

(4) Sanierungsabsicht der Gläubiger

Schließlich ist Voraussetzung für einen begünstigten Sanierungsgewinn, dass die Gläubiger in Sanierungsabsicht, d.h. subjektiv zum Zweck der Herbeiführung der Sanierung gehandelt haben.[240] Eine Sanierungsabsicht der Gläubiger ist daher dann anzunehmen, wenn der Forderungserlass nach den Vorstellungen der Gläubiger erfolgt, um den finanziellen Zusammenbruch des betroffenen Unternehmens zum Zweck des Weiterbetriebes zu verhindern und eine dauerhafte finanzielle Gesundung zu erzielen.[241] Die Sanierungsabsicht betrifft den inneren Tatbestand. Gleichwohl lässt sie sich nur anhand äußerer Merkmale feststellen.[242] Die ständige Rechtsprechung des Bundesfinanzhofes zu § 3 Nr. 66 EStG aF stellt daher an das Vorliegen der Sanierungsabsicht keine hohen Anforderungen.[243] Nach Auffassung des Bundesfinanzhofes wird eine Schuld in der Regel zum Zwecke der Sanierung und damit in Sanierungsabsicht erlassen, wenn das Unternehmen sanierungsbedürftig und der Schulderlass sanierungsgeeignet ist.[244] Bei Vorliegen der Sanierungsbedürftigkeit des Unternehmens und der Sanierungseignung des Schulderlasses, wird die Sanierungsabsicht der Gläubiger mithin von der Rechtsprechung vermutet.

Regelmäßig wird der Schulderlass seitens der Gläubiger nicht ausschließlich von uneigennützigen und sanierungsbezogenen Motiven getragen sein. Eigennützige Motive der Gläubiger, wie „die Rettung eines Teils der Restforderung oder der Erhalt" der Geschäftsbeziehung, werden ebenfalls eine Rolle spielen.[245] Solche eigennützigen Motive sind für die Vermutung der Sanierungsabsicht unschädlich, solange die Sanierungsabsicht „mitentscheidend" war.[246] Anders wird dies in Sachverhalten zu beurteilen sein, in denen die eigennützigen Motive des Gläubigers im

---

240 *Khan/Adam*, ZInsO 2008, 899, 902.

241 *Geist*, BB 2008, 2658, 2662; Lüdicke/Sistermann/*Loose/Maier*, Unternehmensteuerrecht, § 17 Rn. 132.

242 *Fichtelmann*, DStR 1992, 237, 238; ähnlich *Geist*, BB 2008, 2658, 2662.

243 BFH, Urteil vom 26.11.1980 – I R 52/77, BStBl. II 1981, 181, 183; BFH, Urteil vom 26.02.1988 – III R 257/84, BFH/NV 1989, 436, 437; BFH, Urteil vom 22.01.1991 – VIII R 12/88, BFH/NV 1991, 806, 807; BFH, Urteil vom 19.03.1993 – III R 79/91, BFH/NV 1993, 536, 537; BFH, Urteil vom 27.01.1998 – VIII R 64/96, BStBl. II 1998, 537, 539; BFH, Urteil vom 12.10.2005 – X R 20/03, BFH/NV 2006, 713, 715.

244 BFH, Urteil vom 16.05.2002 – IV R 11/01, BStBl. II 2002, 854, 856; BFH, Urteil vom 10.04.2003 – IV R 63/01, ZIP 2003, 1949, 1950; BFH, Urteil vom 12.10.2005 – X R 20/03, BFH/NV 2006, 713, 715.

245 BFH, Urteil vom 16.05.2002 – IV R 11/01, BStBl. II 2002, 854, 856.

246 BFH, Urteil vom 26.11.1980 – I R 52/77, BStBl. II 1981, 181, 183; BFH, Urteil vom 24.04.1986 – IV R 282/84, BStBl. II 1986, 672, 674; BFH, Urteil vom 26.02.1988 – III R 257/84, BFH/NV 1989, 436, 437; BFH, Urteil vom 22.01.1991 – VIII R 12/88, BFH/NV 1991, 806, 807; BFH, Urteil vom 19.03.1993 – III R 79/91, BFH/NV 1993, 536, 537; BFH, Urteil vom 27.01.1998 – VIII R 64/96, BStBl. II 1998, 537, 539; BFH, Urteil vom 16.05.2002 – IV R 11/01, BStBl. II 2002, 854, 856; BFH, Urteil vom 10.04.2003 – IV R 63/01, ZIP 2003, 1949, 1950; BFH, Urteil vom 17.11.2004 – I R 11/04, BFH/NV 2005, 1027, 1028; BFH, Urteil vom 12.10.2005 – X R 20/03, BFH/NV 2006, 713, 715.

Vordergrund stehen.[247] Dies kann dann angenommen werden, wenn der Gläubiger vornehmlich an der Fortsetzung der Geschäftsbeziehung zu dem Schuldnerunternehmen interessiert ist.[248] Ein klares Indiz für ein überwiegendes eigenes Interesse des Gläubigers soll es sein, wenn die Sanierung nur eine Vorstufe zur Übernahme des Schuldnerunternehmens darstellt.[249]

Darüber hinaus wird das Vorliegen der Sanierungsabsicht von der Rechtsprechung unterstellt, sofern mehrere Gläubiger an einem Forderungserlass mitwirken.[250] In diesen Fällen könne „davon ausgegangen werden, dass das gleichgerichtete Vorgehen mehrerer" Gläubiger nicht ausschließlich von den eigennützigen Interessen des jeweiligen Gläubigers getragen ist.[251] Einer gezielten Einzelfallprüfung der Sanierungsabsicht bedarf es in diesen Fällen mithin nicht mehr.[252] Steht der Forderungserlass eines Gläubigers im Zusammenhang mit einem Sanierungsplan „der sich über einen längeren Zeitraum erstreckt" und im Rahmen dessen mehrere Gläubiger sukzessiv ihre Forderungen erlassen, ist für den Forderungserlass dieses ersten Gläubigers selbst dann von der Beteiligung Mehrerer an dem Schulderlass auszugehen, wenn die anderen Gläubiger erst in späteren Veranlagungszeiträumen ihre Forderungen erlassen.[253]

Erfolgt der Forderungserlass hingegen nur durch einen Gläubiger, ist die Prüfung der Sanierungsabsicht des Gläubigers im Einzelfall erforderlich.[254] In diesen Fällen ist anhand weiterer Indizien darzulegen und zu prüfen, „ob dem Schulderlass die Absicht" zugrunde lag, „den Schuldner vor dem" finanziellen „Zusammenbruch zu bewahren."[255] Dahingehend soll ein Handeln des Gläubigers in Sanierungsabsicht

---

247 *Fichtelmann*, DStR 1992, 237, 238.

248 BFH, Urteil vom 26.11.1980 – I R 52/77, BStBl. II 1981, 181, 183; BFH, Urteil vom 28.02.1989 – VIII R 303/84, BStBl. II 1989, 711, 714.

249 BFH, Urteil vom 28.02.1989 – VIII R 303/84, BStBl. II 1989, 711, 714.

250 BFH, Urteil vom 26.11.1980 – I R 52/77, BStBl. II 1981, 181, 183; BFH, Urteil vom 28.02.1989 – VIII R 303/84, BStBl. II 1989, 711, 714; BFH, Urteil vom 14.03.1990 – I R 64/85, BStBl. II 1990, 810, 812; BFH, Urteil vom 19.03.1993 – III R 79/91, BFH/NV 1993, 536, 537; BFH, Urteil vom 27.01.1998 – VIII R 64/96, BStBl. II 1998, 537, 539; BFH, Urteil vom 16.05.2002 – IV R 11/01, BStBl. II 2002, 854, 856; BFH, Urteil vom 10.04.2003 – IV R 63/01, ZIP 2003, 1949, 1950; BFH, Urteil vom 17.11.2004 – I R 11/04, BFH/NV 2005, 1027, 1028; BFH, Urteil vom 12.10.2005 – X R 20/03, BFH/NV 2006, 713, 715; siehe auch OFD Frankfurt am Main, Rundvfg. vom 26.11.2015 – S 2140 A – 4 – St 213, juris.

251 BFH, Urteil vom 16.05.2002 – IV R 11/01, BStBl. II 2002, 854, 856; BFH, Urteil vom 10.04.2003 – IV R 63/01, ZIP 2003, 1949, 1950; BFH, Urteil vom 12.10.2005 – X R 20/03, BFH/NV 2006, 713, 715.

252 Ebenso *Geist*, BB 2008, 2658, 2663.

253 BFH, Urteil vom 10.04.2003 – IV R 63/01, ZIP 2003, 1949, 1950.

254 Ebenso OFD Frankfurt am Main, Rundvfg. vom 26.11.2015 – S 2140 A – 4 – St 213, juris.

255 BFH, Urteil vom 16.05.2002 – IV R 11/01, BStBl. II 2002, 854, 856; BFH, Urteil vom 12.10.2005 – X R 20/03, BFH/NV 2006, 713, 715.

dann nicht vorliegen, wenn er für den Forderungserlass vom Schuldner eine Gegenleistung erhält, mit der er die wirtschaftlichen Folgen des Forderungserlasses langfristig zu kompensieren versucht.[256] In diesen Fällen spiele die Absicht der Sanierung des Schuldners für den Erlass der Forderung regelmäßig nur eine ganz untergeordnete Rolle.[257] Ein Handeln „in Sanierungsabsicht" setze jedoch voraus, dass die Absicht der Sanierung des Schuldners für den Forderungserlass entscheidend oder jedenfalls mitentscheidend war.[258] Im Gegensatz dazu spricht es für die Sanierungsabsicht des Gläubigers, wenn ein Sanierungsplan aufgestellt wird, „der die Ablösung eines alten Kreditgebers durch Beschaffung neuen Fremd- und Eigenkapitals vorsieht".[259] Erlässt der ausscheidende Kreditgeber im Zuge dessen einen bedeutenden Teil seiner Forderung, ist dies nur mit der Absicht der Sanierung des Schuldnerunternehmens zu erklären.[260]

Nach Auffassung des BFH ist die Sanierungsabsicht nicht grundsätzlich deshalb ausgeschlossen, weil der Forderungserlass durch einen Insolvenzverwalter erklärt wird.[261] Zwar bestehe die Aufgabe des Insolvenzverwalters darin, das Vermögen des Schuldners „an sich zu ziehen" und dann an die Gläubiger zu verteilen, diese Intentionen des Insolvenzverwalters schließen gleichwohl nicht generell aus, dass er „gleichzeitig in der Absicht" handelt, das Schuldnerunternehmen zu sanieren, selbst wenn der Schulderlass aus dem Grund erfolgt, wenigstens den verbleibenden Teil der Forderungen realisieren zu können.[262]

bb) Nichtfortführung des Unternehmens

Bei dem Versuch die in Teilziffer 4 Satz 1 des BMF-Schreibens genannten Kriterien für einen begünstigten Sanierungsgewinn auf Fälle der Nichtfortführung des Unternehmens nach Teilziffer 2 Satz 1[263] zu übertragen, fällt auf, dass die direkte Anwendung einiger Kriterien auf die betreffenden Fälle ohne eine entsprechende Anpassung nicht zweckmäßig ist.[264] Entscheidet sich der Unternehmer aus vernünftigen wirtschaftlichen Gründen zur Abwicklung des Unternehmens, dürfte das Unternehmen nicht als lebensfähig angesehen werden können und damit eine

---

256 BFH, Urteil vom 26.11.1980 – I R 52/77, BStBl. II 1981, 181, 183; dazu auch *Geist*, BB 2008, 2658, 2663.

257 BFH, Urteil vom 26.11.1980 – I R 52/77, BStBl. II 1981, 181, 183; ebenso *Geist*, BB 2008, 2658, 2663.

258 BFH, Urteil vom 26.11.1980 – I R 52/77, BStBl. II 1981, 181, 183.

259 BFH, Urteil vom 10.04.2003 – IV R 63/01, ZIP 2003, 1949, 1950.

260 BFH, Urteil vom 10.04.2003 – IV R 63/01, ZIP 2003, 1949, 1950.

261 BFH, Urteil vom 26.06.2003 – X B 42/03, BFH/NV 2003, 1183.

262 BFH, Urteil vom 26.06.2003 – X B 42/03, BFH/NV 2003, 1183, 1184.

263 In Fällen der übertragenden Sanierung (Teilziffer 2 Satz 3) bedarf es keiner Umdeutung der Kriterien für einen begünstigten Sanierungsgewinn.

264 Siehe auch *Maus*, Steuern im Insolvenzverfahren, Rn. 421; *Strüber/von Donat*, BB 2003, 2036, 2037 f.

Sanierungsfähigkeit des Unternehmens regelmäßig nicht gegeben sein.[265] Erfolgt der Schulderlass – wie von Teilziffer 2 Satz 1 für die grundsätzliche Anwendung des Sanierungserlasses bei Nichtfortführung des Unternehmens gefordert – aus betrieblichen Gründen, z. B. um dem abzuwickelnden Unternehmen die Durchführung eines Sozialplanes zu ermöglichen, handelt der Gläubiger im Bewusstsein der Abwicklung des Unternehmens und damit nicht in der Absicht, den finanziellen Zusammenbruch des Unternehmens zu verhindern und eine dauerhafte finanzielle Gesundung zu erreichen.[266] Sofern der Schulderlass vor dem Hintergrund der Ermöglichung eines Sozialplanes erfolgt, scheint auch die Forderung der Sanierungseignung des Schulderlasses fraglich, da er nach der Intention des Gläubigers gar nicht geeignet sein soll, die Sanierung herbeizuführen. Demgegenüber kann das Kriterium der Sanierungsbedürftigkeit des Unternehmens direkt auf die Fälle der Nichtfortführung des Unternehmens angewendet werden.[267] Die steuerliche Begünstigung eines aus einer Krisenmaßnahme entstandenen Gewinns setzt nämlich, unabhängig davon, ob er aus einer Maßnahme zur Sanierung oder Abwicklung des Unternehmens entstanden ist, notwendig voraus, dass das betreffende Unternehmen vor dem finanziellen Zusammenbruch steht und damit sanierungsbedürftig ist. Lediglich das Kriterium der Sanierungsbedürftigkeit kann daher ohne Adaption auf die Fälle der Nichtfortführung des Unternehmens übertragen werden. Davon abgesehen ist es aus den soeben erläuterten Gründen weder zweckmäßig noch sinnvoll, das Vorliegen der Sanierungsfähigkeit des Unternehmens, der Sanierungseignung des Schulderlasses und der Sanierungsabsicht der Gläubiger in Fällen der Nichtfortführung des Unternehmens als Voraussetzung für einen steuerbegünstigten Sanierungsgewinn zu fordern. Umso mehr überrascht, dass das BMF für die Fälle der Nichtfortführung keine entsprechende Regelung i.S.e. Adaption der Kriterien für einen nach dem Sanierungserlass begünstigten Sanierungsgewinn vorsieht. Für die Anwendung des Sanierungserlasses in der Praxis werden die Kriterien gleichwohl entsprechend umzudeuten sein.[268]

(1) Liquidationsnotwendigkeit

In der Fachliteratur wird diesbezüglich zunächst vertreten, dass an die Stelle des Kriteriums der „Sanierungsfähigkeit" das der „Liquidationsnotwendigkeit" treten müsse.[269] Dieser Auffassung könnte der Gedanke zu Grunde liegen, dass ein aus dem

---

265 *Strüber/von Donat*, BB 2003, 2036, 2037.

266 *Maus*, Steuern im Insolvenzverfahren, Rn. 421; *Strüber/von Donat*, BB 2003, 2036, 2037 f.

267 So wohl auch *Maus*, Steuern im Insolvenzverfahren, Rn. 421, der darauf hinweist, dass bei der Nichtfortführung des Unternehmens die Voraussetzungen der Sanierungsfähigkeit, der Sanierungseignung und der Sanierungsabsicht in aller Regel ausscheiden werden. Im Umkehrschluss soll das Merkmal der Sanierungsbedürftigkeit des Unternehmens wohl bestehen bleiben.

268 Ebenso *Maus*, Steuern im Insolvenzverfahren, Rn. 421.

269 *Maus*, Steuern im Insolvenzverfahren, Rn. 421.

Erlass von Schulden „zum Zweck der Sanierung" entstandener Gewinn nur dann steuerlich begünstigt ist, wenn der Erlass einem sanierungsfähigen Unternehmen gewährt wurde. Daher ist es konsequent, einen aus dem Erlass von Schulden „zum Zweck der Abwicklung"[270] generierten Gewinn auch nur dann steuerlich zu begünstigen, wenn der Erlass einem notwendig zu liquidierenden Unternehmen gewährt wurde. Wird das Kriterium der Sanierungsfähigkeit in diesem Sinne umgedeutet, schließt sich die Frage an, wann von einer Liquidationsnotwendigkeit des Unternehmens auszugehen ist. Die Liquidationsnotwendigkeit dürfte insoweit das direkte Pendant zur Sanierungsfähigkeit darstellen. Kann ein Unternehmen zum Zeitpunkt des Schulderlasses nicht als lebensfähig, d. h. als sanierungsfähig angesehen werden und würde sich ein gewissenhafter Kaufmann daher aus wirtschaftlichen Gründen zur Abwicklung entschließen, sollte für die Anwendung des BMF-Schreibens von einer Liquidationsnotwendigkeit des Unternehmens ausgegangen werden können.

(2) Liquidationsabsicht

Das Kriterium der Sanierungsabsicht soll für Fälle der Nichtfortführung des Unternehmens in das der Liquidationsabsicht umgedeutet werden.[271] Eine inhaltliche Erläuterung des Merkmals der Liquidationsabsicht findet sich in der Literatur nicht. Im Kontext der Teilziffer 2 Satz 1 des BMF-Schreibens sollte die Liquidationsabsicht jedoch im Kern die Intention des Gläubigers voraussetzen, die Schulden im Rahmen der Abwicklung aus betrieblichen Gründen i.S.d. Teilziffer 2 Satz 1 zu erlassen.

(3) „Realisationseignung" hinsichtlich betrieblicher Gründe

Für das Merkmal der Sanierungseignung des Schulderlasses lässt sich nach Auffassung der die Fälle der Nichtfortführung behandelnden Literaturstimmen keine Entsprechung finden.[272] Die systematische Ausgestaltung der Teilziffer 2 Satz 1 legt indessen eine mögliche Umdeutung nicht nur nahe, sondern verdeutlicht, dass neben der Liquidationsnotwendigkeit und der Liquidationsabsicht ein weiteres, aus der Umdeutung der Sanierungseignung hergeleitetes, Merkmal erforderlich ist. In Fällen der Nichtfortführung des Unternehmens findet der Sanierungserlass nur dann Anwendung, wenn die Schulden aus betrieblichen Gründen erlassen werden.[273] Daher sollte der Schulderlass auch geeignet sein, die intendierten betrieblichen Gründe tatsächlich realisieren zu können. Angenommen der Schulderlass erfolgt, um im Rahmen der Abwicklung des Betriebes einen Sozialplan zu Gunsten der

270 Genauer, „zum Zweck der Unterstützung der Arbeitnehmerinteressen im Rahmen der Abwicklung".

271 *Maus*, Steuern im Insolvenzverfahren, Rn. 421; *Strüber/von Donat*, BB 2003, 2038.

272 So *Strüber/von Donat*, BB 2003, 2038; wohl auch *Maus*, Steuern im Insolvenzverfahren, Rn. 421, der hinsichtlich der Umdeutung der Tatbestandsmerkmale nur auf die Sanierungsfähigkeit und die Sanierungsabsicht Bezug nimmt.

273 BMF, Schreiben vom 27.03.2003 – IV A 6 – S 2140 – 8/03, BStBl. I 2003, 240, Tz. 2 Satz 1.

Arbeitnehmer zu ermöglichen. Ebenso wie es im Fall der Fortführung des Unternehmens Voraussetzung der Sanierungseignung des Schulderlasses ist, dass er geeignet ist, das Fortbestehen des Unternehmens herbeizuführen, sollte im Falle der Nichtfortführung Voraussetzung sein, dass der Schulderlass geeignet ist, den Sozialplan auch tatsächlich zu ermöglichen. Aus dem gleichen Grund, aus dem ein Schulderlass nur dann „zum Zweck der Sanierung" erfolgen kann, wenn er geeignet ist das Fortbestehen des Unternehmens herbeizuführen, kann auch ein Schulderlass nur dann „zur Unterstützung der Arbeitnehmerinteressen in der Abwicklung" erfolgen, wenn er geeignet ist, die beabsichtigte Unterstützung auch tatsächlich zu realisieren. Ist es die Intention des Schulderlasses, einen Sozialplan zu Gunsten der Arbeitnehmer zu ermöglichen, muss das Schuldnerunternehmen durch den Erlass auch derart entlastet werden, dass es über ausreichende Mittel für die Umsetzung des Sozialplanes verfügt. Steht das Schuldnerunternehmen gleichwohl auch nach dem Schulderlass noch vor dem finanziellen Zusammenbruch[274], ist der Schulderlass nicht geeignet, die beabsichtigte Unterstützung der Arbeitnehmer auch tatsächlich herbeizuführen. Vor diesem Hintergrund sollte das Merkmal der Sanierungseignung in Fällen der Nichtfortführung des Unternehmens dahingehend umgedeutet werden, dass die Eignung des Schulderlasses zu Realisation der beabsichtigten betrieblichen Gründe Voraussetzung für einen begünstigten Sanierungsgewinn ist.

cc) Sanierungsplan

Nach Teilziffer 4 Satz 2 des BMF-Schreibens kann von der Erfüllung der Kriterien für einen begünstigten Sanierungsgewinn (Sanierungsbedürftigkeit und Sanierungsfähigkeit des Unternehmens, Sanierungseignung des Schulderlasses und Sanierungsabsicht der Gläubiger) ausgegangen werden, wenn ein Sanierungsplan vorliegt.[275] Welche inhaltlichen oder formalen Anforderungen an einen Sanierungsplan in diesem Sinne zu stellen sind, konkretisiert der Sanierungserlass indessen nicht.[276] Der BFH hat sich zu den inhaltlichen Anforderungen dahingehend geäußert, dass sich ein Sanierungsplan mit den im Sanierungserlass „genannten Voraussetzungen für eine Steuerstundung bzw. einen -erlass [...] auseinandersetzen", und aufzeigen müsse, „dass die beabsichtigten Maßnahmen geeignet sind, ein Unternehmen oder einen Unternehmensträger [...] vor dem finanziellen Zusammenbruch zu bewahren und wieder ertragsfähig zu machen [...] oder die Schulden zumindest aus betrieblichen Gründen erlassen werden". [277] Dies habe in Bezug auf den konkreten Sanierungsfall zu erfolgen; die Frage, „welche Informationen der Sanierungsplan insoweit

274 Etwa weil der Schulderlass nicht von ausreichender Höhe ist, um das Unternehmen in erforderlicher Weise zu entlasten.

275 BMF, Schreiben vom 27.03.2003 – IV A 6 – S 2140 – 8/03, BStBl. I 2003, 240, Tz. 4 Satz 2.

276 Ebenso *Kahlert*/Rühland, Sanierungs- und Insolvenzsteuerrecht, 2. Aufl., Rn. 2.33; Lüdicke/Sistermann/*Loose/Maier*, Unternehmensteuerrecht, § 17 Rn. 128.

277 BFH, Beschluss vom 24.03.2015 – X B 127/14, BFH/NV 2015, 809 unter 4.c).

enthalten muss", sei daher „eine Frage des Einzelfalles".[278] In der Literatur wird vertreten, dass an das Vorliegen eines Sanierungsplanes keine zu hohen[279] Anforderungen zu stellen sind.[280] Als Sanierungsplan soll vielmehr „jeder den Gläubigern vorgelegte und von ihnen akzeptierte Plan angesehen werden," der aufzeigt, wie die Ertragsfähigkeit des Unternehmens durch den vereinbarten Schulderlass wiederhergestellt werden kann.[281] Die Durchführung des Schulderlasses bringe dabei die Akzeptanz des Sanierungsplans seitens der Gläubiger zum Ausdruck.[282] Jedenfalls soll ein Plan, „der den Anforderungen der Verlautbarung des Fachausschusses Recht des Instituts der Wirtschaftsprüfer 1/1991[283] genügt," die Voraussetzungen eines Sanierungsplans i.S.d BMF-Schreibens erfüllen.[284] Der Sanierungsplan sollte diesbezüglich „ausgehend von einer Beschreibung des zu sanierenden Unternehmens" eine Betriebsanalyse und „ein Leitbild des sanierten Unternehmens enthalten." Die Darstellung der Entwicklung von der „krisenhaften Ist-Situation zur Zielsituation" anhand der einzelnen Sanierungsmaßnahmen sei ebenfalls unabdingbarer Bestandteil des Sanierungsplans.[285] Schließlich sei anhand einer Planverprobungsrechnung zu analysieren, ob die geplanten Maßnahmen geeignet sind, die beabsichtigten Sanierungsziele zu realisieren.[286] Grundsätzlich sollte ein Sanierungsplan auch die Voraussetzungen für einen begünstigten Sanierungsgewinn i.S.d. Teilziffer 4 Satz 1 des BMF-Schreibens einzeln abhandeln.[287] Er gewinne dabei an Überzeugungskraft, wenn er von einem außenstehenden Fachmann erstellt wird.[288]

d) Totale Verlustverrechnung

Im Rahmen des § 3 Nr. 66 EStG aF konnte es durch die Steuerbefreiung des Sanierungsgewinns unter gleichzeitiger Aufrechterhaltung der Möglichkeit Verluste unbeschränkt vorzutragen, zu einer Doppelbegünstigung des Steuerpflichtigen

---

278 BFH, Beschluss vom 24.03.2015 – X B 127/14, BFH/NV 2015, 809 unter 4.c).

279 Ungeachtet dessen werden vereinfachte Sanierungspläne, die lediglich Aussagen zur Sanierungsbedürftigkeit und Sanierungsfähigkeit des Unternehmens treffen, als Grundlage für die Vereinfachungsregelung nach Teilziffer 4 Satz 2 des BMF-Schreibens nicht ausreichend sein, *Blöse*, GmbHR 2003, 579, 580.

280 *Janssen,* DStR 2003, 1055, 1057.

281 *Janssen,* DStR 2003, 1055, 1057.

282 *Janssen,* DStR 2003, 1055, 1057.

283 FAR 1/1991, FN-IDW 1992, 319 ff., 75.

284 *Blöse*, GmbHR 2003, 579, 580; *Kahlert*/Rühland, Sanierungs- und Insolvenzsteuerrecht, 2. Aufl., Rn. 2.33.

285 *Blöse*, GmbHR 2003, 579, 580.

286 *Blöse*, GmbHR 2003, 579 580; *Maus*, Steuern im Insolvenzverfahren, Rn. 418.

287 *Kahlert*/Rühland, Sanierungs- und Insolvenzsteuerrecht, 2. Aufl., Rn. 2.33; Lüdicke/Sistermann/*Loose/Maier*, Unternehmensteuerrecht, § 17 Rn. 128; *Maus*, Steuern im Insolvenzverfahren, Rn. 420.

288 *Kahlert*/Rühland, Sanierungs- und Insolvenzsteuerrecht, 2. Aufl., Rn. 2.33; *Maus*, Steuern im Insolvenzverfahren, Rn. 419.

kommen. Dieses Ergebnis wurde vom Gesetzgeber als systemwidrig aufgefasst und führte letztlich zur Aufhebung der sachlichen Steuerbefreiung nach § 3 Nr. 66 EStG aF.[289] Damit es im Rahmen der Anwendung des Sanierungserlasses nicht zu eben dieser Doppelbegünstigung des Steuerpflichtigen kommen kann, ist nach dem BMF-Schreiben nur ein nach Ausschöpfen der ertragsteuerlichen Verlustverrechnungsmöglichkeiten verbleibender Sanierungsgewinn steuerlich begünstigt.[290] Aus diesem Grund sind zur Ermittlung der Besteuerungsgrundlagen Verluste/negative Einkünfte unbeschadet von Ausgleichs- und Verrechnungsbeschränkungen für die Anwendung des Sanierungserlasses im Steuerfestsetzungsverfahren bis zur Höhe des Sanierungsgewinns vorrangig mit diesem zu verrechnen.[291] Dies gilt auch bei späteren Änderungen der Besteuerungsgrundlagen, z.B. auf Grund einer Betriebsprüfung.[292] Die mit dem Sanierungsgewinn verrechneten Verluste und negativen Einkünfte gelten bis zur Höhe des Sanierungsgewinns als aufgebraucht und gehen insoweit nicht in den nach § 10d Abs. 4 EStG festzustellenden verbleibenden Verlustvortrag ein.[293] Das Schuldnerunternehmen muss mithin sämtliche negativen Einkünfte und vorgetragenen sowie rückgetragenen Verluste[294] vorrangig und uneingeschränkt mit dem Sanierungsgewinn verrechnen.[295] Dabei fällt auf, dass der Sanierungserlass nicht nur die Verrechnung mit Verlusten aus demselben Unternehmen anordnet, aus dem auch der Sanierungsgewinn herrührt, sondern auch die Verrechnung mit Verlusten aus anderen Einkunftsquellen des Unternehmers vorsieht.[296] Dies ergibt sich aus dem vom BMF angeführten Beispiel 1, in dem neben der Verrechnung des Sanierungsgewinns mit Verlusten aus Gewerbebetrieb z.B.

---

289 *Braun/Geist*, BB 2009, 2508, 2509; *Düll/Fuhrmann/Eberhard*, DStR 2003, 862; *Geist*, BB 2008, 2658, 2659; *Gondert/Büttner*, DStR 2008, 1676, 1677; *Groh*, DB 1996, 1890, 1892; *Janssen*, BB 2005, 1026; *ders.* DStR 2003, 1055, 1056; *Kahlert/Rühland*, Sanierungs- und Insolvenzsteuerrecht, Teil A Rn. 122; *Kroniger/Korb*, BB 2008, 2656.

290 BMF, Schreiben vom 27.03.2003 – IV A 6 – S 2140 – 8/03, BStBl. I 2003, 240, Tz. 8 Satz 1.

291 BMF, Schreiben vom 27.03.2003 – IV A 6 – S 2140 – 8/03, BStBl. I 2003, 240, Tz. 8 Satz 3.

292 BMF, Schreiben vom 27.03.2003 – IV A 6 – S 2140 – 8/03, BStBl. I 2003, 240, Tz. 8 Satz 5.

293 BMF, Schreiben vom 27.03.2003 – IV A 6 – S 2140 – 8/03, BStBl. I 2003, 240, Tz. 8 Satz 4.

294 Im Falle des Verzichts auf Vornahme des Verlustrücktrages besteht kein Anspruch auf die Gewährung der Billigkeitsmaßnahme, siehe BMF, Schreiben vom 27.03.2003 – IV A 6 – S 2140 – 8/03, BStBl. I 2003, 240, Tz. 8 Satz 5.

295 *Janssen*, DStR 2003, 1055, 1057; *Kahlert*/Rühland, Sanierungs- und Insolvenzsteuerrecht, 2. Aufl., Rn. 2.38; Lüdicke/Sistermann/*Loose/Maier*, Unternehmensteuerrecht, § 17 Rn. 133; *Maus*, Steuern im Insolvenzverfahren, Rn. 422; *Strüber/von Donat*, BB 2003, 2036, 2038.

296 BMF, Schreiben vom 27.03.2003 – IV A 6 – S 2140 – 8/03, BStBl. I 2003, 240, Tz. 8 Beispiel 1; siehe dazu auch Lüdicke/Sistermann/*Loose/Maier*, Unternehmensteuerrecht, § 17 Rn. 133; *Strüber/von Donat*, BB 2003, 2036, 2038.

auch eine Verrechnung mit Verlusten aus Vermietung und Verpachtung erfolgt.[297] Ebenfalls zu beachten ist, dass eine uneingeschränkte Verlustverrechnung zu erfolgen hat, im Rahmen derer die gesetzlichen Verlustverrechnungsbeschränkungen für die Anwendung des BMF-Schreibens außer Kraft gesetzt werden.[298]

Schließlich ist noch hervorzuheben, dass dem Steuerpflichtigen bei einem Verstoß gegen diese Pflicht die Rücknahme des Erlassantrags unterstellt wird. Wendet sich der Steuerpflichtige gegen die vorgenommene Verlustverrechnung im Festsetzungsverfahren und begehrt die Verrechnung mit anderen Einkünften oder die Feststellung eines verbleibenden Verlustvortrags, ist darin die Rücknahme des Erlassantrages zu sehen, mit der Folge, dass die Billigkeitsmaßnahme keine Anwendung findet.[299] Um in den Genuss der Steuerbegünstigung zu gelangen, muss sich der Steuerpflichtige somit seines ihm ansonsten zustehenden steuerlichen Spielraums hinsichtlich der Nutzung von Verlusten völlig entledigen und die Verrechnung aller bestehenden sowie später entstehenden und rücktragsfähigen Verluste aus jeglichen seiner Einkunftsquellen mit dem Sanierungsgewinn zulassen.

2. Rechtsfolge

Nach Auffassung des BMF ist die Erhebung der Steuer auf den nach Ausschöpfen der ertragsteuerlichen Verlustverrechnungsmöglichkeiten verbleibenden Sanierungsgewinn für den Steuerpflichtigen stets unbillig.[300] Soweit die dargestellten Kriterien des Sanierungserlasses vorliegen, ist die Steuer daher auf Antrag des Steuerpflichtigen nach § 163 AO abweichend festzusetzen und nach § 222 AO mit dem Ziel des späteren Erlasses (§ 227 AO) zunächst unter Widerrufsvorbehalt ab Fälligkeit zu stunden.[301] Zur Überwachung der Verlustverrechnungsmöglichkeiten sowie der Ausnutzung des Verlustrücktrags ist die Stundung bis zur Durchführung der nächsten noch ausstehenden Veranlagung, längstens bis zu einem besonders zu benennenden Zeitpunkt auszusprechen.[302] In Fällen eines Forderungserlasses gegen Besserungsschein ist die auf den Sanierungsgewinn entfallende Steuer solange zu stunden, wie Zahlungen auf den Besserungsschein geleistet werden. Ein Erlass darf in diesem Zeitraum nicht ausgesprochen werden.[303] Nach abschließender Prüfung

297 BMF, Schreiben vom 27.03.2003 – IV A 6 – S 2140 – 8/03, BStBl. I 2003, 240, Tz. 8 Beispiel 1.

298 BMF, Schreiben vom 27.03.2003 – IV A 6 – S 2140 – 8/03, BStBl. I 2003, 240, Tz. 8 Satz 3; siehe dazu auch *Janssen*, DStR 2003, 1055, 1057; *Kahlert*/Rühland, Sanierungs- und Insolvenzsteuerrecht, 2. Aufl., Rn. 2.38; *Strüber/von Donat*, BB 2003, 2036, 2038; *Wagner*, BB 2010, 2612.

299 BMF, Schreiben vom 27.03.2003 – IV A 6 – S 2140 – 8/03, BStBl. I 2003, 240, Tz. 8 Satz 7.

300 BMF, Schreiben vom 27.03.2003 – IV A 6 – S 2140 – 8/03, BStBl. I 2003, 240, Tz. 8.

301 BMF, Schreiben vom 27.03.2003 – IV A 6 – S 2140 – 8/03, BStBl. I 2003, 240, Tz. 8.

302 BMF, Schreiben vom 27.03.2003 – IV A 6 – S 2140 – 8/03, BStBl. I 2003, 240, Tz. 10.

303 BMF, Schreiben vom 27.03.2003 – IV A 6 – S 2140 – 8/03, BStBl. I 2003, 240, Tz. 11.

und nach „Feststellung“ der endgültigen, auf den verbleibenden zu versteuernden Sanierungsgewinn entfallenden Steuer, ist die Steuer sowie ggf. erhobene, auf gestundete Steuerbeträge entfallende Stundungszinsen, nach § 227 AO zu erlassen.[304] Ein Erlass kann folglich erst dann erfolgen, wenn keine Abänderung der steuerlichen Feststellungen im von der Billigkeitsmaßnahme betroffenen Veranlagungszeitraum mehr möglich ist.[305] Dies ist erst der Fall, wenn die Veranlagung des Veranlagungszeitraums, der auf den von der Billigkeitsmaßnahme betroffenen Veranlagungszeitraum folgt, bestandskräftig ist und laufende Betriebsprüfungen oder Rechtsbehelfsverfahren abgeschlossen sind.[306]

Wie sich aus der Formulierung „ist die Steuer nach § 227 AO zu erlassen“ und dem darauf folgenden Klammerzusatz ergibt, ist das Ermessen der Verwaltung im Rahmen des § 227 AO über den Sanierungserlass auf Null reduziert. Der Steuerpflichtige hat daher aus dem Sanierungserlass i.V.m. Art. 3 Abs. 1 GG einen Anspruch auf Erlass der auf den Sanierungsgewinn entfallenden Steuer, wenn die Kriterien des Sanierungserlasses vorliegen.[307] Gleichwohl ist jedoch darauf hinzuweisen, dass der Finanzverwaltung bezüglich des Vorliegens der einzelnen Kriterien ein sich aus der unzureichenden Konkretisierung der Kriterien durch das BMF-Schreiben ergebender Beurteilungsspielraum verbleibt.[308] Zu denken ist in diesem Zusammenhang insbesondere an das Fehlen einer Adaption der Kriterien für einen begünstigten Sanierungsgewinn in Fällen der Nichtfortführung des Unternehmens oder an die fehlende Erörterung der Begriffe „Unternehmen“ und „betriebliche Gründe“ in Teilziffer 2 Satz 1 des BMF-Schreibens.

IV. Kritikpunkte in direktem Zusammenhang mit dem Sanierungserlass

Der Sanierungserlass steht unter dessen in verschiedener Hinsicht, ebenso heftig wie zu Recht, in der Kritik von Rechtsprechung und Literatur. Gegenstand der Kritik sind unter anderem Probleme bei der praktischen Anwendung der Regelung sowie grundsätzliche Fragestellungen, wie die der gesetzlichen Grundlage oder eines möglichen Verstoßes der Regelung gegen das Beihilfeverbot (Art. 107 AEUV). Einige

304 BMF, Schreiben vom 27.03.2003 – IV A 6 – S 2140 – 8/03, BStBl. I 2003, 240, Tz. 12.

305 *Kahlert*/Rühland, Sanierungs- und Insolvenzsteuerrecht, 2. Aufl., Rn. 2.42; *Khan/Adam*, ZInsO 2008, 899, 903; Lüdicke/Sistermann/*Loose/Maier*, Unternehmensteuerrecht, § 17 Rn. 138.

306 *Kahlert*/Rühland, Sanierungs- und Insolvenzsteuerrecht, 2. Aufl., Rn. 2.42; *Khan/Adam*, ZInsO 2008, 899, 903; Lüdicke/Sistermann/*Loose/Maier*, Unternehmensteuerrecht, § 17 Rn. 138.

307 Ebenso *Kahlert*/Rühland, Sanierungs- und Insolvenzsteuerrecht, 2. Aufl., Rn. 2.43; *Strüber/von Donat*, BB 2003, 2036, 2039.

308 Ebenso *Kahlert*/Rühland, Sanierungs- und Insolvenzsteuerrecht, 2. Aufl., Rn. 2.43; *Strüber/von Donat*, BB 2003, 2036, 2039.

Aspekte tangieren auch die Eignung des Sanierungserlasses zur Gewährleistung einer an der Leistungsfähigkeit ausgerichteten Besteuerung.

1. Rechtsgrundlage – Verstoß des Sanierungserlasses gegen den Grundsatz der Gesetzmäßigkeit der Verwaltung

Das BMF gründet seine vereinheitlichende Regelung zur Stundung und zum Erlass der Steuer auf Sanierungsgewinne auf die allgemeinen Billigkeitsregeln der §§ 163, 222, 227 AO. Es stellt insoweit darauf ab, dass die Erhebung der Steuer auf einen nach Ausschöpfen der ertragsteuerrechtlichen Verlustverrechnungsmöglichkeiten verbleibenden Sanierungsgewinn für den Steuerpflichtigen aus sachlichen Billigkeitsgründen stets eine erhebliche Härte bedeutet.[309] Vor dem Hintergrund der Aufhebung des § 3 Nr. 66 EStG aF ist jedoch – spätestens durch das Urteil des FG München vom 12.12.2007[310] – die Frage in den Blick von Rechtsprechung und Literatur gerückt, ob für eine allgemeine Verwaltungsregelung wegen sachlicher Unbilligkeit überhaupt noch Raum besteht oder ob nicht der Wille des Gesetzgebers dem entgegen steht.

Sachliche Unbilligkeit kann grundsätzlich vorliegen, wenn in einem atypischen Einzelfall die Aussage des Gesetzes über den vom Gesetzgeber verfolgten Zweck hinausgeht und es dadurch zu einem ungewollten Überhang steuerlicher Belastung im konkreten Fall kommt.[311] Das Einkommensteuerrecht knüpft für die Ermittlung der Einkünfte aus Gewerbebetrieb in § 2 Abs. 2 Nr. 1 EStG an den Bilanzgewinn i.S.d. §§ 4 Abs. 1, 5 Abs. 1 EStG an. Mit dieser Anknüpfung verfolgt der Gesetzgeber den Zweck, eine an der objektiven Leistungsfähigkeit des Gewerbetreibenden ausgerichtete Besteuerung zu gewährleisten. Sanierungsgewinne sind als betrieblich veranlasste Betriebsvermögensmehrungen Bestandteil des Bilanzgewinns i.S.d. §§ 4 Abs. 1, 5 Abs. 1 EStG und damit Teil der steuerbaren Einkünfte aus Gewerbebetrieb, § 2 Abs. 1 Nr. 2, Abs. 2 Nr. 1 EStG. Über die Anknüpfung in § 2 Abs. 2 Nr. 1 EStG werden mit Sanierungsgewinnen jedoch auch Gewinne zur Ertragsbesteuerung herangezogen, die kein Indikator einer *positiven* objektiven Leistungsfähigkeit sind und die deshalb nicht als Anknüpfungspunkt für eine am Leistungsfähigkeitsprinzip orientierte Ertragsbesteuerung in Frage kommen.[312] Die Aussage des Gesetzes (Anknüpfung an den Bilanzgewinn in § 2 Abs. 2 Nr. 1 EStG) geht daher insoweit über den vom Gesetzgeber verfolgten Zweck (Gewährleistung einer am Leistungsfähigkeitsprinzip ausgerichteten Besteuerung) hinaus und es entsteht ein Überhang

309 BMF, Schreiben vom 27.03.2003 – IV A 6 – S 2140 – 8/03, BStBl. I 2003, 240, Tz. 8.
310 FG München, Urteil vom 12.12.2007 – 1 K 4487/06, EFG 2008, 615.
311 Ständige Rspr. BFH, Urteil vom 25.11.1980 – VII R 17/78, BStBl. II 1981, 204, 206; BFH 20.02.1991 – II R 63/88, BStBl. II 1991, 541, 542; BFH, Urteil vom 23.11.1994 – X R 124/92, BStBl. II 1995, 824, 826; Tipke/Lang/*Seer*, Steuerrecht, § 21 Rn. 330, 334 ff.
312 Siehe dazu oben ausführlich unter **D.I.**

steuerlicher Belastung (ertragsteuerliche Belastung von Gewinnen, die kein Indikator einer positiven objektiven Leistungsfähigkeit sind).

Ob es durch die Besteuerung des Sanierungsgewinns auch zu einem vom Gesetzgeber *ungewollten* Überhang steuerlicher Belastung kommt, ist die in der Literatur und Rechtsprechung kontrovers diskutierte und im Zentrum des Streits stehende Frage. Das Erfordernis eines ungewollten Überhangs steuerlicher Belastung ist von Bedeutung, da ein Erlass der Steuer aus Billigkeitsgründen nach den §§ 163, 227 AO nicht als allgemeine Gesetzeskorrektur für als unbillig empfundene Gesetze fungiert.[313] Die Billigkeitsregelung dient vielmehr nur dazu, den Steuerpflichtigen im atypischen Einzelfall von einer von der gesetzlichen Regelung ungewollten steuerlichen Belastung im Wege eines gesetzesverstehenden Dispenses zu befreien.[314] Ein gesetzesverstehender Dispens kommt nur dann in Frage, wenn „nach dem erklärten oder mutmaßlichen Willen des Gesetzgebers angenommen werden kann, daß der Gesetzgeber die im Billigkeitswege begehrte Entscheidung – hätte er die Frage geregelt – im Sinne des Erlasses getroffen haben würde."[315] Wurden die Härten hingegen vom Gesetzgeber gesehen und in Kauf genommen, liegt keine Unbilligkeit vor.[316]

Dies bedeutet, soweit die Besteuerung des Sanierungsgewinns den gesetzgeberischen Wertungen zuwider läuft, besteht auch nach der Aufhebung des § 3 Nr. 66 EStG aF grundsätzlich Raum für eine allgemeine Verwaltungsregelung wie den Sanierungserlass, die die Kriterien sachlicher Unbilligkeit nach den §§ 163, 227 AO in Bezug auf Sanierungsgewinne konkretisiert. Soweit der Gesetzgeber den durch die Besteuerung des Sanierungsgewinns entstehenden Überhang steuerlicher Belastung hingegen billigend in Kauf nimmt, entbehrt eine allgemeine Verwaltungsregelung in Gestalt des Sanierungserlasses der erforderlichen Rechtsgrundlage. Es gilt daher

---

313 Sächsisches FG, Urteil vom 24.04.2013 – 1 K 759/12, EFG 2013, 1898, 1899; Tipke/Lang/*Seer*, Steuerrecht, § 21 Rn. 330.

314 BVerfG, Urteil des Ersten Senats vom 05.04.1978 – 1 BvR 117/73, BVerfGE 48, 102, 116; BFH, Urteil vom 21.02.1991 – V R 105/84, BStBl. II 1991, 498, 500; BFH, Urteil vom 23.11.1994 – X R 124/92, BStBl. II 1995, 824, 826; BFH, Beschluss vom 28.02.2012 – VIII R 2/08, BFH/NV 2012, 1135, 1136; FG Baden-Württ., Urteil vom 04.10.1984 – IX 345/82, EFG 1985, 249; *Rauber*, Der Gemeindehauushalt 2010, 83, 84; *Seer*, FR 2010, 306, 307; Tipke/Lang/*Seer*, Steuerrecht, § 21 Rn. 330.

315 BVErwG, Urteil vom 04.06.1982 – 8 C 90/81, NJW 1982, 2682, 2683; siehe auch BFH, Urteil vom 26.10.1972 – I R 125/70, BStBl. II 1973, 271, 272; BFH, Urteil vom 25.01.1996 – IV R 91/94, BStBl. II 1996, 289, 291; BFH, Beschluss vom 28.02.2012 – VIII R 2/08, BFH/NV 2012, 1135, 1136; *Rauber*, Der Gemeindehaushalt 2010, 83 f.; *Fritsche*, DStR 2000, 2171, 2173; *Kahlert/Rühland*, Sanierungs- und Insolvenzsteuerrecht, Teil A Rn. 131; *Seer*, FR 2010, 306, 307; Tipke/Lang/*Seer*, Steuerrecht, § 21 Rn. 330; *Tschersich*, Ertragsbesteuerung der Unternehmenssanierung, 140.

316 BVErwG, Urteil vom 04.06.1982 – 8 C 90/81, NJW 1982, 2682, 2683; BFH, Urteil vom 25.01.1996 – IV R 91/94, BStBl. II 1996, 289, 291; BFH, Urteil vom 05.06.1996 – X R 234/93, BStBl. II 1996, 503, 504; *Fritsche*, DStR 2000, 2171, 2173; *Rauber*, Der Gemeindehaushalt 2010, 83, 84; Tipke/Kruse/*Loose*, AO, § 227, Tz. 40 m.w.N. (Stand: Oktober 2015).

zu analysieren, ob und inwieweit nach dem erklärten oder mutmaßlichen Willen des Gesetzgebers davon ausgegangen werden kann, dass der Gesetzgeber – hätte er die steuerliche Behandlung von Sanierungsgewinnen geregelt – die auf den Sanierungsgewinn entfallende Steuer erlassen hätte.

a) Besteuerung des Sanierungsgewinns bedeutet keine erhebliche Härte aus sachlichen Billigkeitsgründen

Einige Finanzgerichte und vereinzelte Literaturstimmen vertreten die Auffassung, der Gesetzgeber habe durch die Abschaffung der sachlichen Steuerbefreiung des § 3 Nr. 66 EStG aF eindeutig zum Ausdruck gebracht, dass in der Besteuerung von Sanierungsgewinnen keine sachliche Unbilligkeit zu sehen ist und Sanierungsgewinne fortan unterschiedslos zu besteuern sind.[317] Diese Auffassung erkennt in der Aufhebung des § 3 Nr. 66 EStG aF den konkludent erklärten Willen des Gesetzgebers, einen durch die Besteuerung von Sanierungsgewinnen entstehenden Überhang steuerlicher Belastung billigend in Kauf nehmen zu wollen. Dem folgend kann von einem vom Gesetzgeber *ungewollten* Überhang steuerlicher Belastung nicht ausgegangen werden und eine Entscheidung im Sinne der Billigkeitsmaßnahme aus diesem sachlichen Billigkeitsgrund wäre ausgeschlossen.

Diese Interpretation des gesetzgeberischen Willens zugrunde legend kommt das FG München zu dem Schluss, dass der Sanierungserlass gegen den Grundsatz der Gesetzmäßigkeit der Verwaltung verstößt.[318] Der Sanierungserlass setze „mit Ausnahme einer modifizierten Verrechnung vorhandener Verluste und negativer Einkünfte [...] die faktische Rechtsfolge des früheren § 3 Nr. 66 EStG aF im Wege der Billigkeit wieder in Kraft", obwohl der Gesetzgeber die vormalige Steuerbefreiung des § 3 Nr. 66 EStG aF „in Ansehung und im Bewusstsein der historischen Entwicklung" der ertragsteuerlichen Behandlung von Sanierungsgewinnen aufgehoben habe. Aufgrund der Entscheidung des Gesetzgebers zur Aufhebung des § 3 Nr. 66 EStG aF und dem dadurch zum Ausdruck gebrachten Willen, in der Besteuerung von Sanierungsgewinnen keine sachliche Unbilligkeit zu sehen, sei jedoch nach dem Grundsatz der Gesetzmäßigkeit der Verwaltung jede abweichende Handhabung ausgeschlossen, selbst wenn diese den Steuerpflichtigen begünstigt. Dies gelte auch

---

317 FG München, Urteil vom 12.12.2007 – 1 K 4487/06, EFG 2008, 615; Sächsisches FG, Urteil vom 14.03.2013 – 5 K 1113/12, DStR 2014, 190; Sächsisches FG, Urteil vom 04.04.2013 – 6 K 211/09, juris; Sächsisches FG, Urteil vom 24.04.2013 – 1 K 759/12, EFG 2013, 1898; Sächsisches FG, Urteil vom 06.03.2014 – 6 K 1782/11, juris; *Bareis/Kaiser*, DB 2004, 1841, 1843; Blümich/*Erhard*, EStG/KStG/GewStG, § 3 EStG, Rn. 820 (Stand: Juni 2008); *Kanzler*, FR 2003, 480, 481; *Rauber*, Der Gemeindehaushalt 2010, 83, 84; *Tschersich*, Ertragsbesteuerung der Unternehmenssanierung, 143 f.; an der Rechtmäßigkeit eines generellen Steuererlasses ohne gesetzliche Grundlage zweifelnd auch Drüen/*Schauhoff*, JbFfSt 2009/2010, 183, 185.

318 FG München, Urteil vom 12.12.2007 – 1 K 4487/06, EFG 2008, 615 f.; ebenso Sächsisches FG, Urteil vom 24.04.2013 – 1 K 759/12, EFG 2013, 1898, 1899.

für eine unter dem Deckmantel der Billigkeitsentscheidung, aber mit genereller Anordnung erfolgende Handhabung. Das BMF habe daher, indem es gegen den in der Aufhebung des § 3 Nr. 66 EStG aF zum Ausdruck kommenden Willen des Gesetzgebers gehandelt hat, gegen den Grundsatz der Gesetzmäßigkeit der Verwaltung verstoßen. Das Vorgehen des BMF sei daher schlechthin contra legem.[319]

Sofern man mit dem FG München in der Aufhebung des § 3 Nr. 66 EStG aF den Willen des Gesetzgebers erkennt, in der Besteuerung von Sanierungsgewinnen keine sachliche Unbilligkeit zu sehen und Sanierungsgewinne unterschiedslos besteuern zu wollen, verbleibt nach Streichung des § 3 Nr. 66 EStG aF in der Tat kein Raum mehr für eine generell abstrakte Verwaltungsregelung, wie sie der Sanierungserlass darstellt. Die Richtigkeit der vom FG München aus der Aufhebung des § 3 Nr. 66 EStG aF gezogenen Schlussfolgerungen unterstellt, wäre nämlich eine Billigkeitsmaßnahme im Wege eines gesetzesverstehenden Dispenses ausgeschlossen. Eine solche würde voraussetzen, dass der Gesetzgeber – sofern er die Problematik geregelt hätte – im Sinne der begehrten Billigkeitsmaßnahme entschieden hätte. Der Annahme einer solchen hypothetischen Entscheidung des Gesetzgebers stünde hier jedoch dessen ausdrücklicher Wille entgegen, der nach der vom FG München zu Grunde gelegten Interpretation der Aufhebung des § 3 Nr. 66 EStG aF nur dahingehend verstanden werden könnte, dass der Gesetzgeber den aus der Besteuerung von Sanierungsgewinnen resultierenden Überhang steuerlicher Belastung billigend in Kauf genommen hat. Eine hypothetische Entscheidung im Sinne der Billigkeitsmaßnahme wäre daher – die Richtigkeit der vom FG München aus der Aufhebung des § 3 Nr. 66 EStG aF gezogenen Schlussfolgerungen unterstellt – mit dem Willen des Gesetzgebers gerade nicht zu vereinbaren. Im Ergebnis sind die aus dem vermeintlichen Willen des Gesetzgebers gezogenen Schlussfolgerungen des FG München somit nicht zu beanstanden.

Gleichwohl fraglich, und daher von der überwiegenden Literatur sowie Teilen der Rechtsprechung zu Recht kritisiert, ist jedoch der Ansatz des FG München und der mit ihm übereinstimmenden Literaturstimmen, dass der Gesetzgeber mit der Aufhebung des § 3 Nr. 66 EStG aF eindeutig den Willen zum Ausdruck gebracht hat, Sanierungsgewinne von nun an unterschiedslos und unter Ausschluss von Billigkeitsregelungen besteuern zu wollen.

---

319 Zum Ganzen FG München, Urteil vom 12.12.2007 – 1 K 4487/06, EFG 2008, 615 f.; ebenso *Rauber*, Der Gemeindehaushalt 2010, 83, 84.

b) *Besteuerung eines die Verluste übersteigenden Sanierungsgewinns bedeutet eine erhebliche Härte aus sachlichen Billigkeitsgründen*

Nach zutreffender Ansicht der überwiegenden Fachliteratur[320], der Finanzverwaltung[321], der verwaltungsgerichtlichen Rechtsprechung[322], der finanzgerichtlichen Rechtsprechung[323] und des X. Senats des BFH[324], lässt die Gesetzesbegründung zur Aufhebung des § 3 Nr. 66 EStG aF im Gegenteil keineswegs auf den Willen des Gesetzgebers schließen, Sanierungsgewinne unterschiedslos der Besteuerung unterwerfen und Billigkeitsregelungen ausschließen zu wollen. Vielmehr läuft die Besteuerung von Sanierungsgewinnen unter bestimmten, im Folgenden zu konkretisierenden Voraussetzungen sehr wohl den Wertungen des Gesetzgebers entgegen.

---

320 *Braun/Geist*, BB 2009, 2508, 2509; *Frey/Nebelin*, GmbHR 2015, 823, 824; Frey/*Mückl*, GmbHR 2010, 1193, 1195; *Geist*, BB 2008, 2658, 2660; *Gondert/Büttner*, DStR 2008, 1676, 1677; *Jungbluth/Lohmann*, EWiR 2008, 231, 232; *Kahlert/Rühland*, Sanierungs- und Insolvenzsteuerrecht, Teil A Rn. 132 f.; *Keuthen/Hübner*, FR 2015, 865, 866; *Knebel*, DB 2009, 1094, 1097; *Lenger/Gohlke*, NZI 2014, 9, 12; *Mitschke*, FR 2014, 661, 662; *Nosky/Hörner*, FR 2012, 693, 695 f.; *Schäfer-Elmayer/Müller*, StB 2009, 190, 192; *Schmidt/Mielke*, Ubg 2009, 395, 401; *Schwenker/Fischer*, DStR 2010, 1117, 1119; *Seer*, FR 2010, 306, 308; *ders.* FR 2014, 721, 725; *Thouet*, ZInsO 2008, 664, 665; *Wagner*, BB 2010, 2612, 2613.

321 OFD Niedersachsen, Schreiben vom 19.06.2013 – S 2140–8-St 248, juris; OFD Frankfurt am Main, Rundvfg. vom 23.12.2014 – S 2140 A – 4 – St 213, juris.

322 VG Greifswald, Urteil vom 19.03.2013 – 2 A 788/11, juris.

323 FG Münster, Urteil vom 27.05.2004 – 2 K 1307/02, EFG 2004, 1572; FG Köln, Urteil vom 24.04.2008 – 6 K 2488/06, EFG 2008, 1555; FG Düsseldorf, Urteil vom 16.03.2011 – 7 K 3831/10, EFG 2011, 1685; FG Niedersachsen, Urteil vom 31.01.2012 – 8 K 34/09, EFG 2012, 1523, 1524; offengelassen von FG Berlin-Brandenburg, Urteil vom 07.01.2014 – 6 K 6209/11, EFG 2014, 975 ff. (Rev. anhängig beim BFH unter Az: IV R 6/15).

324 BFH, Urteil vom 14.07.2010 – X R 34/08, BStBl. II 2010, 916; siehe auch BFH, Beschluss vom 25.03.2015 – X R 23/13, DStR 2015, 1443; offengelassen in BFH, Urteil vom 12.12.2013 – X R 39/10, BStBl. II 2014, 572. Der VIII. Senat des BFH hatte im Rahmen der Revision zum Urteil des FG München (FG München, Urteil vom 12.12.2007 – 1 K 4487/06, EFG 2008, 615) infolge der Erledigungserklärung der Parteien über die Frage, ob auch nach der Aufhebung des § 3 Nr. 66 EStG aF eine hinreichende Rechtsgrundlage für den Sanierungserlass besteht, nicht mehr umfassend zu entscheiden. Der Senat führte gleichwohl aus, ein Anspruch des Steuerpflichtigen auf einen Steuererlass auf der Grundlage des Sanierungserlasses sei mit Blick auf die Aufhebung des § 3 Nr. 66 EStG zweifelhaft. Insoweit sei die Auffassung der Vorinstanz, einem solchen Erlass stünde der Wille des Gesetzgebers entgegen, jedenfalls im Rahmen der vorzunehmenden summarischen Prüfung nicht „von vornherein abzulehnen." (BFH, Beschluss vom 28.02.2012 –VIII R 2/08, BFH/NV 2012, 1135, 1136). Der I. Senat des BFH hat die vorstehende Frage offengelassen, BFH, Urteil vom 25.04.2012 – I R 24/11, BFH/NV 2012, 1516, 1517); ebenfalls offengelassen durch BGH, Urteil vom 13.04.2014 – IX ZR 23/10, DStR 2014, 895, 899.

Insoweit besteht auch nach der Aufhebung des § 3 Nr. 66 EStG aF durchaus Raum für eine allgemeine Verwaltungsregelung wie den Sanierungserlass, die den unbestimmten Rechtsbegriff der „Unbilligkeit" i.S.d. §§ 163, 277 AO in Bezug auf Sanierungsgewinne konkretisiert. Konsequent vertritt die h.M. daher im Ergebnis auch die Ansicht, dass der Sanierungserlass nicht gegen den Grundsatz der Gesetzmäßigkeit der Verwaltung verstößt.[325]

Der auch hier vertretenen Auffassung der h.M. liegt nach hiesiger Ansicht im Wesentlichen ein dreiteiliger Argumentationsstrang zugrunde. Zunächst ist aus der Aufhebung des § 3 Nr. 66 EStG aF lediglich die Intention des Gesetzgebers abzuleiten, eine nicht mehr zeitgemäße Regelung zu beseitigen, um damit die Gefahr einer steuerlichen Doppelbegünstigung des Steuerpflichtigen abzuwenden (sogleich aa)). Aus dieser Interpretation des gesetzgeberischen Willens können im zweiten Schritt Kriterien entwickelt werden, nach denen eine allgemeine Verwaltungsregelung systemkonform den Erlass der Steuer auf Sanierungsgewinne auf der Grundlage der §§ 163, 227 AO anordnen kann (sogleich bb)). Diesen systematischen Anforderungen wird der Sanierungserlass schließlich auch gerecht (sogleich cc)).

aa) Intention des Gesetzgebers zur Aufhebung des § 3 Nr. 66 EStG aF

Aus der Gesetzesbegründung geht hervor, dass die sachliche Steuerbefreiung des § 3 Nr. 66 EStG aF eine nach den Grundprinzipien des Einkommensteuerrechts an sich systemwidrige Regelung darstellte. Sie war ursprünglich dadurch gerechtfertigt, dass sie einen Ausgleich für mit dem Sanierungsgewinn zusammenhängende Verluste gewährleistete, die mangels eines unbegrenzten Verlustvortrags nicht abzugsfähig waren. Mit der Einführung des unbegrenzten Verlustvortrags war diese Rechtfertigung jedoch hinfällig, da es eines solchen Ausgleichs fortan nicht mehr bedurfte.[326] Die systemwidrige Regelung, die in Folge der Einführung des

---

325 BFH, Urteil vom 14.07.2010 – X R 34/08, BStBl. II 2010, 916, 920; BFH, Beschluss vom 25.03.2015 – X R 23/13, DStR 2015, 1443, 1447; FG Münster, Urteil vom 27.05.2004 – 2 K 1307/02, EFG 2004, 1572; FG Köln, Urteil vom 24.04.2008 – 6 K 2488/06, EFG 2008, 1555; FG Düsseldorf, Urteil vom 16.03.2011 – 7 K 3831/10, EFG 2011, 1685; FG Niedersachsen, Urteil vom 31.01.2012 – 8 K 34/09, EFG 2012, 1523, 1524; *Bauschatz*, GmbHR 2008, 1204, 1207 f.; *Braun/Geist*, BB 2009, 2508, 2509; *dies.*, BB 2013, 351, 352; *Crezelius*, NZI 2009, 94, 95; *Frey/Mückl*, GmbHR 2010, 1193, 1195; *Geist*, BB 2008, 2658, 2660; *Gondert/Büttner*, DStR 2008, 1676, 1677; *Horst*, DB 2014, 1642, 1643; *Jungbluth/Lohmann*, EWiR 2008, 231, 232; *Kahlert*/Rühland, Sanierungs- und Insolvenzsteuerrecht, 2. Aufl., Rn. 2.10; *Knebel*, DB 2009, 1094, 1097; *Lenger/Gohlke*, NZI 2014, 9, 12; *Mitschke*, FR 2014, 661, 662; *Schäfer-Elmayer/Müller*, StB 2009, 190, 192; *Schwenker/Fischer*, DStR 2010, 1117, 1119; *Seer*, FR 2010, 306, 308; *ders.* FR 2014, 721, 725; *Thouet*, ZInsO 2008, 664, 665; *Wagner*, BB 2008, 2671, 2672; *ders.* BB 2010, 2612, 2613; *Wendt*, FS Fiedler, 823, 825.

326 Siehe Gesetzesbegründung zum Gesetz zur Fortsetzung der Unternehmenssteuerreform vom 29.10.1997, BT-Drucks. Nr. 13/7480, S. 192.

unbegrenzten Verlustvortrags die Gefahr einer steuerlichen Doppelbegünstigung[327] des Steuerpflichtigen in sich barg, wurde daher mangels Rechtfertigung aufgehoben.

Der Gesetzgeber setzte hinsichtlich der Begründung zur Aufhebung des § 3 Nr. 66 EStG aF mithin an dessen systemwidrigem Charakter an. Dieser resultierte ausweislich der Gesetzesbegründung daraus, dass der entstehende Sanierungsgewinn „entgegen den allgemeinen ertragsteuerlichen Regeln nicht besteuert" wurde.[328] Als systemwidrig wurde dies deshalb angesehen, da die Nichtbesteuerung des Sanierungsgewinns bedeutete, dass die mit ihm zusammenhängenden und unbegrenzt vortragbaren Verluste nicht verbraucht wurden und es nicht zu einer korrekten Totalbesteuerung kommen konnte. Denn betrieblich veranlasste Schulden führen grundsätzlich im Jahr ihrer Entstehung zu einer Minderung des Betriebsvermögens und damit grundsätzlich zu einem einkommensteuerrechtlich abziehbaren Verlustsposten in der Gewinnermittlung.[329] Kommt es auf Grund eines Schulderlasses in der Folge jedoch nicht zur Tilgung der Schulden, fehlt es periodenübergreifend im Ergebnis an einer Belastung des Betriebsvermögens durch die ursprünglichen Schulden und es bedarf eines Korrektivpostens für den bereits entstandenen Verlustposten.[330] Nach der ertragsteuerlichen Systematik bildet die Steuerpflicht des Sanierungsgewinns diesen Korrektivposten zur Sicherung einer korrekten periodenübergreifenden Totalbesteuerung.[331] Die Totalbesteuerung war daher im Anwendungsbereich des § 3 Nr. 66 aF insoweit nicht korrekt, als es durch die Nichtbesteuerung des Sanierungsgewinns zu einem Nichtverbrauch der mit diesem zusammenhängenden Verluste und im Ergebnis zur steuerlichen Doppelbegünstigung des Steuerpflichtigen kommen konnte.

Begründet der Gesetzgeber den systemwidrigen Charakter des § 3 Nr. 66 EStG aF somit allgemein mit der Nichtbesteuerung des Sanierungsgewinns, lokalisiert er den Systemverstoß daher präzise betrachtet in der daraus resultierenden unkorrekten periodenübergreifenden Totalbesteuerung und damit letztlich in der entstehenden Doppelbegünstigung. Als systemwidrig qualifizierte der Gesetzgeber somit nicht die Tatsache, *dass* die Regelung des § 3 Nr. 66 EStG aF Sanierungsgewinne steuerfrei stellte, sondern *wie* sie Sanierungsgewinne steuerfrei stellte, nämlich unter Aufrechterhaltung der Möglichkeit Verluste unbeschränkt vorzutragen. Aus diesem Grund verfolgte der Gesetzgeber mit der Aufhebung des § 3 Nr. 66 EStG aF auch lediglich das Ziel, die als systemwidrig angesehene Doppelbegünstigung zu beseitigen und eben nicht Sanierungsgewinne fortan unterschiedslos zu besteuern.[332]

---

327 Steuerbefreiung des Sanierungsgewinns unter gleichzeitiger Aufrechterhaltung der Möglichkeit Verluste unbeschränkt vorzutragen.

328 Gesetzesbegründung zum Gesetz zur Fortsetzung der Unternehmenssteuerreform vom 29.10.1997, BT-Drucks. Nr. 13/7480, S. 192.

329 Siehe auch FG Köln, Urteil vom 24.04.2008 – 6 K 2488/06, EFG 2008, 1555.

330 Siehe auch FG Köln, Urteil vom 24.04.2008 – 6 K 2488/06, EFG 2008, 1555, 1556.

331 FG Köln, Urteil vom 24.04.2008 – 6 K 2488/06, EFG 2008, 1555, 1556.

332 BFH, Urteil vom 14.07.2010 – X R 34/08, BStBl. II 2010, 916, 920; BGH, Urteil vom 13.04.2014 – IX ZR 23/10, DStR 2014, 895, 900; FG Münster, Urteil vom

Diese Interpretation der Gesetzesbegründung wird auch durch den ausdrücklichen Hinweis des Gesetzgebers gestützt, dass „einzelnen persönlichen oder sachlichen Härtefällen“ im „Stundungs- oder Erlasswege begegnet werden“ könne.[333] Der Gesetzgeber hat damit selbst auf die Möglichkeit des Erlasses der Steuer auf Sanierungsgewinne aus sachlichen Billigkeitsgründen aufmerksam gemacht und gerade nicht, wie das FG München annimmt, Billigkeitsmaßnahmen mit der Aufhebung des § 3 Nr. 66 EStG aF generell ausschließen wollen. Darüber hinaus ging der Gesetzgeber auch in der Folgezeit von der Anwendbarkeit des Sanierungserlasses aus.[334] In der Gesetzesbegründung zum Unternehmensteuerreformgesetz 2008 weist er darauf hin, dass Sanierungsgewinne nach geltender Rechtslage vorrangig mit Verlusten und Verlustvorträgen zu verrechnen sind und von der „Besteuerung eines überschießenden Betrags“ auch ohne „gesetzliche Regelung im Billigkeitswege abgesehen werden“ kann.[335] Für die von der h. M. vertretene Interpretation des gesetzgeberischen Willens sprechen daher nicht nur systematische Gesichtspunkte, sondern auch ausdrückliche Hinweise des Gesetzgebers an anderer Stelle.

Zusammenfassend ist daher festzuhalten, dass der Gesetzgeber nach zutreffender herrschender Auffassung mit der Aufhebung des § 3 Nr. 66 EStG aF lediglich die als systemwidrig angesehene Doppelbegünstigung beseitigen wollte und ausweislich der Gesetzesbegründung zur Aufhebung des § 3 Nr. 66 EStG aF von der Möglichkeit eines Steuererlasses im Billigkeitswege ausgeht.

bb) Kriterien zur Systemkonformität von Billigkeitsmaßnahmen

Es bleibt damit fraglich, unter welchen Voraussetzungen eine allgemeine Verwaltungsregelung systemkonform den Erlass der Steuer auf Sanierungsgewinne anordnen kann. Besondere Bedeutung gewinnt in diesem Zusammenhang die soeben angesprochene Gesetzesbegründung zum Unternehmensteuerreformgesetz 2008,

---

27.05.2004 – 2 K 1307/02, EFG 2004, 1572; FG Köln, Urteil vom 24.04.2008 – 6 K 2488/06, EFG 2008, 1555, 1556; *Becker*, DStR 2003, 1602, 1603; *Braun/Geist*, BB 2009, 2508, 2509; Drüen/*Schauhoff*, JbFfSt 2009/2010, 183 f.; Drüen/*Haarmann*, JbFfSt 2009/2010, 285, 293; *Gondert/Büttner*, DStR 2008, 1676, 1677; *Janssen*, BB 2005, 1026, 1027; *Jungbluth/Lohmann*, EWiR 2008, 231, 232; *Kahlert*/Rühland, Sanierungs- und Insolvenzsteuerrecht, 2. Aufl., Rn. 2.10; *Keuthen/Hübner*, FR 2015, 865, 866; *Knebel*, DB 2009, 1094, 1097; *Kroniger/Korb*, BB 2008, 2656; *Mitschke*, FR 2014, 661, 662; *Schäfer-Elmayer/Müller*, StB 2009, 190, 192; *Schwenker/Fischer*, DStR 2010, 1117, 1119; *Seer*, FR 2010, 306, 308; *Thouet*, ZInsO 2008, 664, 665; *Wagner*, BB 2008, 2671, 2672; *ders.* BB 2010, 2612, 2613; *Wendt*, FS Fiedler, 823, 825.

333 Gesetzesbegründung zum Gesetz zur Fortsetzung der Unternehmenssteuerreform vom 29.10.1997, BT-Drucks. Nr. 13/7480, S. 192; ebenso *Kahlert*/Rühland, Sanierungs- und Insolvenzsteuerrecht, 2. Aufl., Rn. 2.10.

334 Gesetzesbegründung zum Unternehmensteuerreformgesetz 2008 vom 14.07.2008, BT-Drucks. 16/4841, S. 76.

335 Gesetzesbegründung zum Unternehmensteuerreformgesetz 2008 vom 14.07.2008, BT-Drucks. 16/4841, S. 76.

da sie Aufschluss darüber gibt, wie der Gesetzgeber die Möglichkeiten zur steuerlichen Behandlung von Sanierungsgewinnen nach aktueller Rechtslage intendiert. Wie vorstehend erläutert, ist dort dargelegt, dass die Steuer auf einen nach der Verrechnung mit laufenden Verlusten und bestehenden Verlustvorträgen verbleibenden Sanierungsgewinn nach gegenwärtiger Rechtslage im Billigkeitswege erlassen werden kann.[336] Dies impliziert das Verständnis des Gesetzgebers, dass ein Erlass aus sachlichen Billigkeitsgründen grundsätzlich in den Fällen in Betracht kommt, in denen der Sanierungsgewinn vorrangig durch Verrechnung mit laufenden Verlusten und bestehenden Verlustvorträgen abgeschmolzen wurde.[337] Ein so gerichteter gesetzgeberischer Wille steht auch mit dem durch die Aufhebung des § 3 Nr. 66 EStG aF verfolgten Ziel der Vermeidung einer Doppelbegünstigung im Einklang, da durch die vorrangige Verrechnung des Sanierungsgewinns mit bestehenden Verlusten die Gefahr einer Doppelbegünstigung nicht besteht.[338] Hinsichtlich der steuerlichen Behandlung von Sanierungsgewinnen kann daher angenommen werden, dass der Gesetzgeber in den Fällen im Sinne einer Billigkeitsmaßnahme entscheiden würde, in denen nach der vorrangigen Verrechnung mit laufenden Verlusten und bestehenden Verlustvorträgen ein Sanierungsgewinn verbleibt. Die vorrangige Verlustverrechnung gewährleistet insoweit eine korrekte Totalbesteuerung. Die darüber hinausgehende Besteuerung eines die Verluste übersteigenden Sanierungsgewinns läuft den Wertungen des Gesetzgebers zuwider und stellt daher einen ungewollten Überhang steuerlicher Belastung dar.[339] In der Konsequenz ist nach der Aufhebung des § 3 Nr. 66 EStG aF dann Raum für eine allgemeine Verwaltungsregelung wegen sachlicher Unbilligkeit, wenn diese eine Doppelbegünstigung ausschließt und nur einen die Verluste übersteigenden Sanierungsgewinn von der Besteuerung ausnimmt.[340]

---

336 Gesetzesbegründung zum Unternehmensteuerreformgesetz 2008 vom 14.07.2008, BT-Drucks. 16/4841, S. 76.

337 So auch schon FG Münster, Urteil vom 27.05.2004 – 2 K 1307/02, EFG 2004, 1572; ebenso FG Köln, Urteil vom 24.04.2008 – 6 K 2488/06, EFG 2008, 1555, 1556; Drüen/*Haarmann*, JbFfSt 2009/2010, 285, 293; ähnlich Drüen/*Schauhoff*, JbFfSt 2009/2010, 183, 185; siehe auch *Becker*, DStR 2003, 1602, 1603 der bereits den Hinweis des Gesetzgebers auf die Möglichkeit von Billigkeitsmaßnahmen in der Gesetzesbegründung zur Aufhebung des § 3 Nr. 66 EStG aF so deutet, dass diese Möglichkeit auf Fälle eines die Verluste übersteigenden Sanierungsgewinns beschränkt ist.

338 Ebenso FG Münster, Urteil vom 27.05.2004 – 2 K 1307/02, EFG 2004, 1572; FG Köln, Urteil vom 24.04.2008 – 6 K 2488/06, EFG 2008, 1555, 1556.

339 Ebenso FG Köln, Urteil vom 24.04.2008 – 6 K 2488/06, EFG 2008, 1555, 1556; *Wendt*, FS Fiedler, 823, 825.

340 Siehe auch Drüen/*Haarmann*, JbFfSt 2009/2010, 285, 293.

cc) Möglichkeit des Erlasses der Steuer auf Sanierungsgewinne durch den Sanierungserlass systemkonform geregelt

Daran ansetzend ist die h.M. zu Recht der Auffassung, dass der Sanierungserlass die steuerliche Behandlung von Sanierungsgewinnen systemkonform regelt und nicht im Widerspruch zum gesetzgeberischen Willen steht.[341] Durch die Anordnung der totalen Verlustverrechnung[342] gewährleistet der Sanierungserlass die umfängliche Verrechnung des Sanierungsgewinns mit den mit ihm zusammenhängenden Verlusten und schließt damit die Gefahr einer Doppelbegünstigung des Steuerpflichtigen aus.[343] Auf diesem Weg beschränkt der Sanierungserlass die Möglichkeit des Steuererlasses auf Sanierungsgewinne systemkonform auf einen die Verluste übersteigenden Sanierungsgewinn.[344] Er ermöglicht daher lediglich eine Befreiung von einer Besteuerung, die den Wertungen des Gesetzgebers zuwiderläuft und somit als ungewollter Überhang steuerlicher Belastung zu qualifizieren ist.

Der Sanierungserlass führt auch nicht zu einer im Wege der §§ 163, 227 AO unzulässigen Gesetzeskorrektur im Regelfall.[345] Als Regelfall ist die Situation zu werten, in der ein wirtschaftlich gesundes bzw. (noch) nicht sanierungsbedürftiges Unternehmen einen Buchgewinn generiert, der sodann auf Grund der Systematik der §§ 2 Abs. 2 Nr. 1, 4 Abs. 1, 5 Abs. 1 EStG ertragsteuerlich belastet wird. Diesen Regelfall korriert der Sanierungserlass gerade nicht. Der Sanierungserlass führt vielmehr nur für den atypischen Einzelfall, in dem ein in der Krise befindliches Unternehmen einen das Verlustverrechnungspotential übersteigenden Sanierungsgewinn generiert und es zu einer nicht an der objektiven wirtschaftlichen Leistungsfähigkeit ausgerichteten Besteuerung käme, zu einer Korrektur der gesetzlichen Systematik. Dieser Beurteilung steht nicht entgegen, dass der Sanierungserlass als allgemeine Verwaltungsanweisung eine Mehrzahl von einzelnen Fällen im Blick hat. Der Umstand qualifiziert die im Sanierungserlass bestimmte Rechtsfolge nämlich

---

341 BFH, Urteil vom 14.07.2010 – X R 34/08, BStBl. II 2010, 916, 920; FG Münster, Urteil vom 27.05.2004 – 2 K 1307/02, EFG 2004, 1572; FG Köln, Urteil vom 24.04.2008 – 6 K 2488/06, EFG 2008, 1555; *Bauschatz*, GmbHR 2008, 1204, 1207 f.; *Braun/Geist*, BB 2009, 2508, 2509; *Crezelius*, NZI 2009, 94, 95; Drüen/*Haarmann*, JbFfSt 2009/2010, 285, 294; *Geist*, BB 2008, 2658, 2660; *Gondert/Büttner*, DStR 2008, 1676, 1677; *Jungbluth/Lohmann*, EWiR 2008, 231, 232; *Kahlert*/Rühland, Sanierungs- und Insolvenzsteuerrecht, 2. Aufl., Rn. 2.10; *Keuthen/Hübner*, FR 2015, 865, 867; *Knebel*, DB 2009, 1094, 1097; *Schäfer-Elmayer/Müller*, StB 2009, 190, 192; *Seer*, FR 2010, 306, 308; *ders.* FR 2014, 721, 725 ff.; *Thouet*, ZInsO 2008, 664, 665; *Wagner*, BB 2008, 2671, 2672.

342 BMF, Schreiben vom 27.03.2003 – IV A 6 – S 2140 – 8/03, BStBl. I 2003, 240, Tz. 8.

343 *Gondert/Büttner*, DStR 2008, 1676, 1677; *Jungbluth/Lohmann*, EWiR 2008, 231, 232; *Keuthen/Hübner*, FR 2015, 865, 867; *Seer*, FR 2010, 306, 308; *Thouet*, ZInsO 2008, 664, 666.

344 *Bauschatz*, GmbHR 2008, 1204, 1207 f.; Drüen/*Schauhoff*, JbFfSt 2009/2010, 183, 185; *Gondert/Büttner*, DStR 2008, 1676, 1677 f.; *Seer*, FR 2010, 306, 308.

345 A.A. *Tschersich*, Ertragsbesteuerung der Unternehmenssanierung, 143, die ausführt, der Sanierungserlass habe mit Einzelfallgerechtigkeit „nichts zu tun."

nicht als Gesetzeskorrektur im Regelfall, sondern als Gesetzeskorrektur in einer bestimmten *Gruppe von Einzelfällen*.[346]

Zudem ist zu beachten, dass der Sanierungserlass gerade nicht die Rechtslage des § 3 Nr. 66 EStG aF faktisch wieder in Kraft setzt.[347] Im Rahmen des § 3 Nr. 66 EStG aF waren Sanierungsgewinne vollständig von der Besteuerung und damit von der Verrechnung mit laufenden Verlusten oder Verlustvorträgen ausgenommen. In der Folge kam es nicht zu einem Ausgleich des Sanierungsgewinns mit den diesen bedingenden Verlusten. Demgegenüber reduziert der Sanierungserlass die Möglichkeit des Steuererlasses auf einen die Verluste übersteigenden Sanierungsgewinn und weicht damit, dem Willen des Gesetzgebers folgend, entscheidend von der Rechtslage des § 3 Nr. 66 EStG aF ab.[348] Vor diesem Hintergrund erscheint die Behauptung des FG München, der Sanierungserlass setze mit Ausnahme einer modifizierten Verrechnung vorhandener Verluste und negativer Einkünfte die faktische Rechtsfolge des früheren § 3 Nr. 66 EStG aF im Wege der Billigkeit wieder in Kraft[349], als unzutreffend, liegt doch genau in dieser Ausnahme der entscheidende Unterschied, auf Grund dessen der Sanierungserlass die Rechtslage des § 3 Nr. 66 EStG aF eben nicht wieder in Kraft setzt und genau deshalb als systemkonform anzusehen ist.

c) Ergebnis

Nach richtiger Auffassung verstößt der Sanierungserlass daher nicht gegen den Grundsatz der Gesetzmäßigkeit der Verwaltung. Auch nach Aufhebung des § 3 Nr. 66 EStG aF läuft die Besteuerung eines die Verluste übersteigenden Sanierungsgewinns den Wertungen des Gesetzgebers zuwider. Es kann daher angenommen werden, dass der Gesetzgeber in den Fällen im Sinne einer Billigkeitsmaßnahme entscheiden würde, in denen nach der vorrangigen Verrechnung mit laufenden Verlusten und bestehenden Verlustvorträgen ein Sanierungsgewinn verbleibt. Eine allgemeine Verwaltungsregelung wegen sachlicher Unbilligkeit, die eine steuerliche Doppelbegünstigung ausschließt und nur einen die Verluste übersteigenden

---

346 Ebenso *Seer*, FR 2014, 721, 727; siehe auch *Wiese/Lukas*, DStR 2015, 1222, 1225.

347 Ebenso BFH, Beschluss vom 25.03.2015 – X R 23/13, DStR 2015, 1443, 1447; *Bauschatz*, GmbHR 2008, 1204, 1207; Drüen/*Haarmann*, JbFfSt 2009/2010, 285, 294; *Geist*, BB 2008, 2658, 2660; *Gondert/Büttner*, DStR 2008, 1676, 1677; *Jungbluth/Lohmann*, EWiR 2008, 231, 232; *Kretz/Heine*, KStZ 2009, 141, 143; *Schäfer-Elmayer/Müller*, StB 2009, 190, 192; *Schuster*, jurisPR-SteuerR 32/2015 Anm. 2; *Seer*, FR 2010, 306, 308; *Thouet*, ZInsO 2008, 664, 666; *Wendt*, FS Fiedler, 823, 825.

348 BFH, Beschluss vom 25.03.2015 – X R 23/13, DStR 2015, 1443, 1447; *Bauschatz*, GmbHR 2008, 1204, 1207; *Geist*, BB 2008, 2658, 2660; *Gondert/Büttner*, DStR 2008, 1676, 1677; *Jungbluth/Lohmann*, EWiR 2008, 231, 232; *Seer*, FR 2010, 306, 308; *Thouet*, ZInsO 2008, 664, 666.

349 FG München, Urteil vom 12.12.2007 – 1 K 4487/06, EFG 2008, 615.

Sanierungsgewinn von der Besteuerung ausnimmt, tangiert den Grundsatz der Gesetzmäßigkeit der Verwaltung daher nicht.[350]

2. Totale Verlustverrechnung

Obwohl die Eigenschaft des Sanierungserlasses – nur für einen die Verluste übersteigenden Sanierungsgewinn die Möglichkeit des Steuererlasses zu eröffnen – somit maßgeblich zu dessen Systemkonformität beiträgt, wirft die Ausgestaltung der vorrangigen Verlustverrechnung einige Probleme auf. Die vom BMF vorgenommene Regelung wird insoweit in der Fachliteratur zwar weitgehend als interessengerecht betrachtet,[351] gleichwohl aber unter verschiedenen Gesichtspunkten zu Recht als zu weitreichend kritisiert.[352] Dabei wird in der Literatur insbesondere die Zulässigkeit der im Sanierungserlass angeordneten Nichtbeachtung der gesetzlichen Verlustverrechnungsbeschränkungen in Frage gestellt[353] sowie die Ausweitung der vorrangigen Verlustverrechnung auf Verluste aus anderen Einkunftsquellen des Unternehmers bemängelt.[354]

---

350 So auch die h. M. siehe nur BFH, Urteil vom 14.07.2010 – X R 34/08, BStBl. II 2010, 916, 920; BFH, Beschluss vom 25.03.2015 – X R 23/13, DStR 2015, 1443, 1447; FG Münster, Urteil vom 27.05.2004 – 2 K 1307/02, EFG 2004, 1572; FG Köln, Urteil vom 24.04.2008 – 6 K 2488/06, EFG 2008, 1555; *Bauschatz*, GmbHR 2008, 1204, 1207 f.; *Braun/Geist*, BB 2009, 2508, 2509; *Crezelius*, NZI 2009, 94, 95; Drüen/*Haarmann*, JbFfSt 2009/2010, 285, 294; *Geist*, BB 2008, 2658, 2660; *Gondert/Büttner*, DStR 2008, 1676, 1677; *Jungbluth/Lohmann*, EWiR 2008, 231, 232; *Kahlert/Rühland*, Sanierungs- und Insolvenzsteuerrecht, Teil A Rn. 132 f.; *Knebel*, DB 2009, 1094, 1097; *Seer*, FR 2010, 306, 308; *Thouet*, ZInsO 2008, 664, 665; *Wagner*, BB 2008, 2671, 2672.

351 *Janssen*, DStR 2003, 1055, 1058; *Khan/Adam*, ZInsO 2008, 899, 905; *Maus*, Steuern im Insolvenzverfahren, Rn. 424.

352 *Janssen*, DStR 2003, 1055, 1058; *Kahlert/Rühland*, Sanierungs- und Insolvenzsteuerrecht, Teil A Rn. 183; *dieselben*, Sanierungs- und Insolvenzsteuerrecht, 2. Aufl., Rn. 2.37 ff.; *Khan/Adam*, ZInsO 2008, 899, 905; *Maus*, Steuern im Insolvenzverfahren, Rn. 424; *Paus*, EStB 2003, 433, 435; *Strüber/von Donat*, BB 2003, 2036, 2038.

353 BMF, Schreiben vom 27.03.2003 – IV A 6 – S 2140 – 8/03, BStBl. I 2003, 240, Tz. 8 Satz 3; dazu kritisch *Janssen*, DStR 2003, 1055, 1057 f.; *Khan/Adam*, ZInsO 2008, 899, 905; *Maus*, Steuern im Insolvenzverfahren, Rn. 424; *Paus*, EStB 2003, 433, 435; *Strüber/von Donat*, BB 2003, 2036, 2038.

354 BMF, Schreiben vom 27.03.2003 – IV A 6 – S 2140 – 8/03, BStBl. I 2003, 240, Tz. 8 Beispiel 1; dazu kritisch *Janssen*, DStR 2003, 1055, 1057 f.; *Kahlert/Rühland*, Sanierungs- und Insolvenzsteuerrecht, Teil A Rn. 178; *Paus*, EStB 2003, 433, 435; *Strüber/von Donat*, BB 2003, 2036, 2038.

a) Nichtbeachtung der gesetzlichen Verlustverrechnungsbeschränkungen contra legem

Nach dem Sanierungserlass sind Verluste und negative Einkünfte „unbeschadet von Ausgleichs- und Verrechnungsbeschränkungen“ bis zur Höhe des Sanierungsgewinns vorrangig mit diesem zu verrechnen.[355] Diese vom BMF geforderte umfassende und uneingeschränkte Verrechnung der Verluste und negativen Einkünfte mit dem Sanierungsgewinn spiegelt zwar die mit der Aufhebung des § 3 Nr. 66 EStG aF verfolgten Intentionen des Gesetzgebers wider,[356] gleichwohl ist sie rechtlich nicht zulässig.[357] Das BMF setzt mit dieser Regelung die gesetzlichen Verlustverrechnungsbeschränkungen zur Ermöglichung einer uneingeschränkten vorrangigen Verlustverrechnung schlichtweg außer Kraft.[358] In der Fachliteratur wird daher zu Recht darauf hingewiesen, dass ein solches Vorgehen der Finanzverwaltung gegen den in Art. 20 Abs. 3 GG verankerten Grundsatz der Gesetzmäßigkeit der Verwaltung verstößt.[359] Der Grundsatz der Gesetzmäßigkeit der Verwaltung ist Ausfluss der in Art. 20 Abs. 3 GG begründeten Bindung der vollziehenden Gewalt an Gesetz und Recht.[360] Diese Bindung impliziert die Beachtung des Vorrangs des Gesetzes durch die vollziehende Gewalt.[361] Die Verwaltung darf dem zu Folge nicht gegen bestehende Gesetze verstoßen bzw. im Wege von Verwaltungsvorschriften die geltende auf gesetzlichen Bestimmungen beruhende Rechtslage verändern.[362] Indem sich das BMF über die Ausgleichs- und Verrechnungsbeschränkungen hinweg setzt, verändert es insoweit im Wege einer Verwaltungsanweisung die geltende gesetzliche Rechtslage für die im Sanierungserlass konkretisierte Gruppe von Einzelfällen. Die Anordnung einer uneingeschränkten Verlustverrechnung verstößt daher gegen

---

355 BMF, Schreiben vom 27.03.2003 – IV A 6 – S 2140 – 8/03, BStBl. I 2003, 240, Tz. 8 Satz 3.

356 Vermeidung der Doppelbegünstigung des Steuerpflichtigen.

357 *Janssen*, DStR 2003, 1055, 1058; *Khan/Adam*, ZInsO 2008, 899, 905; *Maus*, Steuern im Insolvenzverfahren, Rn. 424; *Strüber/von Donat*, BB 2003, 2036, 2038; *Tschersich*, Ertragsbesteuerung der Unternehmenssanierung, 144.

358 *Janssen*, DStR 2003, 1055, 1057; *Kahlert/Rühland*, Sanierungs- und Insolvenzsteuerrecht, Teil A Rn. 178; *Maus*, Steuern im Insolvenzverfahren, Rn. 424; *Strüber/von Donat*, BB 2003, 2036, 2038.

359 *Janssen*, DStR 2003, 1055, 1058; *Khan/Adam*, ZInsO 2008, 899, 905; *Maus*, Steuern im Insolvenzverfahren, Rn. 424; *Strüber/von Donat*, BB 2003, 2036, 2038; *Tschersich*, Ertragsbesteuerung der Unternehmenssanierung, 144.

360 Mangoldt/Klein/Starck/*Sommermann*, GG, Art. 20 Rn. 270.

361 *Jarass*/Pieroth, GG, Art. 20 Rn. 39; Mangoldt/Klein/Starck/*Sommermann*, GG, Art. 20 Rn. 270.

362 *Jarass*/Pieroth, GG, Art. 20 Rn. 39; Mangoldt/Klein/Starck/*Sommermann*, GG, Art. 20 Rn. 271; *Strüber/von Donat*, BB 2003, 2036, 2038.

den Grundsatz der Gesetzmäßigkeit der Verwaltung und ist als rechtlich unzulässig zu qualifizieren.[363]

b) Ausweitung der vorrangigen Verlustverrechnung auf Verluste aus anderen Einkunftsquellen des Unternehmers

Der Sanierungserlass bestimmt zudem, dass *sämtliche* negativen Einkünfte und vorgetragenen sowie rückgetragenen Verluste *vorrangig und uneingeschränkt* mit dem Sanierungsgewinn zu verrechnen sind.[364] Demnach sind nicht nur Verluste aus demselben Unternehmen vorrangig mit dem Sanierungsgewinn zu verrechnen, sondern auch etwaige Verluste aus anderen Einkunftsquellen des Unternehmers.[365] Diese sehr weitreichende Regelung ist in zweifacher Hinsicht zu kritisieren. Zum einen ist die Einbeziehung von Verlusten und negativen Einkünften aus anderen Einkunftsquellen des Unternehmensträgers in die vorrangige Verlustverrechnung vor dem Hintergrund, dass der Sanierungserlass nur unternehmensbezogene Sanierungen im Blick hat, systematisch verfehlt. Zum anderen offenbart eine Analyse der sich aus dieser Regelung ergebenden Konsequenzen erhebliche Defizite in der praktischen Anwendung.

aa) Vorrangige Verrechnung von Verlusten aus demselben Unternehmen

Die im Sanierungserlass vorgesehene vorrangige Verrechnung der Verluste aus demselben Unternehmen mit dem Sanierungsgewinn ist indes als sachlich gerechtfertigt anzusehen.[366] Wie bereits erläutert, ist die Verrechnung des Sanierungsgewinns mit den ihn bedingenden Verlusten zur Sicherung einer korrekten Totalbesteuerung erforderlich. Nach der ertragsteuerlichen Systematik ist es daher zugleich zwingend, wie ausreichend, dass der Sanierungsgewinn für die Anwendung des Sanierungserlasses mit den Verlusten aus demselben Unternehmen verrechnet wird. Letztlich ist die in Tz. 8 Satz 3 geregelte vorrangige Verrechnung des Sanierungsgewinns mit Verlusten aus demselben Unternehmen auch rein deklaratorischer Natur, da sich diese Verrechnung bereits aus der Ermittlung der Einkünfte aus Gewerbebetrieb nach § 2 Abs. 2 Nr. 1 EStG ergibt.

---

363 *Janssen*, DStR 2003, 1055, 1058; *Khan/Adam*, ZInsO 2008, 899, 905; *Maus*, Steuern im Insolvenzverfahren, Rn. 424; *Strüber/von Donat*, BB 2003, 2036, 2038.

364 BMF, Schreiben vom 27.03.2003 – IV A 6 – S 2140 – 8/03, BStBl. I 2003, 240, Tz. 8 Satz 3.

365 BMF, Schreiben vom 27.03.2003 – IV A 6 – S 2140 – 8/03, BStBl. I 2003, 240, Tz. 8 Beispiel 1; siehe dazu auch Lüdicke/Sistermann/*Loose/Maier*, Unternehmensteuerrecht, § 17 Rn. 133; *Strüber/von Donat*, BB 2003, 2036, 2038.

366 Ebenso *Strüber/von Donat*, BB 2003, 2036, 2038.

bb) Vorrangige Verrechnung von Verlusten aus anderen Einkunftsquellen des Unternehmensträgers

Über die insoweit erforderliche Verrechnung des Sanierungsgewinns mit den ihn bedingenden Verlusten hinaus, ordnet der Sanierungserlass jedoch auch die *vorrangige* Verrechnung des Sanierungsgewinns mit etwaigen Verlusten aus anderen Einkunftsquellen des Unternehmers an. Dies ist, wie im Folgenden zu zeigen sein wird, nicht nur im Gesamtkontext des Sanierungserlasses inkonsequent, sondern führt auch zu inkonstanten Ergebnissen in der praktischen Anwendung des Sanierungserlasses.

(1) Inkonsequente Umsetzung des unternehmensbezogenen Ansatzes

Wie bereits angesprochen begünstigt der Sanierungserlass – anders als noch § 3 Nr. 66 EStG aF – ausweislich der Teilziffer 1 ausschließlich unternehmensbezogene Sanierungen.[367] Im Hinblick darauf ist es nicht nur konsequent, die Kriterien für einen begünstigten Sanierungsgewinn rein unternehmens- und gerade nicht unternehmerbezogen auszulegen, sondern außerdem sachgerecht, sämtliche Regelungen des Sanierungserlasses an dieser Anforderung auszurichten.[368] In Bezug auf die vorrangige Verrechnung des Sanierungsgewinns mit Verlusten und negativen Einkünften wäre es daher folgerichtig gewesen, in die Regelung zur Verlustverrechnung ausschließlich unternehmensbezogene Verluste und negative Einkünfte einzubeziehen, um dem im Sanierungserlass verankerten unternehmensbezogenen Ansatz gerecht zu werden. In Abweichung dazu sind nach der Regelung in Teilziffer 8 S. 3 ff. jedoch auch Verluste und negative Einkünfte aus anderen Einkunftsquellen des Unternehmensträgers vorrangig mit dem Sanierungsgewinn zu verrechnen.[369] Damit werden bei der Ermittlung der Besteuerungsgrundlagen etwaige Besonderheiten des Unternehmensträgers berücksichtigt, sodass der letztlich zu begünstigende Sanierungsgewinn gerade nicht rein unternehmens-, sondern unternehmerbezogen ermittelt wird. Diese Vorgehensweise ist nach der hier vertretenen Ansicht mit Blick auf den in Teilziffer 1 verankerten unternehmensbezogenen Ansatz inkonsequent und damit im Gesamtkontext des Sanierungserlasses verfehlt.

---

367 BMF, Schreiben vom 27.03.2003 – IV A 6 – S 2140 – 8/03, BStBl. I 2003, 240, Tz. 1.

368 In diesem Zusammenhang ist auch die Entscheidung des BFH (BFH, Urteil vom 14.07.2010 – X R 34/08, BStBl. II 2010, 916) zu beachten, in der der Senat den unternehmensbezogenen Ansatz des Sanierungserlasses explizit bekräftigt, indem er bestimmt, dass der Sanierungserlass ausschließlich auf unternehmensbezogene und gerade nicht auf unternehmerbezogene Sanierungen Anwendung findet.

369 BMF, Schreiben vom 27.03.2003 – IV A 6 – S 2140 – 8/03, BStBl. I 2003, 240, Tz. 8.

(2) Ungleiche steuerliche Belastung bei der Anwendung des Sanierungserlasses auf von Einzelunternehmern geführte Unternehmen

Darüber hinaus ist die Ausweitung der vorrangigen Verlustverrechnung auf Verluste und negative Einkünfte aus anderen Einkunftsquellen des Unternehmensträgers dahingehend nicht sachgerecht, als sie in der praktischen Anwendung des Sanierungserlasses zu inkonstanten Ergebnissen führen kann. Insoweit besteht insbesondere die Gefahr, dass es zu einer ungleichen steuerlichen Belastung bei der Anwendung des Sanierungserlasses auf von Einzelunternehmern geführte Unternehmen kommt. Dies soll anhand des folgenden Beispiels verdeutlicht werden:

Angenommen die Einzelunternehmer X und Y befinden sich mit ihren jeweiligen Unternehmungen X-U bzw. Y-U in der Krise und erzielen jeder durch Forderungserlasse ihrer jeweiligen Gläubiger einen Sanierungsgewinn i.H.v. 100. Aus den Unternehmungen X-U bzw. Y-U stehen X und Y jeweils verrechenbare Verluste i.H.v. 70 zur Verfügung (z.B. Verlustvorträge i.H.v. 60 und laufende Verluste i.H.v. 10). Allein Y hat zusätzlich negative Einkünfte aus Vermietung und Verpachtung i.H.v. 30.

Im Rahmen der Sanierung des Unternehmens X-U kommt ein Erlass der Steuer auf den die Verluste übersteigenden Sanierungsgewinn i.H.v. 30 nach dem Sanierungserlass in Betracht. Bei der Sanierung des Unternehmens Y-U sieht der Sanierungserlass in diesem Fall vor, dass der Sanierungsgewinn nicht nur mit den Verlusten aus dem defizitären Unternehmen Y-U (aus dem auch der Sanierungsgewinn entstammt) i.H.v. 70 verrechnet wird, sondern auch mit den negativen Einkünften des Y aus Vermietung und Verpachtung i.H.v. 30. Während die Sanierung des Unternehmens X-U durch den Erlass der Steuer auf den die Verluste übersteigenden Sanierungsgewinn im Billigkeitswege begünstigt würde[370]*, bliebe im Rahmen der Sanierung des Unternehmens Y-U in dieser und ähnlichen Konstellationen – bei übereinstimmendem Ausgangssachverhalt*[371] *– diese Unterstützung versagt, da nach der Verrechnung auch der negativen Einkünfte aus Vermietung und Verpachtung mit dem Sanierungsgewinn kein übersteigender Sanierungsgewinn verbliebe. Obwohl in beiden Fällen einem Sanierungsgewinn i.H.v. 100 mit diesem zusammenhängende Verluste i.H.v. 70 gegenüberstünden, würde der Sanierungsgewinn im ersten Fall nur anteilig besteuert, während er im zweiten Fall in Gänze der Besteuerung unterläge.*[372]

Durch die Ausweitung der vorrangigen Verlustverrechnung auf etwaige Verluste aus anderen Einkunftsquellen des Unternehmers kann der Sanierungserlass somit bei der Sanierung von durch Einzelunternehmer geführte Unternehmen zu einer ungleichen steuerlichen Belastung bei gleicher objektiver wirtschaftlicher

---

370 Vorausgesetzt die weiteren Kriterien des Sanierungserlasses sind erfüllt.

371 D.h. Sanierungsgewinn i.H.v. 100 und verrechenbare Verluste aus dem sanierungsbedürftigen Unternehmen i.H.v. 70.

372 Siehe auch *Janssen*, DStR 2003, 1055, 1058 der ebenfalls darauf hinweist, dass die Möglichkeit einer einkunftsartenübergreifenden Verlustverrechnung bei Einzel- und Personenunternehmen zur vollumfänglichen Versagung des Steuererlasses nach dem Sanierungserlass führen kann.

Leistungsfähigkeit des Unternehmers in Bezug auf das Unternehmen führen.[373] Denn etwaige nach dem Sanierungserlass vorrangig mit dem Sanierungsgewinn zu verrechnende Verluste des Einzelunternehmers aus anderen Einkunftsquellen erhöhen seine objektive wirtschaftliche Leistungsfähigkeit in Bezug auf das zu sanierende Unternehmen nicht. Gleichwohl verringert sich durch die betreffende Regelung der Umfang eines möglichen Erlasses der Steuer auf den Sanierungsgewinn mit der Existenz von verrechenbaren Verlusten aus anderen Einkunftsquellen des Unternehmers. Dies bedeutet im Umkehrschluss eine höhere steuerliche Belastung im Rahmen der Unternehmenssanierung bei gleicher objektiver wirtschaftlicher Leistungsfähigkeit des Unternehmers in Bezug auf das zu sanierende Unternehmen.[374]

Diese ungleiche steuerliche Belastung lässt die dargestellte Ausweitung der vorrangigen Verlustverrechnung mit Blick auf den aus dem allgemeinen Gleichheitssatz nach Art. 3 Abs. 1 GG abgeleiteten Grundsatz der Besteuerungsgleichheit zumindest bedenklich erscheinen.[375] Neben der grundsätzlichen Ausrichtung der Besteuerung an der wirtschaftlichen Leistungsfähigkeit des Steuerpflichtigen[376] verlangt der allgemeine Gleichheitssatz des Art. 3 Abs. 1 GG insbesondere auch, dass die Steuerpflichtigen „durch ein Steuergesetz rechtlich und tatsächlich gleich belastet werden."[377] Dies folgt aus dem Verständnis, dass sich der steuerliche Zugriff des Staates auf das Vermögen des Einzelnen (ohne individuelle Gegenleistung) letztlich „auch und gerade aus der Gleichheit der Lastenzuteilung" rechtfertigt.[378] Eine rechtlich und tatsächlich gleiche steuerliche Belastung gewährleistet der Sanierungserlass, wie aus dem obigen Beispiel deutlich hervorgeht, jedoch gerade nicht. Er bietet vielmehr Raum für eine tatsächlich unterschiedliche Belastung von Steuerpflichtigen mit gleicher objektiver wirtschaftlicher Leistungsfähigkeit in Bezug auf das Unternehmen. Dies ist darin begründet, dass der Sanierungserlass bei der Ermittlung des Sanierungsgewinns nicht ausschließlich unternehmensbezogene Verluste und negative Einkünfte berücksichtigt, sondern die Verrechnung des Sanierungsgewinns zudem auf Verluste und negative Einkünfte aus anderen Einkunftsquellen des Unternehmers ausweitet. Diese Abweichung von dem in Teilziffer 1 verankerten unternehmensbezogenen Ansatz des Sanierungserlasses ist daher nicht nur verfehlt (siehe soeben), sondern kann auch zu inkonstanten Ergebnissen bei der praktischen Anwendung der Regelung führen.

---

373 Vgl. *Strüber/von Donat*, BB 2003, 2036, 2038.

374 Vgl. *Strüber/von Donat*, BB 2003, 2036, 2038.

375 Vgl. *Strüber/von Donat*, BB 2003, 2036, 2038.

376 BVerG, Beschluss des Ersten Senats vom 29.05.1990 – 1 BvL 20, 26, 184 und 4/86, BVerfGE 82, 60, 86; BVerfG, Beschluss des Ersten Senats vom 26.01.1994 – 1 BvL 12/86, BVErfGE 89, 346, 352.

377 BVerfG, Urteil des Zweiten Senats vom 27.07.1991 – 2 BvR 1493/89, BVerfGE 84, 239, 268; BVerfG, Urteil des Zweiten Senats vom 09.03.2004 – 2 BvL 17/02, BVerGE 110, 94, 112.

378 BVerfG, Urteil des Zweiten Senats vom 27.07.1991 – 2 BvR 1493/89, BVerfGE 84, 239, 269.

cc) Ergebnis

Die Anordnung der vorrangigen Verlustverrechnung ist hinsichtlich der Verrechnung des Sanierungsgewinns mit Verlusten aus demselben Unternehmen aus systematischen Gesichtspunkten erforderlich und deshalb aus Sicht der Steuerpflichtigen als gerechtfertigt hinzunehmen. Die Ausweitung der vorrangigen Verlustverrechnung auf etwaige Verluste aus anderen Einkunftsquellen des Unternehmers ist zum einen im Gesamtkontext des Sanierungserlasses verfehlt, da die Regelungen des Sanierungserlasses insoweit nicht an dem in Teilziffer 1 verankerten unternehmensbezongenen Ansatz der Sanierung ausgerichtet sind und zum anderen in der praktischen Anwendung nicht sachgerecht, da sie zu einer ungleichen steuerlichen Belastung von Einzelunternehmern mit gleicher objektiver wirtschaftlicher Leistungsfähigkeit in Bezug auf das zu sanierende Unternehmen führen kann.

3. Unternehmerbezogene Sanierung

Ein weiterer Streitpunkt im Zusammenhang mit dem Sanierungserlass ist die Frage nach der steuerlichen Begünstigung von unternehmerbezogenen Sanierungen. Diesbezüglich weicht der Sanierungserlass nach seinem Wortlaut zum Nachteil der Steuerpflichtigen von der Rechtslage im Anwendungsbereich des § 3 Nr. 66 EStG aF ab.[379] Rechtsprechung und Literatur sind sich daher uneinig, ob der Sanierungserlass auf unternehmerbezogene Sanierungen Anwendung findet oder nicht.

a) § 3 Nr. 66 EStG aF

Nach der ständigen Rechtsprechung des BFH zu § 3 Nr. 66 EStG aF konnte auch eine unternehmerbezogene Sanierung steuerlich begünstigt sein.[380] Im Gegensatz zu einer unternehmensbezogenen Sanierung, bei der der Fortbestand des Unternehmens gesichert werden soll, ist von einer unternehmerbezogenen Sanierung dann auszugehen, wenn dem Schuldner durch den Forderungserlass „eine schuldenfreie Liquidierung seines Unternehmens und der Aufbau einer neuen Existenz in selbstständiger oder nichtselbstständiger Position ermöglicht" werden soll, ohne dass er dabei von den weiterbestehenden Schulden aus der früheren unternehmerischen Tätigkeit beeinträchtigt bleibt.[381] Die steuerliche Begünstigung unternehmerbezogener Sanierungen im Rahmen des § 3 Nr. 66 EStG aF entsprach nach der Auffassung des BFH dem Sinn und Zweck der Regelung. Diesen sah das Gericht darin, dass durch die Steuerbefreiung der Erlass von Forderungen begünstigt wird, die zwar

379 BMF, Schreiben vom 27.03.2003 – IV A 6 – S 2140 – 8/03, BStBl. I 2003, 240, Tz. 2.

380 Siehe BFH, Urteil vom 14.03.1990 – I R 106/85, BStBl. II 1990, 813, 815; BFH, Urteil vom 14.03.1990 – I R 64/85, BStBl. II 1990, 810, 812; BFH, Urteil vom 12.10.2005 – X R 42/03, BFH/NV 2006, 715, 716.

381 BFH, Urteil vom 12.10.2005 – X R 42/03, BFH/NV 2006, 715, 716; siehe auch BFH, Urteil vom 14.03.1990 – I R 106/85, BStBl. II 1990, 813, 815; BFH, Urteil vom 14.03.1990 – I R 64/85, BStBl. II 1990, 810, 812.

„nicht mehr vollwertig sind, deren Fortbestand den Schuldner jedoch in seiner Existenz bedroht".[382] Für unternehmerbezogene Sanierungen sollte deshalb durch die steuerliche Begünstigung ein Anreiz dafür geschaffen werden, dass die Gläubiger den Forderungserlass auch tatsächlich aussprechen und dem Schuldner somit nicht jede wirtschaftliche Existenz „durch den Fortbestand unerfüllbarer Schulden unmöglich machen".[383]

b) Sanierungserlass

Im Gegensatz dazu ist ein Erlass, der auf den Sanierungsgewinn entfallenden Steuer, nach dem Wortlaut des Sanierungserlasses nur in Fällen einer unternehmensbezogenen Sanierung möglich. Das BMF-Schreiben schließt in Teilziffer 2 Satz 2 eine begünstigte Sanierung explizit für die Fälle aus, in denen die Schulden erlassen werden, um dem Steuerpflichtigen oder einem Beteiligten einen schuldenfreien Übergang in sein Privatleben oder den Aufbau einer anderen Existenzgrundlage zu ermöglichen.[384]

c) Finanzgerichtliche Rechtsprechung und Fachliteratur

Die finanzgerichtliche Rechtsprechung[385] und einige ihr folgende Literaturstimmen[386] sehen diese Auffassung des BMF als entschieden zu eng an und sind der Finanzverwaltung daher unter Hinweis auf die Rechtsprechung des BFH zu § 3 Nr. 66 EStG aF entgegengetreten. Bereits in seiner Entscheidung vom 27.05.2004 hatte das FG Münster darauf hingewiesen, dass eine nach dem Sanierungserlass begünstigte Sanierung auch dann vorliegen müsse, wenn der Forderungsverzicht dem Einzelunternehmer ermöglichen soll, „das von ihm betriebene Unternehmen aufzugeben, ohne von weiter bestehenden Schulden" aus dem Unternehmen „beeinträchtigt zu sein".[387] Dem hat sich in der Folge auch das FG Köln angeschlossen, nach dessen Auffassung für eine nach dem Sanierungserlass begünstigte Sanierung keine anderen Voraussetzungen aufzustellen sind, als dies unter der Geltung des § 3 Nr. 66 EStG aF der Fall war. Da sich die Sanierung nach der Rechtsprechung des

---

382 BFH, Urteil vom 14.03.1990 – I R 106/85, BStBl. II 1990, 813, 815; BFH, Urteil vom 14.03.1990 – I R 64/85, BStBl. II 1990, 810, 812; BFH, Urteil vom 12.10.2005 – X R 42/03, BFH/NV 2006, 715, 716.

383 BFH, Urteil vom 14.03.1990 – I R 106/85, BStBl. II 1990, 813, 814, 815.

384 BMF, Schreiben vom 27.03.2003 – IV A 6 – S 2140 – 8/03, BStBl. I 2003, 240, Tz. 2 Satz 2.

385 FG Münster, Urteil vom 27.05.2004 – 2 K 1307/02, EFG 2004, 1572; FG Köln, Urteil vom 24.04.2008 – 6 K 2488/06, EFG 2008, 1555, 1557.

386 Drüen/*Haarmann*, JbFfSt 2009/2010, 285, 296; *Janssen*, BB 2005, 1026, 1027; *Kahlert/Rühland*, Sanierungs- und Insolvenzsteuerrecht, Teil A Rn. 139; Lüdicke/Sistermann/*Loose/Maier*, Unternehmensteuerrecht, § 17 Rn. 126; *Uhländer*, ZInsO 2005, 76, 77.

387 FG Münster, Urteil vom 27.05.2004 – 2 K 1307/02, EFG 2004, 1572.

BFH zu § 3 Nr. 66 EStG aF jedoch nicht auf ein Unternehmen beziehen musste,[388] sei kein Grund ersichtlich, der eine Beschränkung des Anwendungsbereichs des Sanierungserlasses auf Fälle der unternehmensbezogenen Sanierung rechtfertigt.[389]

Zutreffend argumentiert das FG Köln insbesondere mit dem Prinzip der Besteuerung nach der wirtschaftlichen Leistungsfähigkeit, von dem auch die Rechtsprechung des BFH zu § 3 Nr. 66 EStG aF geleitet war.[390] Der BFH führte insoweit aus, dass mit der Steuerbefreiung des Sanierungsgewinns erreicht werde, dass der Schuldner „nicht aufgrund von Maßnahmen zur Einkommensteuer herangezogen [...] wird, die dazu dienen, seine Leistungsfähigkeit" erst „wieder herzustellen."[391] Dies müsse auch für die Fälle gelten, in denen „die Leistungsfähigkeit nicht [...] im Hinblick auf den Betrieb hergestellt" werden soll, „in dem die" erlassenen „Schulden begründet sind," sondern im Hinblick auf den Schuldner als Subjekt der Einkommensteuer.[392] Denn der Schuldner als natürliche Person, nicht jedoch der Betrieb, sei Subjekt der Einkommensteuer.[393]

d) Revisionsentscheidung des BFH

Ungeachtet dieser überzeugenden Argumente und der Übereinstimmung der Finanzgerichte mit der Rechtsprechung des BFH zu § 3 Nr. 66 EStG aF, hat der BFH der vorstehenden Auffassung mit Blick auf den Sanierungserlass nun eindeutig widersprochen.[394] Der BFH orientierte sich in seiner Revisionsentscheidung[395] insoweit eng am Wortlaut des BMF-Schreibens, nach dem eine unternehmerbezogene Sanierung gerade nicht begünstigt ist. Eine Billigkeitsentscheidung nach den Regelungen des Sanierungserlasses komme daher bereits im Grundsatz nicht in Betracht, da dessen Tatbestandsvoraussetzungen nicht erfüllt seien.[396] Zudem ergebe sich

---

388 Vgl. BFH, Urteil vom 14.03.1990 – I R 106/85, BStBl. II 1990, 813, 815; BFH, Urteil vom 14.03.1990 – I R 64/85, BStBl. II 1990, 810, 812.

389 FG Köln, Urteil vom 24.04.2008 – 6 K 2488/06, EFG 2008, 1555, 1557.

390 BFH, Urteil vom 14.03.1990 – I R 106/85, BStBl. II 1990, 813, 815; FG Köln, Urteil vom 24.04.2008 – 6 K 2488/06, EFG 2008, 1555, 1557.

391 BFH, Urteil vom 14.03.1990 – I R 106/85, BStBl. II 1990, 813, 815; auf diese Rechtsprechung Bezug nehmend FG Köln, Urteil vom 24.04.2008 – 6 K 2488/06, EFG 2008, 1555, 1557.

392 BFH, Urteil vom 14.03.1990 – I R 106/85, BStBl. II 1990, 813, 815; auf diese Rechtsprechung Bezug nehmend FG Köln, Urteil vom 24.04.2008 – 6 K 2488/06, EFG 2008, 1555, 1557.

393 BFH, Urteil vom 14.03.1990 – I R 106/85, BStBl. II 1990, 813, 815; siehe auch *Uhländer*, ZInsO 2005, 76, 77 der diese „personenbezogene" Auslegung ebenfalls als durch das Prinzip der Besteuerung nach der wirtschaftlichen Leistungsfähigkeit geboten ansieht.

394 BFH, Urteil vom 14.07.2010 – X R 34/08, BStBl. II 2010, 916, 920 ff.; vgl. auch BFH, Beschluss vom 25.03.2015 – X R 23/13, DStR 2015, 1443, 1447.

395 Vorinstanz FG Köln, Urteil vom 24.04.2008 – 6 K 2488/06, EFG 2008, 1555.

396 BFH, Urteil vom 14.07.2010 – X R 34/08, BStBl. II 2010, 916, 920 f.

keine abweichende Beurteilung aus dem Umstand, dass nach Ansicht des BMF in Fällen der Restschuldbefreiung und der Verbraucherinsolvenz Billigkeitsmaßnahmen gleichwohl möglich sind.[397] Vielmehr sei es ein berechtigtes „Anliegen der Regelungen"[398], nur die Sanierung des betroffenen Unternehmens als solches steuerlich zu begünstigen und Billigkeitsmaßnahmen in Fällen unternehmerbezogener Sanierungen auszuschließen, wenn die Voraussetzungen einer Restschuldbefreiung bzw. einer Verbraucherinsolvenz nicht vorliegen.[399]

e) Keine Begünstigung unternehmerbezogener Sanierungen

Mit der Entscheidung des BFH ist nunmehr höchstrichterlich geklärt, dass sich der Anwendungsbereich des Sanierungserlasses nicht auf unternehmerbezogene Sanierungen erstreckt. Diese Auslegung des BMF-Schreibens ist insbesondere mit Blick auf den eindeutigen Wortlaut der Ziffern 1 und 2 des Sanierungserlasses nicht zu beanstanden. Schließlich bringt das BMF nicht nur in Teilziffer 1 zum Ausdruck, dass es unter dem Begriff der Sanierung i.S.d. Sanierungserlasses eine unternehmensbezogene Sanierung versteht, sondern nimmt unternehmerbezogene Sanierungen in der Teilziffer 2 ausdrücklich vom Anwendungsbereich des Sanierungserlasses aus.

f) Fehlende Ausrichtung der Besteuerung am Leistungsfähigkeitsprinzip

Die Beschränkung des Anwendungsbereiches des Sanierungserlasses auf unternehmensbezogene Sanierungen birgt die Gefahr, dass eine an der objektiven wirtschaftlichen Leistungsfähigkeit ausgerichtete Ertragsbesteuerung in Fällen einer unternehmerbezogenen Sanierung nicht sicher gewährleistet werden kann.[400] Zwar besteht ungeachtet der Nichtanwendbarkeit des Sanierungserlasses seitens der Finanzverwaltung grundsätzlich die Möglichkeit, Billigkeitsmaßnahmen nach den §§ 163, 222, 227 AO vorzunehmen. Allerdings ist das der Finanzverwaltung insoweit zustehende Ermessen – anders als im Anwendungsbereich des Sanierungserlasses – in diesen Fällen nicht gebunden. Es steht daher zu befürchten, dass ein Erlass der auf den Sanierungsgewinn entfallenden Steuer unter Umständen nicht gewährt wird, obwohl dies zur Wahrung einer am Leistungsfähigkeitsprinzip ausgerichteten Besteuerung erforderlich wäre. Denn durch die defizitäre Situation des Unternehmens führt die mit dem Forderungserlass einhergehende Betriebsvermögensmehrung

397 Siehe dazu BMF, Schreiben vom 22.12.2009 – IV C 6 – S 2140/07/10001-01, BStBl. I 2010, 18 Tz. 2.

398 BMF, Schreiben vom 27.03.2003 – IV A 6 – S 2140 – 8/03, BStBl. I 2003, 240 sowie BMF, Schreiben vom 22.12.2009 – IV C 6 – S 2140/07/10001-01, BStBl. I 2010, 18.

399 BFH, Urteil vom 14.07.2010 – X R 34/08, BStBl. II 2010, 916, 921 f.

400 Neben diesem Aspekt weist *Thiele*, ZInsO 2014, 325, 328 Fn. 13 zutreffend darauf hin, dass die Nichtanwendung des Sanierungserlasses auf unternehmerbezogene Sanierungen die Gefahr der Ungleichbehandlung eigentlich gleich gelagerter Fälle in sich birgt.

nur zu einer Verringerung der negativen Leistungsfähigkeit des Unternehmers und gerade nicht zu einer Erhöhung seiner positiven wirtschaftlichen Leistungsfähigkeit, die Anknüpfungspunkt für eine Ertragsbesteuerung sein kann. Eine Belastung des Sanierungsgewinns mit Einkommen- und Gewerbesteuer würde daher einen Verstoß gegen das Prinzip der Besteuerung nach der wirtschaftlichen Leistungsfähigkeit begründen.[401]

4. Gewerbesteuer

Neben einer einkommensteuer- bzw. körperschaftsteuerlichen Belastung wird der aus der Sanierungsmaßnahme resultierende Gewinn regelmäßig auch einer gewerbesteuerlichen Belastung unterliegen. Wenngleich die Abwendung der einkommensteuer- bzw. körperschaftsteuerlichen Belastung des Sanierungsgewinns bereits eine unsichere Variable für die geplante Sanierung darstellt, so bereitet die Erreichung einer Stundung bzw. eines Erlasses der auf den Sanierungsgewinn entfallenden Gewerbesteuer der Sanierungspraxis ein besonderes Problem.[402] Dies ist darin begründet, dass der Sanierungserlass lediglich die Stundungs- und Erlassmöglichkeiten hinsichtlich der Einkommen- und Körperschaftsteuer sowie des Solidaritätszuschlags explizit regelt.[403] Hinsichtlich der Gewerbesteuer enthält der Sanierungserlass in Teilziffer 15 hingegen nur die Bestimmung, dass für die Stundung und den Erlass der Gewerbesteuer die jeweilige Gemeinde zuständig sei.[404] Es besteht daher Uneinigkeit darüber, inwieweit der Sanierungserlass im Bereich der Gewerbesteuer zu Gunsten des Unternehmens eingreift.[405] Dabei geht es im Kern um die Frage, ob der Finanzverwaltung auf der Grundlage des Sanierungserlasses die Kompetenz zusteht, innerhalb des gestuften Besteuerungsverfahrens – insbesondere bei der Festsetzung des Gewerbesteuermessbetrages – Billigkeitsmaßnahmen vorzunehmen. Denn wie noch zu zeigen sein wird, steht grundsätzlich den Gemeinden innerhalb aller Phasen des gewerbesteuerlichen Besteuerungsverfahrens das alleinige Recht zur Vornahme von Billigkeitsmaßnahmen zu; ein Umstand der

---

401 Vgl. zum Ganzen oben unter **D.I.**

402 Siehe auch Drüen/*Schauhoff*, JbFfSt 2009/2010, 183, 186; *Düll/Fuhrmann/Eberhard*, DStR 2003, 862, 865 f.; *Frey/Mückl*, GmbHR 2010, 1193, 1196; *Seer*, FR 2010, 306, 309 ff.

403 Vgl. auch *Kahlert*/Rühland, Sanierungs- und Insolvenzsteuerrecht, 2. Aufl., Rn. 2.46; Lüdicke/Sistermann/*Loose/Maier*, Unternehmensteuerrecht, § 17 Rn. 139.

404 BMF, Schreiben vom 27.03.2003 – IV A 6 – S 2140 – 8/03, BStBl. I 2003, 240, Tz. 15 Satz 1.

405 Vgl. nur *Blaas/Schwahn*, DB 2013, 2350; Drüen/*Schauhoff*, JbFfSt 2009/2010, 183; *Düll/Fuhrmann/Eberhard*, DStR 2003, 862; *Ebbinghaus/Hinz*, ZInsO 2013, 911; *Eilers/Bühring*, Sanierungssteuerrecht, Rn. 2.118 f.; *Frey/Mückl*, GmbHR 2010, 1193; *Gänsler*, Ubg 2013, 154; *Harder*, ZInsO 2013, 1070; *Kamps/Weil*, FR 2014, 913; *Meier*, FR 2013, 849; *Nosky/Hörner*, FR 2012, 694, 695; *Seer*, FR 2010, 306; *Stangl/Hageböke*, Ubg 2013, 299; *Taplan/Baumgartner/Baumgartner*, GmbHR 2015, 347, 348.

aus Sicht des sanierungsbedürftigen Unternehmens gleich aus mehreren Gründen nachteilig ist und sich in erheblicher Weise sanierungshemmend auswirken kann. Zur Prüfung, inwieweit der Sanierungserlass auch für den Bereich der Gewerbesteuer eine am Leistungsfähigkeitsprinzip ausgerichtete Besteuerung gewährleistet, werden im Folgenden zunächst kurz die in den jeweiligen Verfahrensabschnitten in Frage kommenden Billigkeitsmaßnahmen dargestellt (sogleich unter a)) und sodann erörtert, ob die Finanzverwaltung auf der Grundlage des Sanierungserlasses zur Vornahme einer Billigkeitsmaßnahme in dem betreffenden Verfahrensabschnitt befugt ist (sogleich unter b)).

a) Billigkeitsmaßnahmen in den jeweiligen Verfahrensabschnitten

Im Hinblick auf den Erlass der auf einen Sanierungsgewinn entfallenden Gewerbesteuer im Billigkeitswege ist zwischen Billigkeitsmaßnahmen im Festsetzungsverfahren (§ 163 AO) und im Erhebungsverfahren (§§ 222, 227 AO) zu unterscheiden. Im Festsetzungsverfahren kommt zunächst in Betracht, dass dem Steuerpflichtigen bei der Festsetzung des Gewerbesteuermessbetrages nach § 163 Satz 1 i.V.m. § 184 Abs. 2 Satz 1 AO Billigkeit gewährt wird. Ebenso kann bei der sich anschließenden Festsetzung der Gewerbesteuer eine abweichende Festsetzung nach § 163 AO erfolgen. Sofern im Festsetzungsverfahren keine Billigkeitsmaßnahme getroffen wird, ist schließlich im Rahmen der Erhebung der Steuer ein Erlass des festgesetzten Steueranspruches nach § 227 AO denkbar.[406]

b) Kompetenz für die Gewährung von Billigkeitsmaßnahmen

Wie vorstehend bereits angesprochen, ist für die Anwendung des Sanierungserlasses und dessen Bindungswirkung im Bereich der Gewerbesteuer von elementarer Bedeutung, ob die Kompetenz für die Gewährung von Billigkeitsmaßnahmen in den jeweiligen Abschnitten des Besteuerungsverfahrens bei dem zuständigen Finanzamt oder der jeweiligen Betriebsstätten-Gemeinde liegt. Ausgangspunkt für die Kompetenz zur Gewährung von Billigkeit im gewerbesteuerlichen Besteuerungsverfahren ist die Zuweisung der Kompetenz für die Verwaltung der Gewerbesteuer. Nach Art. 108 Abs. 2 Satz 1 GG wird die Gewerbesteuer grundsätzlich durch die Landesfinanzbehörden verwaltet. Daher sind nach dem gesetzlichen Regelfall die Finanzämter als örtliche Finanzbehörden für die Festsetzung des Gewerbesteuermessbetrages sowie für die Festsetzung und die Erhebung der Gewerbesteuer zuständig.[407] Gemäß Art. 108 Abs. 4 Satz 2 GG können die Länder jedoch die Verwaltung der allein den Gemeinden zufließenden Steuern abweichend vom gesetzlichen Grundfall des Art. 108 Abs. 2 GG auf die Gemeinden übertragen. Soweit der Landesgesetzgeber von dieser Möglichkeit Gebrauch macht, kommt es nicht zu einer Zuständigkeit der

406 Zum Ganzen vgl. auch *Stangl/Hageböke*, Ubg 2013, 299, 300.
407 Vgl. auch § 17 Abs. 2 Satz 1 FVG; ebenso *Seer*, FR 2010, 306, 309; *Stangl/Hageböke*, Ubg 2013, 299, 300.

Finanzämter.[408] In allen Flächenstaaten hat der Landesgesetzgeber von dieser Option Gebrauch gemacht. Allerdings üben die Länder diese Möglichkeit übereinstimmend nur in dem Umfang aus, dass sie die Festsetzung und die Erhebung der Gewerbesteuer auf die Gemeinden übertragen. Die Festsetzung des Gewerbesteuermessbetrages verbleibt hingegen in allen Flächenstaaten in der Hand der Finanzämter.[409] In den Stadtstaaten verbleibt die Verwaltung der Gewerbesteuer gänzlich bei den Finanzämtern. In allen Bundesländern fällt somit die Festsetzung des Gewerbesteuermessbetrages in die Kompetenz der Finanzämter, während – zumindestens in allen Flächenstaaten – die Gemeinden für die Festsetzung und die Erhebung der Gewerbesteuer zuständig sind.[410]

Aus dieser Kompetenzverteilung für die Verwaltung der Gewerbesteuer leitet sich auch zumindest in Grundzügen die jeweilige Kompetenz zur Vornahme von Billigkeitsmaßnahmen ab. Insoweit wird aus dieser Kompetenzverteilung zur Verwaltung der Gewerbesteuer bereits deutlich, dass Billigkeitsmaßnahmen im Erhebungsverfahren nach den §§ 222, 227 AO – zumindest in allen Flächenstaaten – nur durch die Gemeinden erfolgen können. In Bezug auf das Festsetzungsverfahren ist indes umstritten, ob den Finanzämtern auf der Grundlage des Sanierungserlasses die Befugnis zu Billigkeitsmaßnahmen nach § 163 AO zusteht.

aa) Gewährung von Billigkeit durch die Finanzämter bei der Festsetzung des Gewerbesteuermessbetrages

Im Rahmen des Festsetzungsverfahrens kommt zunächst die Gewährung von Billigkeit bei der Festsetzung des Gewerbesteuermessbetrages in Betracht. Dies setzt voraus, dass den Finanzämtern, in deren Zuständigkeit die Festsetzung des Gewerbesteuermessbetrages fällt, eine entsprechende Befugnis zur Vornahme von Billigkeitsmaßnahmen an dieser Stelle des gestuften Besteuerungsverfahrens zusteht. Die dafür maßgeblichen Voraussetzungen sind in § 184 Abs. 2 Satz 1 AO geregelt. Nach dieser Vorschrift schließt die Befugnis, Realsteuermessbeträge festzusetzen, auch die Befugnis zu Maßnahmen nach § 163 Satz 1 AO ein, soweit für solche Maßnahmen in einer allgemeinen Verwaltungsvorschrift der Bundesregierung, der obersten Bundesfinanzbehörde oder einer obersten Landesfinanzbehörde Richtlinien aufgestellt worden sind. Die Vorschrift ist jüngst im Zuge des Gesetzes zur Anpassung der Abgabenordnung an den Zollkodex der Union und zur Änderung weiterer steuerlicher Vorschriften vom 22.12.2014[411] mit Wirkung zum 31.12.2014 geändert worden. Mit der Änderung wurde die nunmehr 2. Alternative („der obersten Bundesfinanzbehörde“) in das Gesetz aufgenommen; im Übrigen ist die Vorschrift unverändert geblieben. Vor der Einführung dieser Alternative war umstritten, ob

408 Vgl. § 17 Abs. 2 Satz 1 FVG; ebenso *Stangl/Hageböke*, Ubg 2013, 299, 300.
409 Siehe dazu die Auflistung der landesgesetzlichen Regelungen in den Flächenstaaten bei *Stangl/Hageböke*, Ubg 2013, 299, 301.
410 Siehe auch *Seer*, FR 2010, 306, 309; *Stangl/Hageböke*, Ubg 2013, 299, 302.
411 BGBl. I 2014, 2417.

es sich bei dem Sanierungserlass um eine allgemeine Verwaltungsvorschrift i.S.d. § 184 Abs. 2 Satz 1 AO handelt.[412] Diese Diskussion ist durch die vorstehend angesprochene Gesetzesänderung gegenstandslos geworden. Der Sanierungserlass stellt nunmehr als Stellungnahme der obersten Bundesfinanzbehörde eine allgemeine Verwaltungsvorschrift i.S.d. § 184 Abs. 2 Satz 1 2. Alt. AO dar.

Es schließt sich somit die Frage an, ob der Sanierungserlass „Richtlinien" i.S.d. § 184 Abs. 2 Satz 1 AO für Maßnahmen nach § 163 Satz 1 AO bei der Festsetzung des Gewerbesteuermessbetrages aufstellt.[413] Nach der hier vertretenen Auffassung ist dies nicht der Fall.[414] Die Relevanz der im Sanierungserlass verankerten Regelungen für den Bereich der Gewerbesteuer ist in Teilziffer 15 des Sanierungserlasses geregelt. Diese sieht vor, dass „für Stundung und Erlass der Gewerbesteuer" die jeweilige Gemeinde zuständig ist. Eine ausdrückliche „Richtlinie" für Maßnahmen nach § 163 Satz 1 AO seitens des Finanzamts bei der Festsetzung des Gewerbesteuermessbetrages enthält der Sanierungserlass mithin nicht.

Sowohl in der Literatur, als auch in der finanzgerichtlichen Rechtsprechung gibt es jedoch Stimmen, die in diesem Wortlaut den konkludenten Willen des Erlassgebers erkennen, dass den Finanzämtern eine Befugnis zur abweichenden Festsetzung des Gewerbesteuermessbetrages unter Berücksichtigung der Regelungen des Sanierungserlases zustehen soll.[415] Aus der Formulierung der Teilziffer 15 des Sanierungserlasses lasse sich nämlich nicht schließen, das BMF habe damit inzident bestimmt, dass nur die Gemeinden „zu Billigkeitsentscheidungen mit gewerbesteuerlicher Wirkung befugt" seien.[416] Vielmehr betreffe die Regelung zum einen „ausschließlich die Stundung und den Erlass nach §§ 222, 227 AO, nicht aber auch die abweichende Festsetzung gem. §§ 163, 184 AO" und zum anderen beziehe „sie sich auch nur auf die Gewerbesteuer, nicht aber auch auf den Gewerbesteuermessbetrag." Der Erlassgeber habe damit „die abweichende Festsetzung des Gewerbesteuermessbetrages für die Finanzämter der Länder gerade gewollt und eröffnet.[417]

---

412 Vgl. dazu nur BFH, Urteil vom 25.04.2012 – I R 24/11, BFH/NV 2012, 1516, 1517; FG Düsseldorf, Urteil vom 16.03.2011 – 7 K 3831/10, EFG 2011, 1685, 1686; *Düll/Fuhrmann/Eberhard*, DStR 2003, 862, 865; *Gänsler*, Ubg 2013, 154, 157; *Seer*, FR 2010, 306, 310; *Stangl/Hageböke*, Ubg 2013, 299, 302 ff.; *Taplan/Baumgartner/Baumgartner*, GmbHR 2015, 347, 348.

413 Mangels Entscheidungserheblichkeit offengelassen durch BFH, Urteil vom 25.04.2012 – I R 24/11, BFH/NV 2012, 1516.

414 I.E. ebenso *Schwahn/Meretzki*, FR 2015, 593, 595.

415 *Seer*, FR 2010, 306, 310; dieser Auffassung folgend FG Düsseldorf, Urteil vom 16.03.2011 – 7 K 3831/10, EFG 2011, 1685, 1686; ebenso *Hageböke/Hasbach*, DStR 2015, 1713, 1720; i.E. auch *Nosky/Hörner*, FR 2012, 694, 695; *Taplan/Baumgartner/Baumgartner*, GmbHR 2015, 347, 348; *Vogel/Schlüter*, DB 2015, 344; *Wiese/Lukas*, DStR 2015, 1222, 1224.

416 *Seer*, FR 2010, 306, 310; siehe auch *Hageböke/Hasbach*, DStR 2015, 1713, 1720.

417 FG Düsseldorf, Urteil vom 16.03.2011 – 7 K 3831/10, EFG 2011, 1685, 1686; siehe auch *Hageböke/Hasbach*, DStR 2015, 1713, 1720; *Seer*, FR 2010, 306, 310; i.E. zustimmend *Vogel/Schlüter*, DB 2015, 345; *Wiese/Lukas*, DStR 2015, 1222, 1224.

Für diese Auslegung spricht, dass sie mit dem Sinn und Zweck des Sanierungserlasses als vereinheitlichende und ermessenslenkende Verwaltungsvorschrift korrespondiert. Eine abweichende Festsetzung des Gewerbesteuermessbetrages durch die Finanzämter würde vor allem dem grundlegenden Ziel des Sanierungserlasses Rechnung tragen, eine einheitliche Handhabung zu gewährleisten und widersprüchliche Entscheidungen in gleichgelagerten Fällen zu vermeiden.[418] Gleichwohl vermag dieses Verständnis der Teilziffer 15 im Gesamtgefüge des Sanierungserlasses nicht zu überzeugen. Insbesondere die allgemeine Überschrift des Sanierungserlasses und die Überschrift des Abschnitts, in dem sich die Teilziffer 15 befindet (Abschnitt VI.), sprechen dafür, dass sich die Teilziffer 15 weder auf Maßnahmen nach den §§ 222, 227 AO, noch auf die Gewerbesteuer beschränkt. So ergibt sich aus der allgemeinen Überschrift des Schreibens „Steuerstundung und Steuererlass aus sachlichen Billigkeitsgründen (§§ 163, 222, 227 AO)", dass das BMF unter den Begriff „Erlass" auch die abweichende Festsetzung nach § 163 AO fasst. Dies spricht dafür, dass mit dem Begriff „Erlass" in Teilziffer 15 auch Maßnahmen nach § 163 AO gemeint sind. Daneben legt die Überschrift des Abschnitts VI. „Gewerbesteuer**liche** Auswirkungen"[419] nahe, dass sich die in diesem Abschnitt befindlichen Regelungen nicht nur auf die Gewerbesteuer, sondern auf den gesamten *gewerbesteuerlichen Bereich*, also auch den Gewerbesteuermessbetrag, beziehen. Für dieses Verständnis spricht letztlich auch die Systematik des Sanierungserlasses. Dass der Abschnitt VI. am Ende des Schreibens steht, lässt darauf schließen, dass in diesem Abschnitt die Auswirkungen der in den vorstehenden Abschnitten verankerten Regelungen für den gesamten gewerbesteuerlichen Bereich in Bezug auf alle dort geregelten Billigkeitsmaßnahmen, also Stundung, Erlass *und* abweichende Festsetzung, geregelt sind.

Nach der hier vertretenen Auffassung ist die Formulierung der Teilziffer 15 daher in der Weise auszulegen, dass sie auch Maßnahmen nach § 163 AO betrifft und sich auf den gesamten gewerbesteuerlichen Bereich bezieht. Sie ist demnach dahingehend zu verstehen, dass im gewerbesteuerlichen Bereich die Befugnis zur Vornahme von Billigkeitsentscheidungen nach den §§ 163, 222, 227 AO ausschließlich den Gemeinden zusteht und der Sanierungserlass in diesem Bereich somit keine Wirkung entfaltet. Richtlinien i.S.d. § 184 Abs. 2 Satz 1 AO für Maßnahmen nach § 163 Satz 1 AO seitens der Finanzämter bei der Festsetzung des Gewerbesteuermessbetrages enthält der Sanierungserlass daher gerade nicht.[420]

Dieses Verständnis scheint im Übrigen auch die Finanzverwaltung zu teilen, die seit jeher davon ausgeht, dass den Finanzämtern im Rahmen der Festsetzung des Gewerbesteuermessbetrages nicht die Befugnis zur Vornahme von

418 Insoweit weisen auch *Eilers/Bühring*, Sanierungssteuerrecht, Rn. 2.119 auf die praktischen Vorzüge dieser Auffassung hin.

419 Hervorhebung nicht im Original.

420 Ebenso *Crezelius*, NZI 2015, 268, 269; *Schwahn/Meretzki*, FR 2015, 593, 595; siehe auch *Steinhauff*, AO-StB 2015, 249 f.

Billigkeitsmaßnahmen nach § 163 Satz 1 AO zusteht.[421] Dabei begründet sie ihre Auffassung damit, dass der Sanierungserlass keine Billigkeitsmaßnahmen seitens der Finanzämter im Rahmen der Festsetzung des Gewerbesteuermessbetrages vorsehe.[422]

Abschließend ist daher festzuhalten, dass den Finanzämtern auf der Grundlage des Sanierungserlasses nicht die Kompetenz zusteht, im Rahmen der Festsetzung des Gewerbesteuermessbetrages eine abweichende Festsetzung aus sachlichen Billigkeitsgründen nach § 163 Satz 1 AO (i.V.m. § 184 Abs. 2 Satz 1 AO) vorzunehmen.[423] In der Konsequenz besteht für die Finanzämter im Festsetzungsverfahren nicht die Möglichkeit, bei der Festsetzung des Gewerbesteuermessbetrages Billigkeit nach § 163 Satz 1 AO zu gewähren.

bb) Gewährung von Billigkeit durch die Finanzämter nach § 163 Satz 2 AO

Billigkeitsmaßnahmen nach § 163 Satz 2 AO sind seitens der Finanzämter nur in sehr seltenen Fällen denkbar.[424] Gem. § 184 Abs. 2 Satz 2 AO wirkt eine Maßnahme nach § 163 Satz 2 AO – soweit sie die gewerblichen Einkünfte beeinflusst – zwar auch für den Gewerbeertrag als Grundlage für die Festsetzung des Gewerbesteuermessbetrags, eine auf Grundlage des § 163 Satz 2 AO durch das Finanzamt vorgenommene Maßnahme, die die gewerblichen Einkünfte beeinflusst, wird jedoch nur in sehr seltenen Fällen vorliegen.[425] Denkbar ist dies nur dann, wenn Verluste auf Grund der über das BMF-Schreiben außer Kraft gesetzten Ausgleichs- und

---

421 OFD Magdeburg, Schreiben vom 21.03.2013 – G 1498-3-St 213, juris; LfSt Bayern vom 08.08.2006 – S 2140 – 6 St 3102M, DB 2006, 1763, 1764; OFD Hannover vom 26.08.2006 – G 1498 – 16 – StO 252, DStR 2006, 2128; OFD Niedersachsen, Schreiben vom 19.06.2013 – S 2140-8-St 248, juris; OFD Nordrhein-Westfalen, Schreiben vom 06.02.2015 – Kurzinformation Nr. 2/2015, FR 2015, 296; OFD Frankfurt am Main, Rundvfg. vom 26.11.2015 – S 2140 A – 4 – St 213, juris.

422 OFD Magdeburg, Schreiben vom 21.03.2013 – G 1498-3-St 213, juris; LfSt Bayern vom 08.08.2006 – S 2140 – 6 St 3102M, DB 2006, 1763, 1764; OFD Hannover vom 26.08.2006 – G 1498 – 16 – StO 252, DStR 2006, 2128; OFD Nordrhein-Westfalen, Schreiben vom 06.02.2015 – Kurzinformation Nr. 2/2015, FR 2015, 296.

423 Ebenso (im Ergebnis) die h. M., vgl. nur *Blaas/Schwahn*, DB 2013, 2350, 2354; *Eilers/Bühring*, Sanierungssteuerrecht, Rn. 2.118; *Frey/Mückl*, GmbHR 2010, 1193, 1196; *Gänsler*, Ubg 2013, 154, 157; *Harder*, ZInsO 2013, 1070; *Kahlert*/Rühland, Sanierungs- und Insolvenzsteuerrecht, 2. Aufl., Rn. 2.46 f.; Lüdicke/Sistermann/ *Loose/Maier*, Unternehmensteuerrecht, § 17 Rn. 141 Fn. 238; *Schwahn/Meretzki*, FR 2015, 593, 595 f.; *Thiele*, ZInsO 2014, 325, 330 f.

424 OFD Magdeburg, Schreiben vom 21.03.2013 – G 1498-3-St 213, juris; LfSt Bayern vom 08.08.2006 – S 2140 – 6 St 3102M, DB 2006, 1763, 1764; OFD Hannover vom 26.08.2006 – G 1498 – 16 – StO 252, DStR 2006, 2128, 2129.

425 OFD Magdeburg, Schreiben vom 21.03.2013 – G 1498-3-St 213, juris; LfSt Bayern vom 08.08.2006 – S 2140 – 6 St 3102M, DB 2006, 1763, 1764; OFD Hannover vom 26.08.2006 – G 1498 – 16 – StO 252, DStR 2006, 2128, 2129. Siehe auch Drüen/ *Schauhoff*, JbFfSt 2009/2010, 183, 186.

Verlustverrechnungsbeschränkungen vorrangig mit dem Sanierungsgewinn zu verrechnen sind und sich damit auch mindernd auf die gewerblichen Einkünfte auswirken.[426] Die von dem BMF-Schreiben außer Kraft gesetzten Verlustverrechnungsbeschränkungen betreffen die Ermittlung des Gewerbeertrags allerdings nur sehr eingeschränkt, sodass die durch das BMF-Schreiben ermöglichte Verlustberücksichtigung auch kaum Einfluss auf den Gewerbeertrag haben kann. Zu einem niedrigeren Gewerbeertrag kann es lediglich dann kommen, wenn „unselbstständige Einkunftsteile ein und desselben Gewerbebetriebs" von der Verlustverrechnung erfasst sind.[427] Daneben dürfen der Berücksichtigung dieser Verluste nicht bereits gewerbesteuerliche Vorschriften entgegenstehen. Nur soweit diese Voraussetzungen ausnahmsweise vorliegen, „wirkt die vorzeitige Berücksichtigung entsprechender Verluste" über § 163 Satz 2 AO „auch mindernd für den Gewerbeertrag".[428]

cc) Gewährung von Billigkeit durch die Gemeinden bei der Festsetzung der Gewerbesteuer nach § 163 AO

Ungeachtet der fehlenden Kompetenz der Finanzämter zur Vornahme von Billigkeitsmaßnahmen bleibt es der jeweiligen Betriebsstätten-Gemeinde unbenommen,[429] im Rahmen der Festsetzung der Gewerbesteuer eigene Billigkeitsmaßnahmen nach § 163 Satz 1 AO auszusprechen.[430] Dies ist jedoch aus Sicht des sanierungsbedürftigen Unternehmens aus zwei Gründen nachteilig. Zum einen entfaltet der Sanierungserlass gegenüber den Städten und Gemeinden als Selbstverwaltungskörperschaften keine Bindungswirkung.[431] Eine Bindungswirkung besteht vielmehr

426 OFD Magdeburg, Schreiben vom 21.03.2013 – G 1498-3-St 213, juris.

427 OFD Magdeburg, Schreiben vom 21.03.2013 – G 1498-3-St 213, juris; LfSt Bayern vom 08.08.2006 – S 2140 – 6 St 3102M, DB 2006, 1763, 1764; OFD Hannover vom 26.08.2006 – G 1498 – 16 – StO 252, DStR 2006, 2128, 2129.

428 OFD Magdeburg, Schreiben vom 21.03.2013 – G 1498-3-St 213, juris; LfSt Bayern vom 08.08.2006 – S 2140 – 6 St 3102M, DB 2006, 1763, 1764; OFD Hannover vom 26.08.2006 – G 1498 – 16 – StO 252, DStR 2006, 2128, 2129.

429 Dies gilt zumindest dann uneingeschränkt, wenn eine allgemeine Verwaltungsvorschrift i.S.d. § 184 Abs. 2 Satz 1 AO nicht besteht.

430 Vgl. nur Abschn. 3 Abs. 1 und Abschn. 7 Abs. 1 GewStR 1998; siehe dazu auch *Harder*, ZInsO 2013, 1070, 1071; *Kahlert*/Rühland, Sanierungs- und Insolvenzsteuerrecht, 2. Aufl., Rn. 2.47; *Seer*, FR 2010, 306, 310; *Stangle/Hageböke*, Ubg 2013, 299, 302; siehe ebenfalls OFD Magdeburg, Schreiben vom 21.03.2013 – G 1498-3-St 213, juris; LfSt Bayern vom 08.08.2006 – S 2140 – 6 St 3102M, DB 2006, 1763; OFD Hannover vom 26.08.2006 – G 1498 – 16 – StO 252, DStR 2006, 2128.

431 Vgl. BGH, Urteil vom 13.03.2014 – IX ZR 23/10, DStR 2014, 895, 902; Sächsisches Oberverwaltungsgericht, Beschluss vom 12.04.2013 – 5 A 142/10, juris; VG Magdeburg, Urteil vom 25.02.2014 – 2 A 193/12, juris; VG Münster, Urteil vom 21.05.2014 – 9 K 1251/11, juris; VG Düsseldorf, Urteil vom 28.07.2014 – 25 K 6763/13, juris.

nur für die nachgeordneten Landesfinanzbehörden.[432] Zum anderen hat selbst eine „durch das Finanzamt getroffene Qualifizierung als Sanierungsgewinn" bezüglich möglicher Billigkeitsmaßnahmen der Gemeinden keine bindende Wirkung. Vielmehr prüft jede Gemeinde im Rahmen der Festsetzung der Gewerbesteuer in eigener Zuständigkeit, „ob ein Sanierungsgewinn vorliegt und inwieweit eine sachliche oder persönliche Unbilligkeit für den Gewerbetreibenden" zu bejahen ist.[433] Zwar wird in der Fachliteratur darauf hingewiesen, dass Finanzverwaltung und Gemeinden die Rechtslage auf Grund derselben Rechtsvorschriften zu prüfen haben und die Gemeinden deshalb zu keinem anderen Ergebnis gelangen dürften,[434] sicher ist dies jedoch keineswegs. Zu denken ist in diesem Zusammenhang nur an die zum Teil unzureichende Konkretisierung der Kriterien für die Anwendbarkeit des Sanierungserlasses. Es ist daher nicht auszuschließen, dass Finanzverwaltung und Gemeinden unterschiedlicher Auffassung hinsichtlich des Vorliegens der Kriterien des Sanierungserlasses sind.[435]

dd) Gewährung von Billigkeit durch die Gemeinden bei der Erhebung der Gewerbesteuer nach §§ 222, 227 AO

Schließlich steht den Gemeinden auch die Kompetenz zu, dem defizitären Unternehmen bei der Erhebung der Gewerbesteuer Billigkeit nach den §§ 222, 227 AO zu gewähren. Allerdings sind auch insoweit die erörterten Nachteile für das Unternehmen zu beachten.

ee) Ergebnis

Nach der gegenwärtigen Rechtslage steht daher – zumindest in den Flächenstaaten – den Gemeinden faktisch das alleinige Recht zur Vornahme von Billigkeitsmaßnahmen im Rahmen der gewerbesteuerlichen Besteuerung von Sanierungsgewinnen zu. Dies

---

432 Insoweit ist zu beachten, dass der Sanierungserlass eine Stellungnahme des BMF ist, die auf Art. 108 Abs. 3 Satz 2 GG beruht. Diese Ermächtigungsgrundlage hat jedoch nur Steuern im Blick, die von den Landesfinanzbehörden verwaltet werden und die ganz oder zum Teil dem Bund zufließen. Der Sanierungserlass kann daher bereits aus formellen Gründen keine Bindungswirkung gegenüber den Städten und Gemeinden als Gläubiger der Gewerbesteuer entfalten, siehe dazu *Rauber*, Der Gemeindehaushalt 2010, 83, 84.

433 LfSt Bayern vom 08.08.2006 – S 2140 – 6 St 3102M, DB 2006, 1763; OFD Hannover vom 26.08.2006 – G 1498 – 16 – StO 252, DStR 2006, 2128; OFD Magdeburg, Schreiben vom 21.03.2013 – G 1498-3-St 213, juris; Drüen/*Schauhoff*, JbFfSt 2009/2010, 183, 186; *Harder*, ZInsO 2013, 1070, 1071; *Kahlert*/Rühland, Sanierungs- und Insolvenzsteuerrecht, 2. Aufl., Rn. 2.47; *Khan/Adam*, ZInsO 2008, 899, 901; Lüdicke/Sistermann/*Loose/Maier*, Unternehmensteuerrecht, § 17 Rn. 140.

434 *Kahlert*/Rühland, Sanierungs- und Insolvenzsteuerrecht, 2. Aufl., Rn. 2.47; *Khan/Adam*, ZInsO 2008, 899, 901 die einer positiven Entscheidung des Finanzamts jedenfalls eine Leitfunktion für die Entscheidung der Gemeinde zuerkennen.

435 Vgl. *Düll/Fuhrmann/Eberhard*, DStR 2003, 862, 865; ähnlich *Fest*, NZI 2011, 345, 346.

gilt sowohl für das Festsetzungs-, als auch für das Erhebungsverfahren. Insbesondere ergibt sich für die Finanzämter aus dem Sanierungserlass nicht die Befugnis, Billigkeitsmaßnahmen im Rahmen der Festsetzung des Gewerbesteuermessbetrages nach § 184 Abs. 2 Satz 1 AO i.V.m. § 163 Satz 1 AO vorzunehmen.

c) Folgen für die Sanierungspraxis

Diese Kompetenzverteilung für die Gewährung von Billigkeitsmaßnahmen bei der gewerbesteuerlichen Besteuerung von Sanierungsgewinnen bringt eine Vielzahl praktischer Probleme mit sich, die sich äußerst negativ auf die Erfolgsaussichten der Sanierung auswirken können.

aa) Verkomplizierung des Sanierungsprozesses

Die ausschließliche Zuständigkeit der Gemeinden und die insoweit fehlende Bindung durch den Sanierungserlass verkomplizieren den Sanierungsprozess unter Umständen erheblich. Zur Verwirklichung des Sanierungsvorhabens ist neben der Verhandlung mit den Gläubigern und dem für die Einkommen- bzw. Körperschaftsteuer zuständigen Finanzamt zusätzlich eine Abstimmung mit der jeweiligen Betriebsstätten-Gemeinde erforderlich.[436] Aus Sicht der Praxis ist dabei insbesondere zu beachten, dass sich eine von der Finanzverwaltung erteilte verbindliche Auskunft hinsichtlich der Anwendbarkeit des Sanierungserlasses nicht auf die Gewerbesteuer erstreckt, da die Finanzverwaltung – wie soeben erörtert – zur Vornahme von Billigkeitsmaßnahmen im gewerbesteuerlichen Besteuerungsverfahren nicht befugt ist.[437] Der vorstehend beschriebene zusätzliche Abstimmungsbedarf ist dann besonders problematisch, wenn das betroffene Unternehmen eine Vielzahl von inländischen Betriebsstätten in verschiedenen Gemeinden unterhält,[438] da dann jede Kommune, von der Entscheidung des Finanzamts und der anderen Gemeinden unabhängig,

---

436 *Bauer/Dimmling*, NZI 2011, 517, 520; *Blaas/Schwahn*, DB 2013, 2350, 2354; *Carli/Rieder/Mückl*, ZIP 2010, 1737, 1742; Drüen/*Schauhoff*, JbFfSt 2009/2010, 183, 186; *Ebbinghaus/Hinz*, ZInsO 2013, 911, 913; *Ebbinghaus/Neu/Hinz*, NZI 2014, 729, 732; *Eilers/Bühring*, DStR 2009, 137, 139; *Fest*, NZI 2011, 345, 346; *Frey/Mückl*, GmbHR 2010, 1193, 1197; *Gänsler*, Ugb 2013, 154, 157; *Kretz/Heine*, KStZ 2009, 141, 143; *Mückl*, FR 2009, 497, 501; *Nosky/Hörner*, FR 2012, 694, 695; *Scheunemann/Hoffmann*, DB 2009, 983, 986; *Schwahn/Meretzki*, FR 2015, 593; *Seer*, FR 2010, 306, 309; *Tschersich*, Ertragsbesteuerung der Unternehmenssanierung, 166; *Vogel/Schlüter*, DB 2015, 344; *Wendt*, FS Fiedler, 823, 837.

437 *Eilers/Bühring*, Sanierungssteuerrecht, Rn. 2.118; *Gänsler*, Ugb 2013, 154, 157; Lüdicke/Sistermann/*Loose/Maier*, Unternehmensteuerrecht, § 17 Rn. 148.

438 *Benz/Böing*, Ubg 2012, 440, 441; *Blaas/Schwahn*, DB 2013, 2350, 2354; *Carli/Rieder/Mückl*, ZIP 2010, 1737, 1742; *Förster*, Ubg 2010, 758, 759; *Frank/Heinrich*, ZInsO 2011, 1826, 1828; *Gänsler*, Ugb 2013, 154, 157; *Kahlert*, ZIP 2009, 643; *Kamps/Weil*, FR 2014, 913, 918; *Mückl*, FR 2009, 497, 501; *Scheunemann/Hoffmann*, DB 2009, 983, 986; *Splied*, GmbHR 2012, 462, 469; *Undritz*, ZGR 2010, 201, 214.

über den Erlass der Gewerbesteuer entscheiden kann.[439] Dieser umfangreiche Abstimmungsprozess ist nicht nur besonders aufwendig, er birgt zudem die Gefahr, dass die einzelnen Gemeinden eine positive Entscheidung ihrerseits von der positiven Entscheidung anderer Gemeinden abhängig machen.[440] Auch ist es denkbar, dass die einzelnen Gemeinden widersprüchliche Entscheidungen treffen.[441] Dies könnte den Sanierungsprozess unnötig verzögern. Vor dem Hintergrund, dass Sanierungen regelmäßig unter einem sehr großen Zeitdruck vollzogen werden müssen, kann dieses verkomplizierende und zeitaufwendige Verfahren den Erfolg des Sanierungsvorhabens erheblich gefährden.[442]

bb) Blockade des Sanierungsprozesses

Darüber hinaus kann die fehlende Bindung der Gemeinden durch den Sanierungserlass im schlimmsten Fall dazu führen, dass ein Erlass der auf den Sanierungsgewinn entfallenden Gewerbesteuer seitens der Gemeinde gänzlich unterbleibt. Insoweit ist durchaus denkbar, dass eine Gemeinde, die in eigener Zuständigkeit das Vorliegen eines Sanierungsgewinns und einer sachlichen Unbilligkeit prüft, abweichend von der Auffassung des Finanzamts, einen Erlass aus Billigkeitsgründen ablehnt.[443] Da die Gewerbesteuerbelastung nicht selten einen der aktuellen Körperschaftsteuerbelastung von 15 % entsprechenden Wert erreicht, kann dies eine erhebliche Steuerverbindlichkeit des sanierungsbedürftigen Unternehmens zur Folge haben und den Sanierungserfolg insgesamt in Frage stellen.

Daneben könnten die Gemeinden einen Erlass der Gewerbesteuer auf den Sanierungsgewinn auch mit dem Hinweis auf die Entscheidungen des FG München[444] und des Sächsischen FG[445], nach denen der Sanierungserlass gegen den Grundsatz der Gesetzmäßigkeit der Verwaltung verstößt, ohne Prüfung einer sachlichen Unbilligkeit dem Grundsatz nach verweigern.[446] Zwar hat der X. Senat des BFH in seiner Revisionsentscheidung[447] zum Urteil des FG Köln[448] der Auffassung des FG München in einem obiter dictum klar widersprochen. Gleichwohl hat der VIII. Senat des BFH

439 *Frey/Mückl*, GmbHR 2010, 1193, 1197; *Thiele*, ZInsO 2014, 325, 331.

440 *Bauer/Dimmling*, NZI 2011, 517, 520; *Frey/Mückl*, GmbHR 2010, 1193, 1197; *Thiele*, ZInsO 2014, 325, 331.

441 *Blaas/Schwahn*, DB 2013, 2350, 2354; *Fest*, NZI 2011, 345, 346; *Gänsler*, Ugb 2013, 154, 157; *Kamps/Weil*, FR 2014, 913, 918; *Schwahn/Meretzki*, FR 2015, 593; *Seer*, FR 2010, 306, 310; *Tschersich*, Ertragsbesteuerung der Unternehmenssanierung, 166.

442 *Ebbinghaus/Hinz*, ZInsO 2013, 911, 913; *Fleischer*, Stbg 2009, 437, 438 f.; *Frank/Heinrich*, ZInsO 2011, 1826, 1828; *Frey/Mückl*, GmbHR 2010, 1193, 1197; *Harder*, NZI 2014, 671 f.; *Kamps/Weil*, FR 2014, 913, 918; *Seer*, FR 2010, 306, 309.

443 *Düll/Fuhrmann/Eberhard*, DStR 2003, 862, 865; *Thiele*, ZInsO 2014, 325, 331.

444 FG München, Urteil vom 12.12.2007 – 1 K 4487/06, EFG 2008, 615.

445 Sächsisches FG, Urteil vom 24.04.2013 – 1 K 759/12, EFG 2013, 1898, 1899.

446 *Frey/Mückl*, GmbHR 2010, 1193, 1196.

447 BFH, Urteil vom 14.07.2010 – X R 34/08, ZIP 2010, 1807.

448 FG Köln, Urteil vom 24.04.2008 – 6 K 2488/06, EFG 2008, 1555.

in seinem auf die Entscheidung des FG München erfolgten Beschluss[449] die Frage nach der Rechtsmäßigkeit des Sanierungserlasses offengelassen. Der Senat führte vielmehr aus, dass die Auffassung des FG München jedenfalls nicht „von vornherein abzulehen" sei.[450] Es steht daher zu befürchten, dass sich die einzelnen Gemeinden nach wie vor auf die Ansicht des FG München und des Sächsischen FG berufen.[451]

d) Ergebnis

Die gewerbesteuerliche Besteuerung von Sanierungsgewinnen ist durch den Sanierungserlass völlig unzureichend geregelt. Dieser eröffnet den Finanzämtern, jedenfalls in den Flächenstaaten, in keiner Phase des Besteuerungsverfahrens die Möglichkeit, eigene Billigkeitsmaßnahmen vorzunehmen. Vielmehr haben nur die Gemeinden die Kompetenz, im Rahmen der Festsetzung und der Erhebung der Steuer dem Unternehmen Billigkeit zu gewähren. Dieser Umstand ist aus Sicht des Unternehmens insbesondere deshalb nachteilig, da die Gemeinden durch den Sanierungserlass nicht unmittelbar gebunden sind. Zudem entfaltet auch eine durch die Finanzämter vorgenommene Qualifikation des Gewinns als Sanierungsgewinn keine Bindungswirkung hinsichtlich der Entscheidung der Gemeinden. Als Konsequenz dessen kann der Sanierungserlass nicht hinreichend sicher gewährleisten, dass der Sanierungsgewinn tatsächlich von der gewerbesteuerlichen Besteuerung ausgenommen wird.

e) Fehlende Ausrichtung der Besteuerung am Leistungsfähigkeitsprinzip

Soweit ein Erlass der auf den Sanierungsgewinn entfallenden Gewerbesteuer seitens der Gemeinde unterbleibt, ergibt sich auch ein Problem hinsichtlich der Ausrichtung der Besteuerung am Leistungsfähigkeitsprinzip. Der dem Sanierungserlass immanente Mangel einer fehlenden Regelungswirkung hinsichtlich der Gewerbesteuer kann dann dazu führen, dass eine an der wirtschaftlichen Leistungsfähigkeit des Unternehmens ausgerichtete Ertragsbesteuerung in diesen Fällen nicht gewährleistet werden kann. Denn obwohl mit dem Sanierungsgewinn keine Erhöhung der positiven wirtschaftlichen Leistungsfähigkeit verbunden ist,[452] führt er zu einem Gewerbeertrag, § 7 Satz 1 GewStG, und wird grundsätzlich voll gewerbesteuerlich belastet.

---

449 BFH, Beschluss vom 28.02.2012 – VIII R 2/08, BFH/NV 2012, 1135, 1136.

450 BFH, Beschluss vom 28.02.2012 – VIII R 2/08, BFH/NV 2012, 1135, 1136.

451 Vgl. auch *Frey/Mückl*, GmbHR 2010, 1193, 1196.

452 Siehe dazu ausführlich oben unter **D.I.**

5. Pflicht zur Passivierung der Steuerschuld in der Handelsbilanz und im Überschuldungsstatus i.S.d. § 19 InsO

Einen weiteren Schwachpunkt offenbart die im Sanierungserlass getroffene Regelung dann, wenn der Schulderlass der Abwendung einer (drohenden) Überschuldung des defizitären Unternehmens zu dienen bestimmt ist.[453] Für die praktische Anwendung des Sanierungserlasses ist insoweit äußerst problematisch, dass dieser – anstatt eines sofortigen Erlasses – zunächst nur die Stundung der auf den Sanierungsgewinn entfallenden Steuer anordnet.[454] Die bloße Steuerstundung bewirkt im Hinblick auf die Handelsbilanz und den Überschuldungsstatus keineswegs eine optimale Entlastung des Unternehmens und wirkt sich dadurch sanierungshemmend aus.[455]

a) Handelsbilanzielle Auswirkungen

Gemäß § 246 Abs. 1 HGB muss der Jahresabschluss grundsätzlich sämtliche Schulden des Unternehmens enthalten. Im Weiteren bestimmt § 266 Abs. 3 HGB explizit, dass zu den Verbindlichkeiten eines bilanzierenden Unternehmens auch solche aus Steuern gehören. Mangels materiell-rechtlicher Steuerbefreiung des Sanierungsgewinns, erwächst dem zu sanierenden Unternehmen zunächst mit der auf den Sanierungsgewinn entfallenden Steuerforderung eine folglich zu passivierende Verbindlichkeit gegenüber dem Fiskus. Diese Steuerverbindlichkeit darf nach den allgemeinen Bilanzierungsgrundsätzen erst dann ausgebucht werden, wenn sie erloschen ist.[456] Eine bloße Stundung der Steuer, wie sie der Sanierungserlass zunächst vorsieht, führt hingegen noch nicht zum Erlöschen der Steuerschuld.[457] Vielmehr hat gemäß § 47 AO erst der (endgültige) Erlass der Steuer das Erlöschen der Ansprüche des Fiskus zur Folge.[458] Eine abweichende Beurteilung ergibt sich für den Sanierungserlass auch nicht aus dem Umstand, dass die Steuerstundung durch diesen mit dem Ziel des späteren Erlasses der Steuer erfolgt, da ein tatsächlicher Erlass nicht

---

453 Siehe auch *Becker*, DStR 2003, 1602, 1605; *Frey/Mückl*, GmbHR 2010, 1193, 1197; *Kahlert*/Rühland, Sanierungs- und Insolvenzsteuerrecht, 2. Aufl., Rn. 2.40; *Linse*, ZinsO 2003, 934, 935; Lüdicke/Sistermann/*Loose/Maier*, Unternehmensteuerrecht, § 17 Rn. 136; *Maus*, Steuern im Insolvenzverfahren, Rn. 425.

454 BMF, Schreiben vom 27.03.2003 – IV A 6 – S 2140 – 8/03, BStBl. I 2003, 240, Tz. 8.

455 *Becker*, DStR 2003, 1602, 1605; *Boochs*, BB 2011, 857, 859; *Boochs/Dauernheim*, Steuerrecht in der Insolvenz, 178; *Frey/Mückl*, GmbHR 2010, 1193, 1197; *Kahlert*/Rühland, Sanierungs- und Insolvenzsteuerrecht, 2. Aufl., Rn. 2.40; *Linse*, ZinsO 2003, 934, 935; Lüdicke/Sistermann/*Loose/Maier*, Unternehmensteuerrecht, § 17 Rn. 136; *Maus*, Steuern im Insolvenzverfahren, Rn. 425; *Thiele*, ZInsO 2014, 325, 330.

456 *Adler/Düring/Schmaltz*, Rechnungslegung und Prüfung von Unternehmen, Teilband 6, § 246 Rn. 126; Beck'scher Bilanz-Kommentar/*Schubert*, § 247 Rn. 235.

457 Ebenso *Boochs*, BB 2011, 857, 859; *Linse*, ZinsO 2003, 934, 935.

458 Ebenso *Becker*, DStR 2003, 1602, 1605; *Linse*, ZinsO 2003, 934, 935.

notwendige Folge der Stundung,[459] sondern vielmehr zunächst noch völlig offen ist.[460] Als Konsequenz dessen muss die Steuerverbindlichkeit auch nach der aus der Anwendung des Sanierungserlasses folgenden Stundungsverfügung zunächst weiter in der Handelsbilanz passiviert werden.[461] Die im Sanierungserlass zunächst angeordnetete Stundung der Steuerschuld hat deshalb handelsbilanziell nicht den von den an der Sanierung Beteiligten gewünschten und für den Erfolg der Sanierung erforderlichen Entlastungseffekt.[462] Denn an die Stelle der erlassenen Schuld tritt und verbleibt – auch unter Anwendung des Sanierungserlasses – zunächst die sich aus dem Sanierungsgewinn ergebende Verbindlichkeit gegenüber dem Fiskus, mit der Folge, dass die beabsichtigte Entschuldung des Unternehmens (teilweise) konterkariert wird.

b) Berücksichtigung der Steuerverbindlichkeit im Überschuldungsstatus i.S.d. § 19 InsO

Daneben ist die Steuerverbindlichkeit auch im Überschuldungsstatus i.S.d. § 19 InsO zu erfassen und entsprechend zu passivieren. In den Überschuldungsstatus einzustellen sind grundsätzlich alle bestehenden Verbindlichkeiten, die im Falle einer Insolvenzeröffnung zu Insolvenzforderungen werden.[463] Dabei wird entscheidend auf das Bestehen der Verbindlichkeit abgestellt.[464] Auf Grund dessen sind Verbindlichkeiten unabhängig von ihrer Fälligkeit oder etwaigen Stundungszusagen in der Überschuldungsbilanz zu passivieren.[465] Daraus folgend ist auch die mit dem Ziel des späteren Erlasses zunächst gestundete Steuerforderung im Überschuldungsstatus i.S.d. § 19 InsO zu erfassen.[466]

---

459 Insoweit ist ein tatsächlicher Erlass der Steuer im Zeitpunkt der Stundung u.a. deshalb unsicher, da noch nicht feststeht, ob mit einem vorrangig zu verrechnenden Verlustrücktrag gerechnet werden kann und inwieweit dieser sich ggf. noch ändern wird.

460 *Frey/Mückl*, GmbHR 2010, 1193, 1197; *Linse*, ZinsO 2003, 934, 935.

461 *Becker*, DStR 2003, 1602, 1605; *Kahlert*/Rühland, Sanierungs- und Insolvenzsteuerrecht, 2. Aufl., Rn. 2.40; *Linse*, ZinsO 2003, 934, 935; Lüdicke/Sistermann/*Loose/Maier*, Unternehmensteuerrecht, § 17 Rn. 136; *Maus*, Steuern im Insolvenzverfahren, Rn. 425; *Thiele*, ZInsO 2014, 325, 330.

462 Ebenso *Boochs*, BB 2011, 857, 859.

463 HK-InsO/*Kirchhof*, § 19 Rn. 19; *Linse*, ZinsO 2003, 934, 935.

464 FK-InsO/*Schmerbach*, § 19 Rn. 21.

465 *Linse*, ZinsO 2003, 934, 935.

466 Siehe auch *Frey/Mückl*, GmbHR 2010, 1193, 1197; *Kahlert*/Rühland, Sanierungs- und Insolvenzsteuerrecht, 2. Aufl., Rn. 2.40; *Linse*, ZinsO 2003, 934, 935; Lüdicke/Sistermann/*Loose/Maier*, Unternehmensteuerrecht, § 17 Rn. 136; *Maus*, Steuern im Insolvenzverfahren, Rn. 425.

c) *Auswirkung auf die Erfolgsaussichten der Sanierung*

Wie die vorstehenden Ausführungen zeigen, stellt die im Sanierungserlass zunächst vorgesehene bloße Steuerstundung in den Fällen, in denen durch den Erlass betrieblicher Schulden eine (drohende) Überschuldung des defizitären Unternehmens abgewendet werden soll, eine völlig unzureichende Maßnahme dar. Der durch den Schulderlass beabsichtigte Entlastungseffekt wird durch die – in Folge der Steuerstundung erforderliche – weitere Passivierung der Steuerschuld zumindest erheblich abgeschwächt. Die Passivierung der Steuerschuld birgt dann nicht nur die Gefahr einer (erneuten) Überschuldung des defizitären Unternehmens und einer daraus folgenden Insolvenzantragspflicht,[467] sondern kann auch ausschlaggebend dafür sein, dass angestrebte Sanierungsbemühungen von vorneherein unterlassen werden, da die Gläubiger nicht zu einem Schulderlass bereit sein werden, wenn ihr Schuldner unmittelbar anschließend wegen der resultierenden Steuerforderung Insolvenzantrag wegen Überschuldung stellen muss.[468] Vor dem Hintergrund, dass Sanierungsmaßnahmen sehr häufig mit dem Ziel der Abwendung einer (drohenden) Überschuldung vorgenommen werden, kann sich das vorbezeichnete Defizit der Regelung für die Sanierungspraxis unter Umständen äußerst sanierungshemmend auswirken.

6. Vereinbarkeit des Sanierungserlasses mit EU-Beihilferecht

Von besonderer Relevanz ist schließlich die Frage der Vereinbarkeit des Sanierungserlasses mit dem EU-Beihilferecht. Nach Art. 107 AEUV besteht europarechtlich im Grundsatz ein Verbot für aus staatlichen Mitteln gewährte Beihilfen. Im Hinblick darauf hat das BMF bereits vor Veröffentlichung des Sanierungserlasses im September 2002 selbst auf eine mögliche beihilferechtliche Konfliktlage hingewiesen und angemerkt, dass auch Steuerverwaltungsvorschriften Beihilfecharakter haben können.[469] Seit Einführung der Billigkeitsregel besteht daher in der Literatur Uneinigkeit darüber, ob der Sanierungserlass mit dem Gemeinschaftsrecht vereinbar ist.[470] Die Rechtsprechung hatte diese Frage lange Zeit

467 Ebenso *Becker*, DStR 2003, 1602, 1605; *Frey/Mückl*, GmbHR 2010, 1193, 1197; *Kahlert*/Rühland, Sanierungs- und Insolvenzsteuerrecht, 2. Aufl., Rn. 2.40; *Linse*, ZinsO 2003, 934, 935; Lüdicke/Sistermann/*Loose/Maier*, Unternehmensteuerrecht, § 17 Rn. 136.

468 Ebenso *Maus*, Steuern im Insolvenzverfahren, Rn. 425.

469 BMF, Schreiben vom 13.09.2002, veröffentlicht in ZIP 2002, 1916.

470 Vgl. nur *Benz/Böing*, Ubg 2012, 440; *Blaas/Schwahn*, DB 2013, 2350; *Diffring*, Umwandlung von Forderungen zur Sanierung von Kapitalgesellschaften, 195 ff.; *Eilers/Bühring*, FR 2013, 44; *dies.*, Sanierungssteuerrecht, Rn. 2.52; *Fest*, NZI 2011, 345; *Frey/Mückl*, GmbHR 2010, 1193; *Gragert*, NWB 2011, 1438; *Hackemann/Sydow*, IStR 2013, 786; *Harder*, ZInsO 2013, 1070; *Herrmann*, ZinsO 2003, 1069; *Herzig/Liekenbrock*, Ubg 2011, 313; *Kahlert*, FR 2014, 731; *ders.* ZIP 2014, 1101, 1111; *Kanzler*, FR 2015, 898, 900; *Lay/Sommer*, FR 2012, 300; *Musil*, FR 2014, 953; *Reimer*, NVwZ 2011, 263; *Schmittmann*, NZI 2015, 84; *Seer*, FR 2014, 721; *ders.* ZIP 2014, Beilage zu Heft 42; *Strüber/von Donat*, BB 2003, 2036; *de Weerth*, DStR 2014, 2485; *Wehner*, NZI 2012, 537.

offengelassen.[471] Nunmehr hat sich der X. Senat des BFH dahingehend positioniert, dass er von der Vereinbarkeit des Sanierungserlasses mit dem EU-Beihilferecht ausgeht.[472] Dieser Auffassung ist auch die Finanzverwaltung.[473] Die EU-Kommission hat ungeachtet ihrer Negativentscheidung zur Sanierungsklausel des § 8c Abs. 1a KStG[474] dem Vernehmen nach ebenfalls keine Bedenken bezüglich der Vereinbarkeit des Sanierungserlasses mit dem EU-Beihilferecht.[475] Sie beabsichtigt dem Anschein nach auch nicht, ein förmliches Prüfungsverfahren gegen den Sanierungserlass einzuleiten.[476] Gleichwohl ist die Problematik der Vereinbarkeit des Sanierungserlasses mit der Regelung des Art. 107 AEUV damit nicht abschließend geklärt. Sie kann vielmehr nach wie vor über eine Konkurrentenklage erhebliche Bedeutung erlangen.[477] Auch nach diesem ersten positiven Signal seitens der EU-Kommission ist es deshalb geboten, zu untersuchen, ob der Sanierungserlass einer beihilferechtlichen Prüfung standhält.

a) Verstoß gegen Art. 107 Abs. 1 AEUV

Gemäß Art. 107 Abs. 1 AEUV sind staatliche oder aus staatlichen Mitteln gewährte Beihilfen, gleich welcher Art, die durch die Begünstigung bestimmter Unternehmen oder Produktionszweige den Wettbewerb verfälschen oder zu verfälschen drohen und den Handel zwischen den Mitgliedstaaten beeinträchtigen, mit dem Binnenmarkt unvereinbar. Um für den Bereich des Unternehmenssteuerrechts eine möglichst große Transparenz und Berechenbarkeit sowie die Gleichbehandlung der Mitgliedstaaten zu gewährleisten,[478] hat die Europäische Kommission im Jahr 1998 die „Mitteilung der Kommission über die Anwendung der Vorschriften über staatliche Beihilfen auf Maßnahmen im Bereich der direkten Unternehmensbesteuerung“[479] veröffentlicht. Darin ist festgelegt, anhand welcher Kriterien eine steuerliche

---

471 Vgl. nur BFH, Urteil vom 25.04.2012 – I R 24/11, BFH/NV 2012, 1516, 1517; BGH, Urteil vom 13.03.2014 – IX ZR 23/10, DStR 2014, 895, 901; Sächsisches FG, Urteil vom 24.04.2013 – 1 K 759/12, EFG 2013, 1898, 1899.

472 BFH, Beschluss vom 25.03.2015 – X R 23/13, DStR 2015, 1443, 1448 ff.

473 Siehe OFD Magdeburg, Schreiben vom 21.03.2013 – G 1498-3-St 213, juris.

474 Europäische Kommission, Beschluss vom 26.01.2011 – C 7/2010.

475 *Blaas/Schwahn*, DB 2013, 2350, 2356; *Gragert*, NWB 2013, 2141, 2142; *Hackemann/Sydow*, IStR 2013, 786, 790; *Hartmann/Zwirner*, WPg 2014, 1105, 1107; *Ismer/Piotrowski*, DStR 2015, 1993, 1998; *Tschersich*, Ertragsbesteuerung der Unternehmenssanierung, 152.

476 *Blaas/Schwahn*, DB 2013, 2350, 2356; *Gragert*, NWB 2013, 2141, 2142; *Hackemann/Sydow*, IStR 2013, 786, 790.

477 Ebenso *Blaas/Schwahn*, DB 2013, 2350, 2356; *Tschersich*, Ertragsbesteuerung der Unternehmenssanierung, 152.

478 Siehe auch *Herrmann*, ZinsO 2003, 1069, 1074.

479 Mitteilung der Kommission über die Anwendung der Vorschriften über staatliche Beihilfen auf Maßnahmen im Bereich der direkten Unternehmensbesteuerung, ABl. C 384 vom 10.12.1998, S. 3 ff.

Maßnahme auf ihre Beihilfequalität hin zu überprüfen ist. Demnach ist eine Maßnahme als staatliche Beihilfe zu qualifizieren, wenn sie dem Begünstigten einen Vorteil verschafft (siehe aa), dieser Vorteil vom Staat oder aus staatlichen Mitteln gewährt wird (siehe bb), die Maßnahme selektiv ist (siehe cc) und den Wettbewerb sowie den Handel zwischen den Mitgliedstaaten beeinträchtigt (siehe dd).[480]

aa) Vorteil

Zunächst muss die Maßnahme dem Begünstigten einen Vorteil verschaffen.[481] Nach ständiger Rechtsprechung des EuGH kann ein Vorteil nicht nur in der Gewährung einer positiven Leistung bestehen, sondern der Beihilfebegriff erfasst auch Maßnahmen, „die in verschiedener Form die Belastungen vermindern, die ein Unternehmen normalerweise zu tragen hätte."[482] In der Konsequenz kann ein beihilferechtlich relevanter Vorteil auch dann vorliegen, wenn die Steuerlast des Unternehmens „durch vollständige oder teilweise Ermäßigung des Steuerbetrages" – z. B. im Wege einer Steuerbefreiung – vermindert wird.[483]

Seit der Aufhebung des § 3 Nr. 66 EStG aF sind Sanierungsgewinne grundsätzlich voll steuerpflichtig. Die auf den Sanierungsgewinn entfallende Steuerforderung stellt daher nach der allgemeinen Steuersystematik eine für den Begünstigten normalerweise zu tragende Last dar.[484] Der Erlass der auf den Sanierungsgewinn entfallenden Steuer im Wege des Sanierungserlasses verschafft dem Begünstigten folglich durch die Befreiung von dieser Last einen Vorteil.[485]

480 Siehe Mitteilung der Kommission über die Anwendung der Vorschriften über staatliche Beihilfen auf Maßnahmen im Bereich der direkten Unternehmensbesteuerung, ABl. C 384 vom 10.12.1998, S. 3 ff. Rn. 9–12.

481 Mitteilung der Kommission über die Anwendung der Vorschriften über staatliche Beihilfen auf Maßnahmen im Bereich der direkten Unternehmensbesteuerung, ABl. C 384 vom 10.12.1998, S. 3 ff. Rn. 9.

482 Europäische Kommission, Beschluss vom 26.01.2011 – C 7/2010, Rn. 51 mit Verweis auf EuGH, Urteil vom 22.06.2006, Rechtssache C-182/03 und C-217/03, *Belgien/Kommission*, Slg. 2006, I-5479, Rn. 86 f.; siehe auch Entwurf der Bekanntmachung der Kommission zum Begriff der staatlichen Beihilfe nach Art. 107 AEUV, abrufbar unter www.ec.europa.eu/competition/consultations/2014_state_aid_notion/draft_guidance_de.pdf (05.04.2015), S. 22 Rn. 69.

483 Mitteilung der Kommission über die Anwendung der Vorschriften über staatliche Beihilfen auf Maßnahmen im Bereich der direkten Unternehmensbesteuerung, ABl. C 384 vom 10.12.1998, S. 3 ff. Rn. 9.

484 Siehe auch *Herrmann*, ZinsO 2003, 1069, 1074.

485 Ebenso *Herrmann*, ZinsO 2003, 1069, 1074; *Khan/Adam*, ZInsO 2008, 899, 906; *Tschersich*, Ertragsbesteuerung der Unternehmenssanierung, 153; *Wehner*, NZI 2012, 537, 538.

Eine abweichende Beurteilung ergibt sich auch nicht aus dem Kriterium des „marktwirtschaftlich handelnden Wirtschaftsbeteiligten".[486] Dieses Kriterium dient dazu, zu prüfen, ob einem Unternehmen ein Vorteil dadurch gewährt wurde, dass sich der Staat „in Bezug auf eine bestimmte Transaktion nicht wie ein marktwirtschaftlich handelnder Wirtschaftsbeteiligter verhalten hat."[487] Ist dies der Fall, hat das Unternehmen einen wirtschaftlichen Vorteil i.S.d. Art. 107 Abs. 1 AEUV erlangt; wurde die Transaktion hingegen zu marktüblichen Bedingungen vorgenommen, fehlt es an einem Vorteil im Sinne der Vorschrift.[488] Im Hinblick darauf wird in der Literatur die Auffassung vertreten, der Erlass der auf den Sanierungsgewinn entfallenden Steuer im Wege des Sanierungserlasses verschaffe dem betreffenden Unternehmen bereits keinen Vorteil i.S.d. Art. 107 Abs. 1 AEUV, da sich der Staat insoweit entsprechend dem verzichtenden privaten Gläubiger – und damit wie ein marktwirtschaftlich handelnder Wirtschaftsbeteiligter – verhalte, aus dessen Forderungserlass der Sanierungsgewinn und die daraus resultierende Steuerforderung entstanden ist.[489] Dieser Auffassung steht entgegen, dass das Kriterium des marktwirtschaftlich handelnden Wirtschaftsteilnehmers im Rahmen der Prüfung des „Vorteils" i.S.d. Art. 107 Abs. 1 AEUV nur zum Tragen kommt, wenn der Staat bei der Gewährung des Vorteils in seiner Eigenschaft als Wirtschaftsteilnehmer handelt; wird der Staat hingegen als Träger der öffentlichen Gewalt tätig, ist das Kriterium nicht anwendbar.[490] Demnach ist das Kriterium des marktwirschaftlich handelnden Wirtschaftsbeteiligten bei der Prüfung eines etwaigen Vorteils i.S.d. Art. 107 Abs. 1 AEUV aus dem Erlass der auf den Sanierungsgewinn entfallenden Steuer im Wege des Sanierungserlasses nicht relevant. Denn der Staat wird bei der Gewährung von Billigkeit im Rahmen des Festsetzungs- bzw. Erhebungsverfahrens als Träger der öffentlichen Gewalt tätig.[491]

---

486 Gl.A. *Tschersich*, Ertragsbesteuerung der Unternehmenssanierung, 154. Zum Kriterium des „marktwirtschaftlich handelnden Wirtschaftsbeteiligten" vgl. Entwurf der Bekanntmachung der Kommission zum Begriff der staatlichen Beihilfe nach Art. 107 AEUV, abrufbar unter www.ec.europa.eu/competition/consultations/2014_state_aid_notion/draft_guidance_de.pdf (05.04.2015), S. 25 ff. Rn. 76 ff.

487 Entwurf der Bekanntmachung der Kommission zum Begriff der staatlichen Beihilfe nach Art. 107 AEUV, abrufbar unter www.ec.europa.eu/competition/consultations/2014_state_aid_notion/draft_guidance_de.pdf (05.04.2015), S. 26 Rn. 79.

488 Entwurf der Bekanntmachung der Kommission zum Begriff der staatlichen Beihilfe nach Art. 107 AEUV, abrufbar unter www.ec.europa.eu/competition/consultations/2014_state_aid_notion/draft_guidance_de.pdf (05.04.2015), S. 25 f. Rn. 77, 79.

489 *De Weerth*, DStR 2014, 2485, 2488.

490 Entwurf der Bekanntmachung der Kommission zum Begriff der staatlichen Beihilfe nach Art. 107 AEUV, abrufbar unter www.ec.europa.eu/competition/consultations/2014_state_aid_notion/draft_guidance_de.pdf (05.04.2015), S. 27 Rn. 80.

491 Gl.A. *Tschersich*, Ertragsbesteuerung der Unternehmenssanierung, 154.

bb) Aus staatlichen Mitteln gewährter Vorteil

Der dem Begünstigten gewährte Vorteil muss zudem aus staatlichen Mitteln finanziert werden und die Verwendung staatlicher Mittel muss dem Staat zuzurechnen sein.[492] Dabei ist zu beachten, dass ein Steuereinnahmeverlust der „Verwendung staatlicher Mittel in Form von Steuerausgaben" gleichsteht.[493] Die Kommission geht daher auch dann von einer Vorteilsgewährung aus staatlichen Mitteln aus, wenn die betreffende Maßnahme zu einer Verringerung der Steuereinnahmen führt.[494]

Auch dies ist für den Sanierungserlass zu bejahen. Der Erlass der Steuer auf den Sanierungsgewinn hat für den Staat Mindereinnahmen in Höhe der entgangenen Steuer zur Folge.[495] Der Sanierungserlass als steuerliche Maßnahme ist daher mit einem Verlust an staatlichen Mitteln verbunden und ist folglich als aus staatlichen Mitteln finanziert anzusehen. Diese Verwendung staatlicher Mittel ist dem Staat auch zuzurechnen. Zwar wird der Vorteil nicht auf der Grundlage eines Gesetzes gewährt, die Vorteilsgewährung auf Grundlage einer Steuerverwaltungsvorschrift steht dem jedoch gleich.[496]

cc) Selektivität der Maßnahme

Daneben muss die Maßnahme spezifisch oder selektiv in dem Sinne sein, dass sie nur bestimmte Unternehmen oder Produktionszweige begünstigt.[497] Diesbezüglich ist nach der Rechtsprechung des EuGH zu untersuchen, ob die betreffende Maßnahme geeignet ist, „bestimmte Unternehmen oder Produktionszweige" gegenüber

---

492 Mitteilung der Kommission über die Anwendung der Vorschriften über staatliche Beihilfen auf Maßnahmen im Bereich der direkten Unternehmensbesteuerung, ABl. C 384 vom 10.12.1998, S. 3 ff. Rn. 10.

493 Mitteilung der Kommission über die Anwendung der Vorschriften über staatliche Beihilfen auf Maßnahmen im Bereich der direkten Unternehmensbesteuerung, ABl. C 384 vom 10.12.1998, S. 3 ff. Rn. 10.

494 Siehe Europäische Kommission, Beschluss vom 26.01.2011 – C 7/2010, Rn. 50; siehe ebenfalls Entwurf der Bekanntmachung der Kommission zum Begriff der staatlichen Beihilfe nach Art. 107 AEUV, abrufbar unter www.ec.europa.eu/competition/consultations/2014_state_aid_notion/draft_guidance_de.pdf (05.04.2015), S. 17 Rn. 53.

495 Siehe auch *Herrmann*, ZinsO 2003, 1069, 1074; *Khan/Adam*, ZInsO 2008, 899, 906; *Wehner*, NZI 2012, 537, 538.

496 Mitteilung der Kommission über die Anwendung der Vorschriften über staatliche Beihilfen auf Maßnahmen im Bereich der direkten Unternehmensbesteuerung, ABl. C 384 vom 10.12.1998, S. 3 ff. Rn. 10.

497 Mitteilung der Kommission über die Anwendung der Vorschriften über staatliche Beihilfen auf Maßnahmen im Bereich der direkten Unternehmensbesteuerung, ABl. C 384 vom 10.12.1998, S. 3 ff. Rn. 12; siehe auch Entwurf der Bekanntmachung der Kommission zum Begriff der staatlichen Beihilfe nach Art. 107 AEUV, abrufbar unter www.ec.europa.eu/competition/consultations/2014_state_aid_notion/draft_guidance_de.pdf (05.04.2015), S. 39 Rn. 118.

anderen Unternehmen oder Produktionszweigen, die sich mit Blick auf den Zweck des Steuersystems in einer vergleichbaren rechtlichen und tatsächlichen Situation befinden, zu begünstigen.[498]

Diese Selektivitätsprüfung erfolgt in zwei Schritten. Zunächst ist zu prüfen, ob die betreffende Maßnahme „eine Ausnahme von der Anwendung des allgemein geltenden Steuersystems zugunsten bestimmter Unternehmen“ darstellt (sogleich (1) und (2)). Soweit eine solche selektive Ausnahme vorliegt, ist dann in einem zweiten Schritt zu fragen, ob diese „durch die Natur oder den inneren Aufbau des Steuersystems gerechtfertigt“ ist (sogleich (3)).[499]

(1) Referenzsystem

Um festzustellen, ob die betreffende Maßnahme eine Ausnahme vom allgemein geltenden Steuersystem darstellt, muss vorab bestimmt werden, wie der von der Maßnahme betroffene Bereich nach dem geltenden Steuersystem im Normalfall geregelt ist (Referenzsystem).[500] Nach der Systematik des EStG ist grundsätzlich jede betrieblich bedingte Betriebsvermögensmehrung Bestandteil des Gewinns des Unternehmens i.S.d. §§ 4 Abs. 1, 5 Abs. 1 EStG und damit Teil der steuerbaren Einkünfte nach § 2 Abs. 1 Nr. 2 EStG. Soweit keine gesetzliche Steuerbefreiung eingreift, ist der Gewinn auch grundsätzlich steuerpflichtig. Dies gilt auch für Betriebsvermögensmehrungen, die ausschließlich bilanziell entstanden sind. Seit der Aufhebung des § 3 Nr. 66 EStG aF sind „Sanierungsgewinne“ daher grundsätzlich ertragsteuerpflichtig, sodass ihre Besteuerung nach dem geltenden Ertragsteuersystem der Regelfall und damit als Referenzsystem anzusehen ist.[501]

---

498 Europäische Kommission, Beschluss vom 26.01.2011 – C 7/2010, Rn. 64 mit Verweis auf EuGH, Urteil vom 08.11.2001, Rechtssache C-143/99, *Adria-Wien Pipeline*, Slg. 2001, I-8365, Rn. 41; EuGH, Urteil vom 29.04.2004, Rechtssache C-308/01, *GIL Insurance und andere*, Slg. 2004, I-4777, Rn. 68; EuGH, Urteil vom 03.05.2005, Rechtssache C-172/03, *Heiser*, Slg. 2005, I-1627, Rn. 40.

499 Mitteilung der Kommission über die Anwendung der Vorschriften über staatliche Beihilfen auf Maßnahmen im Bereich der direkten Unternehmensbesteuerung, ABl. C 384 vom 10.12.1998, S. 3 ff. Rn. 16, siehe auch Europäische Kommission, Beschluss vom 26.01.2011 – C 7/2010, Rn. 65 ff, 80 ff sowie Entwurf der Bekanntmachung der Kommission zum Begriff der staatlichen Beihilfe nach Art. 107 AEUV, abrufbar unter www.ec.europa.eu/competition/consultations/2014_state_aid_notion/draft_guidance_de.pdf (05.04.2015), S. 41 Rn. 128.

500 Mitteilung der Kommission über die Anwendung der Vorschriften über staatliche Beihilfen auf Maßnahmen im Bereich der direkten Unternehmensbesteuerung, ABl. C 384 vom 10.12.1998, S. 3 ff. Rn. 16, siehe auch Europäische Kommission, Beschluss vom 26.01.2011 – C 7/2010, Rn. 65.

501 Ebenso *Eicke*, PIStB 2012, 131, 133; *Herrmann*, ZinsO 2003, 1069, 1075; *Ismer/Piotrowski*, DStR 2015, 1993, 1997; *Khan/Adam*, ZInsO 2008, 899, 906; *Seer*, FR 2014, 721, 730; *Strüber/von Donat*, BB 2003, 2036, 2041; *Tschersich*, Ertragsbesteuerung der Unternehmenssanierung, 155; a.A. *Frey/Mückl*, GmbHR 2010, 1193, 1197, die

(2) Selektive Ausnahme vom Referenzsystem

Die im Sanierungserlass umgesetzte Maßnahme stellt eine Ausnahme von diesem Referenzsystem dar, da sie Sanierungsgewinne entgegen der allgemeinen Regel von der Besteuerung ausnimmt.[502] Um Beihilfequalität zu entfalten, muss diese Ausnahme allerdings auch selektiv sein. Dies ist sie dann, wenn sie lediglich zu Gunsten bestimmter Unternehmen gilt bzw. geeignet ist, andere Unternehmen, die sich in Bezug auf den Zweck des Steuersystems in einer vergleichbaren rechtlichen und tatsächlichen Situation befinden, nicht zu begünstigen.[503] In Abgrenzung dazu sind steuerliche Maßnahmen, die allen Wirtschaftsteilnehmern in dem betreffenden Mitgliedstaat zu Gute kommen, grundsätzlich als allgemeine Maßnahmen anzusehen, die gerade nicht spezifisch sind und folglich keine Beihilfequalität haben.[504] Dies setzt gleichwohl voraus, dass die in Frage stehende Maßnahme auch „tatsächlich allen Unternehmen in gleicher Weise" offensteht und ihre Tragweite nicht durch Ermessensbefugnisse „bei der Gewährung oder durch andere Elemente, die ihre praktische Wirkung einschränken, verringert" wird.[505] Für die Selektivität der Ausnahme ist daher letztlich entscheidend, ob die Maßnahme zwischen Wirtschaftsteilnehmern differenziert, die sich mit Blick auf den Zweck des Steuersystems in einer vergleichbaren rechtlichen und tatsächlichen Situation befinden.[506]

Im Rahmen des Sanierungserlasses ergibt sich eine solche Differenzierung zwischen Wirtschaftsteilnehmern unter zwei Aspekten.[507] Der erste liegt darin, dass der Sanierungserlass ausschließlich Unternehmen in der Krise begünstigt, während wirtschaftlich gesunde bzw. (noch) nicht sanierungsbedürftige Unternehmen

---

unter Bezugnahme auf die Regelung des § 3 Nr. 66 EStG a.F. davon ausgehen, dass die Steuerneutralität des Forderungserlasses das als Referenzsystem heranzuziehende Grundprinzip sei.

502 Ebenso *Herrmann*, ZinsO 2003, 1069, 1075; *Ismer/Piotrowski*, DStR 2015, 1993, 1997; *Khan/Adam*, ZInsO 2008, 899, 906; *Seer*, FR 2014, 721, 730; *Strüber/von Donat*, BB 2003, 2036, 2041; *Tschersich*, Ertragsbesteuerung der Unternehmenssanierung, 155.

503 Europäische Kommission, Beschluss vom 26.01.2011 – C 7/2010, Rn. 64; Entwurf der Bekanntmachung der Kommission zum Begriff der staatlichen Beihilfe nach Art. 107 AEUV, abrufbar unter www.ec.europa.eu/competition/consultations/2014_state_aid_notion/draft_guidance_de.pdf (05.04.2015), S. 44 Rn. 135.

504 Mitteilung der Kommission über die Anwendung der Vorschriften über staatliche Beihilfen auf Maßnahmen im Bereich der direkten Unternehmensbesteuerung, ABl. C 384 vom 10.12.1998, S. 3 ff. Rn. 13; siehe auch Entwurf der Bekanntmachung der Kommission zum Begriff der staatlichen Beihilfe nach Art. 107 AEUV, abrufbar unter www.ec.europa.eu/competition/consultations/2014_state_aid_notion/draft_guidance_de.pdf (05.04.2015), S. 39 Rn. 119; *Herrmann*, ZinsO 2003, 1069, 1075.

505 Mitteilung der Kommission über die Anwendung der Vorschriften über staatliche Beihilfen auf Maßnahmen im Bereich der direkten Unternehmensbesteuerung, ABl. C 384 vom 10.12.1998, S. 3 ff. Rn. 13.

506 Europäische Kommission, Beschluss vom 26.01.2011 – C 7/2010, Rn. 65, 68 ff.

507 Ebenso *Herrmann*, ZinsO 2003, 1069, 1075; *Khan/Adam*, ZInsO 2008, 899, 906; *Strüber/von Donat*, BB 2003, 2036, 2041.

von vorneherein aus dem Anwendungsbereich ausscheiden (erster Aspekt).[508] Der Sanierungserlass setzt sowohl die Sanierungsbedürftigkeit, als auch Sanierungsfähigkeit des betroffenen Unternehmens voraus und schränkt den Anwendungsbereich insoweit ein.[509] Allein deshalb erscheint die Annahme gerechtfertigt, dass die Maßnahme nicht allen Unternehmen in gleicher Weise offensteht und damit selektiv ist.[510] Zwar stützt sich diese Annahme auf eine sehr weite Auslegung des Merkmals der Selektivität,[511] die Entscheidung der Kommission zur Sanierungsklausel des § 8c Abs. 1a KStG zeigt jedoch, dass ein derart weites Verständnis des Beihilfebegriffes der Handhabung durch die Kommission entspricht.[512] Im Zusammenhang mit der Frage nach der Selektivität der Sanierungsklausel des § 8c Abs. 1a KStG[513] hebt die Kommission explizit hervor, dass diese nur für Unternehmen in der Krise in Betracht kommt und eben gerade nicht für wirtschaftlich gesunde Unternehmen.[514] Der Umstand, dass die Sanierungsklausel diese Unterscheidung trifft und ausschließlich Unternehmen in der Krise begünstigt, gab letztlich den Ausschlag dafür, dass die Kommission die Sanierungsklausel als *prima facie* selektiv qualifiziert hat.[515] Nach der hier vertretenen Auffassung führt daher allein die Tatsache, dass

---

508 *Herrmann*, ZinsO 2003, 1069, 1075; *Khan/Adam*, ZInsO 2008, 899, 906; zweifelnd *Strüber/von Donat*, BB 2003, 2036, 2042, die gleichwohl betonen, dass die EU-Kommission dazu geneigt sein könnte, eine Maßnahme schon deshalb als selektiv zu qualifizieren, weil sie gesunde Unternehmen nicht erfasst; a.A. wohl *Seer*, FR 2014, 721, 730; *ders.* ZIP 2014 Beilage zu Heft 42 S. 14, der Zweifel daran äußert, ob es zu den vom Sanierungserlass erfassten Unternehmen überhaupt eine „relevante Vergleichsgruppe vom Unternehmen gibt".

509 BMF, Schreiben vom 27.03.2003 – IV A 6 – S 2140 – 8/03, BStBl. I 2003, 240, Tz. 4 Satz 1.

510 *Herrmann*, ZinsO 2003, 1069, 1075; so wohl auch *Khan/Adam*, ZInsO 2008, 899, 906.

511 Siehe auch *Herrmann*, ZinsO 2003, 1069, 1075 f.

512 Vgl. Europäische Kommission, Beschluss vom 26.01.2011 – C 7/2010, Rn. 68 ff.

513 Die sog. „Sanierungsklausel" des § 8c Abs. 1a KStG wurde vom Gesetzgeber im Jahre 2009 – rückwirkend auf den 01.01.2008 – als Ausnahme von der Verlustabzugsbeschränkung des § 8c Abs. 1 KStG eingeführt. Gemäß § 8c Abs. 1 KStG sind die vor einer Veränderung der Beteiligungsverhältnisse erwirtschafteten Verluste grundätzlich in der Abzugsfähigkeit beschränkt, wenn die Gesellschaft durch das wirtschaftliche Engagement eines anderen Anteilseigners die wirtschaftliche Identität verliert. Eine auf § 8c Abs. 1 KStG beruhende (teilweise) Nichtabziehbarkeit bestehender Verluste kann sich jedoch äußerst sanierungshemmend auswirken, da dadurch ein erhebliches steuerliches Entlastungspotential verloren geht. Vor diesem Hintergrund führte der Gesetzgeber die Sanierungsklausel in § 8c Abs. 1a KStG ein, nach der die Verlustabzugsbeschränkung des § 8c Abs. 1 KStG auf Beteiligungserwerbe zum Zweck der Sanierung des Geschäftsbetriebes der Körperschaft keine Anwendung findet.

514 Europäische Kommission, Beschluss vom 26.01.2011 – C 7/2010, Rn. 72.

515 Europäische Kommission, Beschluss vom 26.01.2011 – C 7/2010, Rn. 72 f., 79.

der Sanierungserlass zwingend die Sanierungsbedürftigkeit und die Sanierungsfähigkeit des betroffenen Unternehmens voraussetzt, zur Bejahung der Selektivität der Maßnahme.[516]

Dieser Beurteilung könnte entgegnet werden, der Sanierungserlass differenziere zwar zwischen Wirtschaftsteilnehmern, indem er zwischen Unternehmen in der Krise und wirtschaftlich gesunden bzw. (noch) nicht sanierungsbedürftigen Unternehmen unterscheidet, diese Wirtschaftsteilnehmer befänden sich jedoch mit Blick auf den Zweck des Steuersystems nicht in einer vergleichbaren rechtlichen und tatsächlichen Situation. Als Konsequenz dessen sei der Sanierungserlass letztlich nicht selektiv, da er auf alle Unternehmen in der Krise gleichermaßen Anwendung findet.[517] In diesem Sinne hat auch die Bundesrepublik in Ihrer Stellungnahme zur Rechtfertigung der Sanierungsklausel darauf hingewiesen, ein Unternehmen in der Krise befände sich im Vergleich zu einem wirtschaftlich gesunden Unternehmen auf Grund seiner Sanierungsbedürftigkeit in einer besonderen, objektiv unterschiedlichen Situation.[518] Vor dem Hintergrund des Zwecks des Steuersystems seien daher nur Unternehmen in Schwierigkeiten in einer vergleichbaren Position und die Sanierungsklausel insoweit nicht selektiv, da sie auf alle Unternehmen in Schwierigkeiten gleichermaßen Anwendung findet.[519] Die Kommission ist dieser Argumentation in ihrer Entscheidung zur Sanierungsklausel nicht gefolgt. Mit Blick auf den Zweck des Steuersystems seien alle Unternehmen, die dem Referenzsystem unterfallen, in einer vergleichbaren rechtlichen und tatsächlichen Situation. Auch wirtschaftlich gesunde Unternehmen könnten möglicherweise Verluste verzeichnen, dürften diese im Falle eines Anteilseignerwechsels jedoch nicht vortragen. Die Sanierungsklausel unterscheide daher zwischen Unternehmen, die sich in Bezug auf den Zweck des Steuersystems in einer vergleichbaren rechtlichen und tatsächlichen Situation befinden.[520] Dieser Gedanke der Kommission, nach dem sich alle dem Referenzsystem unterfallenden Unternehmen mit Blick auf den Zweck des Steuersystems in einer vergleichbaren rechtlichen und tatsächlichen Situation befinden, ist überzeugend und muss gleichermaßen auch im Hinblick auf den Sanierungserlass gelten. Denn es ist jedenfalls nicht völlig ausgeschlossen, dass auch (noch) nicht sanierungsbedürftige Unternehmen Buchgewinne aus Forderungserlassen erzielen und sich folglich mit Blick auf das Steuersystem in einer vergleichbaren Situation

---

516 A.A. wohl BFH, Beschluss vom 25.03.2015 – X R 23/13, DStR 2015, 1443, 1449, in dem der X. Senat – ohne weitere sachliche Begründung – die Auffassung vertritt, allein der Umstand, dass sich der Sanierungserlass „zugunsten aller Unternehmen mit erheblichen wirtschaftlichen Schwierigkeiten“ auswirke, sei „kein Grund, eine selektive Begünstigung anzunehmen.“

517 In diesem Sinne wohl *de Weerth*, DStR 2014, 2485, 2488; *Frey/Nebelin*, GmbHR 2015, 823, 825; *Gragert*, NWB 2011, 1438, 1439 f.; *Herzig/Liekenbrock*, Ubg 2011, 313, 326; *Reimer*, NVwZ 2011, 263, 267.

518 Europäische Kommission, Beschluss vom 26.01.2011 – C 7/2010, Rn. 39.

519 Europäische Kommission, Beschluss vom 26.01.2011 – C 7/2010, Rn. 69.

520 Europäische Kommission, Beschluss vom 26.01.2011 – C 7/2010, Rn. 71 ff.

befinden. Zwar wird in der Literatur zutreffend darauf hingewiesen, dass ein Forderungserlass zu Gunsten eines wirtschaftlich gesunden bzw. (noch) nicht sanierungsbedürftigen Unternehmens häufig aus privaten Gründen erfolgt und daher zu einer (verdeckten) Einlage führen wird.[521] Dies ist jedoch nicht zwingend. Vielmehr ist ein betrieblich veranlasster Forderungserlass auch in einem Stadium denkbar, in dem das Unternehmen noch nicht sanierungsbedürftig i.S.d. Sanierungserlasses ist sowie auch in den Fällen, in denen es an der Sanierungsfähigkeit des Unternehmens fehlt. Indem der Sanierungserlass zwischen Unternehmen in der Krise und wirtschaftlich gesunden bzw. (noch) nicht sanierungsbedürftigen Unternehmen unterscheidet, differenziert die Maßnahme mithin zwischen Wirtschaftsteilnehmern in einer insoweit vergleichbaren rechtlichen und tatsächlichen Situation.

Ein weiterer Ansatzpunkt für die Selektivität der Maßnahme ergibt sich aus der unzureichenden Konkretisierung der Kriterien des Sanierungserlasses (zweiter Aspekt).[522] Nach Auffassung der EU-Kommission können der Verwaltung gewährte Ermessensspielräume bei der Anwendung einer Maßnahme auch zu deren Selektivität führen, „insbesondere wenn die Ermessenausübung nicht [...] nach objektiven Kriterien erfolgt“[523] oder wenn „die Kriterien für die Gewährung der Beihilfe so allgemein oder vage formuliert sind, dass bei der Prüfung zwangsläufig ein Ermessensspielraum besteht.“[524] Das Ermessen der Verwaltung auf der Rechtsfolgenseite ist zwar ausweislich der Teilziffer 12 auf Null reduziert. Gleichwohl eröffnen die nicht hinreichend konkretisierten Kriterien des Sanierungserlasses der Verwaltung einen Entscheidungsspielraum bei der Anwendung der Verwaltungsvorschrift, der die Finanzverwaltung in die Lage versetzt, den Sanierungserlass selektiv anzuwenden und bestimmte Unternehmen von seiner Anwendung auszuschließen.[525] Zu denken ist in diesem Zusammenhang insbesondere an die unzureichende Konkretisierung der Begriffe „Unternehmen“ und „betriebliche Gründe“ in

---

521 *Seer*, FR 2014, 721, 730.

522 Ebenso *Herrmann*, ZinsO 2003, 1069, 1076; *Khan/Adam*, ZInsO 2008, 899, 906; *Strüber/von Donat*, BB 2003, 2036, 2042; *Tschersich*, Ertragsbesteuerung der Unternehmenssanierung, 157; *Wehner*, NZI 2012, 537, 538.

523 Mitteilung der Kommission über die Anwendung der Vorschriften über staatliche Beihilfen auf Maßnahmen im Bereich der direkten Unternehmensbesteuerung, ABl. C 384 vom 10.12.1998, S. 3 ff. Rn. 21 mit Hinweisen zur Rechtsprechung des EuGH.

524 Entwurf der Bekanntmachung der Kommission zum Begriff der staatlichen Beihilfe nach Art. 107 AEUV, abrufbar unter www.ec.europa.eu/competition/consultations/2014_state_aid_notion/draft_guidance_de.pdf (05.04.2015), S. 41 Rn. 125.

525 *Herrmann*, ZinsO 2003, 1069, 1076; *Khan/Adam*, ZInsO 2008, 899, 906; *Strüber/von Donat*, BB 2003, 2036, 2042; *Tschersich*, Ertragsbesteuerung der Unternehmenssanierung, 157; *Wehner*, NZI 2012, 537, 538; a.A. BFH, Beschluss vom 25.03.2015 – X R 23/13, DStR 2015, 1443, 1449 f., in dem der X. Senat die Ansicht vertritt, ungeachtet des der Finanzverwaltung verbleibenden Entscheidungsspielraums sei davon auszugehen, dass der Sanierungserlass „keine selektiv begünstigende Ausnahmeregel“ beinhalte.

Teilziffer 2 des Sanierungserlasses sowie die fehlende Adaption der Kriterien für einen nach dem Sanierungserlass begünstigten Sanierungsgewinn in Fällen der Nichtfortführung des Unternehmens. Daneben bestehen auch im Zusammenhang mit den „klassischen" Kriterien für einen nach dem Sanierungserlass begünstigten Sanierungsgewinn Auslegungsschwierigkeiten, die der Finanzverwaltung Ermessensspielräume bei der Anwendung einer Maßnahme gewähren, wie z.B. bei der Frage der Sanierungsabsicht bei Sanierungsmaßnahmen durch Gesellschafter einer Kapitalgesellschaft. Diese Beispiele zeigen, dass die Finanzverwaltung in die Lage versetzt ist, die Maßnahme selektiv anzuwenden und bestimmte Unternehmen von der Maßnahme auszuschließen, da eine einheitliche Würdigung der Kriterien des Sanierungserlasses nicht sichergestellt ist.[526] Der insoweit bestehende Entscheidungsspielraum der Finanzverwaltung führt zur Selektivität der Maßnahme i.S.d. Art. 107 Abs. 1 AEUV.[527]

Die „Kommission zur Harmonisierung von Insolvenz- und Steuerrecht"[528] und einige sich ihr anschließende Literaturstimmen[529] kommen unter Berufung auf eine jüngere Entscheidung des EuGH zu einem abweichenden Ergebnis. Der EuGH hat in seinem Urteil vom 18.07.2013[530] bestimmt, dass eine Maßnahme grundsätzlich nicht als selektiv angesehen werden kann, wenn der zuständigen Behörde bei ihrer Entscheidung ein Ermessen zusteht, „das durch objektive Kriterien, die dem mit der betreffenden Regelung geschaffenen Steuersystem nicht fremd sind, begrenzt ist". Soweit die Behörde hingegen über ein „weites Ermessen" verfügt, dass es ihr „erlaubt, die Begünstigten und die Bedingungen der gewährten Maßnahme anhand von dem Steuersystem fremden Kriterien wie der Erhaltung von Arbeitsplätzen zu bestimmen" liegt ein schädliches Ermessen vor.[531] Daraus schließt die „Kommission zur Harmonisierung von Insolvenz- und Steuerrecht", dass eine gemeinschaftswidrige Beihilfe *nur* dann vorliegen kann, wenn die Behörde über ein „weites Ermessen" im vorstehenden Sinne verfügt, und kommt zu dem Ergebnis, dass der Sanierungserlass nicht selektiv sei, da der Finanzverwaltung ein solches „weites Ermessen" nicht zustehe.[532]

---

526 Ebenso Lüdicke/Sistermann/*Loose/Maier*, Unternehmensteuerrecht, § 17 Rn. 121; *Strüber/von Donat*, BB 2003, 2036.

527 Gl.A. *Tschersich*, Ertragsbesteuerung der Unternehmenssanierung, 157.

528 Vgl. *Seer*, ZIP 2014, Beilage zu Heft 42.

529 *Hackemann/Sydow*, IStR 2013, 786, 790; *Hartmann/Zwirner*, WPg 2014, 1105, 1009.

530 EuGH, Urteil vom 18.07.2013, Rechtssache C-6/12, *P Oy*, IStR 2013, 635.

531 EuGH, Urteil vom 18.07.2013, Rechtssache C-6/12, *P Oy*, IStR 2013, 635, 636; vgl. auch Entwurf der Bekanntmachung der Kommission zum Begriff der staatlichen Beihilfe nach Art. 107 AEUV, abrufbar unter www.ec.europa.eu/competition/consultations/2014_state_aid_notion/draft_guidance_de.pdf (05.04.2015), S. 41 Rn. 125.

532 *Seer*, ZIP 2014, Beilage zu Heft 42, 15; ebenso *Hackemann/Sydow*, IStR 2013, 786, 790; *Hartmann/Zwirner*, WPg 2014, 1105, 1009.

Ob die Ausführungen des EuGH tatsächlich in diesem Sinne zu verstehen sind, ist zweifelhaft. Bei scharfer Betrachtung hat der EuGH vielmehr lediglich zum Ausdruck gebracht, dass ein „weites Ermessen" im vorstehenden Sinne schädlich ist, während ein Ermessen, das durch objektive, dem Steuersystem nicht fremde Kriterien begrenzt ist, grundsätzlich unschädlich ist. Dass ein schädliches Ermessen hingegen *nur* in den Fällen vorliegt, in denen der Behörde ein „weites Ermessen" zusteht, ist den Ausführungen des EuGH indessen nicht zu entnehmen. Die Entscheidung des EuGH steht daher der hier vertretenen Annahme nicht entgegen, wonach der der Verwaltung im Rahmen der Anwendung des Sanierungserlasses zustehende Entscheidungsspielraum geeignet ist, die Selektivität des Sanierungserlasses zu begründen. Dies vor allem auch aus dem Grunde, dass gerade im Hinblick auf das Merkmal „betriebliche Gründe"[533] die Annahme gerechtfertigt erscheint, der Finanzverwaltung stehe jedenfalls insoweit ein „weites Ermessen" i.S.d. Entscheidung des EuGH zu, da es ihr erlaubt ist, „die Begünstigten und die Bedingungen der gewährten Maßnahme" anhand eines dem Steuersystem fremden Kriteriums zu bestimmen. Außerdem ist auch der bereits angesprochene Aspekt zu berücksichtigen, dass die Anwendung des Sanierungserlasses maßgeblich von nicht objektiv überprüfbaren Kriterien wie der Sanierungsabsicht der Gläubiger und der Sanierungsfähigkeit des Unternehmens abhängig ist.[534] Die Finanzverwaltung verfügt daher gerade nicht ausschließlich über ein Ermessen, das durch objektive, dem Steuersystem nicht fremde Kriterien begrenzt ist. Schließlich ist zu beachten, dass es für die Frage der Selektivität keinen Unterschied machen kann, dass im Zusammenhang mit dem Sanierungserlass kein Ermessenspielraum auf der Rechtsfolgenseite, sondern nur ein Entscheidungsspielraum auf der Tatbestandsseite besteht, da sich eine selektive Anwendung der Maßnahme gleichermaßen aus beiden Möglichkeiten ergeben kann.[535] Auch im Hinblick auf diesen zweiten Ansatzpunkt für die Selektivität der Maßnahme ist daher festzuhalten, dass diese geeignet ist, bestimmte Unternehmen nicht zu begünstigen.

Die Annahme der Selektivität der Maßnahme lässt sich daher auf beide der vorbenannten Aspekte stützen. Der Sanierungserlass ist zum einen dahingehend selektiv, als er nur sanierungsbedürftige und sanierungsfähige Unternehmen begünstigt und zum anderen, als er der Verwaltung einen Entscheidungsspielraum belässt, der eine selektive Anwendung der Maßnahme zur Folge haben kann. Die im Sanierungserlass umgesetzte Maßnahme stellt somit nicht nur eine Ausnahme von

---

533 Als Beispiel führt der Sanierungserlass das Ermöglichen eines Sozialplanes zugunsten der Arbeitnehmer an.

534 *Herrmann*, ZinsO 2003, 1069, 1076; *Tschersich*, Ertragsbesteuerung der Unternehmenssanierung, 157.

535 Ebenso *Herrmann*, ZinsO 2003, 1069, 1076; *Strüber/von Donat*, BB 2003, 2036, 2042; *Tschersich*, Ertragsbesteuerung der Unternehmenssanierung, 157; siehe auch *Wehner*, NZI 2012, 537, 538, der darauf hinweist, dass dem europäischen Recht die Unterscheidung zwischen Ermessensspielraum auf der Rechtsfolgenseite und Entscheidungsspielraum auf der Tatbestandsseite fremd ist.

der Anwendung des allgemein geltenden Steuersystems dar, sie ist auch selektiv, da sie lediglich zu Gunsten bestimmter Unternehmen Anwendung findet.[536] Die im Sanierungserlass umgesetzte Maßnahme ist *prima facie* selektiv.

(3) Rechtfertigung der Ausnahme „durch die Natur oder den inneren Aufbau" des Steuersystems

Nach der Rechtsprechung des EuGH ist das Merkmal der Selektivität indes letztlich nicht gegeben, wenn die Maßnahme zwar eine Ausnahme vom allgemein geltenden Steuersystem zu Gunsten bestimmter Unternehmen darstellt, diese Differenzierung jedoch durch die Natur oder den inneren Aufbau des Steuersystems gerechtfertigt ist.[537] Sofern sich die Maßnahme als *prima facie* selektiv darstellt, ist daher zu prüfen, ob sich die in der Maßnahme vorgesehene Differenzierung „unmittelbar aus den Grund- und Leitprinzipien des Steuersystems" des jeweiligen Mitgliedsstaats ergibt.[538] Dabei ist zwischen außerhalb des Steuersystems liegenden Zielen der Regelung und solchen Zielen zu unterscheiden, die durch die dem Steuersystem immanenten Mechanismen bedingt sind. Lediglich letztere kommen als Rechtfertigungsgrund für die von der Maßnahme vorgesehene Differenzierung in Betracht.[539] Dies verdeutlicht nicht zuletzt die Entscheidung der Kommission zur Sanierungsklausel. Die Sanierungsklausel des § 8c Abs. 1a KStG wurde eingeführt, um die Probleme in Folge der Finanz- und Wirtschaftskrise zu bewältigen.[540] Die Regelung verfolgt mithin kein systeminhärentes Ziel – wie z. B. die Verhinderung eines Missbrauchs des Steuersystems – sondern ein Ziel, das außerhalb des Steuersystems liegt. Die Kommission folgerte daher zutreffend, dass sich das mit dieser Maßnahme verfolgte Ziel gerade nicht unmittelbar aus dem Steuersystem ergibt und damit nicht geeignet ist, die in Rahmen der Maßnahme vorgenommene Differenzierung zu rechtfertigen.[541]

---

536 A.A. *Gragert*, NWB 2011, 1438, 1439 f.; *Heinz*, FR 2010, 1134, 1136; *Herzig/Liekenbrock*, Ubg 2011, 313, 326; OFD Magdeburg, Schreiben vom 21.03.2013 – G 1498-3-St 213, juris, die anscheinend davon ausgeht, dass es sich bei dem Sanierungserlass um eine allgemeine Maßnahme handelt, die allen Unternehmen in gleicher Weise offensteht und die nicht einzelnen Unternehmen verweigert werden kann.

537 Europäische Kommission, Beschluss vom 26.01.2011 – C 7/2010, Rn. 80 mit Verweis auf EuGH, Urteil vom 08.11.2001, Rechtssache C-143/99, *Adria-Wien Pipeline*, Slg. 2001, I-8365, Rn. 42; EuGH, Urteil vom 29.04.2004, Rechtssache C-308/01, *GIL Insurance und andere*, Slg. 2004, I-4777, Rn. 72; EuGH, Urteil vom 03.05.2005, Rechtssache C-172/03, *Heiser*, Slg. 2005, I-1627, Rn. 43.

538 Mitteilung der Kommission über die Anwendung der Vorschriften über staatliche Beihilfen auf Maßnahmen im Bereich der direkten Unternehmensbesteuerung, ABl. C 384 vom 10.12.1998, S. 3 ff. Rn. 16.

539 Europäische Kommission, Beschluss vom 26.01.2011 – C 7/2010, Rn. 83.

540 Beschlussempfehlung und Bericht des Finanzausschusses, BT Drucks 16/13429, S. 50.

541 Europäische Kommission, Beschluss vom 26.01.2011 – C 7/2010, Rn. 89.

Vor diesem Hintergrund gelingt die Rechtfertigung der im Sanierungserlass umgesetzten Maßnahme zumindest insoweit, als sie selektiv hinsichtlich sanierungsbedürftiger Unternehmen ist (erster Aspekt).[542] Dem deutschen Einkommensteuersystem ist der Mechanismus immanent, zur Ermittlung der Einkünfte aus Gewerbebetrieb an den Bilanzgewinn des Unternehmens anzuknüpfen, §§ 2 Abs. 2 Nr. 1, 4 Abs. 1, 5 Abs. 1 EStG. Aus diesem Mechanismus resultiert, dass auch rein bilanziell entstehende Betriebsvermögensmehrungen ertragsteuerlich belastet werden. Soweit dies dazu führt, dass ein durch ein sanierungsbedürftiges Unternehmen erzielter Buchgewinn der Ertragsbesteuerung unterliegt, läuft die aus diesem systemimmanenten Mechanismus folgende Besteuerung den Grund- und Leitprinzipien des EStG – namentlich dem Prinzip der Besteuerung nach der wirtschaftlichen Leistungsfähigkeit – zuwider.[543] Die im Sanierungserlass umgesetzte Maßnahme, die insoweit zwischen wirtschaftlich gesunden und sanierungsbedürftigen Unternehmen differenziert, verfolgt das Ziel, eben dieses Grundprinzip der deutschen Ertragsbesteuerung zu wahren, indem sie Sanierungsgewinne unter bestimmten Voraussetzungen von der Besteuerung ausnimmt. Die in der Maßnahme vorgesehene Differenzierung zwischen wirtschaftlich gesunden und sanierungsbedürftigen Unternehmen ergibt sich somit unmittelbar aus den Grund- und Leitprinzipien des Steuersystems.[544] Damit stellt sie zwar eine selektive Ausnahme von allgemein geltenden Steuersystem dar, sie ist doch durch dessen inneren Aufbau gerechtfertigt.[545]

Ungleich problematischer gestaltet sich hingegen die Rechtfertigung der sich aus dem verbleibenden Entscheidungsspielraum der Finanzverwaltung ergebenden Selektivität (zweiter Aspekt). Dass der Verwaltung ein Entscheidungsspielraum auf der Tatbestandsebene gewährt und diese dadurch in die Lage versetzt wird, die Maßnahme selektiv anzuwenden, lässt sich nicht erkennbar durch Grund- oder Leitprinzipien des Einkommensteuerrechts begründen.[546] Im Gegenteil steht der verbleibende Entscheidungsspielraum und die dadurch eröffnete Möglichkeit, dass bestimmten Unternehmen die Maßnahme ggf. unzutreffenderweise verwehrt wird, dem mit dem Sanierungserlass verfolgten Zweck – Wahrung der Grund- und Leitprinzipien des EStG – entgegen.[547] Gegen eine Rechtfertigung insoweit spricht auch, dass es sich mit Blick auf die Wahrung der Grund- und Leitprinzipien kaum

542 Ebenso *Eicke*, PIStB 2012, 131, 133; *Herrmann*, ZinsO 2003, 1069, 1077; *Khan/Adam*, ZInsO 2008, 899, 906; *Strüber/von Donat*, BB 2003, 2036, 2042 f.

543 Siehe dazu ausführlich oben unter **D.I.**

544 Ebenso *Herrmann*, ZinsO 2003, 1069, 1077; *Khan/Adam*, ZInsO 2008, 899, 906; *Strüber/von Donat*, BB 2003, 2036, 2042 f.

545 So auch i.E. BFH, Beschluss vom 25.03.2015 – X R 23/13, DStR 2015, 1443, 1450; zweifelnd *Ismer/Piotrowski*, DStR 2015, 1993, 1997 f., die eine auf das Leistungsfähigkeitsprinzip gestützte Rechtfertigung für nicht überzeugend erachten.

546 Ebenso *Herrmann*, ZinsO 2003, 1069, 1077; *Khan/Adam*, ZInsO 2008, 899, 906; *Strüber/von Donat*, BB 2003, 2036, 2043; *Tschersich*, Ertragsbesteuerung der Unternehmenssanierung, 158.

547 *Strüber/von Donat*, BB 2003, 2036, 2043.

begründen lässt, warum die steuerliche Begünstigung des Sanierungserlasses nicht allein von objektiv überprüfbaren Kriterien abhängig gemacht wurde.[548] Die sich unter diesem zweiten Aspekt ergebende Selektivität der Maßnahme lässt sich daher nicht mit dem Argument rechtfertigen, sie ergebe sich unmittelbar aus den Grund- und Leitprinzipien des EStG. Unter diesem zweiten Aspekt bleibt die im Sanierungserlass umgesetzte Maßnahme mithin selektiv.

dd) Beeinträchtigung des Wettbewerbs und des Binnenhandels

Im Weiteren muss es durch die Maßnahme zu einer Beeinträchtigung des Wettbewerbs und des Handels zwischen den Mitgliedstaaten kommen.[549] Dies setzt nach Auffassung der Kommission und des EuGH im Grundsatz voraus, dass der Begünstigte „eine Wirtschaftstätigkeit ausübt, [...] die Gegenstand eines Handels zwischen den Mitgliedstaaten ist."[550] Die Anforderungen an den Nachweis einer Wettbewerbsverfälschung und Handelsbeeinträchtigung sind dabei eher gering.[551] Insoweit ist nicht erforderlich, dass die Kommission die tatsächlichen Auswirkungen des gewährten Vorteils auf den Wettbewerb und den Binnenhandel beweisen kann.[552] Vielmehr genügt schon der Nachweis, dass der gewährte Vorteil zur Wettbewerbsverfälschung und Handelsbeeinträchtigung geeignet ist.[553] In der Konsequenz ist von einer Beeinträchtigung des Handels bereits dann auszugehen, wenn der gewährte Vorteil die Stellung des Begünstigten „gegenüber anderen im innergemeinschaftlichen Handel konkurrierenden Unternehmen verstärkt".[554]

Nach Teilziffer 1 des Sanierungserlasses begünstigt dieser insbesondere Maßnahmen, die darauf gerichtet sind, ein Unternehmen vor dem finanziellen Zusammenbruch zu bewahren und wieder ertragsfähig zu machen.[555] Soweit es sich insoweit um eine das Unternehmen fortführende Sanierung handelt, üben sämtliche der von der Maßnahme Begünstigten – da sie weiterhin am Wirtschaftsverkehr teilnehmen – eine wirtschaftliche Tätigkeit aus.[556] Der Sanierungserlass ist auch

548 *Herrmann*, ZinsO 2003, 1069, 1077.
549 Mitteilung der Kommission über die Anwendung der Vorschriften über staatliche Beihilfen auf Maßnahmen im Bereich der direkten Unternehmensbesteuerung, ABl. C 384 vom 10.12.1998, S. 3 ff. Rn. 11.
550 Siehe Mitteilung der Kommission über die Anwendung der Vorschriften über staatliche Beihilfen auf Maßnahmen im Bereich der direkten Unternehmensbesteuerung, ABl. C 384 vom 10.12.1998, S. 3 ff. Rn. 11 mit weiterführenden Rechtsprechungsnachweisen in den Fußnoten 4 ff.
551 *Herrmann*, ZinsO 2003, 1069, 1075 Fn. 65.
552 *Herrmann*, ZinsO 2003, 1069, 1075 Fn. 65.
553 Europäische Kommission, Beschluss vom 26.01.2011 – C 7/2010, Rn. 103.
554 Mitteilung der Kommission über die Anwendung der Vorschriften über staatliche Beihilfen auf Maßnahmen im Bereich der direkten Unternehmensbesteuerung, ABl. C 384 vom 10.12.1998, S. 3 ff. Rn. 11.
555 BMF, Schreiben vom 27.03.2003 – IV A 6 – S 2140 – 8/03, BStBl. I 2003, 240, Tz. 1.
556 *Herrmann*, ZinsO 2003, 1069, 1075; *Khan/Adam*, ZInsO 2008, 899, 906.

nicht sektorspezifisch, da er Wirtschaftsteilnehmern aus allen Wirtschaftszweigen zu Gute kommen kann.[557] Dahingehend hat auch die EU-Kommission betont, dass nahezu „alle Branchen der deutschen Wirtschaft" auf den Märkten vertreten sind, „auf denen Wettbewerb herrscht und Handel zwischen den Mitgliedstaaten stattfindet."[558] Der Sanierungserlass ist daher auch geeignet, den Handel zwischen den Mitgliedstaaten zu beeinträchtigen oder den Wettbewerb zu verfälschen, da nicht ausgeschlossen werden kann, dass die von den Begünstigten ausgeübten Wirtschaftstätigkeiten Gegenstand des Handels zwischen den Mitgliedstaaten sind.[559]

Etwas anderes könnte sich lediglich im Einzelfall ergeben, wenn eine das Unternehmen nicht fortführende Sanierung nach Teilziffer 2 Satz 1 des Sanierungserlasses vorliegt. Soweit das Unternehmen nicht fortgeführt wird und der Begünstigte keiner Wirtschaftstätigkeit mehr nachgeht, könnte eine Wettbewerbsbeeinträchtigung ggf. verneint werden.[560] An der grundsätzlichen Eignung des Sanierungserlasses, den Wettbewerb und den Handel zwischen den Mitgliedstaaten zu beeinträchtigen, ändert dies gleichwohl nichts.

b) Ergebnis

Im Ergebnis stellt die im Sanierungserlass umgesetzte Maßnahme daher eine staatliche Beihilfe im Sinne von Artikel 107 AEUV dar. Sollte sich diese Auffassung im Rahmen einer etwaigen Konkurrentenklage als zutreffend erweisen, können sich daraus für die betroffenen Unternehmen schwerwiegende und weitreichende Folgen ergeben. Insbesondere besteht das Risiko, dass alle auf der Grundlage des Sanierungserlasses erlassenen Steuern zurückgefordert werden.[561] Gegen die Rückforderungspflicht hat auch das Vertrauen der Unternehmen auf ggf. von der Finanzverwaltung erteilte verbindliche Auskünfte keinen Bestand.[562] Hintergrund ist, dass der deutsche Gesetzgeber die für Beihilfen vorgesehene Notifizierungspflicht nicht eingehalten hat. In diesen Fällen können sich Subventionsempfänger nicht darauf berufen, berechtigterweise auf die Gemeinschaftsrechtskonformität der Beihilfe

557 Ebenso *Wehner*, NZI 2012, 537, 539.

558 Europäische Kommission, Beschluss vom 26.01.2011 – C 7/2010, Rn. 103.

559 Ebenso *Herrmann*, ZinsO 2003, 1069, 1075; *Khan/Adam*, ZInsO 2008, 899, 906, *Tschersich*, Ertragsbesteuerung der Unternehmenssanierung, 154; *Wehner*, NZI 2012, 537, 539.

560 *Herrmann*, ZinsO 2003, 1069, 1075; *Wehner*, NZI 2012, 537, 539.

561 So zuletzt auch Europäische Kommission, Beschluss vom 26.01.2011 – C 7/2010, Rn. 135; siehe auch *Boochs/Dauernheim*, Steuerrecht in der Insolvenz, 179; *Eicke*, PIStB 2012, 131, 134; *Herrmann*, ZinsO 2003, 1069, 1078; *Kahlert*/Rühland, Sanierungs- und Insolvenzsteuerrecht, 2. Aufl., Rn. 2.53; *Khan/Adam*, ZInsO 2008, 899, 907; *Reimer*, NVwZ 2011, 263; *Strüber/von Donat*, BB 2003, 2036, 2040; *Tschersich*, Ertragsbesteuerung der Unternehmenssanierung, 158.

562 Ebenso *Blaas/Schwahn*, DB 2013, 2350, 2358.

vertraut zu haben.[563] Außerdem haben die Unternehmen hinsichtlich des Beihilfewertes keine staatshaftungsrechtliche Rückgriffsmöglichkeit, da die Rückforderung sonst umgangen und die Beihilfe „über einen Umweg" dennoch gewährt würde.[564]

Der Verstoß des Sanierungserlasses gegen EU-Beihilferecht stellt einen bedeutenden Schwachpunkt der Regelung dar, den es mit Blick auf die daraus möglicherweise resultierenden nachteiligen Konsequenzen für die betreffenden Unternehmen unbedingt auszubessern gilt. Insoweit bietet sich insbesondere die erneute Einführung einer gesetzlichen Steuerbefreiung für Sanierungsgewinne an.[565]

---

563 *Haratsch/Koenig/Pechstein*, Europarecht, Rn. 1169; siehe auch *Khan/Adam*, ZInsO 2008, 899, 907.

564 Siehe auch *Dörr*, NWB 2011, 690, 699.

565 Siehe dazu unter **H.** und **J.**

E. Typische Sanierungssachverhalte und ihre steuerlichen Folgen

Wie bereits angesprochen, ist zur finanziellen Wiedergesundung eines Unternehmens regelmäßig eine grundlegende Restrukturierung der Passivseite der Bilanz erforderlich, um drohende oder bereits bestehende Insolvenzeröffnungsgründe nachhaltig abzuwenden. Das primäre Ziel finanzwirtschaftlicher Maßnahmen besteht daher in der Verbesserung der Eigenkapitalquote des Unternehmens, vornehmlich durch den Abbau von Verbindlichkeiten. Typische Sanierungsinstrumente sind deshalb, ungeachtet ihrer konkreten rechtlichen Ausgestaltung, im Kern auf das zivilrechtliche Erlöschen der Schuld des in der Krise befindlichen Unternehmens gerichtet.[566] Durch die damit einhergehende grundsätzlich gewinnwirksame Ausbuchung der Verbindlichkeit bergen sie allerdings auch die Gefahr erheblicher Steuerbelastungen. Im Folgenden werden deshalb typische Sanierungssachverhalte und ihre steuerlichen Konsequenzen[567] in den Blick genommen. Dabei wird für jede Maßnahme untersucht, ob und inwieweit der Sanierungserlass etwaige Buchgewinne zur Wahrung einer am Leistungsfähigkeitsprinzip ausgerichteten Besteuerung begünstigt.

I. Forderungserlass

Zum Abbau von Verbindlichkeiten besteht zunächst die Möglichkeit, dass der Gläubiger dem defizitären Schuldner die für ihn ohnehin wertgeminderte oder gar wertlose Forderung erlässt. Ein kooperativer Gläubiger wird regelmäßig bereit sein, dem Schuldner die Forderung jedenfalls in der Höhe zu erlassen, in der diese auf Grund der wirtschaftlichen Situation des Schuldners ohnehin wertlos geworden ist. Auf diesem Weg erhält der Gläubiger sich die Möglichkeit, nach einer erfolgreichen Sanierung des Schuldners zumindest den restlichen Teil der Forderung zu realisieren. Ferner bietet sich für den Gläubiger die Chance, dass der Schuldner ihm auch für die Zukunft als gewinnbringender Geschäftspartner erhalten bleibt. Hinsichtlich der steuerlichen Auswirkungen ist dahingehend zu differenzieren, ob

---

566 Dies trifft nicht auf die Sanierungsinstrumente zu, die lediglich eine Veränderung der Rückzahlungsmodalitäten der Schuld zum Ziel haben, wie z. B. die Aussetzung der Tilgung oder der Rangrücktritt.

567 Im Hinblick auf die Zielrichtung dieser Arbeit, die ertragsteuerliche Behandlung von Sanierungsgewinnen zu beleuchten, beschränken sich die Ausführungen zu den steuerlichen Konsequenzen der im Folgenden dargestellten Sanierungssachverhalte zum einen auf den Bereich der Ertragsteuern und zum anderen auf die Ebene des defizitären Unternehmens; insbesondere etwaige schenkungsteuerliche Implikationen der dargestellten Sanierungsmaßnahmen bleiben daher außer Betracht.

der Forderungserlass durch einen Drittgläubiger, durch einen Gesellschafter einer Kapitalgesellschaft oder durch einen Gesellschafter einer Personengesellschaft erklärt wird.

1. Forderungserlass eines Drittgläubigers

Zunächst kommt ein Forderungserlass durch einen Drittgläubiger in Betracht.

a) Zivilrechtliche Einordnung

Ein Forderungserlass kann zivilrechtlich sowohl als Erlassvertrag zwischen dem Schuldner und dem jeweiligen Gläubiger nach § 397 Abs. 1 BGB, als auch als negatives Schuldanerkenntnis (Anerkenntnisvertrag) nach § 397 Abs. 2 BGB ausgestaltet sein.[568] Beide Varianten sind formlos wirksam[569] und bewirken das Erlöschen des Schuldverhältnisses.[570] Sowohl der Erlassvertrag, als auch das negative Schuldanerkenntnis sind verfügende Verträge[571] und mithin abstrakt.[572] Der verfügende Charakter kann in Konstellationen von Bedeutung sein, in denen sich die Überschuldung des Schuldnerunternehmens erst im Rahmen der Bilanzerstellung nach dem Bilanzstichtag eröffnet und die Beteiligten einen rückwirkenden Erlass der Forderung in Betracht ziehen.[573] Durch die dingliche Natur wirkt der Erlassvertrag nämlich ausschließlich ex nunc,[574] sodass ein nach dem Bilanzstichtag erklärter, auf den abgelaufenen Veranlagungszeitraum zurückwirkender Forderungserlass nicht möglich ist.[575]

---

568 *Becker/Pape/Wobbe*, DStR 2010, 506, 507; *Fleischer*, Stbg 2009, 437, 442; Gottwald/*Drukarczyk/Schöntag*, Insolvenzrechts-Handbuch, § 3 Rn. 85; *Hierstetter*, DStR 2010, 882, 883; *Knebel/Schmidt*, BB 2009, 430, 431; Lüdicke/Sistermann/*Loose/Maier*, Unternehmensteuerrecht, § 17 Rn. 67; Palandt/*Grüneberg*, BGB, § 397 Rn. 1.

569 *Becker/Pape/Wobbe*, DStR 2010, 506, 507; Juris Praxiskommentar BGB/*Rüßmann*, § 397 Rn. 13, 32; MüKo-BGB/*Schlüter*, § 397 Rn. 2, 12; Palandt/*Grüneberg*, BGB, § 397 Rn. 8, 10; Soergel/*Schreiber*, BGB, § 397 Rn. 5, 12.

570 *Becker/Pape/Wobbe*, DStR 2010, 506, 507; Bamberger/Roth/*Dennhardt*, BGB, § 397 Rn. 18, 19; Juris Praxiskommentar BGB/*Rüßmann*, § 397 Rn. 2; Palandt/*Grüneberg*, BGB, § 397 Rn. 1; Soergel/*Schreiber*, BGB, § 397 Rn. 8, 12.

571 MüKo-BGB/*Schlüter*, § 397 Rn. 6, 14; Palandt/*Grüneberg*, BGB, § 397 Rn. 2; Soergel/*Schreiber*, BGB, § 397 Rn. 8.

572 MüKo-BGB/*Schlüter*, § 397 Rn. 6, 14; Palandt/*Grüneberg*, BGB, § 397 Rn. 2.

573 *Pflugbeil*, Steuerliche Auswirkungen von Sanierungsmaßnahmen bei Kapitalgesellschaften, 14.

574 *Pflugbeil*, Steuerliche Auswirkungen von Sanierungsmaßnahmen bei Kapitalgesellschaften, 14; Staudinger/*Rieble*, BGB, § 397 R. 238.

575 Ebenso *Pflugbeil*, Steuerliche Auswirkungen von Sanierungsmaßnahmen bei Kapitalgesellschaften, 14; siehe auch Staudinger/*Rieble*, BGB, § 397 R. 238.

b) Steuerliche Auswirkungen

Auf Grund des Forderungserlasses erlischt die Verbindlichkeit des Schuldnerunternehmens gegenüber dem Drittgläubiger nach § 397 Abs. 1 BGB und ist in Folge dessen aus der Handels- sowie der Steuerbilanz auszubuchen.[576] Durch den ersatzlosen Wegfall der zuvor ausgewiesenen Verbindlichkeit führt der Forderungserlass beim Schuldnerunternehmen in voller Höhe des Erlasses zu einer Betriebsvermögensmehrung.[577] Bei einem vollständigen Forderungserlass generiert das Schuldnerunternehmen daher eine Betriebsvermögensmehrung in Höhe des Nennwerts der Verbindlichkeit, bei einem teilweisen Forderungserlass in Höhe des erlassenen Teilbetrags.[578] Dabei entsteht die aus dem Forderungserlass resultierende Betriebsvermögensmehrung, ohne dass dem Unternehmen Liquidität oder Mittel zugeführt wurden.[579] Sie ist nicht durch ein Handeln des Unternehmers am Markt erwirtschaftet worden, sondern lediglich bilanziell entstanden (sog. Buchgewinn).[580] Ungeachtet dessen ist sie steuerlich wie jede andere betrieblich bedingte Betriebsvermögensmehrung zu behandeln. Sie führt grundsätzlich in voller Höhe zu einem Gewinn

---

576 *Adler/Düring/Schmaltz*, Rechnungslegung und Prüfung von Unternehmen, Teilband 6, § 246 Rn. 126; Beck'scher Bilanz-Kommentar/*Schubert*, § 247 Rn. 235; *Blaas/Schwahn*, DB 2013, 2350, 2353; Blümich/*Krumm*, EStG/KStG/GewStG, § 5 EStG Rn. 953 (Stand: August 2015); *Fritsche*, DStR 2000, 2171, 2172; *Hoffmann*, BC 2006, 49, 51; *Knebel/Schmidt*, BB 2009, 430, 431; Lüdicke/Sistermann/*Loose/Maier*, Unternehmensteuerrecht, § 17 Rn. 68; Schmidt/*Weber-Grellet*, EStG, § 5 Rn. 671; *Tschersich*, Ertragsbesteuerung der Unternehmenssanierung, 101 f.; *Winnefeld*, Bilanzhandbuch, D Rn. 1439.

577 Beck'scher Bilanz-Kommentar/*Schubert*, § 247 Rn. 236; *Blaas/Schwahn*, DB 2013, 2350, 2353; Blümich/*Krumm*, EStG/KStG/GewStG, § 5 EStG Rn. 953 (Stand: August 2015); *Fritsche*, DStR 2000, 2171, 2172; *Geist*, BB 2008, 2658, 2659; Gottwald/*Drukarczyk/Schöntag*, Insolvenzrechts-Handbuch, § 3 Rn. 89; *Knebel*, DB 2009, 1094, 1095; *Knebel/Schmidt*, BB 2009, 430, 431; Lüdicke/Sistermann/*Loose/Maier*, Unternehmensteuerrecht, § 17 Rn. 69; *Paus*, EStB 2003, 433; *Tschersich*, Ertragsbesteuerung der Unternehmenssanierung, 102; *Winnefeld*, Bilanzhandbuch, D Rn. 1439.

578 Blümich/*Krumm*, EStG/KStG/GewStG, § 5 EStG Rn. 953 (Stand: August 2015); *Knebel/Schmidt*, BB 2009, 430, 431; Lüdicke/Sistermann/*Loose/Maier*, Unternehmensteuerrecht, § 17 Rn. 69; *Paus*, EStB 2003, 433.

579 BFH, Beschluss vom 25.03.2015 – X R 23/13, DStR 2015, 1443, 1447; Erle/Sauter/*Schulte*, KStG, § 8 Rn. 365; *Frey/Mückl*, GmbHR 2010, 1193, 1196; *Gänsler*, Ugb 2013, 154; *Geist*, BB 2008, 2658, 2659; *Gondert/Büttner*, DStR 2008, 1676, 1679; *Knebel*, DB 2009, 1094, 1095; *Seer*, FR 2010, 306, 307; *Töben*, FR 2010, 249, 253.

580 BFH, Beschluss vom 25.03.2015 – X R 23/13, DStR 2015, 1443, 1447; *Crezelius*, NZI 2014, 255, 256; *ders.* NZI 2012, 72, 73; Drüen/*Schauhoff*, JbFfSt 2009/2010, 183, 189; Erle/Sauter/*Schulte*, KStG, § 8 Rn. 365; *Gänsler*, Ugb 2013, 154; *Geist*, BB 2008, 2658, 2659; *Gondert/Büttner*, DStR 2008, 1676, 1679; *Herzig/Liekenbrock*, Ubg 2011, 313, 316 f.; *Knebel*, DB 2009, 1094, 1095; *Paus*, EStB 2003, 433; *Schmidt/Mielke*, Ubg 2009, 395, 401; *Seer*, FR 2010, 306, 307; *Thiele*, ZinsO 2014, 325, 326; *Töben*, FR 2010, 249, 253; *Weber*, DStZ 1994, 129, 130.

i.S.d. §§ 4 Abs. 1, 5 Abs. 1 EStG und damit zu steuerbaren Einkünften nach § 2 Abs. 1 Nr. 2, Abs. 2 Nr. 1 EStG. Da es gegenwärtig an einer gesetzlichen Steuerbefreiung für aus Sanierungsmaßnahmen resultierende Gewinne fehlt, ist der Sanierungsgewinn auch einkommen- bzw. körperschaftsteuerpflichtig. Darüber hinaus führt ein Sanierungsgewinn nach § 7 Satz 1 GewStG zu einem Gewerbeertrag. Im Ergebnis unterliegen Sanierungsgewinne daher nach der gegenwärtigen Gesetzeslage grundsätzlich voll der Einkommen- bzw. Körperschaftsteuer sowie der Gewerbesteuer.[581]

c) Steuerliche Begünstigung nach dem Sanierungserlass

Die auf den Gewinn aus dem Forderungserlass entfallende Einkommen- bzw. Körperschaftsteuer kann gleichwohl unter den Voraussetzungen des Sanierungserlasses aus sachlichen Billigkeitsgründen erlassen werden. Der Gewinn ist eine Erhöhung des Betriebsvermögens, die dadurch entstanden ist, dass Schulden zum Zweck der Sanierung erlassen wurden und ist folglich als Sanierungsgewinn i.S.d Teilziffer 3[582] zu qualifizieren. Soweit der Gewinn im Rahmen einer Sanierungsmaßnahme nach Teilziffer 1 bzw. 2 des Sanierungserlasses entstanden ist und die Kriterien für einen nach Teilziffer 4[583] begünstigten Sanierungsgewinn vorliegen, ist jedenfalls die Einkommen- bzw. Körperschaftsteuer auf einen nach Ausschöpfen der ertragsteuerrechtlichen Verlustverrechnungsmöglichkeiten ggf. verbleibenden Gewinn letztlich zu erlassen.

2. Forderungserlass eines Gesellschafters einer Kapitalgesellschaft[584]

Die zur Entschuldung einer Kapitalgesellschaft regelmäßig naheliegende sowie häufig letztmögliche Maßnahme ist der durch einen Gesellschafter erklärte Erlass einer Forderung gegenüber der Gesellschaft. Ein solches Vorgehen bietet sich insbesondere dann an, wenn der oder die Gesellschafter keine zusätzlichen liquiden Mittel bereitstellen können oder möchten.[585] Steuerlich ist der Forderungserlass

581 *Crezelius*, NZI 2014, 255, 256; *ders.* NZI 2012, 72, 73; *Düll/Fuhrmann/Eberhard*, DStR 2003, 862; *Geist*, BB 2008, 2658, 2659; *Hölzle*, FR 2004, 1192, 1204; *Kahlert/Rühland*, Sanierungs- und Insolvenzsteuerrecht, Teil A Rn. 121; *Khan/Adam*, ZInsO 2008, 899, 900; *Knebel*, DB 2009, 1094, 1095; *Kroschel*, DStR 1999, 1383, 1384; Lüdicke/Sistermann/*Loose/Maier*, Unternehmensteuerrecht, § 17 Rn. 69; *Maus*, ZIP 2002, 589; *Schäfer-Elmayer/Müller*, StB 2009, 190, 191; *Schwenker/Fischer*, DStR 2010, 1117, 1119; *Strüber/von Donat*, BB 2003, 2036; *Thiele*, ZinsO 2014, 325, 326; *Töben*, FR 2010, 249, 253; *Töben/Lohbeck/Specker*, NWB 2009, 1484, 1486; *Undritz*, ZGR 2010, 201, 214.

582 BMF, Schreiben vom 27.03.2003 – IV A 6 – S 2140 – 8/03, BStBl. I 2003, 240, Tz. 3.

583 BMF, Schreiben vom 27.03.2003 – IV A 6 – S 2140 – 8/03, BStBl. I 2003, 240, Tz. 4.

584 Zur zivilrechtlichen Einordnung siehe Ausführungen zum Forderungserlass eines Drittgläubigers.

585 *Hierstetter*, DStR 2010, 882, 883.

eines Gesellschafters jedoch risikobehaftet. Dies gilt vor allem dann, wenn sich Drittgläubiger nicht an dem Forderungserlass beteiligen.

a) Steuerliche Auswirkungen

Im Hinblick auf einen durch den Gesellschafter erklärten Forderungserlass sind zwei rechtliche Beziehungen zu unterscheiden, nämlich der Gesellschaftsvertrag einerseits und der Vertrag, aus dem die zu erlassende Schuld resultiert – regelmäßig ein Darlehensvertrag – andererseits. Dabei ist zu beachten, dass das Verhalten des Gesellschafters als Vertragspartner des Darlehensvertrages durch seine gesellschaftsvertragliche Verbundenheit mit der Gesellschaft beeinflusst sein kann. Im Zusammenhang mit dem Forderungserlass ist daher stets zu prüfen, ob dieser auf dem gesellschaftsvertraglichen Näheverhältnis des Gesellschafters zur seiner Gesellschaft beruht (gesellschaftsrechtliche Veranlassung) oder aber durch den defizitären Gewerbebetrieb der Gesellschaft veranlasst ist (betriebliche Veranlassung). Diese Differenzierung ist unerlässlich, um die steuerlichen Konsequenzen des Forderungserlasses im Einzelfall richtig zu bestimmen.[586]

aa) Betriebliche oder gesellschaftsrechtliche Veranlassung des Forderungserlasses

Es ist daher zunächst zu klären, unter welchen Voraussetzungen von einer betrieblichen oder aber einer gesellschaftsrechtlichen Veranlassung des Forderungserlasses eines Gesellschafters ausgegangen werden kann. Insoweit entscheidend ist nach Auffassung der Rechtsprechung und der Literatur, ob ein „Nichtgesellschafter bei Anwendung der Sorgfalt eines ordentlichen Kaufmanns der Gesellschaft den" durch den Erlass entstehenden „Vermögensvorteil" ebenfalls „eingeräumt hätte."[587] Soweit ein Nichtgesellschafter unter Anwendung dieser Sorgfalt die Schulden der Gesellschaft erlassen hätte, ist der Forderungserlass des Gesellschafters danach als betrieblich veranlasst anzusehen. Korrespondierend ist der Forderungserlass als

---

586 *Fleischer*, Stbg 2009, 437, 442; *Gänsler*, Ubg 2013, 154, 155; *Helm/Krinninger*, DB 2005, 1989, 1991; *Hierstetter*, DStR 2010, 882, 883; *Hölzle*, FR 2004, 1192, 1205 f.; *Kahlert/Rühland*, Sanierungs- und Insolvenzsteuerrecht, Teil A Rn. 70; *Knebel*, DB 2009, 1094, 1095; *Kohlhaas*, GmbHR 2009, 531, 532; Lüdicke/Sistermann/*Loose/Maier*, Unternehmensteuerrecht, § 17 Rn. 68 f.; Schmidt/*Kulosa*, EStG, § 6 Rn. 759; *Schwenker/Fischer*, DStR 2010, 1117, 1118.

587 BFH, Urteil vom 21.09.1989 – IV R 115/88, BStBl. II 1990, 86; BFH, Urteil vom 16.04.1991 – VIII R 100/87, BStBl. II 1992, 234, 235; BFH, Urteil vom 29.07.1997 – VIII R 57/94, BStBl. II 1998, 652, 654; siehe auch BFH, Urteil vom 31.07.1991 – VIII R 23/89, BStBl. II 1992, 375, 377; *Helm/Krinninger*, DB 2005, 1989, 1991; *Kahlert/* Rühland, Sanierungs- und Insolvenzsteuerrecht, 2. Aufl., Rn. 3.82; *Knebel*, DB 2009, 1094, 1095; *Kohlhaas*, GmbHR 2009, 531, 532; Schmidt/*Kulosa*, EStG, § 6 Rn. 759; *Tschersich*, Ertragsbesteuerung der Unternehmenssanierung, 103; *Winnefeld*, Bilanzhandbuch, C Rn. 453.

durch das Gesellschaftsverhältnis veranlasst zu qualifizieren, soweit ein Nichtgesellschafter unter Anwendung der Sorgfalt eines ordentlichen Kaufmanns die Schulden nicht erlassen hätte.[588]

Die Abgrenzung anhand des hypothetischen Verhaltens eines Nichtgesellschafters birgt naturgemäß Schwierigkeiten. In der Praxis maßgebend ist daher die Beurteilung des Verhaltens des Gesellschafters im Vergleich zum Verhalten der Fremdgläubiger der Gesellschaft. Erlassen neben dem Gesellschafter auch Fremdgläubiger der Gesellschaft ihre Forderungen, ist dies ein Indiz für die betriebliche Veranlassung des Forderungserlasses des Gesellschafters.[589] Soweit im Rahmen eines Sanierungskonzepts alle Gläubiger einen bestimmten Teil ihrer Forderungen erlassen, soll dies dafür sprechen, dass der Forderungserlass des Gesellschafters jedenfalls in der Höhe betrieblich veranlasst ist, in der auch die anderen Gläubiger ihre Forderungen erlassen haben.[590] Dabei ist hinsichtlich des Fremdvergleichs stets auf das Verhalten der Hauptgläubiger der Schuldnergesellschaft abzustellen.[591] Demgegenüber wird regelmäßig von einem gesellschaftsrechtlich veranlassten Erlass des Gesellschafters auszugehen sein, wenn sich keine Fremdgläubiger an dem Erlass beteiligen.[592] Der BFH vermutet daher eine gesellschaftsrechtliche Veranlassung des Forderungserlasses, soweit sich fremde Gläubiger nicht an der Sanierungsmaßnahme durch Forderungserlass beteiligen.[593] Der Ausrichtung des Fremdvergleichs am Verhalten der Hauptgläubiger folgend, kann diese Vermutung nicht dadurch erschüttert werden, dass sich auch „ein Kleingläubiger in Erwartung einer Gegenleistung [...] und die Arbeitnehmer mit einem geringfügigen Lohnabschlag an der Sanierung" beteiligen.[594] Die Vermutung einer gesellschaftsrechtlichen Veranlassung greift ferner auch dann ein, wenn der Gesellschafter einen überschießenden Sanierungsbeitrag dergestalt leistet, dass er einen größeren Forderungsanteil erlässt als

---

588 BFH, Urteil vom 21.09.1989 – IV R 115/88, BStBl. II 1990, 86; BFH, Urteil vom 16.04.1991 – VIII R 100/87, BStBl. II 1992, 234, 235; BFH, Urteil vom 29.07.1997 – VIII R 57/94, BStBl. II 1998, 652, 654.

589 *Blaas/Schwahn*, DB 2013, 2350, 2353; *Fleischer*, Stbg 2009, 437, 442; *Helm/Krinninger*, DB 2005, 1989, 1991; *Hölzle*, FR 2004, 1192, 1205 f.; *Kahlert*/Rühland, Sanierungs- und Insolvenzsteuerrecht, 2. Aufl., Rn. 3.83; *Knebel*, DB 2009, 1094, 1095; *Kohlhaas*, GmbHR 2009, 531, 534; Schmidt/*Kulosa*, EStG, § 6 Rn. 759; *Schwenker/Fischer*, DStR 2010, 1117, 1118.

590 *Hölzle*, FR 2004, 1192, 1205 f.; *Kahlert*/Rühland, Sanierungs- und Insolvenzsteuerrecht, 2. Aufl., Rn. 3.83; *Knebel*, DB 2009, 1094, 1095.

591 BFH, Urteil vom 29.07.1997 – VIII R 57/94, BStBl. II 1998, 652, 654.

592 *Blaas/Schwahn*, DB 2013, 2350, 2353; *Fleischer*, Stbg 2009, 437, 442; *Kahlert*/Rühland, Sanierungs- und Insolvenzsteuerrecht, 2. Aufl., Rn. 3.83; *Kohlhaas*, GmbHR 2009, 531, 533; *Tschersich*, Ertragsbesteuerung der Unternehmenssanierung, 103.

593 BFH, Urteil vom 31.07.1991 – VIII R 23/89, BStBl. II 1992, 375, 378; BFH, Urteil vom 29.07.1997 – VIII R 57/94, BStBl. II 1998, 652, 654.

594 BFH, Urteil vom 29.07.1997 – VIII R 57/94, BStBl. II 1998, 652, 654.

die Fremdgläubiger.[595] Soweit der Erlass des Gesellschafters den der Fremdgläubiger übersteigt, ist er somit regelmäßig als durch die Beteiligung, und damit als gesellschaftsrechtlich veranlasst, zu qualifizieren.[596]

Die Abgrenzung anhand eines Fremdvergleichs kann jedoch in bestimmten Konstellationen unzweckmäßig sein.[597] So beispielsweise in Fällen, in denen die einzige Hauptgläubigerin der Schuldnergesellschaft die jeweilige Konzernmuttergesellschaft ist.[598] Die Muttergesellschaft kann unter Umständen ein erhebliches Interesse am Fortbestand der defizitären Tochtergesellschaft haben, etwa um weitere bestehende Forderungen gegenüber dieser aufrecht zu erhalten.[599] In einer solchen Konstellation würde ggf. auch ein Drittgläubiger seine Forderung erlassen.[600] Ein Fremdvergleich ist gleichwohl nicht möglich. Ähnliche Probleme können im Zusammenhang mit kleineren oder mittelgroßen Gesellschaften mit beschränkter Haftung auftreten, wenn die Forderungen außenstehender Gläubiger, wie Banken und Lieferanten, ausreichend besichert sind.[601] Auf Grund der Besicherung haben die Fremdgläubiger häufig keine Veranlassung ihre Forderungen zu erlassen,[602] sodass der Erlass durch einen Gesellschafter dann häufig die einzige Möglichkeit ist, die Überschuldung abzuwenden.[603]

In den vorbenannten Fallkonstellationen scheint es nicht gerechtfertigt, einen betrieblich veranlassten Forderungserlass generell mit dem Argument abzuerkennen, dass ein Fremdvergleich nicht erfolgreich geführt werden konnte.[604] Ansonsten könnten Gesellschafter in solchen und ähnlichen Konstellationen ausschließlich aus gesellschaftsrechtlichen Gründen ihre Forderungen erlassen.[605] Auch in diesen Fällen muss die Annahme eines betrieblich veranlassten Forderungserlasses möglich sein. In Fällen, in denen ein Fremdvergleich unzweckmäßig ist, müssen daher andere Kriterien für die Abgrenzung von betrieblich- und gesellschaftsrechtlich veranlasstem Forderungserlass herangezogen werden. Einige Stimmen in der Literatur[606] stellen daher auf von der Rechtsprechung erarbeiteten Merkmale ab, nach denen ein betrieblich veranlasster Schulderlass dann vorliegt, wenn dem Gesellschafter

595 *Hölzle*, FR 2004, 1192, 1206; *Kahlert*/Rühland, Sanierungs- und Insolvenzsteuerrecht, 2. Aufl., Rn. 3.83.

596 *Groh*, BB 1997, 2523, 2524; *Hölzle*, FR 2004, 1192, 1206; *Kahlert/Rühland*, Sanierungs- und Insolvenzsteuerrecht, Teil A Rn. 233.

597 *Helm/Krinninger*, DB 2005, 1989, 1991; *Kohlhaas*, GmbHR 2009, 531, 534.

598 *Helm/Krinninger*, DB 2005, 1989, 1991.

599 *Helm/Krinninger*, DB 2005, 1989, 1991.

600 *Helm/Krinninger*, DB 2005, 1989, 1991.

601 *Kohlhaas*, GmbHR 2009, 531, 534; *Schwenker/Fischer*, DStR 2010, 1117, 1118.

602 Gottwald/*Drukarczyk/Schöntag*, Insolvenzrechts-Handbuch, § 3 Rn. 85.

603 *Kohlhaas*, GmbHR 2009, 531, 534; *Schwenker/Fischer*, DStR 2010, 1117, 1118.

604 Ebenso *Kohlhaas*, GmbHR 2009, 531, 534; *Schwenker/Fischer*, DStR 2010, 1117, 1118.

605 *Kohlhaas*, GmbHR 2009, 531, 534.

606 *Kahlert*/Rühland, Sanierungs- und Insolvenzsteuerrecht, 2. Aufl., Rn. 3.83; *Kohlhaas*, GmbHR 2009, 531, 534; *Schwenker/Fischer*, DStR 2010, 1117, 1118 f.

durch den Erlass eine Vermögenseinbuße entsteht, der Erlass der Sanierung des Unternehmens dienen soll und der Gesellschafter die Vorstellung hatte, dass der Schulderlass für die weitere Existenz des Schuldnerunternehmens notwendig ist.[607] Es schließt sich diesbezüglich insbesondere die Frage an, wann dem Gesellschafter durch den Forderungserlass eine Vermögenseinbuße entsteht. Nach Auffassung der Literatur ist dies dann anzunehmen, wenn er durch den Erlass keine Stärkung seiner Gesellschafterrechte erreicht.[608] Von einer Stärkung der Gesellschafterrechte durch den Forderungserlass geht der BFH dann aus, soweit der Gesellschafter mit dem Erlass eine verdeckte Einlage[609] in die Gesellschaft erbringt.[610] In Fällen, in denen ein Fremdvergleich faktisch nicht geführt werden kann oder unzweckmäßig ist, kommt eine betriebliche Veranlassung demnach insoweit in Betracht, wie der Forderungserlass nicht zu einer verdeckten Einlage durch den Gesellschafter führt, der Erlass der Sanierung der Gesellschaft dienen soll und der Gesellschafter die Vorstellung hatte, dass der Schulderlass für die weitere Existenz der Gesellschaft notwendig ist.[611]

bb) Betrieblich veranlasster Forderungserlass

Führt die Abgrenzung zu dem Ergebnis, dass der Forderungserlass des Gesellschafters betrieblich veranlasst ist, entsprechen die steuerlichen Konsequenzen denen eines durch einen Drittgläubiger erklärten Forderungserlasses.[612] Der Forderungserlass führt bei der Schuldnergesellschaft in voller Höhe des Erlasses zu einer Betriebsvermögensmehrung und somit grundsätzlich zu einem steuerpflichtigen Gewinn.[613] Ein vollständiger Forderungserlass hat daher bei der Schuldnergesellschaft eine Betriebsvermögensmehrung in Höhe des Nennwerts der Verbindlichkeit zur Folge,

---

607 BFH, Urteil vom 29.07.1997 – VIII R 57/94, BStBl. II 1998, 652, 653.

608 *Kohlhaas*, GmbHR 2009, 531, 534.

609 Zur Frage wann und in welcher Höhe bei einem Forderungserlass eines Gesellschafters eine verdeckte Einlage vorliegt, siehe sogleich unter **cc)**.

610 BFH, Urteil vom 09.06.1997 – GrS 1/94, BStBl. II 1998, 307, 311.

611 *Kohlhaas*, GmbHR 2009, 531, 534.

612 *Gänsler*, Ubg 2013, 154, 155; *Hölzle*, FR 2004, 1192, 1205; *Kahlert/Rühland*, Sanierungs- und Insolvenzsteuerrecht, Teil A Rn. 71; *Knebel*, DB 2009, 1094, 1095; *Kohlhaas*, GmbHR 2009, 531, 532; Lüdicke/Sistermann/*Loose/Maier*, Unternehmensteuerrecht, § 17 Rn. 69; *Schwenker/Fischer*, DStR 2010, 1117, 1118; *Tschersich*, Ertragsbesteuerung der Unternehmenssanierung, 103.

613 Beck'scher Bilanz-Kommentar/*Schubert*, § 247 Rn. 236; *Benz/Böing*, Ubg 2012, 440; *Blaas/Schwahn*, DB 2013, 2350, 2353; Blümich/*Krumm*, EStG/KStG/GewStG, § 5 EStG Rn. 953 (Stand: August 2015); *Fritsche*, DStR 2000, 2171, 2172; *Gänsler*, Ubg 2013, 154, 155; *Geist*, BB 2008, 2658, 2659; *Häuselmann*, BB 2010, 944, 948; *Knebel*, DB 2009, 1094, 1095; *Knebel/Schmidt*, BB 2009, 430, 431; Lüdicke/Sistermann/*Loose/Maier*, Unternehmensteuerrecht, § 17 Rn. 69; *Paus*, EStB 2003, 433; *Winnefeld*, Bilanzhandbuch, C Rn. 453.

ein teilweiser Forderungserlass eine Betriebsvermögensmehrung in Höhe des erlassenen Teilbetrages.[614]

cc) Gesellschaftsrechtlich veranlasster Forderungserlass

Ist der Forderungserlass des Gesellschafters durch das Gesellschaftsverhältnis veranlasst, ergeben sich abweichende steuerliche Folgen. Grundsätzlich realisiert die Kapitalgesellschaft auch in diesen Fällen durch den Forderungserlass in voller Höhe des Erlasses eine Betriebsvermögensmehrung.[615] In Folge der gesellschaftsrechtlichen Veranlassung ist diese jedoch ggf. um den Wert einer verdeckten Einlage außerbilanziell zu korrigieren. Insoweit ist die Werthaltigkeit der Forderung zum Zeitpunkt des Erlasses entscheidend.

(1) Ausgleich der Betriebsvermögensmehrung durch den Abzug einer verdeckten Einlage für steuerliche Zwecke

In § 8 Abs. 3 Satz 3 KStG hat der Gesetzgeber auch für die Körperschaftsteuer klargestellt, dass verdeckte Einlagen das Einkommen der Körperschaft nicht erhöhen. Da der Einlagenbegriff dabei nicht näher bestimmt wurde, ist zur Konkretisierung auf die von der Rechtsprechung entwickelten Grundsätze zurückzugreifen.[616] Danach sind unter einer verdeckten Einlage nicht unmittelbar erfasste Gesellschafterbeiträge zu verstehen – d. h. außerhalb der gesellschaftsrechtlichen Einlagen erfolgte und durch das Beteiligungsverhältnis veranlasste Zuwendungen von Vermögensvorteilen – denen keine entsprechende Gegenleistung in Form von Gesellschafterrechten gegenübersteht.[617] Es handelt sich um Vermögensmehrungen, die auf dem Beteiligungsverhältnis beruhen und deshalb in Beachtung des Gebots der Besteuerung nach der wirtschaftlichen Leistungsfähigkeit nach § 8 Abs. 3 Satz 3 KStG von der Besteuerung auszunehmen sind.[618]

Die Gesellschafter einer Kapitalgesellschaft können eine verdeckte Einlage in die Gesellschaft „nicht nur durch die Zuführung von Wirtschaftsgütern, sondern auch durch den Erlass von Forderungen gegen die Gesellschaft bewirken."[619] Soweit

---

614 Blümich/*Krumm*, EStG/KStG/GewStG, § 5 EStG, Rn. 953 (Stand: August 2015); *Knebel/Schmidt*, BB 2009, 430, 431; Lüdicke/Sistermann/*Loose/Maier*, Unternehmensteuerrecht, § 17 Rn. 69; *Paus*, EStB 2003, 433.

615 Ebenso *Förster/Wendland*, GmbHR 2006, 169, 173.

616 Dötsch/Pung/Möhlenbrock/*Lang*, KStG, § 8 Abs. 3 Teil B Rn. 1, 2 (Stand: April 2015); Erle/Sauter/*Schulte*, KStG, § 8 Rn. 344.

617 BFH, Urteil vom 09.03.1983 – I R 182/78, BStBl. II 1983, 744, 745; BFH, Urteil vom 07.07.1992 – VIII R 24/90, BStBl. II 1993, 333, 334; Dötsch/Pung/Möhlenbrock/*Lang*, KStG, § 8 Abs. 3 Teil B Rn. 15 (Stand: April 2015); Erle/Sauter/*Schulte*, KStG, § 8 Rn. 344; Gosch/*Roser*, KStG, § 8 Rn. 105; Schnitger/*Fehrenbacher*, KStG, § 8 Rn. 633.

618 Gosch/*Roser*, KStG, § 8 Rn. 105.

619 BFH, Urteil vom 09.06.1997 – GrS 1/94, BStBl. II 1998, 307, 310; siehe auch BFH, Urteil vom 16.04.1991 – VIII R 100/87, BStBl. II 1992, 234, 235 f.; BFH, Urteil vom

der Erlass gesellschaftsrechtlich veranlasst ist, stellt der aus dem Wegfall der Verbindlichkeit entstehende Vermögensvorteil einen Gesellschafterbeitrag dar, der als verdeckte Einlage zu qualifizieren ist.[620] Da verdeckte Einlagen als außerbetriebliche Vermögensmehrungen nicht steuerlich belastet werden dürfen und in der Konsequenz bei der Ermittlung des Einkommens außerbilanziell in Abzug zu bringen sind (§ 8 Abs. 3 Satz 3 KStG), ist die aus dem Forderungserlass resultierende Betriebsvermögensmehrung steuerrechtlich soweit durch den Abzug einer verdeckten Einlage zu neutralisieren, wie der Forderungserlass des Gesellschafters auf dem Beteiligungsverhältnis beruht.[621]

Dies ist hinsichtlich der Höhe der Einlage unproblematisch, wenn die erlassene Forderung im Zeitpunkt des Erlasses voll werthaltig ist. In diesen Fällen liegt eine verdeckte Einlage in Höhe des Nennwerts der Forderung vor,[622] die die durch den Forderungserlass entstandene Betriebsvermögensmehrung vollständig neutralisiert.[623] Befindet sich die Kapitalgesellschaft jedoch in der Krise, wird die Forderung des Gesellschafters gegenüber der Gesellschaft regelmäßig nicht mehr voll werthaltig sein. Es stellt sich dann die Frage, in welcher Höhe eine verdeckte Einlage anzusetzen ist. Dies hat der BFH in seiner Entscheidung vom 09.06.1997[624] entschieden und seitdem in ständiger Rechtsprechung[625] bestätigt.

07.07.1992 – VIII R 24/90, BStBl. II 1993, 333, 335; BFH, Urteil vom 19.07.1994 – VIII R 58/92, BStBl. II 1995, 362, 366; Dötsch/Pung/Möhlenbrock/*Lang*, KStG, § 8 Abs. 3 Teil B Rn. 36 (Stand: April 2015); Erle/Sauter/*Schulte*, KStG, § 8 Rn. 363; *Fehrenbacher*, Steuerrecht, § 4 Rn. 53; *Fleischer*, Stbg 2009, 437, 442; *Frotscher*/Maas, KStG/GewStG/UmwStG, § 8 KStG Rn. 299 (Stand: September 2014); *Kahlert/Rühland*, Sanierungs- und Insolvenzsteuerrecht, Teil A Rn. 304; Schnitger/*Fehrenbacher*, KStG, § 8 Rn. 668; Streck/*Schwedhelm*, KStG, § 8 Rn. 97 ff.; *Urbahns*, DStZ 2005, 148. Dass die Forderung gegen die Schuldnergesellschaft selbst gerichtet ist, steht ihrer Einlagefähigkeit nach h. M. nicht entgegen, siehe dazu nur *Born*, BB 2009, 1730, 1731; *Toth-Feher/Schick*, ZIP 2004, 491, 495.

620 *Förster/Wendland*, GmbHR 2006, 169, 173; *Kahlert/Rühland*, Sanierungs- und Insolvenzsteuerrecht, Teil A Rn. 304; *Urbahns*, DStZ 2005, 148.

621 BFH, Urteil vom 09.06.1997 – GrS 1/94, BStBl. II 1998, 307, 310 m.w.N.; *Fleischer*, Stbg 2009, 437, 442; *Hölzle*, FR 2004, 1192, 1206; *Kohlhaas*, GmbHR 2009, 531, 532; Lüdicke/Sistermann/*Loose/Maier*, Unternehmensteuerrecht, § 17 Rn. 68; *Urbahns*, DStZ 2005, 148.

622 Schnitger/*Fehrenbacher*, KStG, § 8 Rn. 669; Streck/*Schwedhelm*, KStG, § 8 Rn. 97 f.

623 Ebenso *Förster/Wendland*, GmbHR 2006, 169, 174.

624 BFH, Urteil vom 09.06.1997 – GrS 1/94, BStBl. II 1998, 307, 310.

625 BFH, Urteil vom 29.07.1997 – VIII R 57/94, BStBl. II 1998, 652, 653; BFH, Urteil vom 15.10.1997 – I R 103/93, BFH/NV 1998, 572, 573; BFH,Urteil vom 16.05.2001 – I B 143/00, BStBl. II 2002, 436, 437; BFH, Urteil vom 31.05.2005 – I R 35/04, BStBl. II 2006, 132, 133.

(2) Grundsatzentscheidung des Großen Senats des BFH

Nach Auffassung des Großen Senats des BFH hat die Kapitalgesellschaft den „tatsächlichen Wert" der mit der Verbindlichkeit korrespondierenden „Forderung" als Wert der Einlage anzusetzen.[626] Nach § 6 Abs. 1 Nr. 5 EStG seien Einlagen bei Kapitalgesellschaften „mit dem Teilwert der zugeführten Wirtschaftsgüter anzusetzen."[627] Dies gelte auch, wenn der Gesellschafter auf eine Forderung gegen die Gesellschaft verzichtet. „Der Wert des Vermögenszugangs" sei „mit dem Betrag zu bemessen, den der Betriebsinhaber für die Herbeiführung des Verzichts hätte aufwenden müssen."[628] Dieser entspräche „dem noch werthaltigen Teil der Forderung."[629] Ein auf dem Gesellschaftsverhältnis beruhender Erlass eines Gesellschafters auf seine nicht mehr vollwertige Forderung gegen eine Kapitalgesellschaft führt daher bei dieser zu einer Einlage in Höhe des zum Zeitpunkt des Erlasses werthaltigen Teils der Forderung.[630] Maßgebend für den Ansatz der Einlage ist demnach der Teilwert der mit der Verbindlichkeit korrespondierenden Forderung, nicht ihr Nennbetrag oder der als Verbindlichkeit passivierte Betrag.[631] In Höhe der Differenz zwischen

---

626 BFH, Urteil vom 09.06.1997 – GrS 1/94, BStBl. II 1998, 307, 310; siehe auch BFH, Urteil vom 29.07.1997 – VIII R 57/94, BStBl. II 1998, 652, 653; BFH, Urteil vom 15.10.1997 – I R 103/93, BFH/NV 1998, 572, 573; BFH,Urteil vom 16.05.2001 – I B 143/00, BStBl. II 2002, 436, 437; BFH, Urteil vom 31.05.2005 – I R 35/04, BStBl. II 2006, 132, 133.

627 BFH, Urteil vom 09.06.1997 – GrS 1/94, BStBl. II 1998, 307, 310.

628 BFH, Urteil vom 09.06.1997 – GrS 1/94, BStBl. II 1998, 307, 310.

629 BFH, Urteil vom 09.06.1997 – GrS 1/94, BStBl. II 1998, 307, 310.

630 Ständige Rechtsprechung des BFH, siehe BFH, Urteil vom 09.06.1997 – GrS 1/94, BStBl. II 1998, 307, 310; BFH, Urteil vom 29.07.1997 – VIII R 57/94, BStBl. II 1998, 652, 653; BFH, Urteil vom 15.10.1997 – I R 103/93, BFH/NV 1998, 572, 573; BFH,Urteil vom 16.05.2001 – I B 143/00, BStBl. II 2002, 436, 437; BFH, Urteil vom 31.05.2005 – I R 35/04, BStBl. II 2006, 132, 133; *Benz/Böing*, Ubg 2012, 440; *Blaas/Schwahn*, DB 2013, 2350, 2353; *Düll/Fuhrmann/Eberhard*, DStR 2003, 862, 865; Erle/Sauter/*Schulte*, KStG, § 8 Rn. 365; *Fleischer*, Stbg 2009, 437, 442; *Fox/Scheidle*, GWR 2009, 51 ff.; *Förster/Wendland*, GmbHR 2006, 169, 173; Gosch/*Roser*, § 8 Rn. 118; *Erhardt/Zeller*, DStR 2012, 1636, 1640; *Gänsler*, Ubg 2013, 154, 155; *Hierstetter*, DStR 2010, 882, 883; *Hölzle*, FR 2004, 1192, 1206; *Kahlert*/Rühland, Sanierungs- und Insolvenzsteuerrecht, 2. Aufl., Rn. 3.85; *Knebel*, DB 2009, 1094, 1095; *Kohlhaas*, GmbHR 2009, 531, 532; Lüdicke/Sistermann/*Loose/Maier*, Unternehmensteuerrecht, § 17 Rn. 68; Schmidt/*Kulosa*, EStG, § 6 Rn. 756; Schmidt/Uhlenbruck/*Crezelius*, Die GmbH in Krise, Sanierung und Insolvenz, 2. Teil, Rn. 2.654; *Schwenker/Fischer*, DStR 2010, 1117, 1119; Streck/*Schwedhelm*, KStG, § 8 Rn. 98; *Tschersich*, Ertragsbesteuerung der Unternehmenssanierung, 104; *Urbahns*, DStZ 2005, 148; *Vogt*, DStR 2001, 1881; *Winnefeld*, Bilanzhandbuch, C Rn. 454.

631 BFH, Urteil vom 09.06.1997 – GrS 1/94, BStBl. II 1998, 307, 310; *Hierstetter*, DStR 2010, 882, 883; *Fleischer*, Stbg 2009, 437, 442; *Fox/Scheidle*, GWR 2009, 51 ff.; *Kahlert*/Rühland, Sanierungs- und Insolvenzsteuerrecht, 2. Aufl., Rn. 3.85; *Knebel*, DB 2009, 1094, 1095; Lüdicke/Sistermann/*Loose/Maier*, Unternehmensteuerrecht,

Teilwert und Nennwert der Forderung verbleibt hingegen eine Betriebsvermögensmehrung.[632]

(3) Kritik der Fachliteratur

Die Auffassung des Großen Senats ist in der Literatur keineswegs unumstritten.[633] Nach abweichender Auffassung soll es nicht auf den Teilwert der mit der Verbindlichkeit korrespondierenden Forderung ankommen, sondern auf den Teilwert der Verbindlichkeit selbst.[634] Der Forderungserlass würde dann regelmäßig in Höhe des Nennwerts der Verbindlichkeit zu einer Einlage in die Schuldnergesellschaft führen, mit der Folge, dass die gesamte aus dem Forderungserlass zunächst entstandene Betriebsvermögensmehrung durch eine Einlage neutralisiert würde. In der Konsequenz wäre ein gesellschaftsrechtlich veranlasster Forderungserlass bei der Kapitalgesellschaft praktisch niemals gewinnwirksam.[635]

(4) Stellungnahme

Obgleich das Vorgehen des BFH – nach dem für die Gewinnermittlung der Gesellschaft die Bewertung bei ihrem Gesellschafter maßgeblich ist – kritischen Stimmen durchaus Ansatzpunkte für eine abweichende Argumentation eröffnet, erscheint das Ergebnis des Großen Senats sachgerecht.[636] Entscheidendes

---

§ 17 Rn. 68; Schmidt/Uhlenbruck/*Crezelius*, Die GmbH in Krise, Sanierung und Insolvenz, 2. Teil, Rn. 2.654; *Schwenker/Fischer*, DStR 2010, 1117, 1119.

632 Ständige Rechtsprechung des BFH, siehe BFH,Urteil vom 16.05.2001 – I B 143/00, BStBl. II 2002, 436, 437; BFH, Urteil vom 31.05.2005 – I R 35/04, BStBl. II 2006, 132, 133; *Benz/Böing*, Ubg 2012, 440; Erle/Sauter/*Schulte*, KStG, § 8 Rn. 365; *Fleischer*, Stbg 2009, 437, 442; *Fox/Scheidle*, GWR 2009, 51 ff.; Gosch/*Roser*, KStG, § 8 Rn. 118; *Erhardt/Zeller*, DStR 2012, 1636, 1640; *Gänsler*, Ubg 2013, 154, 155; *Hierstetter*, DStR 2010, 882, 883; *Hölzle*, FR 2004, 1192, 1206; *Kahlert*/Rühland, Sanierungs- und Insolvenzsteuerrecht, 2. Aufl., Rn. 3.85; *Knebel*, DB 2009, 1094, 1095; *Kohlhaas*, GmbHR 2009, 531, 532; Lüdicke/Sistermann/*Loose/Maier*, Unternehmensteuerrecht, § 17 Rn. 68; Schnitger/*Fehrenbacher*, KStG, § 8 Rn. 705; Schmidt/*Kulosa*, EStG, § 6 Rn. 757; Schmidt/Uhlenbruck/*Crezelius*, Die GmbH in Krise, Sanierung und Insolvenz, 2. Teil, Rn. 2.655; *Schwenker/Fischer*, DStR 2010, 1117, 1119; Streck/*Schwedhelm*, KStG, § 8 Rn. 98; *Tschersich*, Ertragsbesteuerung der Unternehmenssanierung, 103 f.; *Urbahns*, DStZ 2005, 148; *Vogt*, DStR 2001, 1881; *Winnefeld*, Bilanzhandbuch, C Rn. 454.

633 Zur Kritik siehe u. a. *Hoffmann*, DB 1998, 1983; *ders.* GmbHR 2002, 222; *Parczyk*, BB 1998, 928; *Wiese/Schmid*, GmbHR 1999, 698.

634 *Hoffmann*, DB 1998, 1983, 1984; *Parczyk*, BB 1998, 928.

635 Siehe auch *Kahlert/Rühland*, Sanierungs- und Insolvenzsteuerrecht, Teil A Rn. 311.

636 Eine umfassende Behandlung der vom Großen Senat entschiedenen Problematik ist im Rahmen dieser Arbeit kaum möglich und zugleich dem Ziel dergleichen wenig zuträglich. Gleichwohl soll auf die kritischen Literaturstimmen hingewiesen und im Folgenden die sachgerechten Aspekte der Entscheidung kurz erläutert werden.

Kriterium für die Bestimmung der Höhe der Einlage muss letztlich der Umfang der gesellschaftsrechtlichen Veranlassung des Forderungserlasses sein, da eine verdeckte Einlage in die Gesellschaft auch nur in Betracht kommt, wenn – und *soweit* – der Forderungserlass des Gesellschafters auf dem Beteiligungsverhältnis beruht.[637] Eine gesellschaftsrechtliche Veranlassung liegt jedoch nur insoweit vor, wie der Gesellschafter der Gesellschaft einen Vermögensvorteil gewährt, den ein Nichtgesellschafter bei Anwendung der Sorgfalt eines ordentlichen Kaufmanns der Gesellschaft nicht eingeräumt hätte.[638] In dem Umfang, in dem ein Drittgläubiger der Gesellschaft ebenfalls seine Forderung erlassen hätte, ist hingegen eine betriebliche Veranlassung anzunehmen.[639] Ein Drittgläubiger wird regelmäßig nur den nicht mehr werthaltigen Teil der Forderung erlassen, in der Hoffnung, auf diesem Weg die Restforderung sichern zu können.[640] Den Fremdvergleich zu Grunde legend, reicht die betriebliche Veranlassung eines Gesellschaftererlasses daher soweit, wie die Forderung nicht mehr werthaltig ist. Die Vermögensmehrung, die der Gesellschafter seiner Gesellschaft darüber hinaus gewährt, d.h. der Teil, der nicht betrieblich sondern gesellschaftsrechtlich veranlasst ist, ist der Vermögensvorteil aus dem Erlass des werthaltigen Teils der Forderung. Aus diesem Grund ist es sachgerecht, die auf der gesellschaftsrechtlichen Veranlassung beruhende Einlage mit dem Wert anzusetzen, der die Werthaltigkeit der Forderung zum Zeitpunkt des Erlasses widerspiegelt, da auch nur insoweit eine gesellschaftsrechtliche Veranlassung vorliegt.[641]

Darüber hinaus ist die Begrenzung der Höhe der Einlage auf den werthaltigen Teil der Forderung dahingehend stimmig, als der Gesellschafter der Gesellschaft nur die Mittel zuführen kann, über die er wirtschaftlich zum Zeitpunkt des Erlasses auch tatsächlich noch verfügt.[642] Da der Gesellschafter zum Erlasszeitpunkt jedoch

---

637 BFH, Urteil vom 09.06.1997 – GrS 1/94, BStBl. II 1998, 307, 310 m.w.N.; *Hölzle*, FR 2004, 1192, 1206; *Fleischer*, Stbg 2009, 437, 442; *Kohlhaas*, GmbHR 2009, 531, 532; Lüdicke/Sistermann/*Loose/Maier*, Unternehmensteuerrecht, § 17 Rn. 68.

638 BFH, Urteil vom 21.09.1989 – IV R 115/88, BStBl. II 1990, 86; BFH, Urteil vom 16.04.1991 – VIII R 100/87, BStBl. II 1992, 234, 235; BFH, Urteil vom 31.07.1991 – VIII R 23/89, BStBl. 1992, 375, 377; BFH, Urteil vom 29.07.1997 – VIII R 57/94, BStBl. II 1998, 652, 654; *Helm/Krinninger*, DB 2005, 1989, 1991; *Kahlert/Rühland*, Sanierungs- und Insolvenzsteuerrecht, Teil A Rn. 231; *Knebel*, DB 2009, 1094, 1095; *Kohlhaas*, GmbHR 2009, 531, 532; Schmidt/*Kulosa*, EStG, § 6 Rn. 759.

639 BFH, Urteil vom 29.07.1997 – VIII R 57/94, BStBl. II 1998, 652, 654.

640 Siehe auch Gottwald/*Drukarczyk/Schöntag*, Insolvenzrechts-Handbuch, § 3 Rn. 85, die darauf hinweisen, dass Beweggrund für einen Forderungserlass durch einen Drittgläubiger regelmäßig das formale Anerkenntnis des ohnehin bestehenden Zustands einer teilweisen Entwertung der Forderung ist.

641 Ähnlich *Groh*, BB 1997, 2523, 2524, der zutreffend darauf hinweist, dass die Beschränkung des Einlagewertes auf den werthaltigen Teil der Forderung letztlich auch der Definition der Einlage entspricht.

642 *Groh*, BB 1997, 2523, 2524.

wirtschaftlich nur noch über eine Forderung in Höhe des werthaltigen Teils verfügt, muss sich die Übertragung auch auf diesen Teil der Forderung beschränken.[643]

(5) Zwischenergebnis

Im Hinblick auf die steuerlichen Konsequenzen eines Forderungserlasses durch einen Gesellschafter ist daher, ungeachtet der Kritik aus der Fachliteratur, von den in ständiger Rechtsprechung getroffenen Wertungen des BFH auszugehen. Ein auf dem Gesellschaftsverhältnis beruhender Erlass eines Gesellschafters auf eine nicht mehr vollwertige Forderung führt demnach bei der Gesellschaft zu einer verdeckten Einlage in Höhe des werthaltigen Teils der Forderung. Die aus dem Erlass resultierende Betriebsvermögensmehrung ist daher lediglich um eine Einlage in Höhe des werthaltigen Teils der Forderung zu mindern (§ 8 Abs. 3 Satz 3 KStG). In Höhe des nicht mehr werthaltigen Teils der Forderung verbleibt hingegen eine Betriebsvermögensmehrung und damit ein grundsätzlich steuerpflichtiger Gewinn.

(6) Werthaltigkeit der Forderung

Aus der dargestellten ständigen Rechtsprechung des BFH wird deutlich, dass der Bestimmung der Werthaltigkeit der Forderung für die steuerlichen Auswirkungen eines Forderungserlasses durch einen Gesellschafter besondere Bedeutung zukommt.[644] Die Werthaltigkeit der Forderung ist dergestalt mit den steuerlichen Auswirkungen verknüpft, dass die steuerliche Belastung der Schuldnergesellschaft mit abnehmender Werthaltigkeit der Forderung ansteigt. Aus diesem Grund hat sich die Bestimmung der Werthaltigkeit der Forderung nicht nur zu einem zentralen Streitpunkt bei Betriebsprüfungen entwickelt, sondern ist auch in den Fokus der steuerlichen Beratung gerückt, die versucht – insbesondere über eine Wiederherstellung der Werthaltigkeit – Gestaltungsmöglichkeiten aus der Rechtsprechung des BFH abzuleiten.

Maßgeblich für die Bewertung der Forderung ist ihr Teilwert. Dabei ist nach richtiger Ansicht auf den Zeitpunkt des Forderungserlasses abzustellen.[645] Nach § 6 Abs. 1 Nr. 1 Satz 3 i.V.m. Nr. 2 Satz 2 EStG ist der Teilwert einer Forderung der

---

643 *Groh*, BB 1997, 2523, 2524.

644 *Born*, BB 2009, 1730, 1732; *Kahlert*/Rühland, Sanierungs- und Insolvenzsteuerrecht, 2. Aufl., Rn. 3.86; siehe auch *Olbing*, Sanierung durch Steuergestaltung, Rn. 366 und *Urbahns*, DStZ 2005, 148, die darauf hinweisen, dass sich die Frage der Werthaltigkeit der Forderung zu einem zentralen Streitpunkt im Rahmen von Betriebsprüfungen entwickelt hat.

645 BFH,Urteil vom 16.05.2001 – I B 143/00, BStBl. II 2002, 436, 437; BFH, Urteil vom 31.05.2005 – I R 35/04, BStBl. II 2006, 132, 133; FG Düsseldorf, Urteil vom 17.01.2006 – 6 K 2154/04 K, G, F, EFG 2008, 1741, 1742; *Kohlhaas*, GmbHR 2009, 531, 533; *Schwenker/Fischer*, DStR 2010, 1117, 1118.

Betrag, den ein Erwerber[646] des ganzen Betriebes im Rahmen des Gesamtkaufpreises für das einzelne Wirtschaftsgut ansetzen würde.[647] Dabei ist davon auszugehen, dass der Erwerber den Betrieb fortführt.[648] Nicht maßgeblich ist demnach der Betrag, für den das Wirtschaftsgut „im Fall der Zerschlagung des Betriebes veräußert werden könnte" – Liquidationswert – „sondern der an den objektiven Gegebenheiten des Betriebs orientierte Fortführungswert."[649] Im Kontext eines defizitären Forderungsschuldners ist gleichwohl besonders zu beachten, dass der Teilwert einer Forderung durch die Bonität, d. h. die Zahlungsfähigkeit und Zahlungswilligkeit des Schuldners, beeinflusst wird.[650] Sofern die Erfüllung der Forderung auf Grund der schlechten Vermögensverhältnisse oder der mangelnden Zahlungsfähigkeit des Schuldnerunternehmens zweifelhaft ist, bestimmt sich der Teilwert deshalb maßgeblich danach, in welchem Umfang mit einiger Wahrscheinlichkeit mit dem Ausfall der Forderung zu rechnen ist.[651] Dabei ist entscheidend, „ob ein vorsichtig bewertender Kaufmann nach der allgemeinen Lebenserfahrung aus den jeweiligen Umständen […] die Annahme eines – teilweisen – Forderungsausfalls herleiten

---

646 Die Ausführungen in BFH, Urteil vom 09.06.1997 – GrS 1/94, BStBl. II 1998, 307, 310 sind insoweit ungenau. Der Große Senat stellt abweichend darauf ab, welchen Betrag der *Betriebsinhaber* (Gesellschafter der Kapitalgesellschaft) aufwenden müsste, um die Forderung zu erwerben bzw. den Erlass herbeizuführen. Im Ergebnis hat diese Ungenauigkeit wohl keine Auswirkungen, da der Wiederbeschaffungswert für den Gesellschafter mit dem eines fremden Dritten übereinstimmen sollte, *Urbahns*, DStZ 2005, 148, 149 Fn. 9. Präzise jedoch BFH, Urteil vom 31.05.2005 – I R 35/04, BStBl. II 2006, 132, 133.

647 BFH, Urteil vom 24.01.1990 – I R 157/85, I R 145/86, BStBl. II 1990, 639, 640; BFH, Urteil vom 20.08.2003 – I R 49/02, BStBl. II 2003, 941, 942; BFH, Urteil vom 31.05.2005 – I R 35/04, BStBl. II 2006, 132, 133; FG München, Urteil vom 10.08.2000 – 7 K 5082/98, EFG 2000, 1304, 1305; Blümich/*Ehmcke*, EStG/KStG/GewStG, § 6 EStG Rn. 887 (Stand: August 2014); Herrmann/Heuer/Raupach/*Kleinle/Dreixler*, EStG/KStG, § 6 EStG Anm. 910 (Stand: August 2011); *Kahlert*/Rühland, Sanierungs- und Insolvenzsteuerrecht, 2. Aufl., Rn. 3.86; Schmidt/*Kulosa*, EStG, § 6 Rn. 758.

648 § 6 Abs. 1 Nr. 1 Satz 3 2. Halbsatz.

649 BFH, Urteil vom 31.05.2005 – I R 35/04, BStBl. II 2006, 132, 133; siehe auch *Hierstetter*, DStR 2010, 882, 883; *Kahlert*/Rühland, Sanierungs- und Insolvenzsteuerrecht, 2. Aufl., Rn. 3.86; *Kohlhaas*, GmbHR 2009, 531, 533.

650 BFH, Urteil vom 20.08.2003 – I R 49/02, BStBl. II 2003, 941, 942; FG Düsseldorf, Urteil vom 17.01.2006 – 6 K 2154/04 K, G, F, EFG 2008, 1741, 1742; FG Niedersachsen, Urteil vom 09.12.2004 – 11 K 388/03, DStRE 2005, 1062, 1064; Blümich/*Ehmcke*, EStG/KStG/GewStG, § 6 EStG, Rn. 901 (Stand: August 2014); *Helm/Krinninger*, DB 2005, 1989, 1993; Herrmann/Heuer/Raupach/*Kleinle/Dreixler*, EStG/KStG, § 6 EStG, Anm. 911 (Stand: August 2011); *Hierstetter*, DStR 2010, 882, 883; *Kahlert*/Rühland, Sanierungs- und Insolvenzsteuerrecht, 2. Aufl., Rn. 3.86; Kirchhof/*Schindler*, § 6 Rn. 138.

651 BFH, Urteil vom 20.08.2003 – I R 49/02, BStBl. II 2003, 941, 942; Blümich/*Ehmcke*, EStG/KStG/GewStG, § 6 EStG, Rn. 901 m.w.N (Stand: August 2014); Herrmann/Heuer/Raupach/*Kleinle/Dreixler*, EStG/KStG, § 6 EStG Anm. 912 (Stand: August 2011).

darf."[652] Die die Zahlungsfähigkeit und -willigkeit maßgeblich beeinflussenden Umstände sind diesbezüglich „individuell nach dessen Verhältnissen zu ermitteln."[653]

Vor diesem Hintergrund ist eine Forderung im Allgemeinen mit einem Teilwert von Null anzusetzen, „wenn sich die Forderung gegen eine" wirtschaftlich „überschuldete Kapitalgesellschaft richtet und der Gläubiger ein Gesellschafter dieser Gesellschaft ist."[654] Inwieweit eine Überschuldung anzunehmen ist, richtet sich dabei nicht ausschließlich nach der Handelsbilanz, sondern nach den tatsächlichen Vermögenswerten.[655] Bei der Prüfung einer etwaigen Überschuldung der Schuldnergesellschaft sind daher stille Reserven einschließlich des Firmenwertes mit einzubeziehen, wohingegen passivierte eigenkapitalähnliche Bilanzposten (z. B. Sonderposten mit Rücklageanteil) nicht vermögensmindernd berücksichtigt werden dürfen.[656] Ob eine Gesellschafterforderung auch bei einer defizitären, jedoch nicht wirtschaftlich überschuldeten Kapitalgesellschaft wertlos sein kann, ist von der Rechtsprechung noch nicht entschieden. In der Literatur wird dazu vertreten, dass eine Forderung dann als wertlos zu betrachten ist, wenn die Banken des Schuldnerunternehmens nicht bereit sind, die Erfüllung der Forderung zu finanzieren.[657] Die Bank sehe die Forderung dann als wertlos an, sodass davon auszugehen sei, dass auch kein „fremder Dritter diese Verbindlichkeit bei Fortführung" des Unternehmens „mitübernehmen würde."[658] Kann die Gesellschaft ihrer Verbindlichkeit gegenüber dem Gesellschafter deshalb nicht nachkommen und dieser seine Forderung

652 BFH, Urteil vom 20.08.2003 – I R 49/02, BStBl. II 2003, 941, 942.

653 BFH, Urteil vom 20.08.2003 – I R 49/02, BStBl. II 2003, 941, 942; siehe auch Blümich/*Ehmcke*, EStG/KStG/GewStG, § 6 EStG Rn. 901 (Stand: August 2014); Herrmann/Heuer/Raupach/*Kleinle/Dreixler*, EStG/KStG, § 6 EStG Anm. 912 (Stand: August 2011); Kirchhof/*Schindler*, § 6 Rn. 138.

654 BFH, Urteil vom 31.05.2005 – I R 35/04, BStBl. II 2006, 132, 133; siehe auch BFH, Urteil vom 15.10.1997 – I R 103/93, BFH/NV 1998, 572, 573; FG München, Urteil vom 10.08.2000 – 7 K 5082/98, EFG 2000, 1304, 1306; *Förster/Wendland*, GmbHR 2006, 169, 174; *Helm/Krinninger*, DB 2005, 1989, 1993; *Hierstetter*, DStR 2010, 882, 883; *Kahlert*/Rühland, Sanierungs- und Insolvenzsteuerrecht, 2. Aufl., Rn. 3.87; *Kohlhaas*, GmbHR 2009, 531, 533; *Ostermayer/Erhart*, BB 2003, 449, 452; *Schwenker/Fischer*, DStR 2010, 1117, 1118; *Winnefeld*, Bilanzhandbuch, C Rn. 454.

655 BFH, Urteil vom 31.05.2005 – I R 35/04, BStBl. II 2006, 132, 133 f.; *Förster/Wendland*, GmbHR 2006, 169, 174; *Helm/Krinninger*, DB 2005, 1989, 1993; *Hierstetter*, DStR 2010, 882, 883; *Kohlhaas*, GmbHR 2009, 531, 533; *Ostermayer/Erhart*, BB 2003, 449, 452; *Schwenker/Fischer*, DStR 2010, 1117, 1118; *Winnefeld*, Bilanzhandbuch, C Rn. 454.

656 BFH, Urteil vom 31.05.2005 – I R 35/04, BStBl. II 2006, 132, 133 f.; FG Hamburg, Urteil vom 30.08.2001 – VII 105/01, DStRE 2002, 193, 194; *Förster/Wendland*, GmbHR 2006, 169, 174; *Hierstetter*, DStR 2010, 882, 883; *Kohlhaas*, GmbHR 2009, 531, 533; *Winnefeld*, Bilanzhandbuch, C Rn. 454.

657 *Kohlhaas*, GmbHR 2009, 531, 534; *Schwenker/Fischer*, DStR 2010, 1117, 1118.

658 *Kohlhaas*, GmbHR 2009, 531, 534; siehe auch *Schwenker/Fischer*, DStR 2010, 1117, 1118.

nicht realisieren, ist der Teilwert – da er sich danach bestimmt, in welchem Umfang der Ausfall der Forderung droht – mit Null anzusetzen.[659]

b) Steuerliche Begünstigung nach dem Sanierungserlass

Soweit eine Betriebsvermögensmehrung verbleibt und der Forderungserlass im betreffenden Fall eine Sanierungsmaßnahme i.S.d. Teilziffer 1 bzw. 2 des Sanierungserlasses darstellt, kommt ein Erlass der Einkommen- bzw. Körperschaftsteuer auf einen nach Verrechnung bestehender Verluste verbleibenden Gewinn im Wege des Sanierungserlasses jedenfalls grundsätzlich in Betracht. Auch bei einem durch einen Gesellschafter erklärten Forderungserlass ist der daraus generierte Buchgewinn als Sanierungsgewinn i.S.d Teilziffer 3[660] zu qualifizieren. Äußerst problematisch kann jedoch die Anerkennung eines nach Teilziffer 4[661] begünstigten Sanierungsgewinns in den Fällen sein, in denen sich neben dem Gesellschafter keine anderen Gläubiger an dem Erlass beteiligen. In Frage steht dann insbesondere die Sanierungsabsicht des Gesellschafters.

aa) Forderungserlass des Gesellschafters unter Beteiligung von Fremdgläubigern

Nach der Rechtsprechung des BFH zu § 3 Nr. 66 EStG aF wird die Sanierungsabsicht unterstellt, sofern sich mehrere Gläubiger an einem Schulderlass beteiligen.[662] In diesen Fällen bedarf es einer gezielten Einzelfallprüfung der Sanierungsabsicht nicht mehr.[663] Bei einem eindeutig betrieblich veranlassten Forderungserlass, im Rahmen dessen neben dem Gesellschafter auch Fremdgläubiger ihre Forderungen gegen die Schuldnergesellschaft erlassen, dürfte daher an der Sanierungsabsicht des Gesellschafters in der Regel kein Zweifel bestehen.[664] Soweit die weiteren Voraussetzungen der Teilziffer 4 des Sanierungserlasses vorliegen, ist dann regelmäßig von einem begünstigten Sanierungsgewinn auszugehen.

---

659 *Kohlhaas*, GmbHR 2009, 531, 534; *Schwenker/Fischer*, DStR 2010, 1117, 1118.

660 BMF, Schreiben vom 27.03.2003 – IV A 6 – S 2140 – 8/03, BStBl. I 2003, 240, Tz. 3.

661 BMF, Schreiben vom 27.03.2003 – IV A 6 – S 2140 – 8/03, BStBl. I 2003, 240, Tz. 4.

662 BFH, Urteil vom 26.11.1980 – I R 52/77, BStBl. II 1981, 181, 183; BFH, Urteil vom 28.02.1989 – VIII R 303/84, BStBl. II 1989, 711, 714; BFH, Urteil vom 14.03.1990 – I R 64/85, BStBl. II 1990, 810, 812; BFH, Urteil vom 19.03.1993 – III R 79/91, BFH/NV 1993, 536, 537; BFH, Urteil vom 27.01.1998 – VIII R 64/96, BStBl. II 1998, 537, 539; BFH, Urteil vom 16.05.2002 – IV R 11/01, BStBl. II 2002, 854, 856; BFH, Urteil vom 10.04.2003 – IV R 63/01, ZIP 2003, 1949, 1950; BFH, Urteil vom 17.11.2004 – I R 11/04, BFH/NV 2005, 1027, 1028; BFH, Urteil vom 12.10.2005 – X R 20/03, BFH/NV 2006, 713, 715.

663 *Geist*, BB 2008, 2658, 2663.

664 Vgl. auch Finanzministerium des Landes Schleswig-Holstein, Schreiben vom 25.01.2013 – VI 3011 – S 2741 – 108, juris; OFD Frankfurt am Main, Rundvfg. vom 26.11.2015 – S 2140 A – 4 – St 213, juris.

bb) Forderungserlass des Gesellschafters ohne Beteiligung von Fremdgläubigern

Beteiligen sich fremde Gläubiger hingegen nicht an dem Forderungserlass, lehnt die Finanzverwaltung die Anwendbarkeit des Sanierungserlasses regelmäßig mit der Begründung ab, dem alleinig erlassenden Gesellschafter fehle die erforderliche Sanierungsabsicht, da der Erlass allein auf das Beteiligungsverhältnis zurückzuführen sei.[665] Dabei stützt sie ihre Auffassung auf die Rechtsprechung des BFH zu § 3 Nr. 66 EStG aF[666], nach der der Forderungserlass eines einzelnen Gläubigers regelmäßig gegen ein Handeln in Sanierungsabsicht sprechen soll. Darüber hinaus bringe die Rechtsprechung zum Ausdruck, der Erlass durch einen Gesellschafter sei „regelmäßig gesellschaftsrechtlich veranlasst" und führe „zu einem nicht begünstigten Sanierungsgewinn", wenn sich die Hauptgläubiger der Schuldnergesellschaft nicht an dem Forderungserlass beteiligen.[667] Dieser Auffassung der Finanzverwaltung ist aus verschiedenen Gründen entschieden entgegenzutreten.

(1) Alleiniger Erlass eines Gläubigers impliziert lediglich genaue Prüfung der Sanierungsabsicht im Einzelfall

Zunächst verkennt die Finanzverwaltung in ihrer Schlussfolgerung, dass die Rechtsprechung des BFH zu § 3 Nr. 66 EStG aF in Fällen eines Forderungserlasses durch nur einen Gläubiger das Vorliegen einer Sanierungsabsicht keineswegs ausschließt.[668] Der Erlass eines einzelnen Gläubigers ist vielmehr nur ein Anzeichen für eine fehlende Sanierungsabsicht.[669] Erlässt nur ein einzelner Gläubiger seine Forderung, folgt daraus lediglich, dass die Sanierungsabsicht nicht vermutet wird, sondern im Einzelfall zu prüfen ist.[670] Es ist dann anhand weiterer Indizien darzulegen und

---

665 *Drews/Götze*, DStR 2009, 945 f.; *Eilers/Bühring*, StuW 2009, 246, 253; *Gragert*, NWB 2013, 2141, 2145; *Herzig/Liekenbrock*, Ubg 2011, 313, 318; *Kahlert/Rühland*, Sanierungs- und Insolvenzsteuerrecht, Teil A Rn. 315; *Schmidt/Mielke*, Ubg 2009, 395, 401; *Töben/Lohbeck/Specker*, NWB 2009, 1484, 148; *Wendt*, FS Fiedler, 823, 829; vgl. auch *Blaas/Schwahn*, DB 2013, 2350, 2353; die Auffassung der Finanzverwaltung befürwortend Dötsch/*Pung*/Möhlenbrock, KStG, § 8b Rn. 244 (Stand: Dezember 2014).

666 BFH, Urteil vom 26.11.1980 – I R 52/77, BStBl. II 1981, 181, 183; BFH, Urteil vom 22.01.1981 – IV R 160/76, BStBl. II 1981, 427, 429; BFH, Urteil vom 22.11.1983 – VIII R 14/81, BStBl. II 1984, 472, 474.BFH, Urteil vom 28.02.1989 – VIII R 303/84, BStBl. II 1989, 711, 714; BFH, Urteil vom 14.03.1990 – I R 64/85, BStBl. II 1990, 810, 812; BFH, Urteil vom 31.07.1991 – VIII R 23/89, BStBl. II 1992, 375, 378.

667 Argumentation und Rechtsprechungsverweise der Finanzverwaltung dargestellt in *Drews/Götze*, DStR 2009, 946 f.

668 *Drews/Götze*, DStR 2009, 945, 947, *Keuthen/Hübner*, FR 2015, 865, 869; *Wendt*, FS Fiedler, 823, 832; siehe auch *Blaas/Schwahn*, DB 2013, 2350, 2355; *Förster*, Ubg 2010, 758, 759.

669 BFH, Urteil vom 22.11.1983 – VIII R 14/81, BStBl. II 1984, 472, 474.

670 BFH, Urteil vom 26.11.1980 – I R 52/77, BStBl. II 1981, 181, 183; BFH, Urteil vom 28.02.1989 – VIII R 303/84, BStBl. II 1989, 711, 714; ebenso *Wendt*, FS Fiedler, 823, 832.

zu prüfen, „ob dem Schulderlass die Absicht" zugrunde lag, „den Schuldner vor dem" finanziellen „Zusammenbruch zu bewahren."[671] Die von der Finanzverwaltung angeführte Rechtsprechung des BFH zu § 3 Nr. 66 EStG aF lässt daher nicht den Rückschluss zu, einem alleinig erlassenden Gläubiger die Sanierungsabsicht generell absprechen zu wollen. In diesen Fällen besteht vielmehr lediglich eine erweiterte Darlegungslast.[672]

(2) Alleiniger Erlass eines Gesellschafters ist nicht zwingend gesellschaftsrechtlich veranlasst

Mit Blick auf durch Gesellschafter erklärte Forderungserlasse ist zwar zutreffend, dass der BFH in einem obiter dictum entschieden hat, ein solcher Erlass sei regelmäßig dann gesellschaftsrechtlich veranlasst und führe zu einem nicht begünstigten Sanierungsgewinn, wenn sich die Hauptgläubiger der Gesellschaft nicht an dem Forderungserlass beteiligen.[673] Ein generelles Ausschlusskriterium für die Sanierungsabsicht in Fällen von Forderungserlassen durch Gesellschafter ohne die Beteiligung von Fremdgläubigern kann dies gleichwohl nicht sein. Denn wie bereits dargestellt, muss der alleinige Erlass eines Gesellschafters nicht zwingend auf dem Beteiligungsverhältnis beruhen. Vielmehr kann eine betriebliche Veranlassung auch in Fällen vorliegen, in denen sich keine weiteren Gläubiger an dem Erlass beteiligen und damit ein Fremdvergleich nicht erfolgreich geführt werden kann. In Folge dessen ist es nach der hier vertretenen Auffassung nicht gerechtfertigt, bei einem durch einen Gesellschafter erklärten Forderungserlass, an dem sich Drittgläubiger nicht beteiligen, die Sanierungsabsicht generell mit dem Argument zu verneinen, der Erlass beruhe allein auf dem Beteiligungsverhältnis. Im Gegenteil ist, wie dargestellt, detailliert zu prüfen, inwieweit der Erlass tatsächlich gesellschaftsrechtlich veranlasst ist und ob dem Schulderlass die erforderliche Sanierungsabsicht zu Grunde lag oder nicht.

(3) Erlass des nicht werthaltigen Teils der Forderung ist ohnehin nicht gesellschaftsrechtlich veranlasst

Doch selbst wenn man im Falle eines alleinigen Erlass eines Gesellschafters stets von einer gesellschaftsrechtlichen Veranlassung ausginge, kann dies nicht zu einem generellen Ausschluss der Anwendbarkeit des Sanierungserlasses führen.[674] Die Annahme der Finanzverwaltung, ein aus einem Erlass eines Gesellschafters

---

671 BFH, Urteil vom 16.05.2002 – IV R 11/01, BStBl. II 2002, 854, 856; BFH, Urteil vom 12.10.2005 – X R 20/03, BFH/NV 2006, 713, 715; siehe auch *Keuthen/Hübner*, FR 2015, 865, 869.

672 BFH, Urteil vom 26.11.1980 – I R 52/77, BStBl. II 1981, 181, 183; ebenso *Drews/Götze*, DStR 2009, 945, 947.

673 BFH, Urteil vom 31.07.1991 – VIII R 23/89, BStBl. II 1992, 375, 378.

674 Ebenso *Drews/Götze*, DStR 2009, 945, 948; *Düll/Fuhrmann/Eberhard*, DStR 2003, 862, 865.

resultierender Gewinn sei nicht steuerlich durch den Sanierungserlass begünstigt, wenn der Erlass auf dem Beteiligungsverhältnis beruht, ist in sich widersprüchlich. Dies wird bei genauer Betrachtung der Ausführungen des Großen Senats und der Folgerechtsprechung zum Ansatz einer verdeckten Einlage bei einem Forderungserlass durch einen Gesellschafter deutlich.[675]

Der Erlass eines Gesellschafters auf seine nicht mehr voll werthaltige Forderung gegen eine Kapitalgesellschaft führt nach dieser Rechtsprechung bei der Kapitalgesellschaft zu einer Einlage in Höhe des werthaltigen Teils der Forderung. Nur in Höhe des nicht mehr werthaltigen Teils der Forderung verbleibt eine Betriebsvermögensmehrung.[676] Der Erlass auf den nicht mehr werthaltigen Teil der Forderung ist folglich nicht als verdeckte Einlage einzuordnen,[677] was wiederum darauf zurückzuführen ist, dass dem Erlass auf den nicht mehr werthaltigen Teil der Forderung keine gesellschaftsrechtliche Veranlassung zu Grunde liegt. Der Erlass auf den nicht mehr werthaltigen Teil der Forderung ist vielmehr ein Vermögensvorteil, den ein Drittgläubiger bei Anwendung der Sorgfalt eines ordentlichen Kaufmanns der Gesellschaft ebenfalls gewährt hätte. Er ist daher betrieblich veranlasst. Diese Auffassung vertritt auch der BFH in seiner Folgerechtsprechung zum Urteil des Großen Senats. Mit Blick auf die Auswirkungen der Rechtsprechung des Großen Senats auf den Forderungserlass eines Gesellschafters folgert der VIII. Senat in seinem Urteil vom 29.07.1997, „daß von einer verdeckten Einlage nur in Höhe des werthaltigen Teils der Forderung gesprochen werden kann; im übrigen ist er“ (der Forderungserlass) „nicht durch das Gesellschaftsverhältnis veranlasst“.[678]

Wenn es zu einem aus dem Forderungserlass resultierenden Gewinn ausschließlich insoweit kommt, als der nicht mehr werthaltige Teil der Forderung erlassen wird und dieser Erlass (auf den nicht mehr werthaltigen Teil) als betrieblich zu qualifizieren ist, so kann die steuerliche Begünstigung des entstehenden Gewinns sinnlogisch nicht mit dem Argument versagt werden, der Gewinn beruhe auf einem gesellschaftsrechtlich veranlassten Erlass.[679] Die Argumentation der Finanzverwaltung, eine gesellschaftsrechtliche Veranlassung des Erlasses verbiete die steuerliche Begünstigung des entstehenden Sanierungsgewinns, kann mithin nicht überzeugen, da der Sanierungsgewinn eben gerade nicht aus einem gesellschaftsrechtlich veranlassten Erlass entsteht.

Der vorstehenden Argumentation wird entgegengehalten, es handele sich bei einer Forderung um ein einheitliches Wirtschaftsgut, mit der Folge, dass der Erlass

---

675 BFH, Urteil vom 09.06.1997 – GrS 1/94, BStBl. II 1998, 307, 310; BFH, Urteil vom 29.07.1997 – VIII R 57/94, BStBl. II 1998, 652, 656.

676 BFH, Urteil vom 09.06.1997 – GrS 1/94, BStBl. II 1998, 307, 310; BFH, Urteil vom 29.07.1997 – VIII R 57/94, BStBl. II 1998, 652, 656.

677 *Drews/Götze*, DStR 2009, 945, 948; *Düll/Fuhrmann/Eberhard*, DStR 2003, 862, 865.

678 BFH, Urteil vom 29.07.1997 – VIII R 57/94, BStBl. II 1998, 652, 656.

679 Ebenso *Drews/Götze*, DStR 2009, 945, 948; *Düll/Fuhrmann/Eberhard*, DStR 2003, 862, 865; siehe auch *Blaas/Schwahn*, DB 2013, 2350, 2355.

dieser nur insgesamt gesellschaftsrechtlich oder betrieblich veranlasst sein kann.[680] Sofern sich fremde Hauptgläubiger an dem Forderungserlass nicht beteiligen und sich dieser daher als insgesamt gesellschaftsrechtlich veranlasst darstellt, komme eine steuerliche Begünstigung des Gewinns nach dem Sanierungserlass deshalb letztlich nicht in Betracht.[681] Diese Gegenauffassung lässt jedoch unberücksichtigt, dass nach dem von ihr zu Grunde gelegten Verständnis einer stets einheitlichen Veranlassung des Erlasses eines Gesellschafters in den Fällen, in denen im Rahmen eines Sanierungskonzepts alle Gläubiger – Gesellschaftergläubiger und Drittgläubiger – einen bestimmten Teil ihrer Forderungen erlassen, der Gesellschafter jedoch darüber hinausgehend einen größeren Forderungsteil erlässt, in voller Höhe eine gesellschaftsrechtliche Veranlassung des Forderungserlasses angenommen werden müsste. Dies widerspricht jedoch grundlegend der Rechtsprechung des BFH zur Abgrenzung der betrieblichen von der gesellschaftsrechtlichen Veranlassung eines durch einen Gesellschafter erklärten Forderungserlasses, nach der von einer betrieblichen Veranlassung insoweit auszugehen ist, wie ein Nichtgesellschafter unter Anwendung der Sorgfalt eines ordentlichen Kaufmanns der Gesellschaft die Schulden ebenfalls erlassen hätte.[682] In den soeben bezeichneten Fällen spricht diese Rechtsprechung vielmehr für die Annahme, dass der Forderungserlass des Gesellschafters jedenfalls in der Höhe betrieblich veranlasst ist, in der auch die anderen Gläubiger ihre Forderungen erlassen haben[683] und korrespondierend insoweit auf dem Gesellschaftsverhältnis beruht, wie der Erlass des Gesellschafters den der Fremdgläubiger übersteigt.[684] Denn eine betriebliche Veranlassung kann jedenfalls für den Forderungsteil kaum bestritten werden, den alle Gläubiger erlassen haben. Neben der Tatsache, dass der BFH in seiner Folgerechtsprechung zum Urteil des Großen Senats davon ausgeht, dass ein Erlass eines Gesellschafters in Höhe des werthaltigen Teils der Forderung gesellschaftsrechtlich und in Höhe des nicht mehr werthaltigen Teils betrieblich veranlasst ist, spricht daher auch die in ständiger Rechtsprechung vorgenommene und von der Fachliteratur getragene Abgrenzung der betrieblichen von der gesellschaftsrechtlichen Veranlassung gegen das von der Gegenansicht vorgetragene Verständnis einer stets einheitlichen Veranlassung des

680 Finanzministerium des Landes Schleswig-Holstein, Schreiben vom 25.01.2013 – VI 3011 – S 2741 – 108, juris; Dötsch/*Pung*/Möhlenbrock, KStG, § 8b Rn. 244 (Stand: Dezember 2014); *Gragert*, NWB 2013, 2141, 2145; so wohl auch *Winnefeld*, Bilanzhandbuch, C Rn. 454a.

681 Dötsch/*Pung*/Möhlenbrock, KStG, § 8b Rn. 244 (Stand: Dezember 2014).

682 BFH, Urteil vom 21.09.1989 – IV R 115/88, BStBl. II 1990, 86; BFH, Urteil vom 16.04.1991 – VIII R 100/87, BStBl. II 1992, 234, 235; BFH, Urteil vom 31.07.1991 – VIII R 23/89, BStBl. 1992, 375, 377; BFH, Urteil vom 29.07.1997 – VIII R 57/94, BStBl. II 1998, 652, 654.

683 *Hölzle*, FR 2004, 1192, 1205 f.; *Kahlert/Rühland*, Sanierungs- und Insolvenzsteuerrecht, Teil A Rn. 232; *Knebel*, DB 2009, 1094, 1095.

684 *Groh*, BB 1997, 2523, 2524; *Hölzle*, FR 2004, 1192, 1206; *Kahlert/Rühland*, Sanierungs- und Insolvenzsteuerrecht, Teil A Rn. 233.

Forderungserlasses eines Gesellschafters. Die besseren Argumente sprechen demnach für die mit der Rechtsprechung übereinstimmende Auffassung, nach der der Erlass in Höhe des nicht mehr werthaltigen Teils der Forderung betrieblich veranlasst ist. Als Konsequenz ist die Argumentation der Finanzverwaltung – eine gesellschaftsrechtliche Veranlassung des Erlasses verbiete die steuerliche Begünstigung des entstehenden Sanierungsgewinns – unschlüssig, da der Sanierungsgewinn eben gerade nicht aus einem gesellschaftsrechtlich veranlassten Erlass, sondern auch einem betrieblich veranlassten Erlass entsteht.

(4) Auffassung des Gesetzgebers

Zudem geht auch der Gesetzgeber von der grundsätzlichen Anwendbarkeit des Sanierungserlasses auf Forderungserlasse eines Gesellschafters gegenüber seiner Kapitalgesellschaft aus.[685] Mit Einführung des § 8b Abs. 3 S. 4 bis 8 KStG kann der Erlass eines Gesellschafters (der selbst eine Kapitalgesellschaft ist) auf ein nicht mehr voll werthaltiges Gesellschafterdarlehen zu einer steuerlichen Doppelbelastung führen.[686] Während auf der Ebene der Schuldnergesellschaft in Höhe des nicht mehr werthaltigen Teils der Forderung eine steuerpflichtige Betriebsvermögensmehrung entsteht, ist die korrespondierende Gewinnminderung auf Ebene des Gesellschafters gem. § 8b Abs. 3 S. 4 KStG steuerlich nicht abzugsfähig, wenn der Gesellschafter zu mehr als einem Viertel unmittelbar oder mittelbar am Grund- oder Stammkapital der Schuldnergesellschaft beteiligt ist oder war. Der Gesetzgeber hat die Gefahr von Doppelbelastungen in diesen Fallkonstellationen gesehen und daher in der Gesetzesbegründung darauf hingewiesen, dass die Möglichkeit eines Steuererlasses aus sachlichen Billigkeitsgründen nach dem Sanierungserlass besteht, sofern durch den Darlehenserlass des Gesellschafters bei der Kapitalgesellschaft eine steuerpflichtige Betriebsvermögensmehrung generiert wird.[687]

(5) Ergebnis

Mit dem Gesetzgeber und der sich im Vordringen befindlichen Fachliteratur[688] ist somit für die gegenwärtige Rechtslage davon auszugehen, dass bei einem alleinigen Erlass eines Gesellschafters einer Kapitalgesellschaft die Annahme der Sanierungsabsicht nicht generell an der vermeintlich gesellschaftsrechtlichen Veranlassung des Erlasses scheitern darf. Dafür spricht insbesondere, dass eine

---

685 Gesetzesbegründung zu § 8b Abs. 3 S. 4–7 KStG, BT-Drucks. 16/6290, S. 74.

686 Siehe auch *Fuhrmann/Strahl*, DStR 2008, 125, 127; *Kleinert/Podewils*, GmbHR 2009, 849, 850; *Schmidt/Mielke*, Ubg 2009, 395, 401.

687 Gesetzesbegründung zu § 8b Abs. 3 S. 4–7 KStG, BT-Drucks. 16/6290, S. 74.

688 *Blaas/Schwahn*, DB 2013, 2350, 2355; *Drews/Götze*, DStR 2009, 945, 948; *Düll/Fuhrmann/Eberhard*, DStR 2003, 862, 865; *Fuhrmann/Strahl*, DStR 2008, 125, 127; *Kleinert/Podewils*, GmbHR 2009, 849, 850; *Schmidt/Mielke*, Ubg 2009, 395, 401; *Strahl*, Stbg 2010, 152, 158; *Wagner*, BB 2010, 2612, 2614; *Neumann/Watermeyer*, Ubg 2008, 748, 756.

Betriebsvermögensmehrung – deren steuerliche Begünstigung letztlich in Frage steht – ausschließlich aus einem betrieblich veranlassten Erlass hervorgehen kann. Die steuerliche Begünstigung eines aus einem Gesellschaftererlass entstehenden Gewinns nach dem Sanierungserlass sollte daher nicht nur möglich sein, wenn neben dem Gesellschafter auch andere Gläubiger ihre Forderung erlassen, sondern auch, wenn nur der Gesellschafter seine Forderung gegen die Gesellschaft erlässt. Im letzteren Fall besteht in Übereinstimmung mit der höchstrichterlichen Rechtsprechung lediglich das Erfordernis, die Sanierungsabsicht des Gesellschaftergläubigers anhand weiterer Indizien darzulegen.[689]

c) Fehlende Ausrichtung der Besteuerung am Leistungsfähigkeitsprinzip

Soweit die Finanzverwaltung, entgegen der hier vertretenen Auffassung, die Anwendbarkeit des Sanierungserlasses in der vorstehenden Fallgruppe[690] ablehnt,[691] kann eine an der wirtschaftlichen Leistungsfähigkeit der Gesellschaft ausgerichtete Ertragsbesteuerung unter Umständen nicht gewährleistet werden. Denn obwohl die aus dem Erlass des Gesellschafters resultierende Betriebsvermögensmehrung kein Indikator einer positiven wirtschaftlichen Leistungsfähigkeit ist,[692] würde der in Höhe des nicht mehr werthaltigen Teils der Forderung entstehende Gewinn grundsätzlich voll ertragsteuerlich belastet.

3. Forderungserlass eines Gesellschafters einer Personengesellschaft[693]

Schließlich wird es auch zum Abbau der Verbindlichkeiten einer Personengesellschaft häufig unumgänglich sein, dass die Gesellschafter (teilweise) die ihnen gegen die Gesellschaft zustehenden Forderungen (z. B. aus an die Gesellschaft gewährten Darlehen) erlassen.

a) Steuerliche Auswirkungen

Hinsichtlich der steuerlichen Konsequenzen eines solchen Forderungserlasses durch einen Gesellschafter ist vor allem von Bedeutung, wie die entsprechende Forderung bilanziell einzuordnen ist.

---

689 BFH, Urteil vom 16.05.2002 – IV R 11/01, BStBl. II 2002, 854, 856; BFH, Urteil vom 12.10.2005 – X R 20/03, BFH/NV 2006, 713, 715.

690 Forderungserlass des Gesellschafters einer Kapitalgesellschaft ohne Beteiligung von Fremdgläubigern.

691 Dies ist gegenwärtig wohl gängige Verwaltungspraxis.

692 Vgl. dazu oben unter **D.I.**

693 Zur zivilrechtlichen Einordnung siehe Ausführungen zum Forderungserlass eines Drittgläubigers.

aa) *Bilanzielle Einordnung von Gesellschafterforderungen und die Negierung der vorzeitigen Verlustrealisierung bei Wertminderungen*

Forderungen eines Gesellschafters gegen eine Personengesellschaft, wie z.B. Darlehensforderungen oder Forderungen aus rückständigen Sondervergütungen, sind dem Sonderbetriebsvermögen I[694] des Gesellschafters zuzuordnen.[695] Diese Forderungen sind in der Steuerbilanz der Gesellschaft als Verbindlichkeiten auszuweisen, während sie in der Sonderbilanz des Gesellschafters in gleicher Höhe zu aktivieren sind.[696] In der Gesamtbilanz der Gesellschaft stellen sie auf Grund der Zuordnung zum Sonderbetriebsvermögen I des Gesellschafters nach der ständigen Rechtsprechung des BFH Eigenkapital dar.[697] In Folge der Qualifikation der Gesellschafterforderung als Sonderbetriebsvermögen I sind gewinnmindernde Wertberichtigungen der Forderung während des Bestehens der Gesellschaft nicht möglich.[698] Nach h. M. gilt das Imparitätsprinzip insoweit weder bei der Bewertung der Forderung des

---

694 Nicht zum Sonderbetriebsvermögen, sondern zum eigenen Betriebsvermögen des Gesellschafters gehören Forderungen aus Lieferungen und Leistungen eines Gesellschafters mit eigenem Betrieb, sofern die Forderungen nicht wirtschaftlich mit dem Gesellschaftsverhältnis zusammenhängen und wie zwischen fremden Dritten abgewickelt werden, siehe Herrmann/Heuer/Raupach/*Tiede*, EStG/KStG, § 15 EStG Anm. 453 (Stand: März 2013); Schmidt/*Wacker*, EStG, § 15 Rn. 549.

695 BFH, Urteil vom 26.09.1996 – IV R 105/94, BStBl. II 1997, 277, 281; BFH, Urteil vom 13.10.1998 – VIII R 78/97, VIII R 28/98, BStBl. II 1999, 163, 164; BFH, Urteil vom 28.03.2000 – VIII R 28/98, BStBl. 2000, 347, 348; BFH, Urteil vom 05.06.2003 – IV R 36/02, BStBl. II 2003, 871, 874; BFH, Urteil vom 24.01.2008 – IV R 37/06, BFH/NV 2008, 854, 856; *Benz/Böing*, Ubg 2012, 440; *Demuth*, KÖSDI 2008, 16177, 16178; *Erhardt/Zeller*, DStR 2012, 1636; Herrmann/Heuer/Raupach/*Tiede*, EStG/KStG, § 15 EStG Anm. 453 (Stand: März 2013); *Paus*, EStB 2003, 433, 437; *Pyszka*, BB 1998, 1557 f.; Schmidt/*Wacker*, EStG, § 15 Rn. 540; *Tschersich*, Ertragsbesteuerung der Unternehmenssanierung, 113.

696 Herrmann/Heuer/Raupach/*Tiede*, EStG/KStG, § 15 EStG Rn. 453 (Stand: März 2013); Schmidt/*Wacker*, EStG, § 15 Rn. 540.

697 BFH, Urteil vom 19.05.1993 – I R 60/92, BStBl. II 1993, 714, 715; BFH, Urteil vom 14.12.1995 – IV R 106/94, BStBl. II 1996, 226; 228; BFH, Urteil vom 24.03.1999 – I R 114/97, BStBl. II 2000, 399, 401; BFH, Urteil vom 05.06.2003 – IV R 36/02, BStBl. II 2003, 871, 874; BFH, Urteil vom 24.01.2008 – IV R 37/06, BFH/NV 2008, 854, 858.

698 BFH, Urteil vom 19.05.1993 – I R 60/92, BStBl. II 1993, 714, 715; BFH, Urteil vom 14.12.1005 – IV R 106/94, BStBl. II 1996, 226, 228; BFH, Urteil vom 26.09.1996 – IV R 105/94, BStBl. II 1997, 277, 281; BFH, Urteil vom 28.03.2000 – VIII R 28/98, BStBl. 2000, 347, 348; BFH, Urteil vom 05.06.2003 – IV R 36/02, BStBl. II 2003, 871, 874; *Demuth*, KÖSDI 2008, 16177, 16178; *Erhardt/Zeller*, DStR 2012, 1636, 1637; Herrmann/Heuer/Raupach/*Tiede*, EStG/KStG, § 15 EStG Anm. 453 (Stand: März 2013); Kirchhof/*Reiß*, § 15 Rn. 330; *Paus*, EStB 2003, 433, 437; Schmidt/*Wacker*, EStG, § 15 Rn. 544; *Tschersich*, Ertragsbesteuerung der Unternehmenssanierung, 114; *Winnefeld*, Bilanzhandbuch, C Rn. 461.

Gesellschafters, noch bei der Bewertung der Verbindlichkeit der Gesellschaft.[699] In der Konsequenz wirken sich Wertminderungen der Forderung grundsätzlich erst mit der Beendigung der Mitunternehmerstellung des Gesellschafters oder mit der Vollbeendigung der Personengesellschaft aus.[700] Dieses Ergebnis ergibt sich nach Auffassung der Literatur aus den Grundsätzen der korrespondierenden additiven Bilanzierung.[701] Danach ist die Forderung zeit- und betragsgleich bei der Gesellschaft als Verbindlichkeit zu passivieren und bei dem Gesellschafter als Forderung zu aktivieren.[702] Die Rechtsprechung leitet dieses Ergebnis aus der Qualifikation der Gesellschafterforderung als steuerliches Eigenkapital in der Gesamtbilanz ab.[703] Durch die Umqualifizierung zu Eigenkapital in der Gesamtbilanz besteht keine Gelegenheit zu einer Wertberichtigung,[704] da das Eigenkapital kein bewertungsfähiges Wirtschaftsgut ist. Ungeachtet der Herleitung ist die Nichtberücksichtigung von Wertminderungen der Forderungen während des Bestehens der Gesellschaft für die im Folgenden dargestellten steuerlichen Konsequenzen eines Gesellschaftererlasses einer nicht mehr voll werthaltigen Forderung von entscheidender Bedeutung.

bb) Betriebliche oder gesellschaftsrechtliche Veranlassung des Forderungserlasses

Zunächst ist jedoch auch bei dem Erlass eines Gesellschafters einer Personengesellschaft zu unterscheiden, ob der Erlass durch das Gesellschaftsverhältnis veranlasst ist oder auf eigenbetrieblichem Interesse des Gesellschafters beruht.[705] Die

---

699 BFH, Urteil vom 26.09.1996 – IV R 105/94, BStBl. II 1997, 277, 281; BFH, Urteil vom 05.06.2003 – IV R 36/02, BStBl. II 2003, 871, 874; Herrmann/Heuer/Raupach/*Schneider*, EStG/KStG, § 15 EStG Anm. 729 (Stand: März 2013); *Paus*, EStB 2003, 433, 437.

700 BFH, Urteil vom 12.07.1990 – IV R 37/89, BStBl. II 1991, 64, 66; BFH, Urteil vom 14.12.1995 – IV R 106/94, BStBl. II 1996, 226, 228; BFH, Urteil vom 26.09.1996 – IV R 105/94, BStBl. II 1997, 277, 281; BFH, Urteil vom 28.03.2000 – VIII R 28/98, BStBl. 2000, 347, 348; BFH, Urteil vom 05.06.2003 – IV R 36/02, BStBl. II 2003, 871, 874; *Demuth*, KÖSDI 2008, 16177, 16178; Herrmann/Heuer/Raupach/*Tiede*, EStG/KStG, § 15 EStG Anm. 453 (Stand: März 2013); Kirchhof/*Reiß*, § 15 Rn. 330; Schmidt/*Wacker*, EStG, § 15 Rn. 544.

701 Herrmann/Heuer/Raupach/*Tiede*, EStG/KStG, § 15 EStG Anm. 453 (Stand: März 2013); Schmidt/*Wacker*, EStG, § 15 Rn. 544.

702 Siehe dazu Schmidt/*Wacker*, EStG, § 15 Rn. 405.

703 BFH, Urteil vom 12.07.1990 – IV R 37/89, BStBl. II 1991, 64, 66; BFH, Urteil vom 19.05.1993 – I R 60/92, BStBl. II 1993, 714, 715; BFH, Urteil vom 05.06.2003 – IV R 36/02, BStBl. II 2003, 871, 874.

704 BFH, Urteil vom 12.07.1990 – IV R 37/89, BStBl. II 1991, 64, 66 m.w.N.

705 Beck'sches Steuer und Bilanzrechtslexikon/*Lahme*, Stichwort „Gesellschafterdarlehen“ Rn. 12 f.; *Demuth*, KÖSDI 2008, 16177, 16184; Herrmann/Heuer/Raupach/*Tiede*, EStG/KStG, § 15 EStG Anm. 453 (Stand: März 2013); *Pyszka*, BB 1998, 1557 ff.; Schmidt/*Wacker*, EStG, § 15 Rn. 550; *Töben/Lohbeck/Specker*, NWB 2009, 1484,

Abgrenzung erfolgt nach den im Rahmen des Erlases eines Gesellschafters einer Kapitalgesellschaft ausführlich dargelegten Kriterien, sodass insoweit auf die obige Darstellung integral verwiesen werden kann.[706]

cc) Gesellschaftsrechtlich veranlasster Erlass

Der Forderungserlass aus gesellschaftsrechtlichen Gründen wird wie die unentgeltliche Übertragung eines Wirtschaftsguts aus dem Sonderbetriebsvermögen des Gesellschafters in das Gesamthandsvermögen behandelt.[707] Gemäß § 6 Abs. 5 Satz 3 Nr. 2 EStG erfolgt dies, unabhängig von der Werthaltigkeit der Forderung, erfolgsneutral zu Buchwerten.[708] Das Eigenkapital in der Steuerbilanz der Gesellschaft erhöht sich um den Nennwert der Verbindlichkeit und gleichzeitig vermindert sich das Kapital in der Sonderbilanz des Gesellschafters entsprechend.[709] Die Unabhängigkeit dieses Vorgangs von der Werthaltigkeit der Forderung zeigt sich darin, dass es in Höhe des nicht werthaltigen Teils der Forderung weder zu einer Betriebsvermögensmehrung bei der Gesellschaft, noch zu einer korrespondierenden Betriebsvermögensminderung beim Gesellschafter kommen kann.[710] Ein Verlust in Höhe der Differenz zwischen Nennwert und Teilwert der Forderung kann im Sonderbetriebsvermögen des Gesellschafters deshalb nicht auftreten, da ein einkommensteuerlicher Realisationstatbestand nicht verwirklicht wird.[711] Insbesondere liegt bei einem gesellschaftsrechtlich veranlassten Forderungserlass eines Gesellschafters

---

1488; a.A. *Paus*, EStB 2003, 437 der davon ausgeht, dass unabhängig von der Veranlassung des Forderungserlasses die Grundsätze des Großen Senats zum Forderungserlass bei Kapitalgesellschaften (BFH, Urteil vom 09.06.1997 – GrS 1/94, BStBl. II 1998, 307) Anwendung finden.

706 Siehe dazu oben **E.I.2.**

707 *Demuth*, KÖSDI 2008, 16177, 16184; *Herbst/Stegemann*, DStR 2013, 176, 178; Herrmann/Heuer/Raupach/*Tiede*, EStG/KStG, § 15 EStG Anm. 453 (Stand: März 2013); Lüdicke/Sistermann/*Loose/Maier*, Unternehmensteuerrecht, § 17 Rn. 88; Schmidt/*Wacker*, EStG, § 15 Rn. 550.

708 Beck'sches Steuer und Bilanzrechtslexikon/*Lahme*, Stichwort „Gesellschafterdarlehen" Rn. 12; *Demuth*, KÖSDI 2008, 16177, 16184; Herrmann/Heuer/Raupach/*Tiede*, EStG/KStG, § 15 EStG Anm. 453 (Stand: März 2013); Kirchhof/*Reiß*, § 15 Rn. 331; Lüdicke/Sistermann/*Loose/Maier*, Unternehmensteuerrecht, § 17 Rn. 88; Schmidt/*Wacker*, EStG, § 15 Rn. 550; *Töben/Lohbeck/Specker*, NWB 2009, 1484, 1488; *Tschersich*, Ertragsbesteuerung der Unternehmenssanierung, 114.

709 FG München, Urteil vom 01.09.2009 – 1 K 3384/06 F, EFG 2010, 52, 53; *Benz/Böing*, Ubg 2012, 440; *Erhardt/Zeller*, DStR 2012, 1636, 1637; Herrmann/Heuer/Raupach/*Tiede*, EStG/KStG, § 15 EStG Anm. 453 (Stand: März 2013); Lüdicke/Sistermann/*Loose/Maier*, Unternehmensteuerrecht, § 17 Rn. 88; *Pyszka*, BB 1998, 1558; Schmidt/*Wacker*, EStG, § 15 Rn. 550.

710 Ebenso *Pyszka*, BB 1998, 1558.

711 Ebenso *Pyszka*, BB 1998, 1558 mit Verweis auf BFH, Urteil vom 29.07.1997 – VIII R 57/94, BStBl. II 1998, 652, 655; siehe auch *Winnefeld*, Bilanzhandbuch, C Rn. 461.

kein tauschähnlicher Vorgang vor.[712] Dieser Behandlung entsprechend kann im Gesamthandsvermögen keine Betriebsvermögensmehrung entstehen, da die nicht mehr voll werthaltige Forderung gleichwohl zum Nennwert in das Gesamthandsvermögen eingelegt wird. Dies ist dadurch bedingt, dass der Gesellschafter die zwischenzeitlich eingetretene Wertminderung der Forderung wegen des Grundsatzes der korrespondierenden Bilanzierung nicht durch eine Wertberichtigung berücksichtigen konnte.[713]

Gleiches soll ebenfalls in den Fällen gelten, in denen der Gesellschafter eine Forderung erlässt, die in seiner Sonderbilanz ausnahmsweise unter ihrem Nennwert bilanziert[714] ist.[715] Die durch den Wegfall der Verbindlichkeit im Gesamthandsvermögen entstehende Betriebsvermögensmehrung ist auf Grund der gesellschaftsrechtlichen Veranlassung des Erlasses durch den Abzug einer Einlage auszugleichen (§ 4 Abs. 1 Satz 1, 8 EStG).[716] Da die Forderung bereits vor dem Forderungserlass zu Eigenkapital in der Gesamtbilanz wurde, soll der Aspekt der Werthaltigkeit der aus der Sonderbilanz auszubuchenden Forderung unbeachtlich sein. Zu einer Minderung des Sonderbetriebsvermögens des Gesellschafters komme es daher nicht.[717]

dd) Forderungserlass aus eigenbetrieblichem Interesse

Bei einem betrieblich veranlassten Forderungserlass eines Gesellschafters ist die steuerliche Behandlung strittig. Nach h. M. finden auf einen betrieblich veranlassten Erlass die Grundsätze des Großen Senats zum Gesellschaftererlass bei einer Kapitalgesellschaft[718] entsprechend Anwendung.[719] Danach ist die Werthaltigkeit der Forderung zum Zeitpunkt des Erlasses für die steuerlichen Konsequenzen entscheidend. Nach herrschender Auffassung liegt daher in Höhe des werthaltigen Teils der Forderung bei der Gesellschaft eine Einlage und beim Gesellschafter eine Entnahme vor, wohingegen in Höhe des nicht mehr werthaltigen Teils bei der Gesellschaft

---

712 *Pyszka*, BB 1998, 1558.

713 Ebenso *Pyszka*, BB 1998, 1558.

714 Dies kann dann auftreten, falls der Gesellschafter die bereits nicht mehr voll werthaltige Forderung „von einem Dritten [...] unter ihrem Nennwert erworben hat." Die Forderung wird dann mit ihrem Erwerb Sonderbetriebsvermögen und ist mit ihren Anschaffungskosten § 6 Abs. 1 Nr. 2 EStG anzusetzen, *Pyszka*, BB 1998, 1557, 1560; ebenso *Erhardt/Zeller*, DStR 2012, 1636, 1637.

715 *Pyszka*, BB 1998, 1557, 1560; *Töben/Lohbeck/Specker*, NWB 2009, 1484, 1488.

716 *Pyszka*, BB 1998, 1557, 1560.

717 *Pyszka*, BB 1998, 1557, 1560.

718 BFH, Urteil vom 09.06.1997 – GrS 1/94, BStBl. II 1998, 307.

719 Beck'sches Steuer und Bilanzrechtslexikon/*Lahme*, Stichwort „Gesellschafterdarlehen" Rn. 13; *Pyszka*, BB 1998, 1557, 1559; Schmidt/*Wacker*, EStG, § 15 Rn. 550; *Töben/Lohbeck/Specker*, NWB 2009, 1484, 1488.

eine Betriebsvermögensmehrung und beim Gesellschafter eine korrespondierende Sonderbetriebsvermögensminderung anzunehmen ist.[720]

Die Gegenansicht vertritt die Auffassung, dass es insoweit weder auf die betriebliche oder gesellschaftliche Veranlassung ankommt, noch auf die Werthaltigkeit der Forderung.[721] Stattdessen führe der Forderungserlass eines Gesellschafters vielmehr immer in Höhe des Nennwerts der Forderung zu einer steuerneutralen Kapitalerhöhung bei der Gesellschaft und zu einer korrespondierenden steuerneutralen Sonderbetriebsvermögensminderung beim Gesellschafter.[722] Insoweit weist die Gegenansicht zutreffend darauf hin, dass die von der h. M. herangezogenen Grundsätze des Großen Senats im Falle eines betrieblich veranlassten Erlasses nicht entsprechend angewendet werden können.[723] Die betreffende Rechtsprechung des BFH differenziert hinsichtlich der Werthaltigkeit der Forderung ausschließlich in den Fällen, in denen der Erlass durch das Beteiligungsverhältnis veranlasst ist.[724] Dies ist darin begründet, dass dann in Höhe des werthaltigen Teils der Forderung eine Einlage in die Schuldnergesellschaft vorliegt und nur in Höhe des nicht mehr werthaltigen Teils eine Betriebsvermögensmehrung verbleibt. Ist der Erlass jedoch aus eigenbetrieblichen Interessen des Gesellschafters erfolgt, kommt eine Einlage in die Schuldnergesellschaft indes gar nicht in Betracht, da diese, ihrer Definition zu Folge, eine gesellschaftsrechtliche Veranlassung der Zuführung des Vermögensvorteils voraussetzt.[725] Auf die sich ausschließlich im Rahmen der Bewertung einer Einlage nach § 6 Abs. 1 Nr. 5 EStG stellende Frage der Werthaltigkeit der Forderung kann es daher, bei einem auf eigenbetrieblichen Interessen beruhenden Gesellschaftererlass, gar nicht ankommen.[726] In der Konsequenz unterscheidet die Rechtsprechung des BFH auch bei einem betrieblich veranlassten Erlass eines Gesellschafters

---

720 Beck'sches Steuer und Bilanzrechtslexikon/*Lahme*, Stichwort „Gesellschafterdarlehen" Rn. 13; *Pyszka*, BB 1998, 1557, 1559; Schmidt/*Wacker*, EStG, § 15 Rn. 550; *Töben/Lohbeck/Specker*, NWB 2009, 1484, 1488.

721 *Demuth*, KÖSDI 2008, 16177, 16184; *Erhardt/Zeller*, DStR 2012, 1636, 1640; Herrmann/Heuer/Raupach/*Tiede*, EStG/KStG, § 15 EStG Anm. 453 (Stand: März 2013); Kirchhof/*Reiß*, § 15 Rn. 331; *Tschersich*, Ertragsbesteuerung der Unternehmenssanierung, 114 f.

722 *Demuth*, KÖSDI 2008, 16177, 16184; *Erhardt/Zeller*, DStR 2012, 1636, 1640; Herrmann/Heuer/Raupach/*Tiede*, EStG/KStG, § 15 EStG Anm. 453 (Stand: März 2013); Kirchhof/*Reiß*, § 15 Rn. 331.

723 *Demuth*, KÖSDI 2008, 16177, 16184; Herrmann/Heuer/Raupach/*Tiede*, EStG/KStG, § 15 EStG Anm. 453 (Stand: März 2013).

724 Vgl. BFH, Urteil vom 09.06.1997 – GrS 1/94, BStBl. II 1998, 307, 310.

725 BFH, Urteil vom 09.03.1983 – I R 182/78, BStBl. II 1983, 744, 745; BFH, Urteil vom 16.04.1991 – VIII R 100/87, BStBl. II 1992, 234, 235; BFH, Urteil vom 07.07.1992 – VIII R 24/90, BStBl. II 1993, 333, 334; Dötsch/Pung/Möhlenbrock/*Lang*, KStG § 8 Abs. 3 Teil B Rn. 15 (Stand: April 2015); Erle/Sauter/*Schulte*, KStG, § 8 Rn. 344; *Gosch*, KStG, § 8 Rn. 105; *Demuth*, KÖSDI 2008, 16177, 16185.

726 *Demuth*, KÖSDI 2008, 16177, 16184; Herrmann/Heuer/Raupach/*Tiede*, EStG/KStG, § 15 EStG Anm. 453 (Stand: März 2013).

einer Kapitalgesellschaft nicht zwischen dem werthaltigen und dem nicht mehr werthaltigen Teil der Forderung. Die steuerliche Behandlung eines betrieblichen Gesellschaftererlasses über eine entsprechende Anwendung der Grundsätze des Großen Senats vermag daher nicht zu überzeugen.[727] Mit der Gegenauffassung ist daher nach der hier vertretenen Ansicht davon auszugehen, dass auch der betrieblich veranlasste Erlass eines Gesellschafters auf eine zu seinem Sonderbetriebsvermögen gehörende Forderung steuerneutral ist.[728]

b) Steuerliche Begünstigung nach dem Sanierungserlass

Nach der hier vertretenen Auffassung führt der Erlass eines Gesellschafters einer Personengesellschaft auf eine Forderung gegen diese, unabhängig von der Veranlassung des Erlasses, nicht zu einer Betriebsvermögensmehrung bei der Gesellschaft und damit nicht zu einem steuerpflichtigen Gewinn. Der h. M. folgend kann es jedoch in Höhe des nicht mehr werthaltigen Teils der Forderung zu einer Betriebsvermögensmehrung kommen, wenn der Forderungserlass aus eigenbetrieblichem Interesse erfolgt ist. Hinsichtlich dieses Gewinns kommt unter den Voraussetzungen des Sanierungserlasses ein Erlass der auf den Gewinn entfallenden Einkommen- bzw. Körperschaftsteuer in Betracht. Denn auch der aus einem Forderungserlass eines Gesellschafters einer Personengesellschaft resultierende Gewinn ist eine Erhöhung des Betriebsvermögens, die dadurch entstanden ist, dass Schulden zum Zweck der Sanierung erlassen wurden; er ist folglich als Sanierungsgewinn i.S.d Teilziffer 3[729] zu qualifizieren. Zu prüfen ist im Weiteren, ob der Gewinn im Rahmen einer Sanierungsmaßnahme nach Teilziffer 1 bzw. 2 des Sanierungserlasses entstanden ist und die Kriterien für einen nach Teilziffer 4[730] begünstigten Sanierungsgewinn vorliegen. Sind diese Voraussetzungen im Einzelfall erfüllt, ist jedenfalls die Einkommen- bzw. Körperschaftsteuer auf einen nach Ausschöpfen der ertragsteuerrechtlichen Verlustverrechnungsmöglichkeiten ggf. verbleibenden Gewinn letztlich zu erlassen.

II. Forderungserlass gegen Besserungsschein

Im Interesse der Gläubiger des Schuldnerunternehmens wird ein Forderungserlass regelmäßig nicht ohne Bedingung vereinbart.[731] Vielmehr wird der Forderungserlass häufig unter die Bedingung gestellt, dass der Gläubiger seine ursprüngliche

727 Ebenso Herrmann/Heuer/Raupach/*Tiede*, EStG/KStG, § 15 EStG Anm. 453 (Stand: März 2013).

728 *Demuth*, KÖSDI 2008, 16177, 16184; *Erhardt/Zeller*, DStR 2012, 1636, 1640; Herrmann/Heuer/Raupach/*Tiede*, EStG/KStG, § 15 EStG Anm. 453 (Stand: März 2013); Kirchhof/*Reiß*, § 15 Rn. 331.

729 BMF, Schreiben vom 27.03.2003 – IV A 6 – S 2140 – 8/03, BStBl. I 2003, 240, Tz. 3.

730 BMF, Schreiben vom 27.03.2003 – IV A 6 – S 2140 – 8/03, BStBl. I 2003, 240, Tz. 4.

731 *Becker/Pape/Wobbe*, DStR 2010, 506, 507; *Knebel*, DB 2009, 1094; *Lornsen-Veit/Behrendt*, FR 2007, 179; *Pohl*, DB 2007, 1553; *Schwenker/Fischer*, DStR 2010, 1117, 1119.

Forderung im Falle der späteren Besserung der wirtschaftlichen Situation des Unternehmens wieder geltend machen kann. Ein solcher Forderungserlass gegen Besserungsschein bietet den Vorteil, dass der Gläubiger, indem er das Schuldnerunternehmen durch seinen Erlass von der sofortigen Zahlungspflicht befreit, sowohl einen Sanierungsbeitrag leistet, als auch gleichzeitig nach Überwindung der Krisensituation unmittelbar an der Gesundung des Schuldnerunternehmens partizipiert.[732]

1. Zivilrechtliche Einordnung

Ein Forderungserlass gegen Besserungsschein kann zivilrechtlich in zwei Varianten ausgestaltet sein.[733] Einerseits kann der Erlassvertrag nach § 397 Abs. 1 BGB unter einer auflösenden Bedingung nach § 158 Abs. 2 BGB vereinbart werden.[734] Dabei ist der Erlass zunächst voll wirksam, sodass die Forderung mit dem Erlass erlischt.[735] Tritt die auflösende Bedingung ein, wird der Forderungserlass zivilrechtlich so beurteilt, als sei er von Anfang an nicht erklärt worden (§ 158 Abs. 2 BGB).[736] Die ursprüngliche Forderung lebt daher mit Bedingungseintritt wieder auf.[737] Alternativ ist es auch möglich, bei Eintritt einer Bedingung eine neue Forderung entstehen zu lassen.[738] In dieser Variante wird der Forderungserlass unbedingt vereinbart, jedoch verbunden mit einer zusätzlich begründeten Verbindlichkeit, die unter einer

---

732 Gottwald/*Drukarczyk/Schöntag*, Insolvenzrechts-Handbuch, § 3 Rn. 91; Lüdicke/Sistermann/*Loose/Maier*, Unternehmensteuerrecht, § 17 Rn. 78; *Schwenker/Fischer*, DStR 2010, 1117, 1119.

733 *Bildstein/Dallwitz*, DStR 2009, 1177, 1178; *Gänsler*, Ubg 2013, 154; *Kahlert*/Rühland, Sanierungs- und Insolvenzsteuerrecht, 2. Aufl., Rn. 2.48; *Knebel*, DB 2009, 1094, 1095.

734 *Becker/Pape/Wobbe*, DStR 2010, 506, 507; *Bildstein/Dallwitz*, DStR 2009, 1177, 1178; Blümich/*Krumm*, EStG/KStG/GewStG, § 5 EStG Rn. 920 Stichwort „Besserungsscheine", 957 (Stand: August 2015); *Gänsler*, Ubg 2013, 154; Gottwald/*Drukarczyk/Schöntag*, Insolvenzrechts-Handbuch, § 3 Rn. 91; *Häuselmann*, BB 1993, 1552, 1553; *Kahlert*/Rühland, Sanierungs- und Insolvenzsteuerrecht, 2. Aufl., Rn. 2.48; *Knebel*, DB 2009, 1094, 1095; *Schwenker/Fischer*, DStR 2010, 1117, 1119.

735 BMF, Schreiben vom 02.12.2003 – IV A 2 – S 2743 – 5/03, BStBl. I 2003, 648, Tz. 1; *Bildstein/Dallwitz*, DStR 2009, 1177, 1178; Gottwald/*Drukarczyk/Schöntag*, Insolvenzrechts-Handbuch, § 3 Rn. 91; *Kahlert*/Rühland, Sanierungs- und Insolvenzsteuerrecht, 2. Aufl., Rn. 2.48; Lüdicke/Sistermann/*Loose/Maier*, Unternehmensteuerrecht, § 17 Rn. 77.

736 Gottwald/*Drukarczyk/Schöntag*, Insolvenzrechts-Handbuch, § 3 Rn. 91; *Häuselmann*, BB 1993, 1552, 1553; *Knebel*, DB 2009, 1094, 1095.

737 *Becker/Pape/Wobbe*, DStR 2010, 506, 507; *Bildstein/Dallwitz*, DStR 2009, 1177, 1178; *Gänsler*, Ubg 2013, 154; Gottwald/*Drukarczyk/Schöntag*, Insolvenzrechts-Handbuch, § 3 Rn. 91; *Rolf/Pankoke*, BB 2008, 2274, 2275; *Schwenker/Fischer*, DStR 2010, 1117, 1119.

738 *Bildstein/Dallwitz*, DStR 2009, 1177, 1178; *Häuselmann*, BB 1993, 1552 f.; *Kahlert*/Rühland, Sanierungs- und Insolvenzsteuerrecht, 2. Aufl., Rn. 2.48; *Knebel*, DB 2009, 1094, 1095.

aufschiebenden Bedingung nach § 158 Abs. 1 BGB steht.[739] Durch den Forderungserlass erlischt die ursprüngliche Forderung und im Falle des Bedingungseintritts wird die neue Forderung begründet.[740]

In beiden Varianten wird regelmäßig die Verbesserung der wirtschaftlichen Situation des Schuldnerunternehmens Gegenstand der Bedingung sein.[741] Um einen zu großen Auslegungsspielraum zu vermeiden und die damit verbundene Möglichkeit der Manipulation des Kriteriums für den Bedingungseintritt auszuschließen, wird die Bedingung im Einzelfall an konkrete wirtschaftliche Ereignisse geknüpft, die als Maßstab für die wirtschaftliche Gesundung des Unternehmens stehen.[742] Die betreffenden Ereignisse sollten eindeutig und klar definiert[743] werden.[744] Insoweit ist beispielsweise die Bindung des Bedingungseintritts an eine bestimmte Umsatzhöhe oder an das Erzielen eines bestimmten Umfangs an Zahlungsüberschüssen aus Assetverkäufen denkbar.[745] Inwieweit die Forderung mit Bedingungseintritt vollständig oder lediglich teilweise wieder auflebt bzw. neu entsteht, obliegt den Parteien im Einzelfall.[746]

Zu beachten ist weiterhin, dass der Eintritt der Bedingung keine Rückwirkung entfaltet.[747] Gleichwohl kann rechtsgeschäftlich vereinbart werden, dass der

---

739 *Bildstein/Dallwitz*, DStR 2009, 1177, 1178; *Gänsler*, Ubg 2013, 154; *Häuselmann*, BB 1993, 1552 f.; *Knebel*, DB 2009, 1094, 1095.

740 *Bildstein/Dallwitz*, DStR 2009, 1177, 1178.

741 *Becker/Pape/Wobbe*, DStR 2010, 506, 507; *Bildstein/Dallwitz*, DStR 2009, 1177, 1178; Gottwald/*Drukarczyk/Schöntag*, Insolvenzrechts-Handbuch, § 3 Rn. 92; *Kahlert/Rühland*, Sanierungs- und Insolvenzsteuerrecht, Teil A Rn. 77; *Knebel*, DB 2009, 1094, 1095; *Schwenker/Fischer*, DStR 2010, 1117, 1119.

742 *Becker/Pape/Wobbe*, DStR 2010, 506, 507; Gottwald/*Drukarczyk/Schöntag*, Insolvenzrechts-Handbuch, § 3 Rn. 92.

743 Dies gilt nicht nur im Hinblick auf die Vermeidung einer Manipulation des Bedingungseintritts. Erfolgt der Forderungserlass gegen Besserungsschein durch einen Gesellschafter und sind die Vereinbarungen hinsichtlich des Bedingungseintritts nicht eindeutig und klar schriftlich fixiert, besteht die Gefahr, dass die Zahlungen nach Eintritt des Besserungsfalls als verdeckte Gewinnausschüttungen qualifiziert werden, so z. B. in BFH, Urteil vom18.12.2002 – I R 27/02, BFH/NV 2003, 824, 825.

744 Gottwald/*Drukarczyk/Schöntag*, Insolvenzrechts-Handbuch, § 3 Rn. 92; *Horst*, DB 2013, 656, 658; *Kahlert/Rühland*, Sanierungs- und Insolvenzsteuerrecht, Teil A Rn. 92; Lüdicke/Sistermann/*Loose/Maier*, Unternehmensteuerrecht, § 17 Rn. 77; *Paus*, GmbHR 2004, 1568, 1571; *Schwenker/Fischer*, DStR 2010, 1117, 1119; *Wälzholz*, GmbH-StB 2006, 76, 80.

745 *Becker/Pape/Wobbe*, DStR 2010, 506, 507 f.; Gottwald/*Drukarczyk/Schöntag*, Insolvenzrechts-Handbuch, § 3 Rn. 92.

746 *Becker/Pape/Wobbe*, DStR 2010, 506, 508; *Kahlert/Rühland*, Sanierungs- und Insolvenzsteuerrecht, Teil A Rn. 77; *Knebel*, DB 2009, 1094, 1095.

747 Dies ergibt sich aus §§ 158 Abs. 1 i.V.m. 159 BGB bzw. §§ 158 Abs. 2 i.V.m. 159 BGB.

Bedingungseintritt jedenfalls schuldrechtlich zurückwirkt, § 159 BGB.[748] Es ist daher möglich, im Erlassvertrag die rückwirkende Verzinsung der Forderung für den Zeitraum der Krise zu vereinbaren.[749] Da der Forderungserlass trotz der Besserungsabrede zunächst wie ein endgültig erklärter Erlass wirkt[750] und die Forderung folglich im Krisenzeitraum nicht besteht, hat das Schuldnerunternehmen in diesem Zeitraum auch keine Zinsverbindlichkeiten.[751] Mit Bedingungseintritt entsteht jedoch die Verpflichtung des Schuldnerunternehmens – auch für den Zeitraum der Krise – Zinsen auf die Forderung zu zahlen, sofern eine entsprechende Vereinbarung in den Erlassvertrag aufgenommen wurde.[752]

Schließlich ist der Forderungserlass gegen Besserungsschein von einer Rangrücktrittsvereinbarung abzugrenzen. Diese stellt zivilrechtlich einen verfügenden Schuldänderungsvertrag dar, durch den lediglich die Erfüllungsmodalitäten dahingehend modifiziert werden, dass sich der Gläubiger mit einer nachrangigen Bedienung seiner Forderung begnügt.[753] Den Bestand der Forderung als solche lässt sie folglich unberührt.[754] Im Gegensatz zu einem Forderungserlass mit Besserungsschein, der ungeachtet der Bedingung wie ein endgültig erklärter Forderungserlass wirkt, führt ein Rangrücktritt somit nicht zum Erlöschen der Schuld.[755] Da sowohl der Forderungserlass mit Besserungsschein, als auch der qualifizierte Rangrücktritt

---

748 BFH, Urteil vom 30.05.1990 – I R 41/87, BStBl. II 1991, 588, 591; BFH, Urteil vom 29.01.2003 – I R 50/02, BStBl. II 2003, 768, 770; *Bildstein/Dallwitz*, DStR 2009, 1177, 1178; Jauernig/*Mansel*, BGB, § 159 Rn. 1; Palandt/*Ellenberger*, BGB, § 159 Rn. 1.

749 BFH, Urteil vom 30.05.1990 – I R 41/87, BStBl. II 1991, 588, 592; BMF, Schreiben vom 02.12.2003 – IV A 2 – S 2743 – 5/03, BStBl. I 2003, 648; *Becker/Pape/Wobbe*, DStR 2010, 506, 508; *Bildstein/Dallwitz*, DStR 2009, 1177, 1178; *Förster/Wendland*, GmbHR 2006, 169, 175; *Kahlert/Rühland*, Sanierungs- und Insolvenzsteuerrecht, Teil A Rn. 88; *Knebel*, DB 2009, 1094, 1095.

750 BMF, Schreiben vom 02.12.2003 – IV A 2 – S 2743 – 5/03, BStBl. I 2003, 648, Tz. 1; *Brinkmann*, StBp 2010, 33, 34; *Förster/Wendland*, GmbHR 2006, 169, 175; *Kahlert/Rühland*, Sanierungs- und Insolvenzsteuerrecht, Teil A Rn. 74; Lüdicke/Sistermann/*Loose/Maier*, Unternehmensteuerrecht, § 17 Rn. 77; *Winnefeld*, Bilanzhandbuch, D Rn. 620.

751 BFH, Urteil vom 30.05.1990 – I R 41/87, BStBl. II 1991, 588, 592; *Kahlert*/Rühland, Sanierungs- und Insolvenzsteuerrecht, 2. Aufl., Rn. 2.48; *Knebel*, DB 2009, 1094, 1095.

752 BFH, Urteil vom 30.05.1990 – I R 41/87, BStBl. II 1991, 588, 592; BMF, Schreiben vom 02.12.2003 – IV A 2 – S 2743 – 5/03, BStBl. I 2003, 648, Tz. 2; *Kahlert*/Rühland, Sanierungs- und Insolvenzsteuerrecht, 2. Aufl., Rn. 2.48; *Knebel*, DB 2009, 1094, 1095.

753 *Lang*, DStZ 2006, 789; *Rolf/Pankoke*, BB 2008, 2274, 2275; *Schildknecht*, DStR 2005, 181.

754 BFH, Urteil vom 20.10.2004 – I R 11/03, BStBl. II 2005, 581, 583; *Brinkmann*, StBp 2010, 33 f.; *Lang*, DStZ 2006, 789; *Schildknecht*, DStR 2005, 181; Schmidt/Uhlenbruck/*Crezelius*, Die GmbH in Krise, Sanierung und Insolvenz, 2. Teil, Rn. 2.644.

755 BFH, Urteil vom 20.10.2004 – I R 11/03, BStBl. II 2005, 581, 583; *Bildstein/Dallwitz*, DStR 2009, 1177, 1178; *Lang*, DStZ 2006, 789; *Rolf/Pankoke*, BB 2008, 2274, 2275;

zur Folge haben, dass die betreffende Forderung nicht mehr in der Überschuldungsbilanz des Schuldnerunternehmens bilanziert werden muss,[756] ist für die Abgrenzung entscheidend, ob die zwischen den Parteien getroffene Vereinbarung das Erlöschen der Forderung zur Folge hat oder nicht.[757]

2. Steuerliche Auswirkungen

Mit Blick auf die steuerlichen Auswirkungen eines Forderungserlasses mit Besserungsschein ist zwischen dem Erlasses der Forderung und dem Eintritt des Besserungsfalles zu differenzieren.

a) Erlass der Forderung

Hinsichtlich des Erlasses der Forderung hat der Forderungserlass gegen Besserungsschein die gleichen Konsequenzen wie ein unbedingter Forderungserlass. Er führt ungeachtet der Besserungsvereinbarung zum Erlöschen der Forderung gegen das Schuldnerunternehmen.[758] Die bei diesem bis dahin ausgewiesene Verbindlichkeit ist dem zu Folge in Höhe des Erlasses aus der Handels- sowie der Steuerbilanz auszubuchen.[759] Inwieweit die aus diesem Vorgang resultierende Betriebsvermögensmehrung des Schuldnerunternehmens ggf. für steuerliche Zwecke durch den Abzug einer verdeckten Einlage zu neutralisieren ist, hängt wie bei einem unbedingten Forderungserlass davon ab, ob es sich bei dem erlassenden Gläubiger um

---

Schildknecht, DStR 2005, 181; Schmidt/Uhlenbruck/*Crezelius*, Die GmbH in Krise, Sanierung und Insolvenz, 2. Teil, Rn. 2.644.

756 *Rolf/Pankoke*, BB 2008, 2274, 2275.

757 BFH, Urteil vom 20.10.2004 – I R 11/03, BStBl. II 2005, 581, 583; *Bildstein/Dallwitz*, DStR 2009, 1177, 1178; *Lang*, DStZ 2006, 789; *Schildknecht*, DStR 2005, 181.

758 BFH, Urteil vom 30.05.1990 – I R 41/87, BStBl. II 1991, 588, 591; BMF, Schreiben vom 02.12.2003 – IV A 2 – S 2743 – 5/03, BStBl. I 2003, 648, Tz. 1; *Becker/Pape/Wobbe*, DStR 2010, 506, 507; *Förster/Wendland*, GmbHR 2006, 169, 175; *Kahlert/Rühland*, Sanierungs- und Insolvenzsteuerrecht, Teil A Rn. 74; Lüdicke/Sistermann/*Loose/Maier*, Unternehmensteuerrecht, § 17 Rn. 77; *Pohl*, DB 2007, 1553; *Winnefeld*, Bilanzhandbuch, D Rn. 1581.

759 BFH, Urteil vom 30.05.1990 – I R 41/87, BStBl. II 1991, 588, 591 f.; BFH, Urteil vom 29.01.2003 – I R 50/02, BStBl. II 2003, 768, 770; BMF, Schreiben vom 02.12.2003 – IV A 2 – S 2743 – 5/03, BStBl. I 2003, 648, Tz. 1; *Adler/Düring/Schmaltz*, Rechnungslegung und Prüfung von Unternehmen, Teilband 6, § 246 Rn. 149; *Becker/Pape/Wobbe*, DStR 2010, 506, 508; Beck'scher Bilanz-Kommentar/*Schubert*, § 247 Rn. 237; *Bildstein/Dallwitz*, DStR 2009, 1177, 1178; Blümich/*Krumm*, EStG/KStG/GewStG, § 5 EStG, Rn. 920 Stichwort „Besserungsscheine", 957 (Stand: August 2015); *Brinkmann*, StBp 2010, 33; *Förster/Wendland*, GmbHR 2006, 169, 175; *Kahlert/*Rühland, Sanierungs- und Insolvenzsteuerrecht, 2. Aufl., Rn. 2.48; *Pohl*, DB 2007, 1553; Schmidt/*Weber-Grellet*, EStG, § 5 Rn. 550 Stichwort „Gesellschafterfinanzierung"; *Schwenker/Fischer*, DStR 2010, 1117, 1119; *Töben/Lohbeck/Specker*, NWB 2009, 1484, 1488; *Winnefeld*, Bilanzhandbuch, D Rn. 1583.

einen Gesellschafter oder einen Fremdgläubiger handelt und inwieweit ein etwaiger Gesellschaftererlass betrieblich oder gesellschaftsrechtlich veranlasst ist.[760] Der Forderungserlass eines Drittgläubigers führt beim Schuldnerunternehmen in voller Höhe des Erlasses zu einer Betriebsvermögensmehrung und somit grundsätzlich zu einem steuerpflichtigen Gewinn.[761] Gleiches gilt für einen betrieblich veranlassten Erlass durch einen Gesellschafter einer Kapitalgesellschaft.[762] Soweit der Forderungserlass eines Gesellschafters einer Kapitalgesellschaft auf das Beteiligungsverhältnis zurückzuführen ist, führt er bei dieser zu einer Einlage in Höhe des zum Zeitpunkt des Erlasses werthaltigen Teils der Forderung.[763] In Höhe des nicht mehr werthaltigen Teils der Forderung verbleibt bei der Schuldnergesellschaft hingegen eine Betriebsvermögensmehrung.[764] Gleiches gilt nach h.M. für einen betrieblich veranlassten Forderungserlass eines Gesellschafters einer Personengesellschaft entsprechend. Der gesellschaftsrechtlich veranlasste Erlass eines Gesellschafters einer Personengesellschaft ist indes erfolgsneutral.[765]

b) Eintritt des Besserungsfalls

Der Eintritt des Besserungsfalls ist steuerlich korrespondierend zum Erlass der Forderung zu erfassen. Die ursprünglich in Höhe des Erlasses ausgebuchte Verbindlichkeit ist mit Eintritt des Besserungsfalls wieder vermögensmindernd in

---

760 Die steuerlichen Auswirkungen des Erlasses der Forderung im Rahmen eines Forderungserlasses gegen Besserungsschein sind mit denen eines unbedingten Forderungserlasses identisch. Sie sollen daher im Folgenden nur kurz zusammengefasst werden. Zur ausführlichen Darstellung siehe soeben unter **E.I.1.**

761 *Becker/Pape/Wobbe*, DStR 2010, 506, 508; Blümich/*Krumm*, EStG/KStG/GewStG, § 5 EStG, Rn. 920 Stichwort „Besserungsscheine", 957 (Stand: August 2015); *Brinkmann*, StBp 2010, 33; *Kahlert/Rühland*, Sanierungs- und Insolvenzsteuerrecht, Teil A Rn. 79; *Töben/Lohbeck/Specker*, NWB 2009, 1484, 1488 f.; *Winnefeld*, Bilanzhandbuch, D Rn. 620.

762 *Kahlert/Rühland*, Sanierungs- und Insolvenzsteuerrecht, Teil A Rn. 90; *Rolf/Pankoke*, BB 2008, 2274, 2275.

763 BMF, Schreiben vom 02.12.2003 – IV A 2 – S 2743 – 5/03, BStBl. I 2003, 648, Tz. 1; *Bildstein/Dallwitz*, DStR 2009, 1177, 1178; Blümich/*Krumm*, EStG/KStG/GewStG, § 5 EStG, Rn. 920 Stichwort „Besserungsscheine", 957, 954 (Stand: August 2015); *Kahlert/Rühland*, Sanierungs- und Insolvenzsteuerrecht, Teil A Rn. 94 f.; *Pohl*, DB 2007, 1553; *Rolf/Pankoke*, BB 2008, 2274, 2275; Schnitger/*Fehrenbacher*, KStG, § 8 Rn. 707; Schmidt/Uhlenbruck/*Crezelius*, Die GmbH in Krise, Sanierung und Insolvenz, 2. Teil, Rn. 2.655; *Winnefeld*, Bilanzhandbuch, D Rn. 620.

764 BFH, Urteil vom 12.07.2012 – I R 23/11, BFH/NV 2012, 1901, 1902; *Bildstein/Dallwitz*, DStR 2009, 1177, 1179; *Förster/Wendland*, GmbHR 2006, 169, 175; *Kahlert/Rühland*, Sanierungs- und Insolvenzsteuerrecht, Teil A Rn. 96; *Pohl*, DB 2007, 1553; *Rolf/Pankoke*, BB 2008, 2274, 2275; Schnitger/*Fehrenbacher*, KStG, § 8 Rn. 707; Schmidt/Uhlenbruck/*Crezelius*, Die GmbH in Krise, Sanierung und Insolvenz, 2. Teil, Rn. 2.655; *Winnefeld*, Bilanzhandbuch, D Rn. 620.

765 Siehe soeben unter **E.I.3.**

die Handels- und Steuerbilanz einzubuchen.[766] Soweit durch das Ausbuchen der Verbindlichkeit im Rahmen des Erlasses der Forderung eine Betriebsvermögensmehrung entstanden ist, führt das Wiedereinbuchen der Verbindlichkeit zu einer Betriebsvermögensminderung.[767] Hat der Forderungserlass indes zu einer verdeckten Einlage in die Schuldnergesellschaft geführt, ist die durch die erneute Passivierung der Verbindlichkeit entstehende Betriebsvermögensminderung – spiegelbildlich zur Betriebsvermögensmehrung beim Erlass der Forderung – für steuerliche Zwecke außerbilanziell zu korrigieren.[768] Es kommt insoweit zu einer Rückgängigmachung der aus dem Forderungserlass resultierenden verdeckten Einlage.[769] Dies erfolgt, unabhängig von der allgemeinen Verwendungsreihenfolge des § 27 Abs. 1 Satz 3

766 BFH, Urteil vom 30.05.1990 – I R 41/87, BStBl. II 1991, 588, 591 f.; BFH, Urteil vom 29.01.2003 – I R 50/02, BStBl. II 2003, 768, 770; BMF, Schreiben vom 02.12.2003 – IV A 2 – S 2743 – 5/03, BStBl. I 2003, 648, Tz. 2a; *Becker/Pape/Wobbe*, DStR 2010, 506, 508; Beck'scher Bilanz-Kommentar/*Schubert*, § 247 Rn. 237; *Bildstein/Dallwitz*, DStR 2009, 1177, 1178; Blümich/*Krumm*, EStG/KStG/GewStG, § 5 EStG, Rn. 920 Stichwort „Besserungsscheine", 957 (Stand: August 2015); *Gänsler*, Ubg 2013, 154, 155; *Horst*, DB 2013, 656, 658; *Kahlert*/Rühland, Sanierungs- und Insolvenzsteuerrecht, 2. Aufl., Rn. 2.48; *Lornsen-Veit/Behrendt*, FR 2007, 179, 180; Lüdicke/Sistermann/*Loose/Maier*, Unternehmensteuerrecht, § 17 Rn. 80; Schmidt/Uhlenbruck/*Crezelius*, Die GmbH in Krise, Sanierung und Insolvenz, 2. Teil, Rn. 2.662; Schmidt/*Weber-Grellet*, EStG, § 5 Rn. 550 Stichwort „Gesellschafterfinanzierung"; *Schwenker/Fischer*, DStR 2010, 1117, 1119; *Winnefeld*, Bilanzhandbuch, D Rn. 1585.

767 BFH, Urteil vom 12.07.2012 – I R 23/11, BFH/NV 2012, 1901, 1902; BMF, Schreiben vom 02.12.2003 – IV A 2 – S 2743 – 5/03, BStBl. I 2003, 648, Tz. 2a; *Becker/Pape/Wobbe*, DStR 2010, 506, 508; *Bildstein/Dallwitz*, DStR 2009, 1177, 1179; *Dörr/Eggert*, NWB 2013, 22, 26; *Förster/Wendland*, GmbHR 2006, 169, 175; *Kahlert*/Rühland, Sanierungs- und Insolvenzsteuerrecht, 2. Aufl., Rn. 2.48; *Kollmar*, ZSteu 2009, 365, 369; Lüdicke/Sistermann/*Loose/Maier*, Unternehmensteuerrecht, § 17 Rn. 80; *Rolf/Pankoke*, BB 2008, 2274, 2275; Schnitger/*Fehrenbacher*, KStG, § 8 Rn. 707; Schmidt/Uhlenbruck/*Crezelius*, Die GmbH in Krise, Sanierung und Insolvenz, 2. Teil, Rn. 2.662; Schmidt/*Weber-Grellet*, EStG, § 5 Rn. 550 Stichwort „Gesellschafterfinanzierung"; *Schwenker/Fischer*, DStR 2010, 1117, 1119.

768 *Bildstein/Dallwitz*, DStR 2009, 1177, 1179; *Gänsler*, Ubg 2013, 154, 155 f.; *Horst*, DB 2013, 656, 658; *Kahlert/Rühland*, Sanierungs- und Insolvenzsteuerrecht, Teil A Rn. 95; Lüdicke/Sistermann/*Loose/Maier*, Unternehmensteuerrecht, § 17 Rn. 81; Schnitger/*Fehrenbacher*, KStG, § 8 Rn. 707; Schmidt/Uhlenbruck/*Crezelius*, Die GmbH in Krise, Sanierung und Insolvenz, 2. Teil, Rn. 2.662; *Schwenker/Fischer*, DStR 2010, 1117, 1119.

769 *Dötsch*/Pung/Möhlenbrock, KStG § 27 Rn. 63 (Stand: April 2014); *Gänsler*, Ubg 2013, 154, 156; *Horst*, DB 2013, 656, 658; *Lornsen-Veit/Behrendt*, FR 2007, 179, 180; Lüdicke/Sistermann/*Loose/Maier*, Unternehmensteuerrecht, § 17 Rn. 81; *Rolf/Pankoke*, BB 2008, 2274, 2275; Schmidt/Uhlenbruck/*Crezelius*, Die GmbH in Krise, Sanierung und Insolvenz, 2. Teil, Rn. 2.662.

KStG,[770] durch einen Direktzugriff auf das steuerliche Einlagekonto, von dem dabei der Betrag abzuziehen ist, um den sich das Einlagekonto zum Zeitpunkt des Forderungserlasses in Folge der Werthaltigkeit der Forderung erhöht hat (steuerneutrale Einlagenrückgewähr).[771] Als Konsequenz ist die durch die Wiedereinbuchung der Verbindlichkeit entstehende Betriebsvermögensminderung bei der Schuldnergesellschaft in Höhe der ursprünglichen verdeckten Einlage nicht gewinnwirksam („negative Einlage").[772]

Schließlich stellt der Eintritt des Besserungsfalls kein rückwirkendes Ereignis nach § 175 Abs. 1 Satz 1 Nr. 2 AO dar. Ein rückwirkendes Ereignis liegt vor, wenn das später eintretende Ereignis den für den Steuertatbestand relevanten Sachverhalt anders gestaltet und sich in der Weise steuerlich in die Vergangenheit auswirkt, dass „nunmehr der veränderte anstelle des zuvor verwirklichten Sachverhalts der Besteuerung zugrunde zu legen ist".[773] Dies ist bei laufend veranlagten Steuern, wie z. B. der Einkommen- und der Körperschaftsteuer, regelmäßig nicht der Fall; vielmehr sind die aus dem später eintretenden Ereignis resultierenden steuerlichen Anpassungen in dem Veranlagungszeitraum vorzunehmen, in dem das Ereignis eintritt.[774] So kann

---

770 An dieser Beurteilung ist nach zutreffender Ansicht auch nach dem Inkrafttreten des SEStEG festzuhalten. Entscheidend ist insoweit, dass der Besserungsfall keine Leistung i.S.d. § 27 Abs. 1 Satz 3 KStG nF darstellt. Leistungen i.S.d. § 27 Abs. 1 Satz 3 KStG nF sind durch das Gesellschaftsverhältnis veranlasste Auskehrungen. Die sich im Besserungsfall vollziehende Umwandlung von Eigenkapital in Fremdkapital wird durch den BFH jedoch grade nicht als Ausschüttung qualifiziert (BFH, Urteil vom 30.05.1990 – I R 41/87, BStBl. II 1991, 588, 591; BFH, Urteil vom 03.12.1996 – I R 121/95, BFH/NV 1997, 265). Das Gebot der Verwendungsreihenfolge nach § 27 Abs. 1 Satz 3 KStG findet daher auf den Besserungsfall keine Anwendung, siehe dazu *Dötsch*/Pung/Möhlenbrock, KStG § 27 Rn. 63 (Stand: April 2014); Erle/Sauter/*Lornsen-Veit*, KStG, § 27 Rn. 60 f.; *Lornsen-Veit/Behrendt*, FR 2007, 179, 182; Lüdicke/Sistermann/*Loose/Maier*, Unternehmensteuerrecht, § 17 Rn. 84; *Pohl*, DB 2007, 1553, 1556 f.; Schmidt/Uhlenbruck/*Crezelius*, Die GmbH in Krise, Sanierung und Insolvenz, 2. Teil, Rn. 2.662; zweifelnd *Kollmar*, ZSteu 2009, 365, 369; a.A. *Winkeljohann/Fuhrmann*, DB 2006, 1862 f.

771 BMF, Schreiben vom 02.12.2003 – IV A 2 – S 2743 – 5/03, BStBl. I 2003, 648, Tz. 2a; *Dötsch*/Pung/Möhlenbrock, KStG § 27 Rn. 63 (Stand: April 2014); *Kollmar*, ZSteu 2009, 365, 369; *Lornsen-Veit/Behrendt*, FR 2007, 179, 180; Lüdicke/Sistermann/*Loose/Maier*, Unternehmensteuerrecht, § 17 Rn. 84; *Pohl*, DB 2007, 1553, 1557; *Rolf/Pankoke*, BB 2008, 2274, 2275; Schmidt/Uhlenbruck/*Crezelius*, Die GmbH in Krise, Sanierung und Insolvenz, 2. Teil, Rn. 2.662.

772 Lüdicke/Sistermann/*Loose/Maier*, Unternehmensteuerrecht, § 17 Rn. 81; *Lornsen-Veit/Behrendt*, FR 2007, 179, 180.

773 BFH, Beschluss vom 19.07.1993 – GrS 2/92, BStBl. II 1993, 897, 901; siehe auch BFH, Urteil vom 13.09.2000 – X R 148/97; BStBl. II 2001, 641, 644; Tipke/Kruse/*Loose*, AO, § 175 Rn. 26 (Stand: August 2014); Hübschmann/Hepp/Spitaler/*von Groll*, AO, § 175 Rn. 280 (Stand: September 2014).

774 BFH, Beschluss vom 19.07.1993 – GrS 2/92, BStBl. II 1993, 897, 901; BFH, Urteil vom 13.09.2000 – X R 148/97; BStBl. II 2001, 641, 644; Schwarz/Pahlke/*Frotscher*,

insbesondere im Rahmen der laufenden Gewinnermittlung nach §§ 4 Abs. 1, 5 Abs. 1 EStG über den Bilanzzusammenhang eine korrekte Totalbesteuerung auch dann erreicht werden, wenn die auf Grund des später eintretenden Ereignisses erforderlich werdenden Anpassungen in dem späteren Veranlagungszeitraum erfolgen.[775]

Etwas anderes gilt jedoch bei Vorgängen, die an ein „einmaliges, punktuelles Ereignis anknüpfen“ und bei denen die aus dem nachträglichen Ereignis erforderlich werdenden Anpassungen nur durch eine Rückwirkung auf den ursprünglichen Stichtag Berücksichtigung finden können.[776] Einen solchen punktuellen Vorgang hat die Rechtsprechung insbesondere bei Veräußerungsvorgängen angenommen, wie z. B. der Veräußerung eines Gewerbebetriebes nach § 16 Abs. 1 EStG[777], einer wesentlichen Beteiligung nach § 17 Abs. 1 EStG[778] oder eines nach § 6b EStG begünstigten Anlageguts[779]. Ändert sich in diesen Fällen der Sachverhalt, z. B. die Höhe des Veräußerungspreises, müssen die daraus resultierenden Rechtsfolgen punktuell korrigiert werden, da „eine Korrektur zu einem späteren Zeitpunkt rechtlich nicht möglich wäre oder wirtschaftlich leer liefe.“[780] Diese punktuelle Korrektur wird über § 175 Abs. 1 Satz 1 Nr. 2 AO erreicht, indem das zur Änderung des Sachverhaltes führende Ereignis als „steuerlich rückwirkend“ im Sinne dieser Vorschrift qualifiziert.

Bei einem Forderungsverzicht gegen Besserungsschein handelt es sich jedoch nicht um einen punktuellen Vorgang im vorstehenden Sinne. Denn der mit dem Eintritt des Besserungsfalls einhergehenden Änderung der Verhältnisse kann durch die (Wieder-)Einbuchung der Verbindlichkeit in die Steuerbilanz in dem Veranlagungszeitraum Rechnung getragen werden, in dem der Besserungsfall eintritt. Einer punktuellen Korrektur im Veranlagungszeitraum der Ausbuchung der Verbindlichkeit bedarf es nicht, da über den Bilanzzusammenhang eine korrekte Totalbesteuerung auch bei (Wieder-)Einbuchung im späteren Veranlagungszeitraum gewährleistet ist. Der Eintritt des Besserungsfalls ist daher kein rückwirkendes Ereignis i.S.d. § 175 Abs. 1 Satz 1 Nr. 2 AO.[781]

AO, § 175 Rn. 64 (Stand: August 2012); Beermann/Gosch/*von Wedelstädt*, AO, § 175 Rn. 64 (Stand: Februar 2015).

775 Vgl. Schwarz/Pahlke/*Frotscher*, AO, § 175 Rn. 64 (Stand: August 2012).

776 BFH, Beschluss vom 19.07.1993 – GrS 2/92, BStBl. II 1993, 897, 901; BFH, Urteil vom 13.09.2000 – X R 148/97; BStBl. II 2001, 641, 644; Schwarz/Pahlke/*Frotscher*, AO, § 175 Rn. 64 (Stand: August 2012); Beermann/Gosch/*von Wedelstädt*, AO, § 175 Rn. 65 (Stand: Februar 2015).

777 Vgl. BFH, Beschluss vom 19.07.1993 – GrS 2/92, BStBl. II 1993, 897, 901.

778 Vgl. BFH, Urteil vom 21.12.1993 – VIII R 69/88, BStBl. II 1994, 648, 649 f.

779 BFH, Urteil vom 13.09.2000 – X R 148/97; BStBl. II 2001, 641, 644.

780 BFH, Urteil vom 13.09.2000 – X R 148/97; BStBl. II 2001, 641, 644.

781 Ebenso i.E. BFH, Urteil vom 12.07.2012 – I R 23/11, BFH/NV 2012, 1901, 1902 m.w.N.

3. Steuerliche Begünstigung nach dem Sanierungserlass

Sofern das Schuldnerunternehmen durch den Erlass der Forderung eine Betriebsvermögensmehrung und damit einen steuerpflichtigen Gewinn generiert, stellt sich die Frage nach der Möglichkeit eines Erlasses der auf diesen Gewinn entfallenden Einkommen- bzw. Körperschaftsteuer nach dem Sanierungserlass. Voraussetzung ist wie bei einem unbedingten Erlass zunächst, dass der Forderungserlass gegen Besserungsschein eine Sanierungsmaßnahme nach Teilziffer 1 bzw. 2 des Sanierungserlasses darstellt. Da auch der Forderungserlass gegen Besserungsschein zum Erlöschen der Forderung gegen das Schuldnerunternehmen führt,[782] ist auch eine aus diesem generierte Betriebsvermögensmehrung eine solche, die dadurch entstanden ist, dass Schulden zum Zweck der Sanierung erlassen wurden und folglich als Sanierungsgewinn i.S.d Teilziffer 3[783] zu qualifizieren. Des Weiteren gelten die Voraussetzungen für einen nach Teilziffer 4 des Sanierungserlasses begünstigten Sanierungsgewinn auch für Forderungserlasse gegen Besserungsschein.[784]

Liegen die Voraussetzungen des Sanierungserlasses insoweit vor, ist die vor Eintritt des Besserungsfalls auf den nach Ausschöpfen der Verlustverrechnungsmöglichkeiten verbleibenden Sanierungsgewinn entfallende Einkommen- bzw. Körperschaftsteuer zunächst bis zum Ablauf der für die Besserung bestimmten Frist zu stunden.[785] Sofern der Besserungsfall eintritt und das Schuldnerunternehmen die wieder auflebende Forderung erfüllen muss, ist der steuerliche Abzug der dazu erforderlichen Aufwendungen als Betriebsausgaben entsprechend den Rechtsgrundsätzen des § 3c Abs. 1 EStG ausgeschlossen.[786] Stattdessen mindern diese Zahlungen nachträglich den Sanierungsgewinn und damit die zu stundende Einkommen- bzw. Körperschaftsteuer.[787] Soweit die auf die wiederauflebende Forderung geleisteten Zahlungen jedoch den nach dem Sanierungserlass begünstigten Sanierungsgewinn übersteigen, sollten sie gleichwohl als steuerlich abzugsfähiger Aufwand anerkannt werden, da sie insoweit gerade nicht mit einem steuerfrei gestellten Sanierungsgewinn in Zusammenhang stehen.[788] Die Stundung der auf den Sanierungsgewinn entfallenden Steuer ist solange aufrecht zu erhalten, wie Zahlungen auf den

782 BFH, Urteil vom 30.05.1990 – I R 41/87, BStBl. II 1991, 588, 591; BMF, Schreiben vom 02.12.2003 – IV A 2 – S 2743 – 5/03, BStBl. I 2003, 648, Tz. 1; *Förster/Wendland*, GmbHR 2006, 169, 175; *Kahlert/Rühland*, Sanierungs- und Insolvenzsteuerrecht, Teil A Rn. 74; Lüdicke/Sistermann/*Loose/Maier*, Unternehmensteuerrecht, § 17 Rn. 77; *Pohl*, DB 2007, 1553; *Winnefeld*, Bilanzhandbuch, D Rn. 620.

783 BMF, Schreiben vom 27.03.2003 – IV A 6 – S 2140 – 8/03, BStBl. I 2003, 240, Tz. 3.

784 BMF, Schreiben vom 27.03.2003 – IV A 6 – S 2140 – 8/03, BStBl. I 2003, 240, Tz. 5.

785 BMF, Schreiben vom 27.03.2003 – IV A 6 – S 2140 – 8/03, BStBl. I 2003, 240, Tz. 5.

786 BMF, Schreiben vom 27.03.2003 – IV A 6 – S 2140 – 8/03, BStBl. I 2003, 240, Tz. 5.

787 BMF, Schreiben vom 27.03.2003 – IV A 6 – S 2140 – 8/03, BStBl. I 2003, 240, Tz. 5, 9.

788 *Schwenker/Fischer*, DStR 2010, 1117, 1119 f.; *Töben/Lohbeck/Specker*, NWB 2009, 1484, 1489.

Besserungsschein geleistet werden können.[789] Ein Erlass darf erst ausgesprochen werden, wenn dieser Zeitraum abgelaufen ist.[790]

4. Konservierung des Verlustverrechnungspotentials bei späterem Gesellschafterwechsel

Steuerlichen Verlustvorträgen kommt im Rahmen einer Unternehmenssanierung eine zentrale Bedeutung zu. Sie bieten zum einen die Möglichkeit, die steuerlichen Auswirkungen der im Rahmen von Maßnahmen zur Restrukturierung der Passivseite der Bilanz auftretenden Buchgewinne abzufangen. Zum anderen sind sie aus wirtschaftlichen Gesichtspunkten für die nachhaltige Gesundung des Unternehmens wichtig, da sie den Start nach der Krise erleichtern, indem sie entstehende Anlaufgewinne vor der steuerlichen Belastung bewahren.[791] Nicht selten bringen grundlegende Umstrukturierungsmaßnahmen jedoch auch eine Veränderung der Beteiligungsverhältnisse mit sich. Handelt es sich bei dem Schuldnerunternehmen um eine Kapitalgesellschaft, besteht in Folge dessen die Gefahr, dass bestehende Verlustvorträge der Schuldnergesellschaft nach § 8c KStG steuerlich nicht mehr abziehbar sind und für die soeben beschriebenen Funktionen im Rahmen der Sanierung nicht (mehr) zur Verfügung stehen.

a) § 8c Abs. 1 KStG

Nach dem Willen des Gesetzgebers sollen die mit dem Verlustabzug zusammenhängenden wirtschaftlichen Vorteile – die steuerliche Entlastung künftiger Gewinne und das damit zusammenhängende höhere Ausschüttungspotential – nur den Anteilseignern zu Gute kommen, die auch den Nachteil aus den Verlusten erlitten haben.[792] Aus diesem Grund sind die vor einer Veränderung der Beteiligungsverhältnisse erwirtschafteten Verluste gemäß § 8c Abs. 1 KStG in der Abzugsfähigkeit beschränkt, wenn die Gesellschaft durch das wirtschaftliche Engagement eines anderen Anteilseigners die wirtschaftliche Identität verliert.[793] Ein Verlust der wirtschaftlichen Identität (sog. schädlicher Beteiligungserwerb) i.S.d. § 8c Abs. 1 KStG liegt vor, wenn innerhalb von fünf Jahren mittelbar oder unmittelbar mehr als 25 % des gezeichneten Kapitals, der Mitgliedschaftsrechte, Beteiligungsrechte oder der Stimmrechte an einer Körperschaft an einen Erwerber oder diesem nahestehende Personen übertragen werden oder ein vergleichbarer Sachverhalt gegeben ist. Ein schädlicher Beteiligungserwerb von mehr als 25 % bis einschließlich 50 % führt

---

789 BMF, Schreiben vom 27.03.2003 – IV A 6 – S 2140 – 8/03, BStBl. I 2003, 240, Tz. 11.
790 BMF, Schreiben vom 27.03.2003 – IV A 6 – S 2140 – 8/03, BStBl. I 2003, 240, Tz. 11.
791 Drüen/*Schauhoff*, JbFfSt 2009/2010, 183, 189.
792 *Frotscher*/Maas, KStG/GewStG/UmwStG, § 8c KStG Rn. 4 (Stand: Januar 2014).
793 *Dötsch*/Pung/Möhlenbrock, KStG § 8c Rn.13 (Stand: August 2013); Erle/Sauter/*Brendt*, KStG, § 8c Rn. 1; *Frotscher*/Maas, KStG/GewStG/UmwStG, § 8c KStG Rn. 4 (Stand: Januar 2014).

dann zu einer insoweit anteiligen Nichtabziehbarkeit der bis zum schädlichen Beteiligungserwerb nicht genutzten Verluste (§ 8c Abs. 1 Satz 1 KStG). Ein schädlicher Beteiligungserwerb von mehr als 50 % hat die vollständige Nichtabziehbarkeit der bis zum schädlichen Beteiligungserwerb nicht genutzten Verluste zur Folge (§ 8c Abs. 1 Satz 2 KStG).

b) Sanierungsklausel, § 8c Abs. 1a KStG

Die (teilweise) Nichtabziehbarkeit bestehender Verluste in Folge eines schädlichen Beteiligungserwerbs kann sich jedoch äußerst sanierungshemmend auswirken, da dadurch ein erhebliches steuerliches Entlastungspotential verloren geht. Im Hinblick darauf führte der Gesetzgeber im Rahmen des Bürgerentlastungsgesetz Krankenversicherung vom 16.07.2009[794] mit § 8c Abs. 1a KStG – rückwirkend auf den 01.01.2008 – eine Ausnahme von der Verlustabzugsbeschränkung des § 8c Abs. 1 KStG für Sanierungsfälle ein. Nach § 8c Abs. 1a Satz 1 KStG findet die Verlustabzugsbeschränkung des § 8c Abs. 1 KStG auf Beteiligungserwerbe zum Zweck der Sanierung des Geschäftsbetriebes der Körperschaft keine Anwendung. Dabei versteht die Ausnahmeregelung unter einer Sanierung eine Maßnahme, die darauf gerichtet ist, die Zahlungsunfähigkeit oder Überschuldung zu verhindern oder zu beseitigen, und die zugleich die wesentlichen Betriebsstrukturen erhält (§ 8c Abs. 1a Satz 2 KStG).

c) Nichtanwendung und Aufhebung der Sanierungsklausel des § 8c Abs. 1a KStG

Ungeachtet eines möglichen beihilferechtlichen Charakters der Regelung unterließ es der Gesetzgeber jedoch, die Maßnahme zu notifizieren. Die Europäische Kommission erlangte gleichwohl Kenntnis von der Maßnahme und eröffnete schließlich mit Beschluss vom 24.02.2010 gegen die Sanierungsklausel das förmliche Prüfverfahren nach Art. 108 Abs. 2 AEUV. In der Folge setzte das BMF mit Schreiben vom 30.04.2010 die Anwendung der Sanierungklausel bis zu einem abschließenden Beschluss der Kommission aus.[795] Dieser erging schließlich am 26.01.2011. Die Europäische Kommission stellte darin fest, dass die Sanierungsklausel eine mit dem Binnenmarkt unvereinbare Maßnahme und damit eine rechtswidrige staatliche Beihilfe darstellt.[796] Gegen den Beschluss der Europäischen Kommission hat die Bundesregierung Nichtigkeitsklage erhoben, die jedoch vom EuG als verspätet eingelegt abgewiesen worden ist. In der Folge ist die Sanierungsklausel mit dem BeitrRLUmsG[797] suspendiert worden. Mit Blick auf eine erneute Anwendung der Sanierungsklausel ist § 34 Abs. 6 KStG zu beachten.

---

794 BGBl. I 2009, 1959.

795 BMF, Schreiben vom 30.04.2010 – IV C 2 – S 2745-a/08/1005:002, BStBl. I 2010, 488.

796 Europäische Kommission, Beschluss vom 26.01.2011 – C 7/2010.

797 BGBl. I 2011, 2592, 2612.

d) Gestaltungsvariante

Im Hinblick auf die Funktionen, die steuerlichen Verlustvorträgen im Rahmen einer Sanierung zukommen, haben die Gesellschaft und deren Gläubiger gleichermaßen ein Interesse daran, das Eingreifen der Verlustabzugsbeschränkungen des § 8c KStG im Wege der Steuergestaltung zu vermeiden, um die bestehenden Verlustvorträge zu erhalten. Mit Blick auf die steuerlichen Auswirkungen eines Forderungserlasses gegen Besserungsschein stellt sich insoweit die Frage, ob dieses Ziel ggf. mit dessen Hilfe eines erreicht werden kann. Es kommt diesbezüglich eine Gestaltung in Betracht, die sich das Wiederaufleben der ursprünglich erlassenen Forderung im Besserungsfall zu Nutze macht.[798]

Dem schädlichen Beteiligungserwerb vorgelagert erlässt der Gläubiger – regelmäßig ein Gesellschafter – gegen Besserungsschein der Schuldnergesellschaft seine Forderung. Durch die daraus resultierende Ausbuchung der Verbindlichkeit generiert die Schuldnergesellschaft eine Betriebsvermögensmehrung. Auch bei einem auf dem Beteiligungsverhältnis beruhenden Erlass eines Gesellschafters wird regelmäßig eine Betriebsvermögensmehrung verbleiben, da die Werthaltigkeit der erlassenen Forderung gegen die defizitäre Schuldnergesellschaft in der Regel gering (bis Null) sein wird. Durch Verrechnung mit diesem Gewinn kann der von § 8c KStG bedrohte Verlustvortrag der Schuldnergesellschaft zeitlich vor dem Anteilseignerwechsel – unter Beachtung der Mindestbesteuerung nach § 10d Abs. 2 EStG – entsprechend aufgebraucht werden. Die Besserungsanwartschaft wird anschließend – d. h. nach Verbrauch der Verlustvorträge – zusammen mit den Anteilen an der Schuldnergesellschaft auf einen neuen Anteilseigner übertragen. Tritt in der Folge der Besserungsfall ein, lebt die erlassene Forderung wieder auf und ist entsprechend vermögensmindernd wieder einzubuchen. Soweit durch das Ausbuchen der Verbindlichkeit im Rahmen des Erlasses der Forderung eine Betriebsvermögensmehrung entstanden ist, führt das Wiedereinbuchen der Verbindlichkeit zu einer korrespondierenden Betriebsvermögensminderung.

Durch diese Gestaltung werden die im Hinblick auf den Anteilseignerwechsel von § 8c KStG bedrohten Verluste zeitlich vorgelagert verbraucht.[799] Die betreffenden

---

798 Zur folgenden Gestaltungsvariante siehe *Berg/Schmich*, FR 2004, 520, 521; *Brinkmann*, StBp 2010, 33, 34; *Dötsch*/Pung/Möhlenbrock, KStG § 8c Rn. 105 (Stand: August 2013); Erle/Sauter/*Brendt*, KStG, § 8 Abs. 4 aF/Anh § 8c Rn. 216; *Frotscher*/Maas, KStG/GewStG/UmwStG, § 8c KStG Rn. 82 f. (Stand: Januar 2014); *Grube/Altrichter-Herzberg*, GmbHR 2005, 284, 287; *Kahlert/Rühland*, Sanierungs- und Insolvenzsteuerrecht, Teil A Rn. 100; Lüdicke/Sistermann/*Loose/Maier*, Unternehmensteuerrecht, § 17 Rn. 85; *Neumann*, StB 2002, 246, 258; *Neumann/Stimpel*, GmbHR 2007, 1194, 1201; *Pohl*, DB 2008, 1531; Schmidt/Uhlenbruck/*Crezelius*, Die GmbH in Krise, Sanierung und Insolvenz, 2. Teil, Rn. 2.664; Schnitger/Fehrenbacher/*Gohr*, KStG, § 8c Rn. 242.

799 Siehe auch *Berg/Schmich*, FR 2004, 520, 521; *Dötsch*/Pung/Möhlenbrock, KStG § 8c Rn. 105 (Stand: August 2013); Erle/Sauter/*Brendt*, KStG, § 8 Abs. 4 aF/Anh § 8c

Verluste sind damit aus dem Anwendungsbereich des § 8c KStG hinausverlagert, da dieser nur solche Verluste betrifft, die im Zeitpunkt des schädlichen Beteiligungserwerbs (noch) vorhanden sind. Als Konsequenz besteht zum Zeitpunkt des schädlichen Beteiligungserwerbs kein oder jedenfalls nur ein reduzierter Verlustvortrag nach § 10 d EStG, der in den Anwendungsbereich des § 8c KStG fallen kann.[800] Durch die nach dem Anteilseignerwechsel im Besserungsfall erfolgende gewinnwirksame Wiedereinbuchung der Verbindlichkeit kommt es dann zu einer „Wiederentstehung" der verbrauchten Verlustvorträge in Form von steuerlichem Aufwand.[801] Dabei steht dem Entstehen von steuerlichem Aufwand nicht entgegen, dass die Besserungsanwartschaft vor Eintritt des Besserungsfalls auf einen neuen Anteilseigner übertragen wurde. Insbesondere führt die Übertragung der Besserungsanwartschaft nicht zu einer Unterbrechung des betrieblichen Veranlassungszusammenhangs der entsprechenden Verbindlichkeit, mit der Folge, dass es sich bei der Zahlung auf die (wieder-)eingebuchte Verbindlichkeit um eine verdeckte Gewinnausschüttung handelt.[802] Denn der betriebliche Charakter der wieder einzubuchenden Verbindlichkeit beurteilt sich nach ihrem ursprünglichen Entstehungsgrund[803] und dieser wird weder „durch einen Wechsel in der Person des Gläubigers", noch durch den Umstand berührt, dass die Verbindlichkeit bei Eintritt des Besserungsfalls nicht rückwirkend sondern neu einzubuchen ist.[804] Es handelt sich daher materiell noch immer um dieselbe Verbindlichkeit, die im Rahmen des Forderungserlasses ausgebucht wurde,[805] sodass insoweit die allgemeinen Grundsätze gelten, nach denen ihre Wiedereinbuchung und Erfüllung zu steuerlichem Aufwand führt. Im Ergebnis kann daher der wirtschaftliche Gehalt der Verlustvorträge – das mit den Verlustvorträgen verbundene Steuerentlastungspotential – im Wege dieser Gestaltungsvariante in die Zeit nach dem schädlichen Beteiligungserwerb verlagert werden.[806]

Rn. 216; *Kahlert/Rühland*, Sanierungs- und Insolvenzsteuerrecht, Teil A Rn. 104; Lüdicke/Sistermann/*Loose/Maier*, Unternehmensteuerrecht, § 17 Rn. 85; *Neumann/Stimpel*, GmbHR 2007, 1194, 1201.

800 Siehe auch *Berg/Schmich*, FR 2004, 520, 521; Erle/Sauter/*Brendt*, KStG, § 8 Abs. 4 aF/Anh § 8c Rn. 216; *Frotscher*/Maas, KStG/GewStG/UmwStG, § 8c KStG Rn. 82 (Stand: Januar 2014); Lüdicke/Sistermann/*Loose/Maier*, Unternehmensteuerrecht, § 17 Rn. 85.

801 BFH, Urteil vom 12.07.2012 – I R 23/11, BFH/NV 2012, 1901, 1902; Erle/Sauter/*Brendt*, KStG, § 8 Abs. 4 aF/Anh § 8c Rn. 216; *Frotscher*/Maas, KStG/GewStG/UmwStG, § 8c KStG Rn. 82 (Stand: Januar 2014); *Gosch*, BFH/PR 2012, 403; Lüdicke/Sistermann/*Loose/Maier*, Unternehmensteuerrecht, § 17 Rn. 85.

802 So aber FG München, Urteil vom 22.02.2011 – 6 K 1451/08, EFG 2011, 1086.

803 Vgl. *Gosch*, BFH/PR 2012, 403.

804 BFH, Urteil vom 12.07.2012 – I R 23/11, BFH/NV 2012, 1901, 1902.

805 BFH, Urteil vom 12.07.2012 – I R 23/11, BFH/NV 2012, 1901, 1902.

806 Siehe auch *Berg/Schmich*, FR 2004, 520, 521; *Dötsch*/Pung/Möhlenbrock, KStG § 8c Rn. 105 (Stand: August 2013); *Frotscher*/Maas, KStG/GewStG/UmwStG, § 8c KStG Rn. 82 (Stand: Januar 2014); Lüdicke/Sistermann/*Loose/Maier*, Unternehmensteuerrecht, § 17 Rn. 85; *Neumann/Stimpel*, GmbHR 2007, 1194, 1201; *Pohl*, DB 2008, 1531.

e) *Auffassung der Finanzverwaltung*

Im Anwendungsbereich der Vorgängerregelung des § 8c KStG (§ 8 Abs. 4 KStG aF) hat die Finanzverwaltung dieser steuerökonomischen Gestaltungsvariante die Anerkennung versagt. Sie führte diesbezüglich aus, dass, sofern „zu einem Zeitpunkt zwischen der Ausbuchung und der (Wieder-)Einbuchung der Verbindlichkeit die Tatbestandsvoraussetzungen für eine beschränkte" Verlustnutzung nach § 8 Abs. 4 KStG aF vorliegen, „der sich aus der Wieder-Einbuchung ergebende [...] Aufwand [...] unter die beschränkte Verlustberücksichtigung nach § 8 Abs. 4 KStG aF fällt."[807] In Folge dessen sei der Gewinn des Wirtschaftsjahres, in dem die Forderung wieder eingebucht wird, im Rahmen der Ermittlung des Einkommens „um den betreffenden Aufwandsbetrag zu erhöhen."[808]

f) *Stellungnahme*

Die Finanzverwaltung unterstellt damit den bei der Wiedereinbuchung der Verbindlichkeit entstehenden Aufwand dem Anwendungsbereich des § 8 Abs. 4 KStG aF, obwohl dieser seinem eindeutigen Wortlaut nach ausschließlich Verlustvorträge betrifft. Diese erweiternde Auslegung des § 8 Abs. 4 KStG aF hin zu einer Abzugsbeschränkung für nach dem Anteilseignerwechsel entstehenden Aufwand ist mit der Regelung nicht in Einklang zu bringen.[809] § 8 Abs. 4 KStG aF beschränkt nämlich ausschließlich den Abzug von Verlustvorträgen;[810] durch die Wiedereinbuchung der Verbindlichkeit kommt es indes nicht zu Verlustvorträgen, sondern vielmehr zu laufendem Aufwand, der nur im Falle des Nichtausgleichs zu Verlustvortrag wird.[811] Das Entstehen von laufendem Aufwand aus der Einbuchung einer Verbindlichkeit ist jedoch „etwas grundsätzlich anderes" als ein Verlustvortrag.[812] Die von der Finanzverwaltung vorgenommene Gleichstellung von Verlustvorträgen und Aufwand ist daher systematisch schlechthin unkorrekt und nicht zu rechtfertigen.[813] Das

---

807 BMF, Schreiben vom 02.12.2003 – IV A 2 – S 2743 – 5/03, BStBl. I 2003, 648, Tz. 2d.

808 BMF, Schreiben vom 02.12.2003 – IV A 2 – S 2743 – 5/03, BStBl. I 2003, 648, Tz. 2d.

809 BFH, Urteil vom 12.07.2012 – I R 23/11, BFH/NV 2012, 1901, 1903; *Berg/Schmich*, FR 2004, 520, 522 f.; *Förster/Wendland*, GmbHR 2006, 169, 175; *Grube/Altrichter-Herzberg*, GmbHR 2005, 284, 287; *Heinz*, FR 2010, 1134, 1138; Lüdicke/Sistermann/*Loose/Maier*, Unternehmensteuerrecht, § 17 Rn. 86; *Paus*, GmbHR 2004, 1568, 1570 f.

810 BFH, Urteil vom 12.07.2012 – I R 23/11, BFH/NV 2012, 1901, 1903.

811 Lüdicke/Sistermann/*Loose/Maier*, Unternehmensteuerrecht, § 17 Rn. 86.

812 BFH, Urteil vom 12.07.2012 – I R 23/11, BFH/NV 2012, 1901, 1903; zustimmend *Dörr/Eggert*, NWB 2013, 22, 26.

813 *Berg/Schmich*, FR 2004, 520, 522 f; *Förster/Wendland*, GmbHR 2006, 169, 175; *Grube/Altrichter-Herzberg*, GmbHR 2005, 284, 287; *Hoffmann*, DStR 2004, 293, 296; Lüdicke/Sistermann/*Loose/Maier*, Unternehmensteuerrecht, § 17 Rn. 86.

Vorgehen der Finanzverwaltung entbehrt der erforderlichen Rechtsgrundlage[814] und ist in der Konsequenz daher abzulehnen.[815]

Es schließt sich die Frage an, ob die Finanzverwaltung vorstehende zu § 8 Abs. 4 KStG aF vertretene Auffassung auf die Regelung des § 8c KStG übertragen wird. Dies wurde in der Vergangenheit sowohl von der überwiegenden Auffassung in der Literatur, als auch von Vertretern der Finanzverwaltung vermutet.[816] Im Hinblick auf die zwischenzeitlich ergangene Entscheidung des BFH, in der sich der I. Senat ausdrücklich gegen die Auffassung der Finanzverwaltung ausspricht,[817] könnte die Finanzverwaltung jedoch auch davon absehen, an ihrer Auffassung im Anwendungsbereich des § 8c KStG festzuhalten. Gleichwohl ist im Hinblick auf eine mögliche Übertragung der Verwaltungsauffassung auf § 8c KStG zu prüfen, inwieweit sich die dargelegte Verwaltungsauffassung überhaupt auf § 8c KStG übertragen lässt und ob § 8c KStG im Grundsatz geeignet ist, das Vorgehen der Finanzverwaltung als Rechtsgrundlage zu tragen.

g) Übertragbarkeit der Verwaltungsauffassung zu § 8 Abs. 4 KStG aF[818] auf § 8c KStG

In der Literatur wird dazu vertreten, dass die in Teilziffer 2d[819] zum Ausdruck gebrachte Verwaltungsauffassung schon deshalb nicht auf § 8c KStG übertragbar sei, da sie sich ihrem Wortlaut nach ausdrücklich nur auf § 8 Abs. 4 KStG aF beziehe.[820] Zudem wird zutreffend darauf hingewiesen, dass eine direkte Übernahme der Verwaltungsregelung auf § 8c KStG gar nicht möglich ist. Die Verwaltungsregelung bestimmt als Rechtsfolge, dass der Gewinn des Wirtschaftsjahres, in dem die Verbindlichkeit wiedereingebucht wird, in Höhe des Betrages zu erhöhen ist, in welcher der Schuldnergesellschaft durch die Passivierung der Verbindlichkeit Aufwand entsteht. Demnach soll der gesamte, durch die Wiedereinbuchung entstehende

814 BFH, Urteil vom 12.07.2012 – I R 23/11, BFH/NV 2012, 1901, 1903.

815 BFH, Urteil vom 12.07.2012 – I R 23/11, BFH/NV 2012, 1901, 1903; ebenso *Berg/Schmich*, FR 2004, 520, 522 f.; Erle/Sauter/*Brendt*, KStG, § 8 Abs. 4 aF/Anh § 8c Rn. 218; *Förster/Wendland*, GmbHR 2006, 169, 175; *Grube/Altrichter-Herzberg*, GmbHR 2005, 284, 287; Lüdicke/Sistermann/*Loose/Maier*, Unternehmensteuerrecht, § 17 Rn. 86; *Paus*, GmbHR 2004, 1568, 1570; a.A. *Brinkmann*, StBp 2010, 33, 34 f. der zwar ebenfalls darauf hinweist, dass dem Erlass der Finanzverwaltung die Begründung fehlt, die Ansicht des BMF im Ergebnis gleichwohl für sachgerecht hält.

816 *Dötsch*/Pung/Möhlenbrock, KStG § 8c Rn. 105 (Stand: August 2013); *Frotscher*/Maas, KStG/GewStG/UmwStG, § 8c KStG Rn. 83 (Stand: Januar 2014); Lüdicke/Sistermann/*Loose/Maier*, Unternehmensteuerrecht, § 17 Rn. 86; *Neumann/Stimpel*, GmbHR 2007, 1194, 1201; *Rödder/Möhlenbrock*, Ubg 2008, 595, 606.

817 BFH, Urteil vom 12.07.2012 – I R 23/11, BFH/NV 2012, 1901.

818 BMF, Schreiben vom 02.12.2003 – IV A 2 – S 2743 – 5/03, BStBl. I 2003, 648, Tz. 2d.

819 BMF, Schreiben vom 02.12.2003 – IV A 2 – S 2743 – 5/03, BStBl. I 2003, 648, Tz. 2d.

820 *Böing*, GmbH-StB 2012, 329, 330; *Pohl*, DB 2008, 1531, 1532.

Aufwand keine steuerliche Berücksichtigung finden. Eine korrespondierende Rechtsfolge sieht gleichwohl nur § 8c Abs. 1 Satz 2 KStG vor. § 8c Abs. 1 Satz 1 KStG führt hingegen nur zu einer anteiligen Nichtabziehbarkeit der betreffenden Verluste.[821] Daraus folgt entweder, dass die Verwaltungsregelung nur anwendbar ist, wenn zwischen der Ausbuchung und der Wiedereinbuchung der Verbindlichkeit die Tatbestandsvoraussetzungen des § 8c Abs. 1 Satz 2 KStG vorliegen oder, dass die Verwaltungsregelung in Fällen von § 8c Abs. 1 Satz 1 KStG insoweit differenziert zu übertragen ist und der durch die Wiedereinbuchung entstehende Aufwand nur anteilig unberücksichtigt bleibt.[822] Unabhängig von der Frage, welcher der beiden Alternativen der Vorzug zu geben ist, wird deutlich, dass eine direkte Übernahme der Verwaltungsregelung auf § 8c KStG jedenfalls nicht möglich sein wird.

h) Anwendung des § 8c KStG auf Forderungserlasse gegen Besserungsschein

Ungeachtet dieser Unstimmigkeiten hinsichtlich der Übertragung der Verwaltungsregelung stellt § 8c KStG ohnehin keine passende gesetzliche Grundlage für das Vorgehen der Finanzverwaltung dar.[823] Denn eine Anwendung auf die beschriebene Gestaltungsvariante kommt weder hinsichtlich der mit dem Erlassgewinn verrechneten Verlustvorträge, noch bezüglich des im Besserungsfall entstehenden Aufwands in Betracht.[824] Entscheidend für eine etwaige Beschränkung der Abzugsfähigkeit von Verlustvorträgen nach § 8c Abs. 1 Satz 1, 2 KStG ist, dass diese zum Zeitpunkt des schädlichen Beteiligungserwerbs noch nicht ausgeglichen bzw. abgezogen worden sind. In der Gestaltungsvariante werden die bestehenden Verlustvorträge jedoch zeitlich vor dem Anteilseignerwechsel durch Verrechnung mit dem aus dem Forderungserlass generierten Ertrag entsprechend aufgebraucht. Eine Anwendung des § 8c KStG auf die Verlustvorträge der Schuldnergesellschaft kommt daher nicht in Betracht, da diese dessen Anwendungsbereich durch vorherige Nutzung entzogen sind.[825] Auch der im Besserungsfall durch die Wiedereinbuchung der Verbindlichkeit entstehende Aufwand würde selbst bei einer entsprechenden Erweiterung des

---

821 Ebenso *Pohl*, DB 2008, 1531, 1532.

822 Ebenso *Pohl*, DB 2008, 1531, 1532.

823 Ebenso die wohl h. M. *Frotscher*/Maas, KStG/GewStG/UmwStG, § 8c KStG Rn. 82a (Stand: Januar 2014); *Pohl*, DB 2008, 1531, 1532; Schmidt/Uhlenbruck/*Crezelius*, Die GmbH in Krise, Sanierung und Insolvenz, 2. Teil, Rn. 2.664.

824 Im Hinblick auf die mit dem Gewinn verrechneten Verlustvorträge siehe auch *Pohl*, DB 2008, 1531, 1532.

825 Siehe auch *Frotscher*/Maas, KStG/GewStG/UmwStG, § 8c KStG Rn. 82a; (Stand: Januar 2014). *Dörr/Eggert*, NWB 2013, 22, 27 sowie Schmidt/Uhlenbruck/*Crezelius*, Die GmbH in Krise, Sanierung und Insolvenz, 2. Teil, Rn. 2.664 der darauf hinweist, dass § 8c KStG dann nicht gegeben ist, wenn im Zeitpunkt des Anteilseignerwechsels kein technischer Verlustvortrag i.S.d. § 10d EStG besteht; vgl. auch *Böing*, GmbH-StB 2012, 329, 330.

Anwendungsbereichs nicht der Regelung des § 8c KStG unterfallen. Dies resultiert daraus, dass der Eintritt des Besserungsfalls dem schädlichen Beteiligungserwerb zeitlich nachfolgt, sodass der durch die Wiedereinbuchung der Verbindlichkeit entstehende Aufwand im Zeitpunkt des schädlichen Beteiligungserwerbs noch nicht entstanden ist.[826] Obgleich der steuerliche Aufwand wirtschaftlich in der Zeit vor dem Anteilseignerwechsel verursacht ist, fiele er nicht in den Anwendungsbereich des § 8c KStG, da dieser das Vorhandensein zum Zeitpunkt des schädlichen Beteiligungserwerbs voraussetzt.[827] Die Auffassung der Finanzverwaltung kann daher weder im Grundsatz noch im Wege einer hypothetisch vorgenommenen erweiternden Auslegung auf § 8c KStG gestützt werden, da sowohl die ursprünglichen Verluste, als auch der durch die Wiedereinbuchung der Verbindlichkeit entstehende Aufwand nicht vom Anwendungsbereich des § 8c KStG erfasst sind.

i) Konservierung des Verlustverrechnungspotentials über einen Forderungserlass gegen Besserungsschein als missbräuchliche Gestaltung i.S.d. § 42 AO?

Fraglich bleibt, ob die aufgezeigte Gestaltungsvariante eine missbräuchliche Gestaltung i.S.d. § 42 AO darstellen kann. Dies vorausgesetzt, könnte das Vorgehen der Finanzverwaltung ggf. auf § 42 AO gestützt werden. Anders als § 8 Abs. 4 KStG aF ist § 8c KStG keine Missbrauchsbekämpfungsvorschrift, die nach § 42 Abs. 1 Satz 2 AO als lex specialis gegenüber § 42 AO eine Sperrwirkung entfalten kann.[828] § 42 AO findet daher hinsichtlich der vorgestellten Gestaltungsvariante grundsätzlich (neben § 8c KStG) Anwendung.[829]

aa) Missbräuchliche Gestaltung nach § 42 Abs. 2 Satz 1 AO

Ein Missbrauch von Gestaltungsmöglichkeiten liegt nach § 42 Abs. 2 Satz 1 AO vor, wenn eine unangemessene rechtliche Gestaltung gewählt wird, die beim Steuerpflichtigen oder einem Dritten im Vergleich zu einer angemessenen Gestaltung zu einem gesetzlich nicht vorgesehenen Steuervorteil führt. Der Missbrauchstatbestand setzt mithin zwei Elemente voraus, und zwar die unangemessene rechtliche Gestaltung und den daraus resultierenden gesetzlich nicht vorgesehenen Steuervorteil.[830] Obwohl der Gesetzgeber mit dieser in § 42 Abs. 2 Satz 1 AO verankerten

---

826 Siehe auch *Frotscher*/Maas, KStG/GewStG/UmwStG, § 8c KStG Rn. 82a (Stand: Januar 2014).

827 Siehe auch *Frotscher*/Maas, KStG/GewStG/UmwStG, § 8c KStG Rn. 82a (Stand: Januar 2014).

828 Tipke/Kruse/*Drüen*, Abgabenordnung, § 42 Rn. 79 (Stand: Oktober 2010).

829 *Frotscher*/Maas, KStG/GewStG/UmwStG, § 8c KStG Rn. 83b (Stand: Januar 2014); *Pohl*, DB 2008, 1531, 1532.

830 Tipke/Kruse/*Drüen*, Abgabenordnung, Vor § 42 Rn. 5 (Stand: Oktober 2010).

gesetzlichen Definition das Ziel größtmöglicher Tatbestandsklarheit verfolgte,[831] fehlt eine weitergehende allgemeine Definition des Merkmals der „Unangemessenheit“. Dies ist darauf zurückzuführen, dass die „Unangemessenheit“ nicht abstrakt normiert, sondern nur abhängig von der konkreten Gestaltung im jeweiligen Einzelfall bestimmt werden kann.[832] Wie die Formulierung „im Vergleich zu einer angemessenen Darstellung“ verdeutlicht, impliziert das Merkmal der unangemessenen rechtlichen Gestaltung zunächst, dass im Einzelfall eine angemessene Referenzgestaltung zu entwickeln ist, anhand derer die von den Parteien gewählte Gestaltung mit Blick auf eine etwaige Unangemessenheit beurteilt werden kann.[833] Bezugspunkt für die Prüfung der Angemessenheit einer Gestaltung ist daher eine den wirtschaftlichen Vorgängen angemessene rechtliche Gestaltung.[834] Zudem ist zu bestimmen, in welcher Hinsicht die gewählte Gestaltung im Vergleich zur entwickelten Referenzgestaltung angemessen oder unangemessen ist.[835] Der Begriff der Angemessenheit setzt somit neben einem Bezugspunkt auch einen Wertungsmaßstab voraus.[836] Einen solchen Wertungsmaßstab enthält § 42 AO nicht.[837] Dieser ist vielmehr dem jeweils umgangenen bzw. erschlichenen Steuergesetz, insbesondere dessen Normzweck, zu entnehmen.[838]

Davon ausgehend ist nach der ständigen Rechtsprechung des BFH eine rechtliche Gestaltung im allgemeinen unangemessen, wenn „verständige Parteien in Anbetracht des wirtschaftlichen Sachverhalts, insbesondere des erstrebten wirtschaftlichen Ziels“ die betreffende Gestaltung „als unpassend nicht wählen würden.“[839] Dabei ist regelmäßig der einfachste rechtliche Weg angemessen, wohingegen unangemessene Gestaltungen „umständlich, kompliziert, schwerfällig, gekünstelt u. ä.“ sind.[840] In jüngerer Zeit hat der BFH diese Rechtsprechung ergänzt und eine

---

831 Siehe Bericht des Finanzausschusses zum RegE JStG 2008, BT-Drucks. 16/7036, S. 24.

832 *Hey*, BB 2009, 1044, 1046; *Schuhmann*, StBp 2008, 232, 234; Tipke/Kruse/*Drüen*, Abgabenordnung, Vor § 42 Rn. 15 (Stand: Oktober 2010).

833 *Hahn*, DStZ 2008, 483, 484; Klein/*Ratschow*, AO, § 42 Rn. 49.

834 Dieser Bezugspunkt ergibt sich aus der Rechtsfolgenanordnung in § 42 Abs. 1 Satz 3 AO, siehe auch *Hey*, BB 2009, 1044, 1046; Klein/*Ratschow*, AO, § 42 Rn. 49; Tipke/Kruse/*Drüen*, Abgabenordnung, Vor § 42 Rn. 17 (Stand: Oktober 2010).

835 Klein/*Ratschow*, AO, § 42 Rn. 49.

836 Klein/*Ratschow*, AO, § 42 Rn. 49; Tipke/Kruse/*Drüen*, Abgabenordnung, Vor § 42 Rn. 17 (Stand: Oktober 2010).

837 Klein/*Ratschow*, AO, § 42 Rn. 49; Tipke/Kruse/*Drüen*, Abgabenordnung, Vor § 42 Rn. 18 (Stand: Oktober 2010).

838 *Hey*, BB 2009, 1044, 1046; Klein/*Ratschow*, AO, § 42 Rn. 49; Tipke/Kruse/*Drüen*, Abgabenordnung, Vor § 42 Rn. 18 (Stand: Oktober 2010).

839 BFH, Urteil vom 01.02.2001 – IV R 3/00, BStBl. II 2001, 520, 522 f.; siehe auch BFH, Urteil vom 17.01.1991 – IV R 132/85, BStBl. II 1991, 607, 609; BFH, Urteil vom 27.07.1999 – VIII R 36/98, BStBl. II 1999, 769, 771.

840 BFH, Urteil vom 01.02.2001 – IV R 3/00, BStBl. II 2001, 520, 522 f.; siehe auch BFH, Urteil vom 27.07.1999 – VIII R 36/98, BStBl. II 1999, 769, 771.

rechtliche Gestaltung dann als unangemessen qualifiziert, wenn der Steuerpflichtige die vom Gesetzgeber zur Erreichung bestimmter wirtschaftlicher Ziele vorgesehene Gestaltung, ohne ersichtliche außersteuerliche Gründe nicht genutzt, sondern stattdessen einen ungewöhnlichen Weg gewählt hat, „auf dem nach den Wertungen des Gesetzgebers das Ziel, Steuern zu sparen, nicht erreichbar sein soll."[841]

Diese von der Rechtsprechung artikulierten Kriterien für die Unangemessenheit einer Gestaltung behalten auch nach der Änderung des § 42 AO durch das JStG 2008 eine Indizfunktion.[842] Insoweit übereinstimmend bestimmt auch das BMF im Anwendungserlass zu § 42 AO, dass eine Gestaltung insbesondere dann auf ihre Angemessenheit hin zu prüfen ist, wenn sie sich unabhängig von den erstrebten steuerlichen Vorteilen als „unwirtschaftlich, umständlich, kompliziert, schwerfällig, gekünstelt, überflüssig, ineffektiv oder widersinnig" darstellt.[843] Die Ungewöhnlichkeit einer Gestaltung soll gleichwohl allein keine Unangemessenheit begründen.[844] Auch der Gesetzgeber hat bei der Neufassung des § 42 AO durch das JStG 2008 in Bezug genommen, dass der Missbrauchsbegriff nach der ständigen Rechtsprechung des BFH im Kern auf der Annahme einer unangemessenen Gestaltung beruhte.[845] In Folge dessen kann davon ausgegangen werden, dass die bisherige Rechtsprechung des BFH zur Einordnung einer Gestaltung als unangemessen im Einzelfall, auch fortan herangezogen werden kann.[846] Vor diesem Hintergrund ist nunmehr zu untersuchen, ob die vorgestellte Gestaltungsvariante eine unangemessene rechtliche Gestaltung i.S.d. § 42 Abs. 2 Satz 1 AO darstellt.

bb) Ausschöpfen von Verlustvorträgen grundsätzlich nicht missbräuchlich

Durch die vorgestellte Gestaltung werden bestehende – und damit von § 8c KStG bedrohte – Verlustvorträge zeitlich vor dem Anteilseignerwechsel verbraucht. Nach der ständigen Rechtsprechung des BFH ist eine Gestaltung, die dazu dient, bestehende Verlustvorträge „möglichst umfassend" zu nutzen, grundsätzlich nicht missbräuchlich.[847] Das Ausschöpfen von Verlustvorträgen diene letztlich der Vermeidung einer überhöhten Gesamtbesteuerung und folglich dem Prinzip der

841 BFH, Urteil vom 14.01.2003 – IX R 5/00, BStBl. II 2003, 509 f.; BFH, Urteil vom 17.12.2003 – IX R 8/98, BFH/NV 2004, 939; BFH, Urteil vom 27.10.2005 – IX R 76/03, BStBl. II 2006, 359, 360.

842 *Von Wedelstädt*, DB 2007, 2558, 2559; Tipke/Kruse/*Drüen*, Abgabenordnung, Vor § 42 Rn. 19 (Stand: Oktober 2010).

843 BMF, Schreiben vom 27.06.2008 – IV A 3 – S 0284/07/10006, BStBl. I 2008, 695 Tz. 2.2.

844 BMF, Schreiben vom 27.06.2008 – IV A 3 – S 0284/07/10006, BStBl. I 2008, 695 Tz. 2.2.

845 Siehe Bericht des Finanzausschusses zum RegE JStG 2008, BT-Drucks. 16/7036, S. 24.

846 *Hahn*, DStZ 2008, 483, 484.

847 BFH, Urteil vom 19.08.1999 – I R 77/96, BStBl. II 2001, 43, 45; BFH, Urteil vom 17.10.2001 – I R 97/00, GmbHR 2002, 169, 171; BFH, Urteil vom 07.08.2002 – I R 64/01, BFH/NV 2003, 205, 206 f.

Besteuerung nach der wirtschaftlichen Leistungsfähigkeit.[848] Eine Gestaltung, die im Wege der bestehenden gesetzlichen Vorschriften darauf abzielt, eine umfassende Ausschöpfung der Verlustvorträge zu erreichen, könne daher nicht grundsätzlich als missbräuchlich qualifiziert werden.[849] Denn Einschränkungen der Verlustabzugsmöglichkeiten ergeben sich „unmittelbar und abschließend" aus den betreffenden steuerlichen Vorschriften, mit der Folge, dass eine im Rahmen der gesetzlichen Vorgaben entwickelte Gestaltung „von vornherein ungeeignet" ist, den Tatbestand des § 42 AO zu begründen.[850] Dies gelte unabhängig davon, ob die gewählte Gestaltung auch von außersteuerlichen Interessen geleitet ist oder nicht und entsprechend für weitere Gestaltungen, die explizit der Nutzung eines vom Abzugsverbot bedrohten Verlustvortrags dienen.[851]

Im Hinblick darauf ist der in der Gestaltungsvariante gewählte Weg eines Forderungserlasses gegen Besserungsschein, zur zeitlich vor dem Anteilseignerwechsel liegenden Nutzung der bestehenden Verlustvorträge, steuerrechtlich nicht zu beanstanden. Es handelt sich insoweit um eine im Rahmen der gesetzlichen Vorgaben entwickelte Gestaltung, die zwar explizit der Nutzung eines vom Abzugsverbot des § 8c KStG bedrohten Verlustvortrags zu dienen bestimmt ist, die jedoch als solche nach der ständigen Rechtsprechung des BFH steuerlich anzuerkennen ist.[852] Denn der Gesetzgeber hat die Beschränkung der Nutzung von Verlustvorträgen bei einem Anteilseigenerwechsel an einer Kapitalgesellschaft in § 8c KStG abschließend geregelt, mit der Folge, dass die Ausschöpfung von Verlustvorträgen über die in § 8c KStG geregelten Fälle hinaus grundsätzlich nicht zu beanstanden ist.[853]

cc) *Forderungserlass gegen Besserungsschein grundsätzlich nicht missbräuchlich*

Ebenso kann auch die Nutzung eines Forderungserlasses gegen Besserungsschein nicht grundsätzlich als missbräulich qualifiziert werden.[854] Der Forderungserlass gegen Besserungsschein ist vielmehr ein anerkanntes und häufig genutztes Sanierungsinstrument, das neben dem Sanierungsbeitrag insbesondere auch die Gläubigerinteressen im Blick hat.[855]

---

848 BFH, Urteil vom 19.08.1999 – I R 77/96, BStBl. II 2001, 43, 45; BFH, Urteil vom 17.10.2001 – I R 97/00, GmbHR 2002, 169, 171.

849 BFH, Urteil vom 17.10.2001 – I R 97/00, GmbHR 2002, 169, 171.

850 BFH, Urteil vom 19.08.1999 – I R 77/96, BStBl. II 2001, 43, 45.

851 BFH, Urteil vom 17.10.2001 – I R 97/00, GmbHR 2002, 169, 171.

852 So im Ergebnis auch *Berg/Schmich*, FR 2004, 520, 522.

853 Siehe auch *Frey/Weißgerber*, GmbHR 2002, 135, 143 zu § 8 Abs. 4 KStG aF.

854 *Frotscher*/Maas, KStG/GewStG/UmwStG, § 8c KStG Rn. 83b (Stand: Januar 2014); *Paus*, GmbHR 2004, 1568, 1569; *Pohl*, DB 2008, 1531, 1532; Schmidt/Uhlenbruck/*Crezelius*, Die GmbH in Krise, Sanierung und Insolvenz, 2. Teil, Rn. 2.664.

855 Ebenso *Frotscher*/Maas, KStG/GewStG/UmwStG, § 8c KStG Rn. 83b (Stand: Januar 2014); *Pohl*, DB 2008, 1531, 1532; Schmidt/Uhlenbruck/*Crezelius*, Die GmbH in Krise, Sanierung und Insolvenz, 2. Teil, Rn. 2.664.

dd) *Besonderheit des Zusammenwirkens von Erlass gegen Besserungsschein und Anteilsübertragung in der Gestaltungsvariante*

Eine divergierende Beurteilung könnte sich aus einem gesamtplanerischen Zusammenwirken von Forderungserlass gegen Besserungsschein und dem Anteilseignerwechsel ergeben. Nach der sog. Gesamtplanrechtsprechung des BFH werden hinsichtlich der steuerrechtlichen Beurteilung mehrere Rechtsgeschäfte zu einem einheitlichen wirtschaftlichen Vorgang zusammengefasst, sofern diese auf einer einheitlichen Planung beruhen und in einem engen zeitlichen sowie sachlichen Zusammenhang miteinander stehen.[856] Gegenstand der Prüfung einer missbräuchlichen Gestaltung ist dann der wirtschaftliche Gesamtvorgang.[857] Mit Blick auf die vorliegende Gestaltungsvariante wäre ein Missbrauchsvorwurf daher allenfalls in Fällen denkbar, in denen der Forderungserlass gegen Besserungsschein und der Anteilseignerwechsel in sowohl zeitlich, als auch sachlich engem Zusammenhang stehen und auf einem Gesamtplan beruhen.[858]

(1) Gestaltung regelmäßig nicht missbräuchlich

In der überwiegenden Anzahl der Fälle werden diese engen Voraussetzungen nicht gegeben sein. Grundsätzlich muss von einer steuerlich anzuerkennenden Gestaltung ausgegangen werden, soweit der gegen Besserungsschein erlassende Gesellschafter auf Grund der erdrückenden wirtschaftlichen Situation der Schuldnergesellschaft handelt.[859] Sofern sich der Forderungserlass gegen Besserungsschein als ein Sanierungsbeitrag im Rahmen einer ernstlich gemeinten Sanierung darstellt und sich auch Drittgläubiger an dem Schulderlass beteiligen, dürfte daher kein Raum für einen Missbrauchsvorwurf sein.[860] An einem engen zeitlichen und vor allem sachlichen Zusammenhang fehlt es vor allem dann, wenn der erlassende Gesellschafter den Verkauf der Anteile erst dann ernstlich plant, nachdem er den Forderungserlass erklärt hat.[861] Insoweit ist es denkbar, dass der Gesellschafter den Erlass auf Grund der bedrohlichen Situation der Gesellschaft, ggf. auch auf Drängen der anderen

---

856 Siehe dazu *Spindler*, DStR 2005, 1.

857 *Spindler*, DStR 2005, 1 ff.

858 Tipke/Kruse/*Drüen*, Abgabenordnung, § 42 Rn. 79 (Stand: Oktober 2010) der darauf hinweist, dass § 42 AO neben § 8c KStG „allenfalls bei strukturierten, gesamtplanmäßigen Gestaltungen zur Anwendung“ kommt; siehe auch *Pohl*, DB 2008, 1531, 1533.

859 Ebenso *Frotscher*/Maas, KStG/GewStG/UmwStG, § 8c KStG Rn. 83b (Stand: Januar 2014); *Paus*, GmbHR 2004, 1568, 1571; im Ergebnis wohl auch Schmidt/Uhlenbruck/*Crezelius*, Die GmbH in Krise, Sanierung und Insolvenz, 2. Teil, Rn. 2.664.

860 *Frotscher*/Maas, KStG/GewStG/UmwStG, § 8c KStG Rn. 83b (Stand: Januar 2014); i.E. auch Schmidt/Uhlenbruck/*Crezelius*, Die GmbH in Krise, Sanierung und Insolvenz, 2. Teil, Rn. 2.664.

861 Ebenso *Paus*, GmbHR 2004, 1568, 1571; *Pohl*, DB 2008, 1531, 1533.

Gläubiger, bereits ausgesprochen hat, bevor der Verkauf der Anteile überhaupt in Betracht kam.[862]

(2) Abweichende Einzelfälle

Anders könnte die Beurteilung bei einem offensichtlichen Zusammenhang des Forderungserlasses mit dem Anteilseignerwechsel ausfallen. Insbesondere in Fällen, in denen die wirtschaftliche Besserung der Schuldnergesellschaft zeitlich unmittelbar nach dem Verlust der wirtschaftlichen Identität (zeitlicher Zusammenhang) durch Einlagen der (neuen) Gesellschafter (sachlicher Zusammenhang)[863] hervorgerufen wird, kommt eine Anwendung des § 42 AO in Betracht.[864] Bei einer solchen Gestaltung könnte die Finanzverwaltung vorbringen, der Forderungserlass gegen Besserungsschein sei nicht als Sanierungsinstrument, sondern gezielt als Gestaltungsvehikel eingesetzt worden, mit dem die alten und neuen Anteilseigner einvernehmlich die Regelung des § 8c KStG zu umgehen versuchten. Denn anders als im Falle eines „normalen" Besserungsfalls – der durch den Forderungserlass ursprünglich erst ermöglicht wird und durch am Markt erwirtschaftete Gewinne letztlich eintritt – resultiert die Besserung der wirtschaftlichen Situation der Schuldnergesellschaft und damit die Entstehung des Aufwands in einem solchen Fall aus den Einlagen der Gesellschafter.[865] Vor diesem Hintergrund liegt in diesen Fällen das Argument nahe, verständige Parteien hätten als einfachsten und damit angemessenen Weg zur Erlangung des angestrebten wirtschaftlichen Ziels – die Sanierung der Schuldnergesellschaft – den „direkten" Weg eines Anteilseignerwechsels mit anschließenden Gesellschaftereinlagen gewählt. Die Gestaltung über die „Zwischenschaltung" eines Forderungserlasses gegen Besserungsschein sei im Gegensatz dazu zur Erreichung des wirtschaftlichen Ziels nicht zwingend erforderlich und diene lediglich dazu, die Anwendung des § 8c KStG zu umgehen und das Verlustverrechnungspotential zu erhalten. Sie könne im Vergleich zu dem „direkten" Weg eines Anteilseignerwechsels mit anschließenden Gesellschaftereinlagen als umständlich, gekünstelt und daher unangemessen betrachtet werden.

Auch lässt sich darlegen, durch diese unangemessene Gestaltung komme es zu einem gesetzlich nicht vorgesehenen Steuervorteil. Das Gesetz, genauer § 8c KStG, sieht im Falle des Verlustes der wirtschaftlichen Identität der Gesellschaft vor, dass bestehende Verlustvorträge in der Abzugsfähigkeit beschränkt sind. Durch die vorgenommene Gestaltung wird jedoch zumindest der wirtschaftliche Gehalt der

862 *Paus*, GmbHR 2004, 1568, 1571.
863 Der enge sachliche Zusammenhang von Forderungserlass gegen Besserungsschein und Anteilseignerwechsel wäre in dieser Konstellation vor allem dadurch gekennzeichnet, dass der Eintritt des Besserungsfalls durch die Einlagen der durch den Anteilseignerwechsel neu eingetretenen Gesellschafter hervorgerufen wird.
864 *Berg/Schmich*, FR 2004, 520, 521; *Neumann*, StB 2002, 246, 258; *Neumann/Stimpel*, GmbHR 2007, 1194, 1201.
865 Ebenso *Neumann*, StB 2002, 246, 258.

ursprünglichen Verlustvorträge planmäßig in einen Zeitraum nach dem Verlust der wirtschaftlichen Identität verlagert.[866] Die Planmäßigkeit kommt dabei besonders dadurch zum Ausdruck, dass die (neuen) Gesellschafter den Eintritt des Besserungsfalls und damit das zeitliche Auftreten des Aufwands durch die Erbringung der Einlagen bewusst steuern können.[867] Der steuerliche Vorteil ist darin zu sehen, dass das Verlustverrechnungspotential, entgegen der Gesetzeslage, über den Zeitpunkt des Verlustes der wirtschaftlichen Identität hinaus, erhalten bleibt.

(3) Möglichkeiten zur Entkräftung des Missbrauchsvorwurfs

Dieser Qualifikation der Gestaltung als missbräuchlich im Einzelfall könnte der Steuerpflichtige gleichwohl entgegentreten. Zum einen könnte er anführen, dass er mit der „Zwischenschaltung" eines Forderungserlasses gegen Besserungsschein lediglich die Intention verfolgte, seine bestehenden Verlustvorträge vor einem möglichen Anteilseignerwechsel möglichst umfassend zu nutzen. Wie bereits dargestellt, ist eine solche Gestaltung, die darauf abzielt, bestehendes Verlustverrechnungspotential möglichst vollständig auszuschöpfen, nach der Rechtsprechung des BFH selbst dann nicht als missbräuchlich zu qualifizieren, wenn ihr keine weiteren außersteuerlichen Interessen zu Grunde liegen. Zum anderen hat der Steuerpflichtige nach § 42 Abs. 2 Satz 2 AO die Möglichkeit, durch das Vorbringen von außersteuerlichen Gründen den Missbrauchsvorwurf zu entkräften.[868] Dahingehend könnten die Gesellschafter darlegen, dass es auf Grund der wirtschaftlichen Situation der defizitären Gesellschaft erforderlich oder jedenfalls vorzugswürdig war, diese – neben der Erbringung von Einlagen – durch einen Forderungserlass zu entschulden und damit zu entlasten. Vor dem Hintergrund des wirtschaftlichen Ziels der Sanierung der Gesellschaft, würden verständige Parteien eine Gestaltung in Verbindung mit dem Forderungserlass daher unter Umständen sehr wohl als passend wählen bzw. ggf. sogar als vorzügswürdig erachten. Die Tatsache, dass eine Verbesserung der wirtschaftlichen Situation auch ohne den Forderungserlass – d. h. ausschließlich über Gesellschaftereinlagen – hätte erreicht werden können, lässt die beschriebene Gestaltung dabei keineswegs unangemessen erscheinen. Denn verständige Parteien würden aus wirtschaftlichen Gesichtspunkten die Gestaltung wählen, die eine möglichst nachhaltige Verbesserung der wirtschaftlichen Situation der Gesellschaft bewirkt. Diesbezüglich bietet sich die Entschuldung über einen Forderungserlass – neben der Erbringung von Gesellschaftereinlagen – zur Sanierung der Gesellschaft zweifelsohne an. Die vorgestellte Gestaltung verfolgt daher für sich betrachtet einen

---

866 *Berg/Schmich*, FR 2004, 520, 521; *Dötsch*/Pung/Möhlenbrock, KStG § 8c Rn. 105 (Stand: August 2013); *Frotscher*/Maas, KStG/GewStG/UmwStG, § 8c KStG Rn. 82 (Stand: Januar 2014); Lüdicke/Sistermann/*Loose/Maier*, Unternehmensteuerrecht, § 17 Rn. 85; *Neumann/Stimpel*, GmbHR 2007, 1194, 1201; *Pohl*, DB 2008, 1531.

867 Ähnlich *Neumann*, StB 2002, 246, 258.

868 Schmidt/Uhlenbruck/*Crezelius*, Die GmbH in Krise, Sanierung und Insolvenz, 2. Teil, Rn. 2.664.

bedeutenden wirtschaftlichen Zweck. Dass sie gleichzeitig steuerlich vorteilig ist, macht sie insoweit nicht unangemessen.

(4) Zweifelsfragen

Hinsichtlich des Missbrauchvorwurfs ist nach hiesiger Auffassung jedoch bereits die grundlegende Frage zu stellen, ob es überhaupt einen definierbaren Bezugspunkt für die Prüfung der Angemessenheit der vorgestellten Gestaltungsvariante gibt. Denn es dürfte zweifelhaft sein, ob es eine bestimmbare, den wirtschaftlichen Vorgängen einzig angemessene rechtliche Referenzgestaltung gibt, nach der die Gesellschaft aus der Krise zu führen ist. Im Gegenteil sollte es den Beteiligten vielmehr grundsätzlich freistehen, mit Hilfe welcher Sanierungsmaßnahmen sie zur Gesundung der Gesellschaft beitragen wollen. Dass die Beteiligten die unterschiedlichen steuerlichen Auswirkungen der möglichen Sanierungsmaßnahmen zum Anlass nehmen, eine steuerlich möglichst günstige Gestaltung auszuwählen, sollte dabei nicht als gestaltungsmissbräuchlich qualifiziert werden.

Diese These lässt sich auch durch die Entscheidung des I. Senats des BFH vom 30.01.2002 stützen.[869] In dieser Entscheidung hat der Senat entschieden, dass es grundsätzlich der Gestaltungsfreiheit der Beteiligten obliegen müsse, in welcher Form sie einen Sanierungsbeitrag zu Gunsten der defizitären Schuldnergesellschaft leisten wollen.[870] Ein Gestaltungsmissbrauch sei darin regelmäßig nicht zu sehen.[871] Konkretisierend hat der I. Senat hervorgehoben, dass sich im Wege eines steuerlich ohne Auswirkung bleibenden Sanierungsinstruments[872] die mit einem alternativen Sanierungsinstrument[873] verbundenen steuerlichen Nachteile – Realisierung eines Bilanzgewinns in Höhe des Forderungsverzichts – auf legitime Weise vermeiden lassen. Auch bestehendes Verlusterrechnungspotential könne auf diesem Weg konserviert werden.[874] Nach der hier vertretenen Auffassung unterfällt die vorgestellte Gestaltungsvariante genau diesen Vorgaben des BFH. Indem die Beteiligten als Sanierungsmaßnahme, neben einem Anteilseignerwechsel mit anschließenden Gesellschaftereinlagen, zeitlich vorgelagert zur Entschuldung einen Forderungserlass gegen Besserungsschein vornehmen, vermeiden sie auf legitime Weise die mit einem alleinigen Anteilseignerwechsel mit anschließenden Gesellschaftereinlagen verbundenen steuerlichen Nachteile der Nichtabziehbarkeit bestehender Verlustvorträge nach § 8c KStG. Die damit verbundene Erhaltung bestehenden Verlustverrechnungspotentials steht der steuerlichen Anerkennung dabei nicht entgegen. Im Gegenteil

869 BFH, Urteil vom 30.01.2002 – I R 13/01, GmbHR 2002, 748.
870 BFH, Urteil vom 30.01.2002 – I R 13/01, GmbHR 2002, 748, 750.
871 BFH, Urteil vom 30.01.2002 – I R 13/01, GmbHR 2002, 748, 750.
872 Im Betreffenden Fall war dies der Rückkauf der Forderung durch den Gesellschafter der Schuldnergesellschaft.
873 Im betreffenden Fall ein Forderungserlass des Drittgläubigers gegen Zahlung eines Entgeltes.
874 BFH, Urteil vom 30.01.2002 – I R 13/01, GmbHR 2002, 748, 750.

sieht der I. Senat[875] die Erhaltung eines Verlustvortrages offensichtlich als legitimes Gestaltungsziel an.[876]

Für die oben aufgeworfene Frage lassen sich aus der zitierten Entscheidung daher zwei Schlüsse ziehen. Zum einen, da die Wahl der Sanierungsmaßnahmen grundsätzlich der Gestaltungsfreiheit der Beteiligten obliegt, dürfte es kaum möglich sein, eine einzig angemessene rechtliche Referenzgestaltung zur Gesundung der Gesellschaft zu bestimmen. In Folge dessen kann die von den Beteiligten gewählte Gestaltung nur schwerlich als unangemessen qualifiziert werden. Zum anderen steht es den Beteiligten im Rahmen ihrer Gestaltungsfreiheit offen, eine Gestaltung zu wählen, die die mit einer alternativen Gestaltung verbundenen steuerlichen Nachteile vermeidet.[877] Dies gilt auch, wenn durch die Gestaltung vorhandenes Verlustverrechnungspotential erhalten werden soll. Aus diesen Gründen ist es nach der hier vertretenen Ansicht selbst in Fällen gesamtplanerischen Zusammenwirkens von Forderungserlass gegen Besserungsschein und dem Anteilseignerwechsel, bereits im Grundsatz äußerst fraglich, ob die vorgestellte Gestaltungsvariante als unangemessen qualifiziert werden kann.

j) Ergebnis

Abschließend ist daher festzuhalten, dass die Finanzverwaltung ihre zu § 8 Abs. 4 KStG aF entwickelte Auffassung nicht auf § 8c KStG übertragen sollte. Zum einen bietet § 8c KStG auf Grund seiner systematischen Ausgestaltung keine passende Rechtsgrundlage, um die Verwaltungsauffassung hinsichtlich der in Bezug genommenen Gestaltungen zu tragen. Zum anderen dürften die betreffenden Gestaltungen nur in äußerst seltenen und speziellen Fällen als missbräuchlich i.S.d. § 42 AO einzuordnen sein. Doch selbst in diesen speziellen Fällen ist höchst fraglich, ob sich das Vorgehen der Verwaltung auf § 42 AO stützen lässt, da die Verwaltungsregelung den für den Missbrauchsvorwurf in diesen Fällen erforderlichen zeitlichen und sachlichen Zusammenhang zwischen dem Forderungsverzicht und dem Anteilseignerwechsel nicht voraussetzt.[878]

---

875 Siehe BFH, Urteil vom 30.01.2002 – I R 13/01, GmbHR 2002, 748, 750. Dort führt der I. Senat aus, dass sich mittels des Forderungskaufs die steuerlichen Nachteile des Forderungserlasses vermeiden lassen, da es nicht zu einem außerordentlichen Ertrag komme. Deshalb bliebe auch das Verlustverrechnungspotential erhalten.

876 Ebenso Erle/Sauter/*Schulte*, KStG, § 8 Rn. 429.

877 Dafür spricht insbesondere auch, dass die mit den Sanierungsmaßnahmen verbundenen steuerlichen Folgen den Sanierungserfolg zum Teil erheblich gefährden.

878 Siehe auch *Pohl*, DB 2008, 1531, 1533.

III. Rückkauf der Forderung unter Nominalwert (Debt-Buy-Back)

Alternativ zu einem Forderungserlass kann das defizitäre Unternehmen auch durch den Rückkauf eigener Schulden (sog. „debt-buy-back“) entschuldet werden. Dabei sind im Wesentlichen zwei Varianten des Forderungsrückkaufs zu unterscheiden.[879] Zunächst besteht die Möglichkeit, dass der Schuldner selbst die gegen ihn gerichtete Forderung vom Gläubiger zu einem Betrag unter dem Nominalwert erwirbt (direkter Forderungsrückkauf).[880] Mit dem Erwerb durch den Schuldner erlischt die Verbindlichkeit durch Konfusion, mit der Folge, dass sich die Fremdkapitalquote des Schuldners verringert.[881] Die Option eines direkten Forderungsrückkaufs besteht jedoch nur dann, wenn das defizitäre Unternehmen (noch) über die dazu erforderlichen finanziellen Mittel verfügt oder ihm diese – z. B. durch Anteilseigner[882] – zur Verfügung gestellt werden.[883] Daneben ist denkbar, dass eine dem Schuldner nahestehende natürliche oder juristische Person die betreffende Forderung vom Gläubiger zu einem Betrag unter dem Nominalwert erwirbt (indirekter Forderungsrückerwerb)[884] und nachfolgend dem Schuldner die mit der erworbenen Forderung korrespondierende Verbindlichkeit erlässt.[885] Durch den auf den Forderungserwerb folgenden

---

879 Siehe dazu auch *Blaas/Schwahn*, DB 2013, 2412; 2413; *Eilers/Bühring*, Sanierungssteuerrecht, Rn. 3.134; *Friedl/Natusch*, FB 2009, 227; *Herzig/Liekenbrock*, Ubg 2011, 313, 320 f.

880 *Blaas/Schwahn*, DB 2013, 2412; 2413; *Eilers/Bühring*, Sanierungssteuerrecht, Rn. 3.134; *Förster*, Ubg 2010, 758, 762; *Friedl/Natusch*, FB 2009, 227; *Häuselmann*, BB 2010, 944, 948; *Herzig/Liekenbrock*, Ubg 2011, 313, 320 f.; *Ilberg/Tschesche*, BB 2010, 259; *Rödding/Bühring*, DStR 2009, 1933, 1935; *Schwenker/Fischer*, DStR 2010, 1117, 1120; *Töben/Lohbeck/Specker*, NWB 2009, 1484, 1489.

881 *Blaas/Schwahn*, DB 2013, 2412; 2413; *Eilers/Bühring*, Sanierungssteuerrecht, Rn. 3.144; *Rödding/Bühring*, DStR 2009, 1933, 1935.

882 Die Zurverfügungstellung von Liquidität im Wege der Einlage dürfte regelmäßig gegenüber der Möglichkeit der Darlehensgewährung vorteilhaft sein, da letztere den Entschuldungseffekt konterkariert und gerade bei einem defizitären Unternehmen negative Auswirkungen bezüglich der Zinsschranke haben kann, siehe dazu *Töben/Lohbeck/Specker*, NWB 2009, 1484, 1489.

883 *Eilers/Bühring*, Sanierungssteuerrecht, Rn. 3.135; *Fox/Scheidle*, GWR 2009, 51 ff.; *Frey/Mückl*, GmbHR 2010, 1193, 1194; *Ilberg/Tschesche*, BB 2010, 259; *Rödding/Bühring*, DStR 2009, 1933, 1935; *Schwenker/Fischer*, DStR 2010, 1117, 1120; *Töben/Lohbeck/Specker*, NWB 2009, 1484, 1489.

884 *Blaas/Schwahn*, DB 2013, 2412; 2413; *Eilers/Bühring*, Sanierungssteuerrecht, Rn. 3.134; *Förster*, Ubg 2010, 758, 762 f.; *Friedl/Natusch*, FB 2009, 227; *Herzig/Liekenbrock*, Ubg 2011, 313, 320 f.; *Ilberg/Tschesche*, BB 2010, 259, 261 ff.; *Rödding/Bühring*, DStR 2009, 1933, 1936; *Schwenker/Fischer*, DStR 2010, 1117, 1120; *Töben/Lohbeck/Specker*, NWB 2009, 1484, 1489 ff.

885 *Ilberg/Tschesche*, BB 2010, 259, 262; *Rödding/Bühring*, DStR 2009, 1933, 1936; *Töben/Lohbeck/Specker*, NWB 2009, 1484, 1491.

Erlass kann auch in dieser Variante die Fremdkapitalquote gesenkt werden. Hinsichtlich der Applikation als Sanierungsinstrument stellt sich jedoch für beide Varianten die elementare Frage nach den steuerlichen Auswirkungen. Ähnlich dem Forderungserlass kann auch der Forderungsrückkauf zum Teil erhebliche steuerliche Konsequenzen zur Folge haben.

1. Rückkauf der Forderung durch den Schuldner selbst

Zunächst besteht die Option, dass der Schuldner selbst die gegen ihn gerichtete Forderung vom Gläubiger erwirbt.

a) Zivilrechtliche Einordnung

Zivilrechtlich ist der Rückkauf der Forderung durch den Schuldner ein Rechtskauf und richtet sich nach § 453 Abs. 1 BGB. Gemäß § 453 Abs. 1 i.V.m. § 433 Abs. 1 Satz 1 BGB ist der Gläubiger verpflichtet, dem Schuldner die Forderung (das Recht) zu verschaffen. Diese Verpflichtung zur Übertragung der Forderung wird regelmäßig durch die Abtretung derselben an den Schuldner (Gläubiger des Anspruchs nach §§ 453 Abs. 1, 433 Abs. 1 Satz 1 BGB) nach §§ 398 ff. BGB erfüllt.[886] Auf Grund der Vereinigung von Forderung und Schuld führt die Abtretung an den Schuldner zum korrespondierenden Untergang von Forderung und Verbindlichkeit durch Konfusion.[887]

Etwas anderes kann sich dann ergeben, wenn die Forderung in Form von Wertpapieren verbrieft ist und diese Wertpapiere noch Gegenstand des Handels sind.[888] Zum einen können Inhaberpapiere nicht durch Abtretung, sondern ausschließlich nach sachenrechtlichen Grundsätzen – nach den §§ 929 ff. BGB – übertragen werden.[889] Zum anderen erlischt eine verbriefte Forderung nicht mit der Übertragung an den Schuldner, sondern erst, wenn die Wertpapiere vernichtet oder entwertet werden oder die Verkehrsfähigkeit der Wertpapiere auf andere Weise endgültig ausgeschlossen ist.[890] Besonderheiten sind ebenfalls beim Rückkauf von Darlehen zu beachten. Nicht selten sehen Kreditverträge vor, dass der Rückkauf der Schulden durch den Kreditnehmer ausgeschlossen oder nur unter bestimmten Restriktionen

---

886 *Eilers/Bühring*, Sanierungssteuerrecht, Rn. 3.136; *Friedl/Natusch*, FB 2009, 227; siehe dazu allg. *Looschelders*, Schuldrecht Besonderer Teil, Rn. 218.

887 *Fox/Scheidle*, GWR 2009, 51 ff.; *Förster*, Ubg 2010, 758, 762; *Frey/Mückl*, GmbHR 2010, 1193, 1194; *Häuselmann*, BB 2010, 944, 948; *Ilberg/Tschesche*, BB 2010, 259; Palandt/*Grüneberg*, BGB, § 398 Rn. 3; *Rödding/Bühring*, DStR 2009, 1933, 1936; *Töben/Lohbeck/Specker*, NWB 2009, 1484, 1489.

888 *Häuselmann*, BB 2010, 944, 948 f.; *Rödding/Bühring*, DStR 2009, 1933, 1936; *Töben/Lohbeck/Specker*, NWB 2009, 1484, 1489.

889 „Das Recht aus dem Papier folgt dem Recht am Papier“, Palandt/*Grüneberg*, BGB, § 398 Rn. 7.

890 *Häuselmann*, BB 2010, 944, 949; *Rödding/Bühring*, DStR 2009, 1933, 1936.

möglich ist.[891] Insbesondere in Fällen von Mezzanine-Krediten ist der Erwerb der Darlehensforderung durch den Kreditnehmer regelmäßig nicht möglich.[892]

b) Steuerliche Auswirkungen

Wie bereits angesprochen, erlischt in Folge der Abtretung der Forderung an den Schuldner –Vereinigung von Forderung und Schuld – die Verbindlichkeit des Schuldners durch Konfusion.[893] Als Konsequenz dessen ist die Verbindlichkeit aus der Handels- sowie der Steuerbilanz des Schuldners auszubuchen.[894] Dabei ist zu beachten, dass die Forderung gegen den defizitären Schuldner in der Regel nicht mehr voll werthaltig sein wird. Unterschreitet der Kaufpreis in Folge dessen den Nominalwert der Forderung, erhöht sich das Betriebsvermögen des Schuldners in Höhe des Differenzbetrages zwischen Kaufpreis und Nominalwert.[895] Diese rein bilanziell entstehende Betriebsvermögensmehrung unterliegt grundsätzlich in voller Höhe der Einkommen- bzw. Körperschaftsteuer sowie der Gewerbesteuer.[896]

c) Steuerliche Begünstigung nach dem Sanierungserlass

Auf Grund der Steuerpflicht des aus dem Rückkauf der Forderung unter Nominalwert generierten Gewinns wird der entschuldende Effekt des debt-buy-back konterkariert.[897] Daher stellt sich auch im Rahmen des debt-buy-back die Frage der steuerlichen Begünstigung des lediglich bilanziell erzielten Gewinns nach dem Sanierungserlass. Voraussetzung ist zunächst, dass der debt-buy-back eine Sanierungsmaßnahme nach Teilziffer 1 bzw. 2 des Sanierungserlasses darstellt. Fraglich

---

891 *Eilers/Bühring*, Sanierungssteuerrecht, Rn. 3.137ff.; *Ilberg/Tschesche*, BB 2010, 259 f.; *Rödding/Bühring*, DStR 2009, 1933, 1935 f.

892 *Friedl/Natusch*, FB 2009, 227, 229; *Ilberg/Tschesche*, BB 2010, 259, 260.

893 Forderungen die in Form von Wertpapieren verbrieft sind und deshalb nicht mit der Übertragung an den Schuldner durch Konfusion erlöschen, sind hingegen wie fremde Wertpapiere vom Schuldner zu bilanzieren, siehe dazu *Eilers/Bühring*, Sanierungssteuerrecht, Rn. 3.144; *Häuselmann*, BB 2010, 944, 949; *Rödding/Bühring*, DStR 2009, 1933, 1936; *Töben/Lohbeck/Specker*, NWB 2009, 1484, 1489.

894 *Adler/Düring/Schmaltz*, Rechnungslegung und Prüfung von Unternehmen, Teilband 6, § 246 Rn. 126; Beck'scher Bilanz-Kommentar/*Schubert*, § 247 Rn. 235; *Häuselmann*, BB 2010, 944, 948; Schmidt/*Weber-Grellet*, EStG, § 5 Rn. 672.

895 *Blaas/Schwahn*, DB 2013, 2412; 2413; Blümich/*Krumm*, EStG/KStG/GewStG, § 5 EStG Rn. 960 Stichwort „Forderung" (Stand: Oktober 2013); *Eilers/Bühring*, Sanierungssteuerrecht, Rn. 3.145; *Förster*, Ubg 2010, 758, 762; *Frey/Mückl*, GmbHR 2010, 1193, 1194; *Herzig/Liekenbrock*, Ubg 2011, 313, 320; *Ilberg/Tschesche*, BB 2010, 259, 260 f.; *Rödding/Bühring*, DStR 2009, 1933, 1936; *Schmidt/Mielke*, Ubg 2009, 395, 398; *Töben/Lohbeck/Specker*, NWB 2009, 1484, 1489.

896 Ebenso *Blaas/Schwahn*, DB 2013, 2412; 2413.

897 Siehe auch *Rödding/Bühring*, DStR 2009, 1933, 1936.

ist jedoch insbesondere, ob im Falle des debt-buy-back ein Sanierungsgewinn i.S.d. Teilziffer 3 des Sanierungserlasses vorliegt.

Nach Teilziffer 3 ist ein Sanierungsgewinn eine Erhöhung des Betriebsvermögens, die dadurch entsteht, dass Schulden zum Zweck der Sanierung ganz oder teilweise erlassen werden.[898] Als typische Fallgruppen für den Erlass von Schulden nennt der Sanierungserlass den Forderungserlass (§ 397 Abs. 1 BGB) und das negative Schuldanerkenntnis (§ 397 Abs. 2 BGB).[899] In diesem Sinne sollte auch der aus dem Rückkauf der Forderung entstehende Gewinn als Sanierungsgewinn i.S.d. Teilziffer 3 zu qualifizieren sein. Zwar erlischt die Verbindlichkeit bei einem debt-buy-back – anders als beim einem Forderungserlass – nicht durch den Erlass der Schuld, sondern durch Konfusion. Auf den Grund für das Erlöschen der Verbindlichkeit kommt es jedoch auch gar nicht an. Entscheidend ist nach dem Wortlaut des Sanierungserlasses nur, dass der aus der Maßnahme entstehende Gewinn durch einen (teilweisen) Schulderlass des Gläubigers entsteht. Dies ist bei einem debt-buy–back der Fall, denn indem der Gläubiger die Forderung unter Nominalwert an den Schuldner verkauft, verzichtet er teilweise auf die Begleichung der Forderung und erlässt dem Schuldner damit einen Teil seiner Schuld.[900] Da die Betriebsvermögensmehrung bei einem debt-buy-back ausschließlich in Höhe des Differenzbetrages zwischen Kaufpreis und Nominalwert der Forderung entsteht, resultiert sie letztlich aus einem teilweisen Erlass des Gläubigers und damit aus einem Erlass von Schulden zum Zweck der Sanierung. Deshalb liegt auch im Falle des debt-buy-back ein Sanierungsgewinn i.S.d. Teilziffer 3 des Sanierungserlasses vor.[901]

Die weiteren Voraussetzungen des Sanierungserlasses sind sodann im Einzelfall zu prüfen. Im Hinblick auf den Rückkauf von Forderungen durch den Schuldner ergeben sich keine weiteren Besonderheiten.

2. Rückkauf der Forderung durch eine dem Schuldner nahestehende Person[902]

Neben einem Rückkauf der Forderung durch den Schuldner selbst kommt in Betracht, dass eine diesem nahestehende natürliche oder juristische Person die betreffende Forderung vom Gläubiger zu einem Betrag unter dem Nominalwert erwirbt und nachfolgend dem Schuldner die mit der erworbenen Forderung korrespondierende Verbindlichkeit erlässt.

---

898 BMF, Schreiben vom 27.03.2003 – IV A 6 – S 2140 – 8/03, BStBl. I 2003, 240, Tz. 3.

899 BMF, Schreiben vom 27.03.2003 – IV A 6 – S 2140 – 8/03, BStBl. I 2003, 240, Tz. 3.

900 Ebenso *Blaas/Schwahn*, DB 2013, 2412; 2413; *Fox/Scheidle*, GWR 2009, 51 ff.; *Förster*, Ubg 2010, 758, 762; *Ilberg/Tschesche*, BB 2010, 259, 261; *Töben/Lohbeck/Specker*, NWB 2009, 1484, 1489.

901 Ebenso wohl auch *Fox/Scheidle*, GWR 2009, 51 ff.; *Förster*, Ubg 2010, 758, 762; *Ilberg/Tschesche*, BB 2010, 259, 261; *Töben/Lohbeck/Specker*, NWB 2009, 1484, 1489.

902 Hier am Beispiel eines Gesellschafters einer Schuldnerkapitalgesellschaft.

a) Zivil- und insolvenzrechtliche Einordnung

Wie der Erwerb der Forderung durch den Schuldner selbst, richtet sich auch der Forderungsrückkauf durch einen Gesellschafter der Schuldnergesellschaft nach § 453 Abs. 1 BGB. Die aus § 453 Abs. 1 i.V.m. § 433 Abs. 1 Satz 1 BGB folgende Verpflichtung des Gläubigers zur Übertragung der Forderung wird ebenso regelmäßig[903] durch Abtretung derselben an den Gesellschafter nach §§ 398 ff. BGB erfüllt.[904] Mangels Personenidentität zwischen Schuldner (Schuldnergesellschaft) und Gläubiger (Gesellschafter) kommt es beim Rückkauf durch den Gesellschafter allerdings nicht zum Untergang von Forderung und Verbindlichkeit durch Konfusion, da sich Forderung und Schuld nicht in einer Person vereinigen.[905] Aus Sicht der Schuldnergesellschaft unterscheidet sich der Erwerb durch den Gesellschafter insoweit prinzipiell nicht von dem Erwerb eines fremden Dritten. Gleichwohl wirkt sich der Erwerb durch den Gesellschafter in verschiedener Hinsicht positiv aus. Zum einen im Verhältnis zum Erwerb der Forderung durch die Schuldnergesellschaft selbst, da es bei einem Erwerb des Gesellschafters unter Nominalwert zunächst nicht zu einer Betriebsvermögensmehrung bei der Schuldnergesellschaft kommt.[906] Zum anderen hat der Erwerb der Forderung durch den Gesellschafter den Vorteil, dass dieser fortan die Kontrolle über die Forderung inne hat und fremde Dritte keinen Einfluss mehr auf die Forderung ausüben können.[907]

b) Steuerliche Auswirkungen

Hinsichtlich der steuerlichen Auswirkungen ist zwischen dem Erwerb der Forderung einerseits und dem Erlass der mit dieser korrespondierenden Verbindlichkeit andererseits zu differenzieren.

aa) Keine Betriebsvermögensmehrung durch Erwerb unter Nominalwert

Auf Grund der fehlenden Personenidentität zwischen Schuldnergesellschaft und Gesellschafter führt die Abtretung der Forderung von dem ursprünglichen Gläubiger an den Gesellschafter nicht zur Vereinigung von Forderung und Schuld und folglich nicht zum Erlöschen der Verbindlichkeit der Schuldnergesellschaft durch Konfusion.[908] Die Verbindlichkeit ist daher nicht aus der Handels – und Steuerbilanz auszubuchen, sondern vielmehr weiterhin bei der Schuldnergesellschaft zu

---

903 Zur Ausnahme der Übertragung verbriefter Forderungen siehe soeben **E.III.1.**

904 *Ilberg/Tschesche*, BB 2010, 259, 261 f.

905 *Ilberg/Tschesche*, BB 2010, 259, 262; *Töben/Lohbeck/Specker*, NWB 2009, 1484, 1489.

906 Siehe dazu sogleich.

907 *Töben/Lohbeck/Specker*, NWB 2009, 1484, 1489 f.

908 *Blaas/Schwahn*, DB 2013, 2412; 2413; *Herzig/Liekenbrock*, Ubg 2011, 313, 320; *Rödding/Bühring*, DStR 2009, 1933, 1936; *Töben/Lohbeck/Specker*, NWB 2009, 1484, 1489.

passivieren.[909] Der reine Erwerb der Forderung durch den Gesellschafter unter Nominalwert, führt daher – anders als der Erwerb durch den Schuldner selbst – grundsätzlich nicht zu einer Betriebsvermögensmehrung bei der Schuldnergesellschaft.[910]

bb) Keine verdeckte Gewinnausschüttung

Der Rückkauf der Forderung durch den Gesellschafter unter Nominalwert entfaltet auch dahingehend keine steuerliche Auswirkung, als er nicht zu einer verdeckten Gewinnausschüttung der Schuldnergesellschaft an den Gesellschafter führt.

(1) Verdeckte Gewinnausschüttung nach der Geschäftschancenlehre

Als verdeckte Gewinnausschüttung i.S.v. § 8 Abs. 3 Satz 2 KStG definiert der BFH „eine Vermögensminderung oder verhinderte Vermögensmehrung, die durch das Gesellschaftsverhältnis veranlasst ist, sich auf die Höhe des Unterschiedsbetrags i.S.v. § 4 Abs. 1 Satz 1 EStG auswirkt und nicht mit einer offenen Ausschüttung zusammenhängt."[911] Dabei nimmt der BFH eine Veranlassung durch das Gesellschaftsverhältnis an, „wenn ein ordentlicher und gewissenhafter Geschäftsleiter" die Leistung der Kapitalgesellschaft „unter vergleichbaren Umständen einem gesellschaftsfremden Dritten nicht gewährt hätte."[912] Im Sinne einer verhinderten

909 *Adler/Düring/Schmaltz*, Rechnungslegung und Prüfung von Unternehmen, Teilband 6, § 246 Rn. 110; Beck'scher Bilanz-Kommentar/*Schubert*, § 247 Rn. 201 ff.; Blümich/*Krumm*, EStG/KStG/GewStG, § 5 EStG Rn. 755 ff. (Stand: Oktober 2013); *Eilers/Bühring*, Sanierungssteuerrecht, Rn. 3.146; *Winnefeld*, Bilanzhandbuch, D Rn. 1420 ff.

910 *Blaas/Schwahn*, DB 2013, 2412; 2413; *Eilers/Bühring*, Sanierungssteuerrecht, Rn. 3.146; *Förster*, Ubg 2010, 758, 762 f.; *Ilberg/Tschesche*, BB 2010, 259, 262; *Rödding/Bühring*, DStR 2009, 1933, 1936; *Schmidt/Mielke*, Ubg 2009, 395, 398; *Töben/Lohbeck/Specker*, NWB 2009, 1484, 1489.

911 BFH, Urteil vom 05.03.2008 – I B 171/07, DB 2008, 1017 f.; siehe auch BFH, Urteil vom 22.02.1989 – I R 44/85, BStBl. II 1989, 475, 476; BFH, Urteil vom 22.11.1995 – I R 45/95, BFH/NV 1996, 645, 646; BFH, Urteil vom 16.12.1998 – I R 96/95, GmbHR 1999, 667, 668; BFH, Urteil vom 17.10.2001 – I R 103/00, BStBl. II 2004, 171, 173; BFH, Urteil vom 30.01.2002 – I R 13/01, GmbHR 2002, 748; BFH, Urteil vom 07.08.2002 – I R 2/02, BStBl. II 2004, 131; BFH, Urteil vom 23.02.2005 – I R 70/04, BStBl. II 2005, 882, 883; BFH, Urteil vom 23.01.2008 – I R 8/06, DB 2008, 962, 963; siehe auch Dötsch/Pung/Möhlenbrock/*Lang*, KStG, § 8 Abs. 3 Teil C Rn. 7 (Stand: Dezember 2010); Erle/Sauter/*Schulte*, KStG, § 8 Rn. 141 ff; *Fehrenbacher*, Steuerrecht, § 4 Rn. 39; *Frotscher*, Körperschaftsteuer Gewerbesteuer, Rn. 392; *Gosch*, KStG, § 8 Rn. 166 ff.

912 BFH, Urteil vom 05.03.2008 – I B 171/07, DB 2008, 1017, 1018; siehe auch BFH, Urteil vom 16.03.1967 – I 261/63, BStBl. III 1967, 626, 627; BFH, Urteil vom 22.11.1995 – I R 45/95, BFH/NV 1996, 645, 646; BFH, Urteil vom 11.06.1996 – I R 97/95, BFHE 181, 122, 123; BFH, Urteil vom 16.12.1998 – I R 96/95, GmbHR 1999, 667, 668; BFH, Urteil vom 30.01.2002 – I R 13/01, GmbHR 2002, 748; BFH, Urteil vom 07.08.2002 – I R

Vermögensmehrung kann eine verdeckte Gewinnausschüttung unter dem Aspekt der sog. Geschäftschancenlehre auch darin bestehen, dass die Gesellschaft ihrem Gesellschafter eine eigene Geschäftschance überlässt, die dieser „ohne" adäquate „Gegenleistung als Eigengeschäft wahrnimmt".[913] Zu einer verdeckten Gewinnausschüttung kommt es in diesen Fällen dann, wenn die Gesellschaft „wegen der Wahrnehmung einer Geschäftschance durch den Gesellschafter [...] einen zivilrechtlichen Anspruch" gegen diesen auf Vorteilsherausgabe oder auf Schadensersatz erlangt, auf den sie aus gesellschaftsrechtlichen Gründen jedoch verzichtet.[914] Eine verdeckte Gewinnausschüttung kann jedoch auch ohne entsprechenden zivilrechtlichen Anspruch vorliegen, sofern es durch die Wahrnehmung der Geschäftschance, „für deren Überlassung ein fremder Dritter ein Entgelt gezahlt hätte, [...] zu einer Gewinnverlagerung" von der Gesellschaft auf den Gesellschafter kommt.[915]

(2) Ansicht des FG München

Vor diesem Hintergrund vertrat das FG München die Auffasung, der Gesellschafter einer defizitären Kapitalgesellschaft entziehe dieser die Geschäftschance zur Entschuldung, indem er eine Forderung gegen seine Gesellschaft von dem betreffenden Gläubiger unter Nominalwert ankaufe, anstatt diesen zu einem (teilweisen) Erlass der Forderung zu bewegen.[916] Für den Gläubiger der Schuldnergesellschaft sei es insoweit gleichgültig, ob er die Forderung gegen diese unter Nominalwert an den Gesellschafter verkauft oder ob er gegen Zahlung eines Betrags in gleicher Höhe auf die Forderung gegen die Schuldnergesellschaft verzichtet.[917] „Bei Anwendung der Sorgfalt eines ordentlichen und gewissenhaften Kaufmanns hätte" der Gesellschafter in dieser Situation die Interessen der Gesellschaft gewahrt und mit dem Gläubiger eine Vereinbarung über den (teilweisen) Erlass der Forderung gegen die Schuldnergesellschaft geschlossen.[918] Indem er gleichwohl die Forderung selbst angekauft hat, habe er „sein eigenes Interesse über das der Gesellschaft" gestellt „und dieser eine Geschäftschance" entzogen.[919] Durch die Handlung würde auch eine Vermögensmehrung bei der Schuldnergesellschaft verhindert, die ansonsten

---

2/02, BStBl. II 2004, 131; BFH, Urteil vom 23.02.2005 – I R 70/04, BStBl. II 2005, 882, 883; BFH, Urteil vom 23.01.2008 – I R 8/06, DB 2008, 962, 963; siehe auch *Bippus*, GmbHR 2002, 951, 952.

913 BFH, Urteil vom 30.01.2002 – I R 13/01, GmbHR 2002, 748; siehe auch BFH, Urteil vom 11.06.1996 – I R 97/95, BFHE 181, 122, 123 f.; BFH, Urteil vom 16.12.1998 – I R 96/95, GmbHR 1999, 667, 669; Dötsch/Pung/Möhlenbrock/*Lang*, KStG, § 8 Abs. 3 Teil C Rn. 72 (Stand: März 2009); Erle/Sauter/*Schulte*, KStG, § 8 Rn. 428; *Gosch*, KStG, § 8 Rn. 851; *Ilberg/Tschesche*, BB 2010, 259, 262.

914 FG München, Urtei vom 18.12.2000 – 6 K 2809/98, EFG 2001, 457.

915 FG München, Urtei vom 18.12.2000 – 6 K 2809/98, EFG 2001, 457.

916 FG München, Urtei vom 18.12.2000 – 6 K 2809/98, EFG 2001, 457, 458.

917 FG München, Urtei vom 18.12.2000 – 6 K 2809/98, EFG 2001, 457, 458.

918 FG München, Urtei vom 18.12.2000 – 6 K 2809/98, EFG 2001, 457, 458.

919 FG München, Urtei vom 18.12.2000 – 6 K 2809/98, EFG 2001, 457, 458.

in Form eines Bilanzgewinns in Höhe des Differenzbetrages zwischen Nominalwert der Forderung und Ablösepreis entstanden wäre.[920]

(3) Gegenauffassung des BFH

Dieser Auffassung ist der BFH[921] zu Recht entgegengetreten. Überzeugend führt der I. Senat aus, dass es sich bei einem Forderungsverkauf einerseits und einem Forderungserlass andererseits nicht um wirtschaftlich beliebig austauschbare Handlungsalternativen handelt.[922] Der entscheidende Unterschied liege darin, dass der Verkauf der Forderung dem Zessionar „die Chance der Wertverbesserung" im Falle der Sanierung der Schuldnergesellschaft belässt.[923] Die abgetretene Forderung könnte dann teilweise oder sogar ganz realisiert werden. Diese Chance der Wertverbesserung spiegele sich regelmäßig auch im Verkaufspreis wider.[924] Im Gegensatz dazu biete der endgültige Forderungserlass diese Chance der Wertverbesserung nicht. Der Preis, den der Gläubiger für den Erlass erzielen könne, würde daher regelmäßig unter dem Preis für den Verkauf der Forderung liegen. Eine wirtschaftliche Vergleichbarkeit beider Vorgänge aus Sicht des Gläubigers könne daher nicht angenommen werden.[925]

(4) Verkaufsbereitschaft des Gläubigers keine Geschäftschance der Schuldnergesellschaft

Als Konsequenz dessen stellt die Verkaufsbereitschaft des Gläubigers der Forderung keine „reelle" Geschäftschance der Schuldnergesellschaft dar, die sie selbst wahrnehmen könnte.[926] Die Verkaufsbereitschaft des Gläubigers bietet der Schuldnergesellschaft weder die Möglichkeit, die Erwerbschance selbst wahrzunehmen, noch hat sie eine Chance oder einen Anspruch darauf, einen Forderungserlass herbeizuführen.[927] Der Forderungsverkauf ist vielmehr eine Angelegenheit zwischen dem ursprünglichen Gläubiger und dem Gesellschafter.[928] Die Schuldnergesellschaft wird insoweit lediglich mit einem Gläubigerwechsel konfrontiert, auf den sie keinen Einfluss

---

920 FG München, Urtei vom 18.12.2000 – 6 K 2809/98, EFG 2001, 457, 458.
921 BFH, Urteil vom 30.01.2002 – I R 13/01, GmbHR 2002, 748.
922 BFH, Urteil vom 30.01.2002 – I R 13/01, GmbHR 2002, 748, 749; siehe auch *Gosch*, KStG, § 8 Rn. 857.
923 BFH, Urteil vom 30.01.2002 – I R 13/01, GmbHR 2002, 748, 749.
924 BFH, Urteil vom 30.01.2002 – I R 13/01, GmbHR 2002, 748, 749.
925 BFH, Urteil vom 30.01.2002 – I R 13/01, GmbHR 2002, 748, 749, siehe auch Erle/Sauter/*Schulte*, KStG, § 8 Rn. 429; *Gosch*, KStG, § 8 Rn. 857; *Kahlert/Rühland*, Sanierungs- und Insolvenzsteuerrecht, Teil A Rn. 327; *Schmidt/Mielke*, Ubg 2009, 395, 399; *Töben/Lohbeck/Specker*, NWB 2009, 1484, 1490.
926 BFH, Urteil vom 30.01.2002 – I R 13/01, GmbHR 2002, 748, 749.
927 BFH, Urteil vom 30.01.2002 – I R 13/01, GmbHR 2002, 748, 749, siehe auch Erle/Sauter/*Schulte*, KStG, § 8 Rn. 429; *Töben/Lohbeck/Specker*, NWB 2009, 1484, 1490.
928 Erle/Sauter/*Schulte*, KStG, § 8 Rn. 429; *Hoffmann*, GmbHR 2002, 750, 751.

hat – auch nicht dadurch, dass der neue Gläubiger eine nahestehende Person bzw. ihr Gesellschafter ist.[929]

(5) Ergebnis

Der Ankauf der Forderung durch den Gesellschafter kann daher nicht als Entziehen einer Geschäftschance gewertet werden, da eine solche für die Schuldnergesellschaft nicht bestand. Hinzu kommt, dass eine defizitäre Schuldnergesellschaft – selbst wenn ihr die Chance dazu angedient würde – regelmäßig nicht über die erforderlichen Mittel verfügen wird, um den Rückkauf der Forderung selbst vornehmen zu können.[930] Der Rückkauf der Forderung durch den Gesellschafter unter Nominalwert führt daher grundsätzlich nicht zu einer verdeckten Gewinnausschüttung durch Entziehen einer Geschäftschance.[931]

cc) Kein Gestaltungsmissbrauch i.S.d. § 42 AO

In dem Rückkauf der Forderung durch eine der Schuldnergesellschaft nahestehende Person ist auch kein Missbrauch von Gestaltungsmöglichkeiten nach § 42 AO zu sehen.[932] Im Gegenteil ist der Forderungsrückkauf durch den Gesellschafter ein steuerlich anzuerkennendes Gestaltungsmittel und damit eine legitime Alternative zum Forderungsverzicht. Insoweit zutreffend hat auch der I. Senat des BFH in vorbenannter Entscheidung betont, dass sich im Wege des Rückkaufs der Forderung durch den Gesellschafter der Schuldnergesellschaft die mit einem – alternativ angestrebten – Forderungserlass verbundenen steuerlichen Nachteile[933] auf legitime Weise vermeiden lassen.[934] Letztlich muss es der „Gestaltungsfreiheit der Beteiligten" obliegen, „in welcher Weise" sie für die defizitäre Schuldnergesellschaft „einen Sanierungsbeitrag leisten wollen."[935] In Folge dessen kann es grundsätzlich nicht als missbräuchlich i.S.d. § 42 AO betrachtet werden, wenn die Beteiligten zur Sanierung der Schuldnergesellschaft die aus mehreren Alternativen steuerlich günstigste

---

929 BFH, Urteil vom 30.01.2002 – I R 13/01, GmbHR 2002, 748, 749, siehe auch *Schwenker/Fischer*, DStR 2010, 1117, 1120; *Töben/Lohbeck/Specker*, NWB 2009, 1484, 1490.

930 Siehe auch *Herzig/Liekenbrock*, Ubg 2011, 313, 320; *Ilberg/Tschesche*, BB 2010, 259, 262; *Schmidt/Mielke*, Ubg 2009, 395, 399.

931 BFH, Urteil vom 30.01.2002 – I R 13/01, GmbHR 2002, 748, 749; siehe auch *Blaas/Schwahn*, DB 2013, 2412; 2414; Erle/Sauter/*Schulte*, KStG, § 8 Rn. 429; *Gosch*, KStG, § 8 Rn. 857; *Ilberg/Tschesche*, BB 2010, 259, 262; *Kahlert*/Rühland, Sanierungs- und Insolvenzsteuerrecht, 2. Aufl., Rn. 3.107; *Schmidt/Mielke*, Ubg 2009, 395, 399; *Schwenker/Fischer*, DStR 2010, 1117, 1120; *Töben/Lohbeck/Specker*, NWB 2009, 1484, 1490.

932 Ebenso BFH, Urteil vom 30.01.2002 – I R 13/01, GmbHR 2002, 748, 749; siehe auch *Blaas/Schwahn*, DB 2013, 2412; 2414.

933 Realisierung eines Bilanzgewinns in Höhe des Forderungserlasses.

934 BFH, Urteil vom 30.01.2002 – I R 13/01, GmbHR 2002, 748, 750.

935 BFH, Urteil vom 30.01.2002 – I R 13/01, GmbHR 2002, 748, 750.

Sanierungsmaßnahme auswählen.[936] Dies muss insbesondere im Hinblick auf die den Sanierungserfolg zum Teil erheblich bedrohenden steuerlichen Auswirkungen bestimmter Sanierungsmaßnahmen gelten.

dd) *Betriebsvermögensmehrung durch Erlass der Verbindlichkeit durch Gesellschafter*

Wie soeben dargestellt, lässt der Rückkauf der Forderung durch den Gesellschafter der Schuldnergesellschaft den Bestand der Verbindlichkeit zunächst unberührt. Um gleichwohl den beabsichtigten Entlastungseffekt zu erzielen und die Fremdkapitalquote der Schuldnergesellschaft zu senken, wird der Gesellschafter der Gesellschaft im Anschluss an den Ankauf der Forderng jedoch regelmäßig die mit dieser korrespondierende Verbindlichkeit erlassen.[937] Der Erlass hat auf der Ebene der Schuldnerkapitalgesellschaft die unter **E.I.2.** bereits ausführlich dargestellten steuerlichen Auswirkungen zur Folge. Diesbezüglich wird daher an dieser Stelle integral nach oben verwiesen.

c) *Steuerliche Begünstigung nach dem Sanierungserlass*

Auch hinsichtlich der steuerlichen Begünstigung von aus dem Erlass des Gesellschafters ggf. entstehenden Gewinnen kann nach oben (**E.I.2.**) verwiesen werden. Insoweit sollte, entgegen der von der Finanzverwaltung vertretenen Auffasung, eine steuerliche Begünstigung eines aus einem Gesellschaftererlass entstehenden Gewinns nach dem Sanierungserlass sowohl in den Fällen möglich sein, in denen neben dem Gesellschafter auch andere Gläubiger ihre Forderung erlassen, als auch dann, wenn nur der Gesellschafter seine Forderung gegen die Gesellschaft erlässt.

IV. Schuldübernahme unter Verzicht auf Regressansprüche (Debt-Push-Up)

Eine weitere Möglichkeit zur Entschuldung einer Kapitalgesellschaft besteht darin, die sie in ihrer wirtschaftlichen Situation bedrängenden Verbindlichkeiten auf eine ihr nahestehende Person[938] zu transferieren. Dazu bietet sich eine dem Rückkauf der Forderung durch einen Gesellschafter sehr ähnliche Gestaltung an – die der befreienden Schuldübernahme nach §§ 414, 415 BGB. Dabei übernimmt der Gesellschafter die Schuld seiner Gesellschaft gegenüber dem Drittgläubiger und verzichtet

---

936 Ebenso BFH, Urteil vom 30.01.2002 – I R 13/01, GmbHR 2002, 748, 750.

937 *Eilers/Bühring*, Sanierungssteuerrecht, Rn. 3.151; *Ilberg/Tschesche*, BB 2010, 259, 262; *Rödding/Bühring*, DStR 2009, 1933, 1936; *Töben/Lohbeck/Specker*, NWB 2009, 1484, 1491.

938 Im Folgenden am Beispiel eines Gesellschafters der Kapitalgesellschaft.

gleichzeitig auf jegliche Regressansprüche gegen die Gesellschaft.[939] Auf diesem Weg wechselt – unter Wahrung der Identität der Schuld – die Person des Schuldners von der Gesellschaft zu ihrem Gesellschafter,[940] mit der Folge, dass die Gesellschaft entlastet wird. Wie im Folgenden zu zeigen sein wird, kann diese Gestaltung im Vergleich zu den bisher vorgestellten Sanierungsinstrumenten aus steuerlicher Sicht erhebliche Vorzüge haben.

1. Zivilrechtliche Einordnung

Gesetzlich sind zwei Varianten der privativen (befreienden) Schuldübernahme vorgesehen. Der Übernahmevertrag kann demnach entweder zwischen dem Übernehmer und dem Gläubiger (§ 414 BGB) oder zwischen dem Übernehmer und dem Schuldner unter Zustimmung des Gläubigers (§ 415 BGB) geschlossen werden.[941] Liegen die jeweiligen Voraussetzungen gemäß § 414 BGB bzw. § 415 BGB vor, tritt der Übernehmer (in vorliegender Gestaltung der Gesellschafter) an die Stelle des bisherigen Schuldners (Gesellschaft) und diese wird von ihrer Schuld frei.[942] Der Übernahmevertrag bewirkt mithin eine Veränderung der Forderungsrichtung und hat insoweit Verfügungscharakter.[943]

Im Hinblick auf die Vornahme einer befreienden Schuldübernahme zur steuerlich optimierten Entschuldung der defizitären Gesellschaft ist unabdingbar, dass der Gesellschafter die Schuldübernahme von vornherein unbedingt und unter gleichzeitigem Verzicht auf jegliche Regressansprüche gegen die Gesellschaft erklärt.[944] Anderenfalls können die der befreienden Schuldübernahme anhaftenden steuerlichen Vorzüge bei der Entlastung der Gesellschaft nicht realisiert werden, da etwaige Rückgriffsansprüche gegen die Gesellschaft von dieser als Verbindlichkeit zu passivieren wären. Dies hätte zur Folge, dass es eines wiederum gewinnwirksamen Erlasses dieser Regressverbindlichkeit bedürfte, um die beabsichtigte Entschuldung

939 Siehe dazu auch *Blaas/Schwahn*, DB 2013, 2412, 2415; *Kahlert*/Rühland, Sanierungs- und Insolvenzsteuerrecht, 2. Aufl., Rn. 3.101; *Prinz*, FR 2011, 444, 446.

940 MüKo-BGB/*Bydlinski*, Vor § 414 Rn. 2; Palandt/*Grüneberg*, BGB, Überbl v § 414 Rn. 1; *Prinz*, FR 2011, 444, 446; Soergel/*Schreiber*, BGB, Vor § 414 Rn. 2.

941 *Eilers/Bühring*, Sanierungssteuerrecht, Rn. 3.41; *Ebbinghaus/Osenroth/Hinz*, BB 2013, 1374, 1375; MüKo-BGB/*Bydlinski*, Vor § 414 Rn. 3; Palandt/*Grüneberg*, BGB, Überbl v § 414 Rn. 1; Soergel/*Schreiber*, BGB, Vor § 414 Rn. 2.

942 *Ebbinghaus/Osenroth/Hinz*, BB 2013, 1374, 1375; MüKo-BGB/*Bydlinski*, § 414 Rn. 7; Palandt/*Grüneberg*, BGB, Überbl v § 414 Rn. 1; Soergel/*Schreiber*, BGB, §§ 414, 415 Rn. 1.

943 MüKo-BGB/*Bydlinski*, Vor § 414 Rn. 4; Palandt/*Grüneberg*, BGB, Überbl v § 414 Rn. 1; Soergel/*Schreiber*, BGB, Vor § 414 Rn. 2.

944 Siehe auch BFH, Urteil vom 20.12.2001 – I B 74/01, DStRE 2002, 257, 258; *Bogenschütz*, Ubg 2010, 407, 408; *Ebbinghaus/Osenroth/Hinz*, BB 2013, 1374, 1375; *Fox/Scheidle*, GWR 2009, 51 ff.; *Hierstetter*, DStR 2010, 882, 886; Lüdicke/Sistermann/*Loose/Maier*, Unternehmensteuerrecht, § 17 Rn. 93; *Schmidt/Mielke*, Ubg 2009, 395, 397.

zu erreichen. Der Ausschluss jeglicher Rückgriffsansprüche seitens des Gesellschafters sollte deshalb im Übernahmevertrag ausdrücklich und eindeutig geregelt sein.[945]

a) *Übernahmevertrag zwischen Gesellschafter und Gläubiger*

Mit Abschluss eines Vertrages zwischen Gesellschafter (Übernehmer) und Gläubiger nach § 414 BGB wird der Gesellschafter zum Schuldner der Forderung und die Gesellschaft als ursprüngliche Schuldnerin sofort frei.[946] Der Gläubiger verfügt insoweit selbst als Berechtigter über die Forderung.[947] Die daraus resultierende Schuldbefreiung der Gesellschaft erfolgt ohne deren Mitwirkung.[948] Dahingehend liegt eine ausnahmsweise zulässige Verfügung zu Gunsten eines Dritten vor.[949] Inhalt und Modalitäten der Schuld werden durch den Schuldnerwechsel gleichwohl nicht tangiert.[950] Der zwischen Gesellschafter und Gläubiger geschlossene Übernahmevertrag nach § 414 BGB ist grundsätzlich formfrei.[951]

b) *Übernahmevertrag zwischen Gesellschafter und Gesellschaft*

Gemäß § 415 BGB kann die Schuldübernahme alternativ auch durch Vertrag zwischen dem Gesellschafter (Übernehmer) und dem bisherigen Schuldner (Gesellschaft) vereinbart werden. Dieser Vertrag bedarf jedoch nach § 415 Abs. 1 Satz 1 BGB der vorherigen oder nachträglichen Zustimmung des Gläubigers,[952] da Gesellschafter und Gesellschaft insoweit als Nichtberechtigte über die Forderung verfügen.[953] Durch den Übernahmevertrag begründen Gesellschafter und Gesellschaft zugleich „eine mit der ursprünglichen Schuld inhaltsgleiche Verpflichtung" des

945 *Kahlert/Rühland*, Sanierungs- und Insolvenzsteuerrecht, Teil A Rn. 668.

946 MüKo-BGB/*Möschel*, § 414 Rn. 7; Soergel/*Schreiber*, BGB, §§ 414, 415 Rn. 1.

947 Soergel/*Schreiber*, BGB, §§ 414, 415 Rn. 1.

948 MüKo-BGB/*Bydlinski*, § 414 Rn. 6; Palandt/*Grüneberg*, BGB, § 414 Rn. 1; Soergel/*Schreiber*, BGB, §§ 414, 415 Rn. 5.

949 MüKo-BGB/*Bydlinski*, § 414 Rn. 2; Palandt/*Grüneberg*, BGB, § 414 Rn. 1; Soergel/*Schreiber*, BGB, §§ 414, 415 Rn. 5.

950 MüKo-BGB/*Bydlinsk*, § 414 Rn. 7; Palandt/*Grüneberg*, BGB, § 414 Rn. 1.

951 MüKo-BGB/*Bydlinski*, § 414 Rn. 4; Palandt/*Grüneberg*, BGB, § 414 Rn. 1; Soergel/*Schreiber*, BGB, §§ 414, 415 Rn. 4.

952 Obwohl das Gesetz nur von einer Genehmigung (§ 184 BGB) spricht, genügt nach h. M. auch eine Einwilligung (§ 183 BGB). Siehe dazu MüKo-BGB/*Möschel*, § 415 Rn. 9; Palandt/*Grüneberg*, BGB, § 415 Rn. 3 jeweils m.w.N.

953 *Ebbinghaus/Osenroth/Hinz*, BB 2013, 1374; MüKo-BGB/*Bydlinski*, § 415 Rn. 1; Palandt/*Grüneberg*, BGB, § 415 Rn. 1; *Prinz*, FR 2011, 444, 446; Soergel/*Schreiber*, BGB, §§ 414, 415 Rn. 1.

Gesellschafters.[954] Wie der Übernahmevertrag nach § 414 BGB ist auch der Übernahmevertrag nach § 415 BGB grundsätzlich formfrei.[955]

Fehlt die vorherige Zustimmung des Gläubigers,[956] besteht bis zur Genehmigung der Übernahmevereinbarung durch den Gläubiger ein Schwebezustand.[957] Hinsichtlich der von der Übernahme betroffenen Schuld bedeutet dies zum einen, dass der Gläubiger gegenüber dem Gesellschafter diesbezüglich noch keine Rechte erlangt hat.[958] Es bedeutet zum anderen jedoch auch, dass die Gesellschaft noch nicht von ihrer Schuld befreit ist.[959] Ungeachtet dessen ist der Gesellschafter bereits während des Schwebezustands gemäß § 415 Abs. 3 BGB im Innenverhältnis der Gesellschaft zur Erfüllungsübernahme verpflichtet.[960] Dem zu Folge hat der Gesellschafter den Gläubiger so rechtzeitig zu befriedigen, dass die Gesellschaft von diesem nicht in Anspruch genommen werden kann.[961] Erst durch die Genehmigung des Gläubigers wird die Schuldübernahme und damit die von den Parteien begründete Verpflichtung des Gesellschafters wirksam.[962] Die Genehmigung entfaltet ihre Wirkung ex tunc ab dem Zeitpunkt des Vertragsschlusses.[963]

c) Rechtsfolge: Entlastung der Gesellschaft

Wie vorstehend angesprochen, erlischt das Schuldverhältnis der Gesellschaft mit dem Gläubiger grundsätzlich erst, wenn alle Tatbestandsvoraussetzungen der Schuldübernahme nach § 414 BGB bzw. § 415 BGB vorliegen. Die mit der Schuldübernahme angestrebte Entlastung der Gesellschaft erfolgt daher bei einem Vertrag

---

954 Palandt/*Grüneberg*, BGB, § 415 Rn. 1; siehe auch MüKo-BGB/*Bydlinski*, § 415 Rn. 1; Soergel/*Schreiber*, BGB, §§ 414, 415 Rn. 1.

955 MüKo-BGB/*Bydlinski*, § 415 Rn. 5; Palandt/*Grüneberg*, BGB, § 415 Rn. 2; Soergel/*Schreiber*, BGB, §§ 414, 415 Rn. 4.

956 Dies ist der Regelfall. Im Folgenden wird daher davon ausgegangen, dass bei einem Übernahmevertrag nach § 415 BGB eine vorherige Zustimmung durch den Gläubiger nicht erfolgt ist.

957 *Bogenschütz*, Ubg 2010, 407, 408; MüKo-BGB/*Bydlinski*, § 415 Rn. 18; Palandt/*Grüneberg*, BGB, § 415 Rn. 7; *Prinz*, FR 2011, 444, 446; Soergel/*Schreiber*, BGB, §§ 414, 415 Rn. 9.

958 *Bogenschütz*, Ubg 2010, 407, 408 f.; *Eilers/Bühring*, Sanierungssteuerrecht, Rn. 3.41; MüKo-BGB/*Bydlinski*, § 415 Rn. 18; Palandt/*Grüneberg*, BGB, § 415 Rn. 7; Soergel/*Schreiber*, BGB, §§ 414, 415 Rn. 9.

959 *Kahlert/Rühland*, Sanierungs- und Insolvenzsteuerrecht, Teil A Rn. 669; *Mückl*, FR 2009, 497, 505; *Schmidt/Hageböke*, DStR 2002, 2150, 2152.

960 *Bogenschütz*, Ubg 2010, 407, 409; *Eilers/Bühring*, Sanierungssteuerrecht, Rn. 3.41; MüKo-BGB/*Bydlinski*, § 415 Rn. 18; Palandt/*Grüneberg*, BGB, § 415 Rn. 7; *Prinz*, FR 2011, 444, 446; Soergel/*Schreiber*, BGB, §§ 414, 415 Rn. 9.

961 MüKo-BGB/*Bydlinski*, § 415 Rn. 18.

962 *Bogenschütz*, Ubg 2010, 407, 409; Palandt/*Grüneberg*, BGB, § 415 Rn. 8.

963 *Bogenschütz*, Ubg 2010, 407, 409; MüKo-BGB/*Bydlinski*, § 415 Rn. 17; Palandt/*Grüneberg*, BGB, § 415 Rn. 8.

nach § 414 BGB bereits mit dem Vertragsschluss, bei einem Vertrag nach § 415 BGB jedoch grundsätzlich erst mit der Genehmigung durch den Gläubiger. Ungeachtet dessen kann eine Entlastung der Gesellschaft bei einem Übernahmevertrag nach § 415 BGB ggf. auch schon vor der Genehmigung durch den Gläubiger erreicht werden. Die Gesellschaft wird nämlich auch dann von ihrer Schuld frei, wenn entweder der Gesellschafter (Übernehmer) die Schuld während des Schwebezustandes tilgt oder der Gläubiger bereits vor Erteilung der Genehmigung auf die Forderung gegen die Gesellschaft verzichtet.

2. Steuerliche Auswirkungen

In Bezug auf die Analyse der steuerlichen Auswirkungen der Entschuldung einer Kapitalgesellschaft im Wege einer befreienden Schuldübernahme nach §§ 414, 415 BGB, sind daher neben den Fällen der Entlastung durch eine wirksame befreiende Schuldübernahme auch die Fallkonstellationen in den Blick zu nehmen, in denen die Schuld während des Schwebezustandes tilgungsbedingt oder erlassbedingt erlischt.

a) Schuldübernahme nach § 415 BGB

Bei der Schuldübernahme nach § 415 BGB ist zwischen dem Abschluss des Übernahmevertrages, der Tilgung der Verbindlichkeit durch den Gesellschafter, dem Erlass der Verbindlichkeit durch den Gläubiger und der Genehmigung der Schuldübernahme durch den Gläubiger zu differenzieren.

aa) Abschluss des Übernahmevertrages

Da die befreiende Schuldübernahme nach § 415 BGB zu ihrer Wirksamkeit der Zustimmung des Gläubigers bedarf, bleibt die Gesellschaft dem Gläubiger als bisherige Schuldnerin bis zu dessen Genehmigung grundsätzlich aus dem Schuldverhältnis verpflichtet.[964] Auf Grund dessen ist die Gesellschaft bis zur Genehmigung durch den Gläubiger auch nicht berechtigt, die betreffende Verbindlichkeit aus der Handels- oder Steuerbilanz auszubuchen, da eine Verbindlichkeit bilanzrechtlich erst mit ihrem Erlöschen nicht mehr auszuweisen ist.[965]

---

964 *Kahlert*/Rühland, Sanierungs- und Insolvenzsteuerrecht, 2. Aufl., Rn. 3.101; *Mückl*, FR 2009, 497, 505; *Schmidt/Hageböke*, DStR 2002, 2150, 2152.

965 *Adler/Düring/Schmaltz*, Rechnungslegung und Prüfung von Unternehmen, Teilband 6, § 246 Rn. 126, 418; Beck'scher Bilanz-Kommentar/*Schubert*, § 247 Rn. 239; *Bogenschütz*, Ubg 2010, 407, 410; *Kahlert*/Rühland, Sanierungs- und Insolvenzsteuerrecht, 2. Aufl., Rn. 3.101; *Mückl*, FR 2009, 497, 505; *Schmidt/Hageböke*, DStR 2002, 2150, 2152; *Töben/Lohbeck/Specker*, NWB 2009, 1484, 1492; *Winnefeld*, Bilanzhandbuch, D Rn. 1555.

(1) Freistellungsanspruch gegen den Gesellschafter

In Folge der sich aus dem Übernahmevertrag ergebenden Verpflichtung des Gesellschafters zur Erfüllungsübernahme im Innenverhältnis (§ 415 Abs. 3 BGB) ist der Gesellschaft gegen den Gesellschafter ein Freistellungsanspruch entstanden, den sie in der Handels- und Steuerbilanz zu aktivieren hat.[966] Die damit einhergehende Betriebsvermögensmehrung bei der Gesellschaft ist für steuerliche Zwecke durch den Abzug einer verdeckten Einlage außerbilanziell zu neutralisieren.[967] Rechtsgrund der Schuldübernahme wird nämlich bei einer Schuldübernahme durch einen Gesellschafter regelmäßig das Gesellschaftsverhältnis sein.[968] Der aus der Schuldübernahme resultierende Freistellungsanspruch stellt daher einen durch das Beteiligungsverhältnis veranlassten Vermögensvorteil dar, den der Gesellschafter der Gesellschaft außerhalb der gesellschaftsrechtlichen Einlagen zuwendet und für den er keine entsprechende Gegenleistung in Form von Gesellschafterrechten erhält. Der Gesellschafter legt den gegen ihn gerichteten Freistellungsanspruch daher verdeckt in die Gesellschaft ein.[969]

(2) Höhe der verdeckten Einlage

In diesem Zusammenhang ist nicht unumstritten, in welcher Höhe eine verdeckte Einlage anzusetzen ist. Der BFH ging in vorbenannter Entscheidung ungeprüft von einer Einlage entsprechend der Höhe des Nennwerts der übernommenen

---

966 *Adler/Düring/Schmaltz*, Rechnungslegung und Prüfung von Unternehmen, Teilband 6, § 246 Rn. 418, 422; *Benz/Böing*, Ubg 2012, 440, 442; *Blaas/Schwahn*, DB 2013, 2412, 2415; *Bogenschütz*, Ubg 2010, 407, 410; *Eilers/Bühring*, Sanierungssteuerrecht, Rn. 3.45; *Herzig/Liekenbrock*, Ubg 2011, 313, 320; *Kahlert*/Rühland, Sanierungs- und Insolvenzsteuerrecht, 2. Aufl., Rn. 3.101; *Mückl*, FR 2009, 497, 505; *Schmidt/Hageböke*, DStR 2002, 2150, 2152; *Töben/Lohbeck/Specker*, NWB 2009, 1484, 1492; *Winnefeld*, Bilanzhandbuch, D Rn. 1556.

967 BFH, Urteil vom 20.12.2001 – I B 74/01, DStRE 2002, 257, 258; *Bogenschütz*, Ubg 2010, 407, 409; *Ebbinghaus/Osenroth/Hinz*, BB 2013, 1374, 1377; *Eilers/Bühring*, Sanierungssteuerrecht, Rn. 3.46; *Förster*, Ubg 2010, 758, 763; *Herzig/Liekenbrock*, Ubg 2011, 313, 320; *Hierstetter*, DStR 2010, 882, 886; *Kahlert*/Rühland, Sanierungs- und Insolvenzsteuerrecht, 2. Aufl., Rn. 3.101; Lüdicke/Sistermann/*Loose/Maier*, Unternehmensteuerrecht, § 17 Rn. 93; *Mückl*, FR 2009, 497, 505; *Schmidt/Hageböke*, DStR 2002, 2150, 2153; Schmidt/*Weber-Grellet*, EStG, § 5 Rn. 550 Stichwort „Gesellschafterfinanzierung"; *Töben/Lohbeck/Specker*, NWB 2009, 1484, 1492.

968 Vgl. *Ebbinghaus/Osenroth/Hinz*, BB 2013, 1374, 1377; *Mückl*, FR 2009, 497, 505; *Schmidt/Hageböke*, DStR 2002, 2150, 2153.

969 BFH, Urteil vom 20.12.2001 – I B 74/01, DStRE 2002, 257, 258; *Blaas/Schwahn*, DB 2013, 2412, 2416; *Bogenschütz*, Ubg 2010, 407, 409; *Förster*, Ubg 2010, 758, 763; *Hierstetter*, DStR 2010, 882, 886; *Kahlert/Rühland*, Sanierungs- und Insolvenzsteuerrecht, Teil A Rn. 674; Lüdicke/Sistermann/*Loose/Maier*, Unternehmensteuerrecht, § 17 Rn. 93; *Mückl*, FR 2009, 497, 505; *Schmidt/Hageböke*, DStR 2002, 2150, 2153; *Töben/Lohbeck/Specker*, NWB 2009, 1484, 1492.

Verbindlichkeit aus, mit der Folge, dass die mit der Aktivierung des Freistellungsanspruchs entstandene Betriebsvermögensmehrung völlig neutralisiert wurde.[970] Zwingend ist diese gewinnneutrale Behandlung gleichwohl nicht.[971] Nach § 6 Abs. 1 Nr. 5 EStG sind Einlagen bei Kapitalgesellschaften mit dem Teilwert der zugeführten Wirtschaftsgüter anzusetzen.[972] Gemäß § 6 Abs. 1 Nr. 1 Satz 3 i.V.m. Nr. 2 Satz 2 EStG ist der Teilwert einer Forderung der Betrag, den ein Erwerber des ganzen Betriebes im Rahmen des Gesamtkaufpreises für das einzelne Wirtschaftsgut ansetzen würde.[973] Dabei ist davon auszugehen, dass der Erwerber den Betrieb fortführt.[974] Mit Blick auf die Bewertung des eingelegten Freistellungsanspruchs ist außerdem zu beachten, dass der Teilwert einer Forderung maßgeblich durch die Bonität des Schuldners beeinflusst wird.[975] In Folge dessen vertritt die überwiegende Auffassung in der Literatur die Ansicht, dass die Bewertung der Einlage von der wirtschaftlichen Situation des Gesellschafters abhängt.[976] Demnach würde nur bei einem solventen Gesellschafter die mit der Aktivierung des Freistellungsanspruchs verbundene Betriebsvermögensmehrung durch den Ansatz einer Einlage in gleicher Höhe vollständig neutralisiert.

Abweichend wird jedoch auch vertreten, dass die Einlage – von der Solvenz des Gesellschafters unabhängig – stets entsprechend der Höhe des Nennwerts der übernommenen Verbindlichkeit anzusetzen ist.[977] Dazu werden zwei

---

970 BFH, Urteil vom 20.12.2001 – I B 74/01, DStRE 2002, 257, 258.

971 Siehe auch *Bogenschütz*, Ubg 2010, 407, 410.

972 Siehe auch BFH, Urteil vom 09.06.1997 – GrS 1/94, BStBl. II 1998, 307, 310.

973 BFH, Urteil vom 24.01.1990 – I R 157/85, I R 145/86, BStBl. II 1990, 639, 640; BFH, Urteil vom 20.08.2003 – I R 49/02, BStBl. II 2003, 941, 942; FG München, Urteil vom 10.08.2000 – 7 K 5082/98, EFG 2000, 1304, 1305; Blümich/*Ehmcke*, EStG/KStG/GewStG, § 6 EStG Rn. 887 (Stand: August 2014); Herrmann/Heuer/Raupach/*Kleinle/Dreixler*, EStG/KStG, § 6 EStG Anm. 910 (Stand: August 2011); Schmidt/*Kulosa*, EStG, § 6 Rn. 758.

974 § 6 Abs. 1 Nr. 1 Satz 3 2. Halbsatz.

975 BFH, Urteil vom 20.08.2003 – I R 49/02, BStBl. II 2003, 941, 942; FG Düsseldorf, Urteil vom 17.01.2006 – 6 K 2154/04 K, G, F, EFG 2008, 1741, 1742; FG Niedersachsen, Urteil vom 09.12.2004 – 11 K 388/03, DStRE 2005, 1062, 1064; Blümich/*Ehmcke*, EStG/KStG/GewStG, § 6 EStG, Rn. 901 (Stand: August 2014); *Helm/Krinninger*, DB 2005, 1989, 1993; Herrmann/Heuer/Raupach/*Kleinle/Dreixler*, EStG/KStG, § 6 EStG, Anm. 911 (Stand: August 2011); *Hierstetter*, DStR 2010, 882, 883; *Kahlert*/Rühland, Sanierungs- und Insolvenzsteuerrecht, 2. Aufl., Rn. 3.86; Kirchhof/*Schindler*, § 6 Rn. 138.

976 *Förster*, Ubg 2010, 758, 763; *Hierstetter*, DStR 2010, 882, 886; *Kahlert/Rühland*, Sanierungs- und Insolvenzsteuerrecht, Teil A Rn. 674; Lüdicke/Sistermann/*Loose/Maier*, Unternehmensteuerrecht, § 17 Rn. 93; *Mückl*, FR 2009, 497, 505; *Schmidt/Mielke*, Ubg 2009, 395, 397; Schmidt/*Weber-Grellet*, EStG, § 5 Rn. 550 Stichwort „Gesellschafterfinanzierung"; so wohl auch *Benz/Böing*, Ubg 2012, 440, 442; *Ebbinghaus/Osenroth/Hinz*, BB 2013, 1374, 1377.

977 *Blaas/Schwahn*, DB 2013, 2412, 2416; *Bogenschütz*, Ubg 2010, 407, 410; *Schmidt/Hageböke*, DStR 2002, 2150, 2153.

unterschiedliche Begründungen angeführt. Zum einen wird vorgebracht, durch die Verpflichtung des Gesellschafters zur Erfüllungsübernahme im Innenverhältnis (§ 415 Abs. 3 BGB) sei gesichert, dass die Gesellschaft von ihrer Verbindlichkeit befreit wird, sodass der in Folge dieser Verpflichtung des Gesellschafters bei der Gesellschaft zu aktivierende Freistellungsanspruch nicht unabhängig von der untergehenden Verbindlichkeit bewertet werden könne.[978] Vielmehr bilden der Freistellungsanspruch und die übernommene Verbindlichkeit eine Bewertungseinheit. Wenn der Freistellungsanspruch bilanziell die Verpflichtung zur Erfüllungsübernahme abbildet und mit ihr der Wegfall der Verbindlichkeit[979] untrennbar verknüpft ist, dann müsse der durch den Gesellschafter mit dem Freistellungsanspruch zugeführte Vermögensvorteil „wertmäßig" stets „dem Nennbetrag der untergehenden Verbindlichkeit" entsprechen.[980] Ein gedachter Erwerber des ganzen Betriebes würde im Rahmen des Gesamtkaufpreises für den Freistellungsanspruch daher immer einen Betrag in Höhe des Nennwerts der Verbindlichkeit ansetzen, sofern dieser – wie vorliegend der Fall – zwingend zum Untergang der übernommenen Verbindlichkeit führt.[981] Zum anderen wird argumentiert, es sei für die Höhe der Einlage letztlich nur entscheidend, dass der Gesellschafter in der Lage ist, die „Verpflichtung aus der Freistellungsvereinbarung zu erfüllen." Davon sei jedenfalls dann auszugehen, wenn der Gläubiger sich im Rahmen der Vereinbarungen über die Sanierungsmaßnahme vorgreiflich dazu verpflichtet habe, die Schuldübernahme nachträglich zu genehmigen.[982]

Der BFH hat sich zu diesem Aspekt bisher noch nicht geäußert. In der vorbenannten Entscheidung tilgte die übernehmende Muttergesellschaft die Verbindlichkeit gegenüber dem Gläubiger, sodass die Werthaltigkeit des Freistellungsanspruchs letztlich nicht in Frage stand. Nach der hier vertrenen Auffassung hängt die Bewertung der Einlage in Übereinstimmung mit den gesetzlichen Regelungen stets von der wirtschaftlichen Situation des Gesellschafters ab. Die mit der Aktivierung des Freistellungsanspruchs verbundene Betriebsvermögensmehrung wird daher nur bei einem solventen Gesellschafter durch den Ansatz einer Einlage in gleicher Höhe vollständig neutralisiert. In der Praxis ist mit Blick auf die Entscheidung des BFH[983] jedenfalls dann Vorsicht geboten, wenn sich der Übernehmer selbst in wirtschaftlichen Schwierigkeiten befindet, da eine gewinnneutrale Behandlung dann unter Umständen nicht gesichert ist.

---

978 *Bogenschütz*, Ubg 2010, 407, 410.

979 Aufgrund des gleichzeitig mit der Übernahme erklärten Verzichts des Gesellschafters auf Rückgriffsansprüche ist hier davon auszugehen, dass die übernommene Verbindlichkeit nicht durch Regressverbindlichkeiten gegenüber dem Gesellschafter ersetzt werden.

980 *Bogenschütz*, Ubg 2010, 407, 411.

981 *Bogenschütz*, Ubg 2010, 407, 410 f.

982 *Blaas/Schwahn*, DB 2013, 2412, 2416.

983 BFH, Urteil vom 20.12.2001 – I B 74/01, DStRE 2002, 257.

(3) Entfallen der Passivierung einer Regressverbindlichkeit

Da die Schuldübernahme unter gleichzeitigem und unbedingten Verzicht auf jegliche Regressansprüche gegen die Gesellschaft erklärt wird, hat diese zu keinem Zeitpunkt eine Regressverbindlichkeit gegenüber dem übernehmenden Gesellschafter zu passivieren.[984] Dies ist im Hinblick auf die steueroptimierte – d.h. gewinnneutrale – Entschuldung der Gesellschaft von elementarer Bedeutung.[985] Denn der mit der Schuldübernahme beabsichtigte Entlastungseffekt würde durch die Passivierung der Regressverbindlichkeit konterkariert. Zur Entschuldung der Gesellschaft würde dann ein nachträglicher Erlass des Gesellschafters auf seine Regressforderung erforderlich, der nach den Einlagegrundsätzen des Großen Senats[986] zu beurteilen wäre. Die aus dem Forderungserlass des Gesellschafters resultierende Betriebsvermögensmehrung bei der Gesellschaft würde dann für steuerliche Zwecke nur durch den Abzug einer verdeckten Einlage in Höhe des werthaltigen Teils der Regressforderung neutralisiert.[987] In Höhe des nicht mehr werthaltigen Teils der Regressforderung würde dann ein steuerlicher Gewinn verbleiben.[988] Im Zusammenhang mit einer defizitären Gesellschaft wäre davon auszugehen, dass die Werthaltigkeit der Regressforderung des Gesellschafters eher gering, ggf. sogar Null ist, mit der Folge, dass dieser Vorgang nicht gewinnneutral wäre, sondern sich gewinnerhöhend auswirken würde. Die Annahme eines nachträglich erklärten Erlasses des Gesellschafters von Regressforderungen und die damit verbundene Anwendung der Einlagegrundsätze des Großen Senats sind hier nur dann ausgeschlossen, wenn der Gesellschafter gleichzeitig mit der Schuldübernahme – ex ante – auf jegliche Regressansprüche gegen die Gesellschaft verzichtet.[989] Im Hinblick auf eine steueroptimierte Entschuldung der Gesellschaft können die – in diesen Konstellationen regelmäßig in einer Erhöhung des steuerlichen Gewinns resultierenden – Einlagegrundsätze des Großen Senats mithin auf diesem Weg umgangen werden.[990]

(4) Ergebnis

Vorausgesetzt die Schuldübernahme wird unter gleichzeitigem und unbedingten Verzicht auf jegliche Regressansprüche gegen die Gesellschaft erklärt, ist der

---

984 BFH, Urteil vom 20.12.2001 – I B 74/01, DStRE 2002, 257, 258; *Bogenschütz*, Ubg 2010, 407, 409; *Fox/Scheidle*, GWR 2009, 51 ff.; *Hierstetter*, DStR 2010, 882, 886; Lüdicke/Sistermann/*Loose/Maier*, Unternehmensteuerrecht, § 17 Rn. 93.

985 Siehe auch *Bogenschütz*, Ubg 2010, 407, 409; *Ebbinghaus/Osenroth/Hinz*, BB 2013, 1374, 1377.

986 BFH, Urteil vom 09.06.1997 – GrS 1/94, BStBl. II 1998, 307, 310.

987 BFH, Urteil vom 09.06.1997 – GrS 1/94, BStBl. II 1998, 307, 310.

988 BFH, Urteil vom 09.06.1997 – GrS 1/94, BStBl. II 1998, 307, 310.

989 Ähnlich *Bogenschütz*, Ubg 2010, 407, 409.

990 *Düll/Fuhrmann/Eberhard*, DStR 2002, 1030, 1031; *Gosch*, StBp 2002, 115, 117; *Hoffmann*, GmbHR 2002, 222; vgl. auch *Benz/Böing*, Ubg 2012, 440, 442.

Abschluss des Schuldübernahmevertrages auf der Ebene der Gesellschaft damit aus steuerlicher Sicht vollumfänglich gewinnneutral.[991]

bb) Tilgung der Verbindlichkeit durch den Gesellschafter vor Genehmigung der Schuldübernahme durch den Gläubiger

Tilgt der Gesellschafter in der Folge die Schuld bei dem Gläubiger, wird die Gesellschaft von ihrer Verbindlichkeit gegenüber dem Gläubiger befreit.[992] Die Verbindlichkeit ist deshalb gewinnerhöhend aus der Handels- und Steuerbilanz auszubuchen.[993] Mit dem Erlöschen der Schuld ist der im Innenverhältnis gegen den Gesellschafter bestehende Freistellungsanspruch der Gesellschaft gegenstandslos geworden.[994] Simultan ist daher auch dieser – zu einem der Höhe des Nennwerts der auszubuchenden Verbindlichkeit entsprechenden Wert bilanzierte – Freistellungsanspruch gewinnmindernd aus der Handels- und Steuerbilanz auszubuchen.[995] Saldiert betrachtet wird die Bilanz der Schuldnergesellschaft somit durch die korrespondierende Ausbuchung der getilgten Verbindlichkeit und des in gleicher Höhe aktivierten Freistellungsanspruches gewinnneutral verkürzt.[996] Steuerliche Auswirkungen auf der Ebene der defizitären Gesellschaft ergeben sich insoweit mithin nicht.[997]

---

991 BFH, Urteil vom 20.12.2001 – I B 74/01, DStRE 2002, 257, 258; *Kahlert/Rühland*, Sanierungs- und Insolvenzsteuerrecht, Teil A Rn. 675; *Schmidt/Hageböke*, DStR 2002, 2150, 2153.

992 Siehe auch BFH, Urteil vom 20.12.2001 – I B 74/01, DStRE 2002, 257.

993 BFH, Urteil vom 20.12.2001 – I B 74/01, DStRE 2002, 257; *Adler/Düring/Schmaltz*, Rechnungslegung und Prüfung von Unternehmen, Teilband 6, § 246 Rn. 126; *Fox/Scheidle*, GWR 2009, 51 ff.; *Förster*, Ubg 2010, 758, 763; *Kahlert*/Rühland, Sanierungs- und Insolvenzsteuerrecht, 2. Aufl., Rn. 3.101; Lüdicke/Sistermann/*Loose/Maier*, Unternehmensteuerrecht, § 17 Rn. 93; *Mückl*, FR 2009, 497, 505; *Schmidt/Hageböke*, DStR 2002, 2150, 2151; *Töben/Lohbeck/Specker*, NWB 2009, 1484, 1492.

994 Siehe auch *Schmidt/Hageböke*, DStR 2002, 2150, 2152.

995 BFH, Urteil vom 20.12.2001 – I B 74/01, DStRE 2002, 257; *Adler/Düring/Schmaltz*, Rechnungslegung und Prüfung von Unternehmen, Teilband 6, § 246 Rn. 418, 422; *Fox/Scheidle*, GWR 2009, 51 ff.; *Förster*, Ubg 2010, 758, 763; *Kahlert*/Rühland, Sanierungs- und Insolvenzsteuerrecht, 2. Aufl., Rn. 3.101; Lüdicke/Sistermann/*Loose/Maier*, Unternehmensteuerrecht, § 17 Rn. 93; *Mückl*, FR 2009, 497, 505; *Schmidt/Hageböke*, DStR 2002, 2150, 2152; *Töben/Lohbeck/Specker*, NWB 2009, 1484, 1492.

996 BFH, Urteil vom 20.12.2001 – I B 74/01, DStRE 2002, 257, 258; *Fox/Scheidle*, GWR 2009, 51 ff.; *Förster*, Ubg 2010, 758, 763; *Kahlert*/Rühland, Sanierungs- und Insolvenzsteuerrecht, 2. Aufl., Rn. 3.101; Lüdicke/Sistermann/*Loose/Maier*, Unternehmensteuerrecht, § 17 Rn. 93; *Mückl*, FR 2009, 497, 505; *Schmidt/Hageböke*, DStR 2002, 2150, 2152; *Töben/Lohbeck/Specker*, NWB 2009, 1484, 1492.

997 Siehe auch *Kahlert*/Rühland, Sanierungs- und Insolvenzsteuerrecht, 2. Aufl., Rn. 3.101.

cc) *Erlass der Verbindlichkeit durch den Gläubiger vor Erteilung der Genehmigung*

Eine im Ergebnis gleiche steuerliche Behandlung ergibt sich dann, wenn der Gläubiger vor der Genehmigung der Schuldübernahme der Gesellschaft die mit seiner Forderung korrespondierende Verbindlichkeit erlässt. Durch den Forderungserlass erlischt die Verbindlichkeit der Gesellschaft gegenüber dem Gläubiger und ist in Folge dessen aus der Handels- sowie der Steuerbilanz auszubuchen.[998] Gleichzeitig ist als Konsequenz des Erlöschens der Schuld auch der im Innenverhältnis gegen den Gesellschafter bestehende Freistellungsanspruch bei der Gesellschaft auszubuchen.[999] Die Ausbuchung der in korrespondierender Höhe bilanzierten Posten entfaltet daher per saldo keine Auswirkung auf den steuerlichen Gewinn der Gesellschaft.

dd) *Genehmigung der befreienden Schuldübernahme durch den Gläubiger*

Mit der Genehmigung durch den Gläubiger wird die befreiende Schuldübernahme nach § 415 BGB wirksam, sodass das Schuldverhältnis der Gesellschaft mit dem Gläubiger erlischt. Als Konsequenz dessen ist die Verbindlichkeit der Gesellschaft gegenüber dem Gläubiger gewinnerhöhend aus der Handels- und Steuerbilanz auszubuchen.[1000] Auf Grund des Erlöschens der Schuld ist jedoch zugleich der in gleicher Höhe aktivierte Freistellungsanspruch gegenüber dem Gesellschafter gewinnmindernd aus der Handels- und Steuerbilanz auszubuchen.[1001] Folglich wird die Bilanz der Gesellschaft auch im Wege der wirksamen Schuldübernahme nach § 415 BGB ohne Auswirkung auf das steuerliche Ergebnis verkürzt.

---

998 *Adler/Düring/Schmaltz*, Rechnungslegung und Prüfung von Unternehmen, Teilband 6, § 246 Rn. 126; Beck'scher Bilanz-Kommentar/*Schubert*, § 247 Rn. 235; Blümich/*Krumm*, EStG/KStG/GewStG, § 5 EStG Rn. 953 (Stand: August 2015); Schmidt/*Weber-Grellet*, EStG, § 5 Rn. 313, 671; *Winnefeld*, Bilanzhandbuch, D Rn. 1439.

999 Siehe auch *Kahlert/Rühland*, Sanierungs- und Insolvenzsteuerrecht, Teil A Rn. 685; *Schmidt/Hageböke*, DStR 2002, 2150, 2152.

1000 *Adler/Düring/Schmaltz*, Rechnungslegung und Prüfung von Unternehmen, Teilband 6, § 246 Rn. 126, 418; Beck'scher Bilanz-Kommentar/*Schubert*, § 247 Rn. 239; *Förster*, Ubg 2010, 758, 763; *Hierstetter*, DStR 2010, 882, 886; *Kahlert/Rühland*, Sanierungs- und Insolvenzsteuerrecht, Teil A Rn. 686; Lüdicke/Sistermann/*Loose/Maier*, Unternehmensteuerrecht, § 17 Rn. 93; Schmidt/*Weber-Grellet*, EStG, § 5 Rn. 550 Stichwort „Gesellschafterfinanzierung"; *Winnefeld*, Bilanzhandbuch, D Rn. 1555.

1001 *Blaas/Schwahn*, DB 2013, 2412, 2416; *Förster*, Ubg 2010, 758, 763; *Herzig/Liekenbrock*, Ubg 2011, 313, 320; *Hierstetter*, DStR 2010, 882, 886; *Kahlert/Rühland*, Sanierungs- und Insolvenzsteuerrecht, Teil A Rn. 686; Lüdicke/Sistermann/*Loose/Maier*, Unternehmensteuerrecht, § 17 Rn. 93; Schmidt/*Weber-Grellet*, EStG, § 5 Rn. 550 Stichwort „Gesellschafterfinanzierung".

ee) Ergebnis

Die vorstehende Darstellung zeigt, dass eine Kapitalgesellschaft im Wege der befreienden Schuldübernahme durch eine nahestehende Person[1002] nach § 415 BGB ohne Gewinnauswirkung entschuldet werden kann. Entscheidend ist dabei zum einen, dass die Schuldübernahme von vornherein unbedingt und unter gleichzeitigem Verzicht auf jegliche Regressansprüche gegen die Schuldnergesellschaft erklärt wird. Zum anderen kommt es zumindest nach h. M. auch auf die Solvenz des Übernehmers an, damit die mit der Aktivierung des Freistellungsanspruchs einhergehende Betriebsvermögensmehrung für steuerliche Zwecke durch den Abzug einer verdeckten Einlage in gleicher Höhe vollständig neutralisiert wird. Irrelevant für die gewinnneutrale Entschuldung der Gesellschaft ist hingegen, ob die Befreiung der Gesellschaft von der Verbindlichkeit gegenüber dem Gläubiger tilgungsbedingt, erlassbedingt oder durch Wirksamwerden der Schuldübernahme eintritt. Per Saldo kommt es in allen drei Fällen zu einer gewinnneutralen Bilanzverkürzung bei der Gesellschaft, da die gewinnerhöhende Ausbuchung der Verbindlichkeit durch die gleichzeitige gewinnmindernde Ausbuchung des Freistellungsanspruches ausgeglichen wird.

b) Schuldübernahme nach § 414 BGB[1003]

Übernimmt der Gesellschafter unter gleichzeitigem Regressverzicht die Verbindlichkeit der Gesellschaft durch Übernahmevertrag nach § 414 BGB, wird diese als ursprüngliche Schuldnerin sofort frei.[1004] Die betreffende Verbindlichkeit ist daher aus der Handels- und Steuerbilanz der Gesellschaft auszubuchen.[1005] Durch den Wegfall der Verbindlichkeit kommt es damit zunächst zu einer Betriebsvermögensmehrung.[1006] Die Schuldübernahme ist jedoch durch das Gesellschaftsverhältnis veranlasst.[1007] Der aus dem Wegfall der Verbindlichkeit entstehende Vermögensvorteil stellt deshalb eine verdeckte Einlage des Gesellschafters in die Gesellschaft dar.[1008]

1002 Hier am Beispiel eines Gesellschafters der Kapitalgesellschaft.

1003 Die in diesem Abschnitt dargestellte steuerliche Behandlung gilt entsprechend, wenn der Gesellschafter die Schuld der Gesellschaft mit vorheriger Zustimmung des Gläubigers nach § 415 BGB übernimmt.

1004 MüKo-BGB/*Bydlinski*, § 414 Rn. 7; Soergel/*Schreiber*, BGB, §§ 414, 415 Rn. 1.

1005 *Adler/Düring/Schmaltz*, Rechnungslegung und Prüfung von Unternehmen, Teilband 6, § 246 Rn. 126; Beck'scher Bilanz-Kommentar/*Schubert*, § 247 Rn. 239; *Schmidt/Hageböke*, DStR 2002, 2150, 2154; Schmidt/*Weber-Grellet*, EStG, § 5 Rn. 550 Stichwort „Gesellschafterfinanzierung"; *Winnefeld*, Bilanzhandbuch, D Rn. 1439.

1006 Siehe auch *Schmidt/Hageböke*, DStR 2002, 2150, 2154; *Winnefeld*, Bilanzhandbuch, D Rn. 1439.

1007 Ebenso *Schmidt/Hageböke*, DStR 2002, 2150, 2154; *Töben/Lohbeck/Specker*, NWB 2009, 1484, 1493.

1008 Siehe auch *Schmidt/Hageböke*, DStR 2002, 2150, 2154; *Töben/Lohbeck/Specker*, NWB 2009, 1484, 1493.

Denn die Zuwendung des Vermögensvorteils erfolgt außerhalb der gesellschaftsrechtlichen Einlagen, sie ist durch das Beteiligungsverhältnis veranlasst und ihr steht keine entsprechende Gegenleistung in Form von Gesellschafterrechten gegenüber. Die zunächst entstandene Betriebsvermögensmehrung bei der Gesellschaft ist daher für steuerliche Zwecke durch den Abzug einer verdeckten Einlage in voller Höhe außerbilanziell zu korrigieren. Im Ergebnis ist damit auch die befreiende Schuldübernahme nach § 414 BGB auf der Ebene der Gesellschaft gewinnneutral.[1009] Eine Kapitalgesellschaft kann mithin auch durch eine befreiende Schuldübernahme nach § 414 BGB ohne Gewinnauswirkung entschuldet werden.

c) Kein Gestaltungsmissbrauch i.S.d. § 42 AO

Fraglich bleibt, ob ein Gestaltungsmissbrauch nach § 42 AO vorliegt.

aa) „Umgehung" der Einlagegrundsätze des Großen Senats des BFH

Indem die Schuldübernahme unter gleichzeitigem und unbedingten Verzicht auf jegliche Regressansprüche gegen die Gesellschaft erklärt wird, kommen die Einlagegrundsätze des Großen Senats[1010] nicht zur Anwendung.[1011] Die Entschuldung der Gesellschaft kann daher insoweit steuerneutral verwirklicht werden, mit der Folge, dass im Vergleich zu wirtschaftlich gleichwertigen Gestaltungen, in denen die Einlagegrundsätze zum Tragen kommen – z.B. im Fall eines Forderungsverzichts durch einen Gesellschafter – regelmäßig ein steuerlicher Vorteil erzielt werden kann. Einen Missbrauch rechtlicher Gestaltungsmöglichkeiten begründet dies jedoch nicht.[1012] Insoweit weist auch der I. Senat des BFH darauf hin, dass der Große Senat in seinem Beschluss über einen grundlegend anderen Sachverhalt – den des Forderungsverzichts – zu entscheiden hatte.[1013] Dementsprechend hat der Große Senat auch lediglich über diesen bestimmt und abweichende, wirtschaftlich gleichwertige Sachverhaltsvarianten unberührt belassen.[1014] Dass die Beteiligten im Wege einer divergierenden Sachverhaltsgestaltung[1015] zu einem anderen steuerlichen Ergebnis gelangen, ist daher völlig legitim und steuerlich nicht zu beanstanden.[1016]

1009 Ebenso *Schmidt/Hageböke*, DStR 2002, 2150, 2154.

1010 BFH, Urteil vom 09.06.1997 – GrS 1/94, BStBl. II 1998, 307.

1011 BFH, Urteil vom 20.12.2001 – I B 74/01, DStRE 2002, 257, 258.

1012 *Gosch*, StBp 2002, 115, 117; *Hierstetter*, DStR 2010, 882, 887; *Hoffmann*, GmbHR 2002, 222; *Töben/Lohbeck/Specker*, NWB 2009, 1484, 1493.

1013 BFH, Urteil vom 20.12.2001 – I B 74/01, DStRE 2002, 257, 258.

1014 *Bogenschütz*, Ubg 2010, 407, 412; *Gosch*, StBp 2002, 115, 117 f.; *Hoffmann*, GmbHR 2002, 222.

1015 Kombination von Schuldübernahme und Regressverzicht.

1016 Siehe BFH, Urteil vom 20.12.2001 – I B 74/01, DStRE 2002, 257, 258. In dieser Entscheidung weist der Senat auf die in der Fachliteratur aufgezeigten Gestaltungsvarianten hin und bestätigt deren Zulässigkeit; siehe auch *Gosch*, StBp 2002, 115, 117.

Schließlich ahndet § 42 AO lediglich die Umgehung des Gesetzes, nicht jedoch die Umgehung einer höchstrichterlichen Entscheidung durch steuerliche Optimierung der Gestaltung.[1017]

bb) Keine unangemessene Gestaltung

Ungeachtet dessen stellt sich die befreiende Schuldübernahme unter Regressverzicht nicht als unangemessene Gestaltung dar, die verständige Parteien in Anbetracht des wirtschaftlichen Ziels der Sanierung der Gesellschaft nicht wählen würden.[1018] Die befreiende Schuldübernahme unter Regressverzicht ist vielmehr eine effiziente Maßnahme zur Entschuldung der Gesellschaft und verfolgt damit einen legitimen wirtschaftlichen Zweck.[1019] Zu einer Qualifikation als unangemessen führt dabei nicht, dass sie im Vergleich zu alternativ zur Option stehenden Maßnahmen steuerliche Vorzüge mit sich bringt.[1020]

cc) Kein Gestaltungsmissbrauch bei Schuldübernahme zur Nutzung von Verlustvorträgen

Ein Missbrauch von Gestaltungsmöglichkeiten nach § 42 AO liegt auch dann nicht vor, wenn die Schuldübernahme lediglich dazu dient, das bei der übernehmenden nahestehenden Person – z. B. Muttergesellschaft der Schuldnerin – vorhandene Verlustverrechnungspotential zum Ausgleich eines Verzichtsgewinns zu nutzen.[1021] Angenommen die Beteiligten haben vereinbart, dass der Gläubiger als Sanierungsbeitrag auf seine Forderung gegen die Schuldnergesellschaft (Tochtergesellschaft) verzichten wird. Um eine durch den Forderungserlass bedingte Betriebsvermögensmehrung auf der Ebene der Tochtergesellschaft zu vermeiden, übernimmt die Muttergesellschaft unter Regressverzicht zeitlich vor dem Forderungsverzicht die Verbindlichkeit der Tochter. Der in der Folge durch den Gläubiger ausgesprochene Verzicht berührt dann nur noch die Bilanzen der Muttergesellschaft.[1022] Diese Gestaltung verlagert die gewinnerhöhende Auswirkung des Forderungserlasses von der defizitären Tochter auf die Mutter und bietet sich insbesondere dann an, wenn auf der Ebene der Muttergesellschaft – anders als bei der Tochter – entsprechend ausreichende Verlustvorträge vorhanden sind, um die Betriebsvermögensmehrung aus dem Verzicht auszugleichen.[1023]

1017 *Hoffmann*, GmbHR 2002, 222.

1018 Siehe auch *Bogenschütz*, Ubg 2010, 407, 412 f.; *Schmidt/Hageböke*, DStR 2002, 2150, 2155.

1019 Siehe auch *Bogenschütz*, Ubg 2010, 407, 412 f.; *Schmidt/Hageböke*, DStR 2002, 2150, 2155.

1020 *Bogenschütz*, Ubg 2010, 407, 413.

1021 Ebenso *Schmidt/Hageböke*, DStR 2002, 2150, 2154 f.; *Töben/Lohbeck/Specker*, NWB 2009, 1484, 1493.

1022 *Töben/Lohbeck/Specker*, NWB 2009, 1484, 1493.

1023 Zum Ganzen *Töben/Lohbeck/Specker*, NWB 2009, 1484, 1493.

Unter Verweis auf die Entscheidung des I. Senats vom 17.10.2001[1024] wird auch eine solche Gestaltung steuerlich anzuerkennen sein.[1025] Der Senat hat dort bestimmt, dass eine Gestaltung, die im Wege der bestehenden gesetzlichen Vorschriften darauf abzielt, eine umfassende Ausschöpfung der Verlustvorträge zu erreichen, nicht grundsätzlich als missbräuchlich qualifiziert werden darf.[1026] Dieser Grundsatz gelte unabhängig davon, ob die gewählte Gestaltung zugleich von außersteuerlichen Interessen geleitet ist oder nicht und darüber hinaus entsprechend für andere Gestaltungen, die explizit der Nutzung eines Verlustvortrags dienen.[1027] Übernimmt die Muttergesellschaft die Verbindlichkeit der Tochter daher vor dem Forderungsverzicht ausschließlich zum Zweck der Nutzung von bei ihr vorhandenem Verlustverrechnungspotentials, dürfte dies steuerlich nicht zu beanstanden sein.[1028]

3. Ergebnis

Abschließend ist festzuhalten, dass die befreiende Schuldübernahme die Möglichkeit einer gewinnneutralen Entschuldung einer defizitären Schuldnerkapitalgesellschaft bietet. Ausschlaggebend dafür ist insbesondere, dass die Einlagegrundsätze des Großen Senats[1029] durch die Kombination von Schuldübernahme und Regressverzicht nicht zum Tragen kommen. Ein Missbrauch von Gestaltungsmöglichkeiten ist in diesem Vorgehen grundsätzlich nicht zu sehen.

V. Debt-Equity-Swap

Zur Reduktion der Verbindlichkeiten und Zinslasten sowie zur Verbesserung der Eigenkapitalquote des defizitären Unternehmens, bietet sich ferner die Vornahme eines Debt-Equity-Swaps an. Im Rahmen eines Debt-Equity-Swaps werden Verbindlichkeiten der Schuldnergesellschaft[1030] in Eigenkapital umgewandelt.[1031] Dies vollzieht sich dergestalt, dass der Gläubiger seine gegen die Schuldnergesellschaft

---

1024 BFH, Urteil vom 17.10.2001 – I R 97/00, GmbHR 2002, 169.

1025 Ebenso *Schmidt/Hageböke*, DStR 2002, 2150, 2155.

1026 BFH, Urteil vom 17.10.2001 – I R 97/00, GmbHR 2002, 169, 171.

1027 BFH, Urteil vom 17.10.2001 – I R 97/00, GmbHR 2002, 169, 171.

1028 Ebenso *Schmidt/Hageböke*, DStR 2002, 2150, 2155; *Töben/Lohbeck/Specker*, NWB 2009, 1484, 1493.

1029 BFH, Urteil vom 09.06.1997 – GrS 1/94, BStBl. II 1998, 307.

1030 Forderungen gegen Kapitalgesellschaften sind in der Praxis am häufigsten Gegenstand von Debt-Equity-Swaps. Daher bezieht sich die folgende Darstellung auf die Umwandlung einer Forderung gegen eine Kapitalgesellschaft in Eigenkapital.

1031 *Blaas/Schwahn*, DB 2013, 2412; *Born*, BB 2009, 1730, 1731; *Drouven/Nobiling*, DB 2009, 1895; *Ebbinghaus/Neu/Hinz*, NZI 2014, 729, 733; *Eilers*, GWR 2009, 3 ff.; *Hofert/Möller*, GmbHR 2009, 527; *Korf*, ZInsO 2013, 2411; *Mückl*, FR 2009, 497; *Oelke/Wöhlert/Degen*, BB 2010, 299; *Redeker*, BB 2007, 673; *Rödding/Bühring*, DStR 2009, 1933, 1939; *Römermann*, GmbHR 2013, 337, 343; *Scheunemann/Hoffmann*, DB 2009, 983; *Theiselmann*, GmbH-StB 2013, 150; *Töben/Lohbeck/Specker*,

gerichtete Forderung gegen Einräumung einer Beteiligung an dieser in die Schuldnergesellschaft einbringt.[1032] Die mit der eingebrachten Forderung korrespondierende Verbindlichkeit der Schuldnergesellschaft erlischt dabei durch Konfusion oder Forderungsverzicht, sodass die Verbindlichkeiten der Schuldnergesellschaft reduziert werden und ihre Eigenkapitalquote gestärkt wird. Der bisherige Forderungsgläubiger wird zum Anteilseigner.[1033] Aus wirtschaftlichen Gesichtspunkten kann ein Debt-Equity-Swap daher sowohl für die Schuldnergesellschaft als auch für die Gläubiger durchaus attraktiv sein. Zum einen trägt ein Debt-Equity-Swap zur Entschuldung und damit zur erfolgreichen Sanierung der Schuldnergesellschaft bei, zum anderen bietet die Beteiligung an der Gesellschaft dem Gläubiger die Option, an künftigen Wertsteigerungen zu partizipieren.[1034] Demgegenüber stehen jedoch unter Umständen erhebliche steuerliche Risiken. Neben einer möglichen Gewinnauswirkung des Vorgangs besteht insbesondere die Gefahr, dass bestehendes Verlustverrechnungspotential in Folge der Veränderung der Beteiligungsquote in der Abzugsfähigkeit beschränkt ist.

1. Zivilrechtliche Einordnung

Die Umwandlung von Verbindlichkeiten in Eigenkapital kann im Wesentlichen durch zwei Gestaltungsvarianten erreicht werden.[1035] Die klassische Form besteht in einer einfachen Kapitalherabsetzung mit anschließender Kapitalerhöhung unter Einbringung der Forderung als Sacheinlage.[1036] Das gleiche Ergebnis kann durch eine Veräußerung von Anteilen durch die Altgesellschafter erzielt werden, an die sich ein (teilweiser) Forderungsverzicht anschließt.[1037] Dabei stellt nur die erste Variante

---

NWB 2009, 1484, 1493; *Tschersich*, Ertragsbesteuerung der Unternehmenssanierung, 115 f.; *Wirsch*, NZG 2010, 1131.

1032 *Blaas/Schwahn*, DB 2013, 2412; *Born*, BB 2009, 1730, 1731; *Drouven/Nobiling*, DB 2009, 1895; *Eilers*, GWR 2009, 3 ff.; *Hofert/Möller*, GmbHR 2009, 527; *Mückl*, FR 2009, 497; *Redeker*, BB 2007, 673, 674; *Rödding/Bühring*, DStR 2009, 1933, 1939 f.; *Scheunemann/Hoffmann*, DB 2009, 983.

1033 *Blaas/Schwahn*, DB 2013, 2412; *Born*, BB 2009, 1730, 1731; *Oelke/Wöhlert/Degen*, BB 2010, 299.

1034 *Born*, BB 2009, 1730, 1731; *Mückl*, FR 2009, 497, 498; *Redeker*, BB 2007, 673; *Scheunemann/Hoffmann*, DB 2009, 983.

1035 Siehe auch *Born*, BB 2009, 1730, 1731; *Eilers*, GWR 2009, 3 ff.; *Hofert/Möller*, GmbHR 2009, 527; *Oelke/Wöhlert/Degen*, BB 2010, 299; *Redeker*, BB 2007, 673, 679; *Rödding/Bühring*, DStR 2009, 1933, 1940; *Schwenker/Fischer*, DStR 2010, 1117, 1120; *Töben/Lohbeck/Specker*, NWB 2009, 1484, 1493.

1036 *Born*, BB 2009, 1730, 1731; *Drouven/Nobiling*, DB 2009, 1895; *Eilers*, GWR 2009, 3 ff.; *Hofert/Möller*, GmbHR 2009, 527; *Mückl*, FR 2009, 497, 498; *Oelke/Wöhlert/Degen*, BB 2010, 299; *Redeker*, BB 2007, 673 f.; *Scheunemann/Hoffmann*, DB 2009, 983; *Schwenker/Fischer*, DStR 2010, 1117, 1120; *Töben/Lohbeck/Specker*, NWB 2009, 1484, 1493.

1037 *Born*, BB 2009, 1730, 1731; *Eilers*, GWR 2009, 3 ff.; *Hofert/Möller*, GmbHR 2009, 527; *Oelke/Wöhlert/Degen*, BB 2010, 299; *Redeker*, BB 2007, 673, 679; *Rödding/Bühring*,

einen Debt-Equity-Swap im engeren Sinne dar, da die zweite Variante keinen Tausch der Forderung gegen Anteile im Rahmen einer Kapitalerhöhung vorsieht.[1038] Die folgende Darstellung bezieht sich daher nur auf die erste Gestaltungsvariante eines klassischen Debt-Equity-Swaps. Die Umwandlung der Verbindlichkeit erfolgt dabei in der Regel in zwei Schritten.

a) Kapitalschnitt

Erster Schritt ist regelmäßig die Vornahme eines Kapitalschnitts. Dabei wird das Grund- bzw. Stammkapital in Form einer vereinfachten Kapitalherabsetzung (§§ 229 ff. AktG, § 58a GmbHG) dem verminderten Realvermögen der Schuldnergesellschaft angeglichen.[1039] Dies dient der Buchsanierung der defizitären Gesellschaft und der Beseitigung einer Unterbilanz.[1040] Zudem wird so eine Unterbilanzhaftung der Gesellschafter ausgeschlossen.[1041] Sofern die Gesellschaft bereits überschuldet ist, muss insoweit eine Kapitalherabsetzung auf Null erfolgen.[1042]

Die vereinfachte Kapitalherabsetzung ist eine Satzungsänderung und setzt daher einen satzungsändernden Hauptversammlungs- bzw Gesellschafterbeschluss voraus.[1043] Soweit die Satzung keine abweichende – d. h. darüber hinausgehende – Regelung vorsieht, bedarf der Hauptversammlungs- bzw. Gesellschafterbeschluss einer Mehrheit von mindestens drei Viertel der abgegebenen Stimmen bzw. des bei der Beschlussfassung vertretenen Grundkapitals.[1044]

DStR 2009, 1933, 1940; *Schwenker/Fischer*, DStR 2010, 1117, 1120; *Töben/Lohbeck/Specker*, NWB 2009, 1484, 1493.

1038 *Born*, BB 2009, 1730, 1731; *Schwenker/Fischer*, DStR 2010, 1117, 1120.

1039 *Born*, BB 2009, 1730, 1731; *Drouven/Nobiling*, DB 2009, 1895; *Eilers*, GWR 2009, 3 ff.; *Hofert/Möller*, GmbHR 2009, 527; *Horst*, DB 2013, 656, 658; *Mückl*, FR 2009, 497, 498; *Redeker*, BB 2007, 673, 674; *Scheunemann/Hoffmann*, DB 2009, 983; *Theiselmann*, GmbH-StB 2013, 150, 151; *Weber/Schneider*, ZInsO 2012, 374.

1040 Baumbach/Hueck/*Zöllner/Haas*, GmbHG, § 58a Rn. 7; *Born*, BB 2009, 1730, 1731; *Eilers*, GWR 2009, 3 ff.; *Hofert/Möller*, GmbHR 2009, 527; Hüffer/*Koch*, AktG, § 229 Rn. 2; *Mückl*, FR 2009, 497, 498; *Redeker*, BB 2007, 673, 674; Rowedder/Schmidt-Leithoff/*Schnorbus*, GmbHG, § 58a Rn. 1; Schmidt/Lutter/*Veil*, AktG, § 229 Rn. 1; *Tschersich*, Ertragsbesteuerung der Unternehmenssanierung, 29.

1041 *Eilers*, GWR 2009, 3 ff.; *Redeker*, BB 2007, 673, 674; *Tschersich*, Ertragsbesteuerung der Unternehmenssanierung, 29.

1042 *Redeker*, BB 2007, 673, 674; *Theiselmann*, GmbH-StB 2013, 150, 151.

1043 Baumbach/Hueck/*Zöllner/Haas*, GmbHG, § 58a Rn. 16; Hüffer/*Koch*, AktG, § 229 Rn. 18; *Lutter*/Hommelhoff, GmbHG, § 58a Rn. 15; Rowedder/Schmidt-Leithoff/*Schnorbus*, GmbHG, § 58a Rn. 10; *Theiselmann*, GmbH-StB 2013, 150, 151.

1044 § 229 Abs. 3 AktG i.V.m. § 222 Abs. 1 AktG bzw. § 58a Abs. 5 GmbHG i.V.m. § 53 GmbHG, siehe auch Baumbach/Hueck/*Zöllner/Haas*, GmbHG, § 58a Rn. 21; *Born*, BB 2009, 1730, 1731; *Eilers*, GWR 2009, 3 ff.; Hüffer/*Koch*, AktG, § 229 Rn. 18; *Korf*, ZInsO 2013, 2411, 2412; *Lutter*/Hommelhoff, GmbHG, § 58a Rn. 15; *Redeker*,

b) Kapitalerhöhung durch Sacheinlage

Die eigentliche Umwandlung der Verbindlichkeit der Schuldnergesellschaft in Eigenkapital erfolgt dann im zweiten Schritt durch die sich anschließende Kapitalerhöhung.[1045] Die gegen die Gesellschaft gerichtete Forderung wird dabei als Sacheinlage in das Gesellschaftsvermögen eingebracht.[1046] Der Einlagefähigkeit der Forderung steht nicht entgegen, dass sie gegen die Gesellschaft selbst gerichtet ist.[1047] Die Einbringung der Forderung in das Gesellschaftsvermögen kann alternativ dadurch realisiert werden, dass die Forderung im Wege der Abtretung (§§ 398 ff. BGB) auf die Gesellschaft übertragen wird und in Folge dessen durch Konfusion erlischt oder indem sie durch Erlassvertrag nach § 397 BGB zum Erlöschen gebracht wird.[1048] Der der Gesellschaft zugeführte Vermögensvorteil besteht folglich in der Befreiung von ihrer Verbindlichkeit gegenüber dem betreffenden Gläubiger.[1049]

Bei einer Kapitalerhöhung gegen Sacheinlage sind diverse gesellschaftsrechtliche Voraussetzungen zu beachten.[1050] Insbesondere erfordert die Kapitalerhöhung einen satzungsändernden Haupversammlungs- bzw. Gesellschafterbeschluss, der gemäß § 183 AktG i.V.m. § 182 AktG bzw. § 56 Abs. 1 GmbHG i.V.m. § 53 Abs. 1, 2 GmbHG mit einer Mehrheit von mindestens drei Vierteln der Stimmen bzw. des bei der Beschlussfassung vertretenen Grundkapitals zu fassen ist.[1051] Dieses Erfordernis ist deshalb hervorzuheben, da es verdeutlicht, dass ein Debt-Equity-Swap gegen den Willen der Altgesellschafter kaum möglich ist.[1052] Die Altgesellschafter, die durch

---

BB 2007, 673, 674; Rowedder/Schmidt-Leithoff/*Schnorbus*, GmbHG, § 58a Rn. 10; *Theiselmann*, GmbH-StB 2013, 150, 151; *Weber/Schneider*, ZInsO 2012, 374.

1045 *Born*, BB 2009, 1730, 1731; *Eilers*, GWR 2009, 3 ff.; *Hofert/Möller*, GmbHR 2009, 527; *Horst*, DB 2013, 656, 658; *Mückl*, FR 2009, 497, 498; *Redeker*, BB 2007, 673, 674; *Scheunemann/Hoffmann*, DB 2009, 983; *Schwenker/Fischer*, DStR 2010, 1117, 1120.

1046 *Born*, BB 2009, 1730, 1731; *Drouven/Nobiling*, DB 2009, 1895; *Eilers*, GWR 2009, 3 ff.; *Hofert/Möller*, GmbHR 2009, 527; *Mückl*, FR 2009, 497, 498; *Oelke/Wöhlert/Degen*, BB 2010, 299; *Redeker*, BB 2007, 673, 674; *Scheunemann/Hoffmann*, DB 2009, 983; *Schwenker/Fischer*, DStR 2010, 1117, 1120; *Theiselmann*, GmbH-StB 2013, 150, 151.

1047 *Born*, BB 2009, 1730, 1731; *Eilers*, GWR 2009, 3 ff.; Hüffer/*Koch*, AktG, § 27 Rn. 18; Lutter/Hommelhoff/*Bayer*, GmbHG, § 5 Rn. 17; MüKo-AktG/*Pentz*, § 27 Rn. 29; *Redeker*, BB 2007, 673, 674; *Toth-Feher/Schick*, ZIP 2004, 491, 495 m.w.N.

1048 *Born*, BB 2009, 1730, 1731; *Eilers*, GWR 2009, 3 ff.; *Hofert/Möller*, GmbHR 2009, 527; *Hüffer*, AktG, § 27 Rn. 18; *Redeker*, BB 2007, 673, 674; *Scheunemann/Hoffmann*, DB 2009, 983; *Schwenker/Fischer*, DStR 2010, 1117, 1120; *Simon/Merkelbach*, NZG 2012, 121, 123; *Theiselmann*, GmbH-StB 2013, 150, 151; *Toth-Feher/Schick*, ZIP 2004, 491, 495; *Tschersich*, Ertragsbesteuerung der Unternehmenssanierung, 29.

1049 *Mückl*, FR 2009, 497, 498; *Redeker*, BB 2007, 673, 674.

1050 §§ 27, 183 ff. AktG, §§ 5 Abs. 4, 19 Abs. 5, 56 GmbHG.

1051 *Korf*, ZInsO 2013, 2411, 2412; *Mückl*, FR 2009, 497, 498; *Redeker*, BB 2007, 673, 674 f.; *Scheunemann/Hoffmann*, DB 2009, 983 f.; *Theiselmann*, GmbH-StB 2013, 150, 152; *Töben/Lohbeck/Specker*, NWB 2009, 1484, 1493.

1052 *Mückl*, FR 2009, 497, 498; *Redeker*, BB 2007, 673, 675.

den Debt-Equity-Swap stets einen Kontrollverlust erleiden,[1053] verfügen folglich über ein beachtliches Blockadepotential[1054] und können die Sanierung der Gesellschaft im Wege eines Debt-Equity-Swaps gefährden oder letztlich gar verhindern.

Daneben ist zu beachten, dass dem Registergericht mit der Anmeldung des Kapitalerhöhungsbeschlusses zum Handelsregister die Werthaltigkeit der Sacheinlage nachzuweisen ist.[1055] Die einzubringende Forderung muss mithin bewertet werden.[1056] Für die Bewertung ist grundsätzlich auf den tatsächlichen Wert des Einlagegegenstands abzustellen.[1057] Die Werthaltigkeit einer als Sacheinlage einzubringenden Forderung hängt daher nach der Rechtsprechung des BGH maßgeblich von der Solvenz des Forderungsschuldners im Zeitpunkt der Einbringung ab.[1058] Im Kontext einer defizitären Schuldnergesellschaft ist insoweit davon auszugehen, dass bei der Bewertung jedenfalls geringe, eher sogar erhebliche Abschläge auf den Nennwert der Forderung vorzunehmen sind.[1059]

Der richtigen Bewertung der Forderung kommt im Hinblick auf eine mögliche Differenzhaftung der einlegenden Gesellschafter besondere Bedeutung zu.[1060] Der einlegende Gesellschafter haftet verschuldensunabhängig auf die Wertdifferenz in bar, wenn der Wert der Sacheinlage nicht unwesentlich hinter dem angesetzen Wert zurückbleibt (§ 188 Abs. 2 AktG i.V.m. § 36a Abs. 2 Satz 3 AktG bzw. § 56 Abs. 2 GmbHG i.V.m. § 9 Abs. 1 GmbHG).[1061] Ausserdem kann das Registergericht die

---

1053 *Redeker*, BB 2007, 673, 675; *Tschersich*, Ertragsbesteuerung der Unternehmenssanierung, 31.

1054 *Carli/Rieder/Mückl*, ZIP 2010, 1737, 1739; *Drouven/Nobiling*, DB 2009, 1895; *Korf*, ZInsO 2013, 2411, 2412.

1055 Für die AG ergibt sich dies aus §§ 183 Abs. 3, § 184 Abs. 2 AktG. Mit Blick auf die GmbH ist in der Literatur umstritten, ob im Rahmen einer Kapitalerhöhung – anlog zum Sachgründungsbereicht, § 5 Abs. 4 Satz 2 GmbHG – ein Sacheinlagebericht erforderlich ist (*Lutter*/Hommelhoff/*Bayer*, GmbHG, § 57 Rn. 15; *Ulmer*/Habersack/Winter, GmbHG, § 57 Rn. 17; Scholz/*Priester*, GmbHG, § 57 Rn. 21). Vor dem Hintergrund der Prüfungspflicht des Registergerichts aus §§ 57a, 9c GmbHG, werden die Geschäftsführer einer GmbH jedoch ungesachtet dessen regelmäßig nach § 57 Abs. 3 Nr. 3 GmbHG verpflichtet sein, entsprechende Unterlagen zum Wertnachweis analog § 8 Abs. 1 Nr. 5 GmbHG vorzulegen (siehe dazu *Lutter*/Hommelhoff, GmbHG, § 57 Rn. 14; *Ulmer*/Habersack/Winter, GmbHG, § 57 Rn. 17; Scholz/*Priester*, GmbHG, § 57 Rn. 22).

1056 *Mückl*, FR 2009, 497, 498; *Töben/Lohbeck/Specker*, NWB 2009, 1484, 1493.

1057 Baumbach/*Hueck/Fastrich*, GmbHG, § 9 Rn. 3; *Redeker*, BB 2007, 673, 675; *Tschersich*, Ertragsbesteuerung der Unternehmenssanierung, 30; a.A. *Theiselmann*, GmbH-StB 2013, 150, 152.

1058 BGH, Urteil vom 15.01.1990 – II ZR 164/88, DB 1990, 311, 313.

1059 Siehe auch *Redeker*, BB 2007, 673, 675; *Schmidt/Mielke*, Ubg 2009, 395, 400.

1060 Siehe auch *Born*, BB 2009, 1730, 1731; *Eilers*, GWR 2009, 3 ff.; *Redeker*, BB 2007, 673, 676; *Westpfahl/Janjuah*, ZIP 2008, Beilage zu Heft 3, 1, 14.

1061 Baumbach/*Hueck/Fastrich*, GmbHG, § 9 Rn. 3; Hüffer/*Koch*, AktG, § 183 Rn. 21; Lutter/Hommelhoff/*Bayer*, GmbHG, § 9 Rn. 1; *Mückl*, FR 2009, 497, 498; *Redeker*, BB 2007, 673, 676.

Eintragung der Kapitalerhöhung bei einer nicht nur unwesentlichen Überbewertung der Forderung ablehnen (§ 38 Abs. 2 Satz 2 AktG bzw. § 9c Abs. 1 Satz 2 GmbHG).[1062]

Schließlich muss im Rahmen eines Debt-Equity-Swaps ein Bezugsrechtsausschluss vereinbart werden, damit dem Forderungsgläubiger eine entsprechende Unternehmensbeteiligung eingeräumt werden kann.[1063] Für die AG finden sich die betreffenden Regelungen in § 186 Abs. 3 und 4 AktG. Danach kann das Bezugsrecht nur im Beschluss über die Erhöhung des Grundkapitals ausgeschlossen werden (§ 186 Abs. 3 Satz 1 AktG). Der Bezugsrechtsausschluss und die Kapitalerhöhung sind demnach Bestandteile eines einheitlichen Vorgangs.[1064] Daher gelten die für die Kapitalerhöhung aufgestellten Mehrheitserfordernisse auch für den Bezugsrechtsausschluss (§ 186 Abs. 3 Satz 2 AktG). Materiell bedarf ein Bezugsrechtsausschluss einer positiven sachlichen Rechtfertigung.[1065] Diesbezüglich stellt der Bezugsrechtsausschluss zum Zweck der Sanierung der Gesellschaft eine grundsätzlich anzuerkennende Rechtfertigung dar.[1066] Für die GmbH ist die Problematik eines Bezugsrechts nicht explizit gesetzlich kodifiziert.[1067] Gleichwohl geht die überwiegende Auffassung in der Fachliteratur von dem Bestehen eines Bezugsrechts für Gesellschafter von GmbH aus.[1068] Hinsichlich eines Bezugsrechtsausschlusses sind die gleichen Voraussetzungen wie im Aktienrecht zu stellen.[1069]

2. Insolvenzrechtliche Einordnung

Mit dem Gesetz zur weiteren Erleichterung der Sanierung von Unternehmen vom 07.12.2011[1070] ist der Debt-Equity-Swap gesetzlich kodifiziert worden. Im Rahmen eines Insolvenzplanverfahrens kann gem. § 225a Abs. 2 Satz 1 InsO im gestaltenden Teil des Plans vorgesehen werden, dass Forderungen von Gläubigern in Anteils- oder Mitgliedschaftsrechte am Schuldner umgewandelt werden. Dabei kann jede Regelung getroffen werden, die gesellschaftsrechtlich zulässig ist, § 225a Abs. 3 InsO.

1062 *Mückl*, FR 2009, 497, 498.

1063 *Redeker*, BB 2007, 673, 675; *Scheunemann/Hoffmann*, DB 2009, 983, 984; *Theiselmann*, GmbH-StB 2013, 150, 152; *Tschersich*, Ertragsbesteuerung der Unternehmenssanierung, 29.

1064 Hüffer/*Koch*, AktG, § 186 Rn. 20; Müko-AktG/*Peifer*, § 186 Rn. 60.

1065 BGH, Urteil vom 13.03.1978 – II ZR 142/76, BGHZ 71, 40, 44; BGH, Urteil vom 19.04.1982 – II ZR 55/81, BGHZ 83, 319, 321; BGH, Urteil vom 09.11.1992 – II ZR 230/91, BGHZ 120, 141, 145; BGH, Urteil vom 23.06.1997 – II ZR 132/93, BGHZ 136, 133, 139; Hüffer/*Koch*, AktG, § 186 Rn. 25; Müko-AktG/*Peifer*, § 186 Rn. 71.

1066 Hüffer/*Koch*, AktG, § 186 Rn. 31; Müko-AktG/*Peifer*, § 186 Rn. 95.

1067 *Scheunemann/Hoffmann*, DB 2009, 983, 984.

1068 Baumbach/Hueck/*Zöllner/Fastrich*, GmbHG, § 55 Rn. 20; Michalski/*Herrmanns*, GmbHG § 55 Rn. 39; *Roth*/Altmeppen, GmbHG, § 55 Rn. 23.

1069 Baumbach/Hueck/*Zöllner/Fastrich*, GmbHG, § 55 Rn. 20; Michalski/*Herrmanns*, GmbHG § 55 Rn. 46 f.; *Roth*/Altmeppen, GmbHG, § 55 Rn. 23.

1070 BGBl. I 2011, 2582 ff.

Eine entscheidende Abweichung zu einem außerhalb des Insolvenzplanverfahrens durchgeführten Debt-Equity-Swap folgt aus § 254a Abs. 2 InsO. Nach dieser Regelung gelten die in den Insolvenzplan aufgenommenen Beschlüsse der Altgesellschafter als in der vorgeschriebenen Form abgegeben, sobald ihre Anteils- oder Mitgliedschaftsrechte am Schuldner nach § 225a in den Plan einbezogen sind. Das bedeutet, dass der Insolvenzplan die gesellschaftsrechtlich für die Übertragung von Anteilen sowie die Entgegennahme von Sacheinlagen erforderlichen Gesellschafterbeschlüsse – insbesondere die Beschlüsse zur Kapitalherabsetzung und Kapitalerhöhung – vollumfänglich ersetzt.[1071] Diese, außerhalb eines Insolvenzplanverfahrens aus gesellschaftsrechtlicher Sicht mit einer Mehrheit von mindestens drei Vierteln der Stimmen bzw. des bei der Beschlussfassung vertretenen Grundkapitals zu fassenden Gesellschafterbeschlüsse, sind somit im Rahmen des Insolvenzplanverfahrens obsolet.[1072] Dadurch wird das aus dem Gesellschaftsrecht resultierende Blockadepotential der Altgesellschafter erheblich entschärft.[1073]

Eine weitere Besonderheit ergibt sich im Hinblick auf eine etwaige Überbewertung der einzulegenden Forderung. Im Unterschied zu einem außerhalb eines Insolvenzplanverfahrens durchgeführten Debt-Equity-Swaps kann die Bewertung der Sacheinlage ausschließlich innerhalb des Planverfahrens angegriffen werden.[1074] Als Konsequenz dessen kann eine etwaige Überbewertung später nicht in einer Differenzhaftung des einlegenden Gläubigers resultieren.[1075]

Schließlich ist im Insolvenzplan auch die jeweilige Ausgestaltung[1076] der Forderungsumwandlung in Eigenkapital konkret zu regeln.[1077] Dies umfasst insbesondere Angaben zu den Kapitalmaßnahmen, den Bezugsrechten und dem Wert der einzulegenden Forderung.[1078] Zur Bestimmung der Werthaltigkeit der Forderung ist ggf. ein Gutachten einzuholen.[1079] Insoweit weist der Gesetzgeber zutreffend darauf

---

1071 Gesetzesbegründung zum Gesetz zur weiteren Erleichterung der Sanierung von Unternehmen, BT-Drucks. 17/5712, S. 36.

1072 *Bauer/Dimmling*, NZI 2011, 517, 518.

1073 *Bauer/Dimmling*, NZI 2011, 517, 518.

1074 Gesetzesbegründung zum Gesetz zur weiteren Erleichterung der Sanierung von Unternehmen, BT-Drucks. 17/5712, S. 32; siehe auch *Weber/Schneider*, ZInsO 2012, 374, 378.

1075 Gesetzesbegründung zum Gesetz zur weiteren Erleichterung der Sanierung von Unternehmen, BT-Drucks. 17/5712, S. 32; siehe auch *Römermann*, GmbHR 2013, 337, 344; *Simon/Merkelbach*, NZG 2012, 121, 124; *Splied*, GmbHR 2012, 462, 467.

1076 Insoweit geht der Gesetzgeber von der soeben ausführlich dargestellten zweiteiligen Vorgehensweise – Kapitalherabsetzung mit anschließender Kapitalerhöhung – aus.

1077 Gesetzesbegründung zum Gesetz zur weiteren Erleichterung der Sanierung von Unternehmen, BT-Drucks. 17/5712, S. 31.

1078 Gesetzesbegründung zum Gesetz zur weiteren Erleichterung der Sanierung von Unternehmen, BT-Drucks. 17/5712, S. 31.

1079 Gesetzesbegründung zum Gesetz zur weiteren Erleichterung der Sanierung von Unternehmen, BT-Drucks. 17/5712, S. 32.

hin, dass die Forderung gegen die insolvente Gesellschaft regelmäßig nicht mehr mehr voll werthaltig sein wird und unter Umständen sogar eine Bewertung unter Berücksichtigung der Quotenerwartung zu erfolgen hat.[1080]

3. Steuerliche Auswirkungen

Steuerliche Auswirkungen ergeben sich im Rahmen eines Debt-Equity-Swaps aus der im zweiten Schritt vorgenommenen Kapitalerhöhung. Diese kann sowohl zu einer Gewinnauswirkung, als auch zu einem Untergang bestehender Verlustvorträge führen.

a) Gewinnauswirkung der Kapitalerhöhung

Die Einbringung der gegen die Gesellschaft gerichteten Forderung als Sacheinlage erfolgt – wie dargestellt – entweder dadurch, dass die Forderung im Wege der Abtretung auf die Gesellschaft übertragen wird und in Folge dessen durch Konfusion erlischt oder indem sie durch Erlassvertrag nach § 397 BGB zum Erlöschen gebracht wird. Unabhängig davon, welche dieser Alternativen gewählt wird, ist für die steuerliche Behandlung des Vorgangs letztlich nur entscheidend, dass die mit der Forderung korrespondierende Verbindlichkeit der Gesellschaft als Konsequenz der Einbringung der Forderung erlischt. Denn in Folge des Erlöschens ist die Verbindlichkeit aus der Handels- sowie der Steuerbilanz der Schuldnergesellschaft auszubuchen.[1081] Bei der Schuldnergesellschaft kommt es daher durch den Wegfall der zuvor passivierten Verbindlichkeit zunächst zu einer Betriebsvermögensmehrung in Höhe des Nennwerts der Verbindlichkeit.

Inwieweit diese durch den Abzug einer Einlage außerbilanziell zu korrigieren ist, hängt von der Werthaltigkeit der als Sacheinlage eingebrachten Forderung ab.[1082] Bei einer offenen Sacheinlage in Form der Einbringung einer Forderung gegen Ausgabe von Gesellschaftsanteilen handelt es sich um einen tauschähnlichen Vorgang.[1083]

1080 Gesetzesbegründung zum Gesetz zur weiteren Erleichterung der Sanierung von Unternehmen, BT-Drucks. 17/5712, S. 32.

1081 *Adler/Düring/Schmaltz*, Rechnungslegung und Prüfung von Unternehmen, Teilband 6, § 246 Rn. 126; *Blaas/Schwahn*, DB 2013, 2412, 2413; Beck'scher Bilanz-Kommentar/*Schubert*, § 247 Rn. 235; Blümich/*Krumm*, EStG/KStG/GewStG, § 5 EStG Rn. 953 (Stand: August 2015); *Born*, BB 2009, 1730, 1732; *Ebbinghaus/Neu/Hinz*, NZI 2014, 729, 734; Schmidt/*Weber-Grellet*, EStG, § 5 Rn. 671; *Schwenker/Fischer*, DStR 2010, 1117, 1121; *Tschersich*, Ertragsbesteuerung der Unternehmenssanierung, 116; *Winnefeld*, Bilanzhandbuch, D Rn. 1439.

1082 *Drouven/Nobiling*, DB 2009, 1895, 1896; *Eilers*, GWR 2009, 3 ff.; *Mückl*, FR 2009, 497, 500; *Rödding/Bühring*, DStR 2009, 1933, 1940; *Schwenker/Fischer*, DStR 2010, 1117, 1121; *Splied*, GmbHR 2012, 462, 468; *Tschersich*, Ertragsbesteuerung der Unternehmenssanierung, 116.

1083 BFH, Urteil vom 05.06.2002 – I R 6/01, BFH/NV 2003, 88 f.; BMF, Schreiben vom 04.08.1976 – IV B 2 – S 2133 – 9/76, BStBl. I 1976, 418; *Ebbinghaus/Neu/Hinz*,

Die eingebrachte Forderung ist daher nach richtiger Auffassung auch bei der Schuldnergesellschaft nach § 6 Abs. 6 EStG mit ihrem gemeinen Wert anzusetzen.[1084] Der Begriff des gemeinen Werts ist im EStG nicht definiert. Aus diesem Grund ist die in § 9 BewG vorgenommene Begriffsbestimmung auch im Ertragsteuerrecht heranzuziehen.[1085] Demnach entspricht der gemeine Wert eines Wirtschaftsguts dem Verkehrswert[1086] und wird durch den Preis bestimmt, der im gewöhnlichen Geschäftsverkehr nach der Beschaffenheit des Wirtschaftsguts bei einer Veräußerung zu erzielen wäre, wobei alle den Preis beeinflussenden Umstände zu berücksichtigen sind, § 9 Abs. 2 S. 1, 2 BewG. Mit Blick auf eine defizitäre Schuldnergesellschaft ist diesbezüglich insbesondere zu beachten, dass auch der gemeine Wert einer Forderung maßgeblich von der Bonität der Schuldnergesellschaft beeinflusst wird.[1087] Eine etwaige Überschuldungssituation der Schuldnergesellschaft ist insoweit ein Anscheinsbeweis für eine bedeutende Wertminderung der gegen sie gerichteten Forderung.[1088] Bei einem Debt-Equity-Swap zur Abwendung bzw. Beseitigung von Insolvenzeröffnungsgründen wird die als Sacheinlage eingebrachte Forderung daher regelmäßig von nur noch geringer Werthaltigkeit sein.[1089] Aus der Sicht der Schuldnergesellschaft ist dies im Hinblick auf den Ausgleich der mit dem Wegfall der Verbindlichkeit einhergehenden Betriebsvermögensmehrung durch den Abzug einer Einlage für steuerliche Zwecke problematisch. Der Betriebsvermögensmehrung in Höhe des Nennwerts der ausgebuchten Verbindlichkeit steht im Falle einer nicht mehr vollwertigen Forderung nur eine Einlage in Höhe des niedrigeren gemeinen

NZI 2014, 729, 734; *Herzig/Liekenbrock*, Ubg 2011, 313, 322; Littmann/Bitz/Pust/*Hoffmann*, EStR, § 6 Rn. 1406 f. (Stand: Mai 2013); *Mückl*, FR 2009, 497, 499 f.; Schmidt/*Weber-Grellet*, EStG, § 5 Rn. 636; *Tschersich*, Ertragsbesteuerung der Unternehmenssanierung, 116.

1084 BFH, Urteil vom 04.03.2009 – I R 32/08, DB 2009, 1382, 1383; *Drouven/Nobiling*, DB 2009, 1895, 1896; *Mückl*, FR 2009, 497, 500; Schmidt/*Kulosa*, EStG, § 6 Rn. 735; a. A. *Born*, BB 2009, 1730, 1732; *Eilers*, GWR 2009, 3 ff.; *Scheunemann/Hoffmann*, DB 2009, 983, 985; *Schwenker/Fischer*, DStR 2010, 1117, 1121 die auch die als offene Einlage eingebrachte Forderung i.S.d. Einlagegrundsätze des Großen Senats mit ihrem Teilwert ansetzen wollen. Da der Große Senat des BFH jedoch den Teilwert einer Forderung mit dem Wert bemisst, den der Betriebsinhaber für den Erwerb der Forderung hätte aufwenden müssen, dürfte sich in der Praxis regelmäßig keine Abweichung zum gemeinen Wert nach § 9 Abs. 2 BewG ergeben (siehe auch Entscheidung des BFH vom 29.05.2001 – VIII R 10/00, BStBl. II 2001, 747, 753 in der VIII. Senat ausführt, dass sich bei Kapitalforderungen der gemeine Wert und der Teilwert entsprechen).

1085 Blümich/*Ehmcke*, EStG/KStG/GewStG, § 6 EStG Rn. 695 (Stand: August 2014).

1086 *Kreutziger*/Schaffner/Stephany, BewG, § 9 Rn. 2.

1087 BFH, Urteil vom 29.05.2001 – VIII R 10/00, BStBl. II 2001, 747, 753.

1088 BFH, Urteil vom 24.10.1986 – VIII S 11/86, BFH/NV 1987, 298, 299; BFH, Urteil vom 29.05.2001 – VIII R 10/00, BStBl. II 2001, 747, 754.

1089 *Drouven/Nobiling*, DB 2009, 1895, 1896.

Werts der Forderung gegenüber.[1090] In Höhe der Differenz zwischen dem Nennwert der ausgebuchten Verbindlichkeit und dem gemeinen Wert der Forderung verbleibt daher bei der Schuldnergesellschaft eine Betriebsvermögensmehrung und damit grundsätzlich ein steuerpflichtiger Gewinn.[1091] Dieser Gewinn unterliegt grundsätzlich voll der Körperschaft- und der Gewerbesteuer. Diese Gewinnauswirkung ist jedoch unter Umständen nicht die einzige – sanierungshemmende – Steuerfolge eines Debt-Equity-Swaps.

b) Nichtabziehbarkeit bestehender Verlustvorträge

Im Rahmen eines Debt-Equity-Swaps bringt der Gläubiger seine gegen die Schuldnergesellschaft gerichtete Forderung gegen Einräumung einer Beteiligung an dieser in die Schuldnergesellschaft ein. Dies geschieht im Wege einer disquotalen Kapitalerhöhung, die impliziert, dass sich die Beteiligungsquote des Schuldnerunternehmens im Zuge dieses Vorgangs verändert. Aus steuerlicher Sicht birgt dies die Gefahr, dass bestehendes Verlustverrechnungspotential in Folge der Veränderung der Beteiligungsquote nach § 8c KStG in der Abzugsfähigkeit beschränkt ist.

Die Verlustabzugsbeschränkung des § 8c KStG kann neben den Fällen der Übertragung des gezeichneten Kapitals, der Mitgliedschaftsrechte, der Beteiligungsrechte oder der Stimmrechte auch im Falle einer Kapitalerhöhung Anwendung finden. Nach § 8c Abs. 1 Satz 4 KStG steht eine Kapitalerhöhung der Übertragung des gezeichneten Kapitals (i.S.d. § 8c Abs. 1 Sätze 1, 2 KStG) gleich, soweit es zu einer Veränderung der Beteiligungsquoten am Kapital der Körperschaft kommt (disquotale Kapitalerhöhung).[1092] Sofern die im Rahmen eines Debt-Equity-Swaps erfolgende disquotale Kapitalerhöhung die Beteiligungsquoten in einem Umfang verändert, der einen schädlichen Beteiligungserwerb i.S.d. § 8c Abs. 1 Satz 1 KStG[1093] begründet, hat dies somit die anteilige bzw. vollumfängliche Nichtabziehbarkeit der bis zum schädlichen Beteiligungserwerb nicht genutzten Verluste nach § 8c Abs. 1 Satz 1

1090 *Blaas/Schwahn*, DB 2013, 2412, 2413; *Ebbinghaus/Neu/Hinz*, NZI 2014, 729, 734; *Mückl*, FR 2009, 497, 500; *Schulze zur Wiesche*, GmbHR 2015, 230, 234; *Splied*, GmbHR 2012, 462, 468; siehe auch *Drouven/Nobiling*, DB 2009, 1895, 1896.

1091 *Blaas/Schwahn*, DB 2013, 2412, 2413; *Drouven/Nobiling*, DB 2009, 1895, 1896; *Ebbinghaus/Neu/Hinz*, NZI 2014, 729, 734; *Mückl*, FR 2009, 497, 500; unter Bezug auf die Differenz von Nennwert der Verbindlichkeit und Teilwert der Forderung auch *Born*, BB 2009, 1730, 1732; *Eilers*, GWR 2009, 3 ff.; *Gänsler*, Ubg 2013, 154, 160; *Herzig/Liekenbrock*, Ubg 2011, 313, 322; *Scheunemann/Hoffmann*, DB 2009, 983, 985; *Schulze zur Wiesche*, GmbHR 2015, 230, 234; *Schwenker/Fischer*, DStR 2010, 1117, 1121; *Splied*, GmbHR 2012, 462, 468.

1092 Vgl. auch BMF, Schreiben vom 04.07.2008 – IV C 7 – S 2745-a/08/10001, BStBl. I 1008, 736 Tz. 9.

1093 Zum schädlichen Beteiligungserwerb nach § 8c Abs. 1 KStG und der anteiligen bzw. vollumfänglichen Nichtabziehbarkeit bestehenden Verlustverrechnungspotentials siehe ausführlich oben unter **E.II.4.**

bzw. Satz 2 KStG zur Folge.[1094] Dabei ist zu beachten, dass auch die Sanierungsklausel des § 8c Abs. 1a KStG insoweit gegenwärtig keine Abhilfe schaffen kann.[1095]

4. Steuerliche Begünstigung nach dem Sanierungserlass

In Folge eines Debt-Equity-Swaps kann sich mithin die für das zu sanierende Unternehmen besonders ungünstige Situation ergeben, dass ihr sowohl ein steuerpflichtiger Sanierungsgewinn entsteht, als auch auf Grund des § 8c KStG die Möglichkeit genommen ist, diesen mit bestehenden Verlustvorträgen zu verrechnen. Im Hinblick auf die Gewährung einer an der Leistungsfähigkeit ausgerichteten Besteuerung drängt sich daher die Frage nach der steuerlichen Begünstigung des entstandenen Sanierungsgewinns auf. Die Anwendbarkeit des Sanierungserlasses auf Debt-Equity-Swaps ist gleichwohl nicht ganz unproblematisch. Der Anwendungsbereich des Sanierungserlasses könnte dadurch gesperrt sein, dass der Gläubiger für die Einbringung der Forderung eine Gegenleistung in Form einer Beteiligung an der Schuldnergesellschaft erhält. Auf Grund dieses Leistungsaustausches liegt der Rückschluss nahe, im Rahmen eines Debt-Equity-Swaps komme es daher gerade nicht zu einem Schulderlass i.S.d Teilziffer 3[1096] des Sanierungserlasses.[1097] Für diese Annahme spricht auch die Rechtsprechung des BFH zu § 3 Nr. 66 EStG aF[1098], nach der ein steuerfreier Sanierungsgewinn grundsätzlich voraussetzt, dass der Gläubiger unentgeltlich auf einen Wert verzichtet. Dies sei dann nicht der Fall, wenn der Gläubiger „im Rahmen eines Leistungsaustausches" auf eine Forderung verzichtet. In Fällen der Umwandlung einer Forderung gegen eine Beteiligung sei dies jedoch gerade der Fall, da der Forderungsgläubiger für seinen Verzicht eine Gegenleistung in Form der Beteiligung erhalte.[1099]

Ungeachtet dessen ist der Anwendungsbereich des Sanierungserlasses nach der hiesigen Auffassung in Fällen eines sanierungsbedingten Debt-Equity-Swaps dennoch eröffnet. Der entscheidende Unterschied zu dem in der Rechtsprechung entschiedenen Sachverhalt ist darin zu sehen, dass der Gläubiger in Fällen eines Debt-Equity-Swaps zum Zwecke der Sanierung regelmäßig eine in ihrem Wert geminderte Forderung in die Gesellschaft einbringt. Dies hat zur Folge, dass der Wert der Gegenleistung (Wert der Beteiligung) unter dem Wert der Leistung (Herbeiführen des Erlöschens der Verbindlichkeit) liegt. Indem die Verbindlichkeit der Schuldnergesellschaft durch die Einbringung der Forderung in Höhe des Nennwertes erlischt, der

1094 Siehe auch *Drouven/Nobiling*, DB 2009, 1895 f.; *Gänsler*, Ubg 2013, 154, 160; *Scheunemann/Hoffmann*, DB 2009, 983, 986; *Schmidt/Mielke*, Ubg 2009, 395, 400; *Schwenker/Fischer*, DStR 2010, 1117, 1121; *Splied*, GmbHR 2012, 462, 468; *Töben/Lohbeck/Specker*, NWB 2009, 1484, 1494.

1095 Vgl. dazu **E.II.4.**

1096 BMF, Schreiben vom 27.03.2003 – IV A 6 – S 2140 – 8/03, BStBl. I 2003, 240, Tz. 3.

1097 Vgl. *Blaas/Schwahn*, DB 2013, 2412, 2413; *Ebbinghaus/Neu/Hinz*, NZI 2014, 729, 734.

1098 BFH, Urteil vom 19.03.1991 – VIII R 214/85, BStBl. II 1991, 633.

1099 BFH, Urteil vom 19.03.1991 – VIII R 214/85, BStBl. II 1991, 633, 635.

Gläubiger jedoch nur eine Beteiligung in Höhe des gemeinen Wertes der Forderung erhält, liegt in Höhe der Differenz letztlich doch ein unentgeltlicher Schulderlass des Gläubigers zu Gunsten der Schuldnergesellschaft vor.[1100] Dieser deckt sich mit der Höhe des entstehenden Sanierungsgewinns, sodass der im Rahmen eines Debt-Equity-Swaps entstehende Sanierungsgewinn aus einem unentgeltlichen Schulderlass des Gläubigers resultiert. Der im Rahmen eines Debt-Equity-Swaps entstehende Sanierungsgewinn ist daher ein Gewinn, der dadurch entsteht, dass Schulden zum Zweck der Sanierung erlassen werden und deshalb grundsätzlich nach dem Sanierungserlass begünstigt.[1101] Dies entspricht auch – zumindest im Ergebnis – der Rechtsauffassung der Finanzverwaltung, nach deren Ansicht es sich bei dem in Höhe der Differenz zwischen dem Nennwert der ausgebuchten Verbindlichkeit und dem gemeinen Wert der Forderung verbleibenden Gewinn dann um einen nach dem Sanierungserlass begünstigten Sanierungsgewinn handelt, wenn der Debt-Equity-Swap entweder im Rahmen eines Insolvenzplanverfahrens vollzogen wird oder wenn der außerhalb des Planverfahrens vollzogene Debt-Equity-Swap den im Rahmen des Planverfahrens zu beachtenden Regelungen entspricht.[1102]

Die weiteren Voraussetzungen des Sanierungserlasses sind im Einzelfall zu prüfen. Es ergeben sich für den Debt-Equity-Swap keine weiteren Besonderheiten.

VI. Rangrücktritt

Zur Vermeidung bzw. Abwendung einer Überschuldung gemäß § 19 InsO, kommt schließlich ein durch den Gläubiger erklärter Rangrücktritt in Betracht.[1103] Mit einem Rangrücktritt beabsichtigen die Parteien zu bewirken, dass die Verbindlichkeit der Gesellschaft gegenüber dem Gläubiger im insolvenzrechtlichen Überschuldungsstatus nicht ausgewiesen werden muss und damit im Rahmen der Überschuldungsprüfung unberücksichtigt bleibt.[1104] Aus steuerlicher Sicht ist ein Rangrücktritt gleichwohl nicht gänzlich ohne Risiko. Ungeachtet dessen, dass der Rangrücktritt

---

1100 In diesem Sinne auch *Blaas/Schwahn*, DB 2013, 2412, 2413.

1101 Ebenso *Blaas/Schwahn*, DB 2013, 2412, 2413; i.E. auch *Tschersich*, Ertragsbesteuerung der Unternehmenssanierung, 125. Auch der BFH hat in vorbenannter Entscheidung darauf hingewiesen, dass sich eine abweichende Beurteilung dann ergeben könnte, wenn „der Wert des Schulderlasses den Wert der Gegenleistung übersteigt", siehe BFH, Urteil vom 19.03.1991 – VIII R 214/85, BStBl. II 1991, 633, 635.

1102 Vgl. OFD Frankfurt am Main, Rundvfg. vom 26.11.2015 – S 2140 A – 4 – St 213, juris.

1103 *Blaas/Schwahn*, DB 2013, 2350, 2352; *Fox/Scheidle*, GWR 2009, 51 ff.; *Funk*, BB 2009, 867; *Herzig/Liekenbrock*, Ubg 2011, 313, 319; *Lang*, DStZ 2006, 789; Lüdicke/Sistermann/*Loose/Maier*, Unternehmensteuerrecht, § 17 Rn. 95; *Schwenker/Fischer*, DStR 2010, 1117.

1104 *Blaas/Schwahn*, DB 2013, 2350, 2352; *Fox/Scheidle*, GWR 2009, 51 ff.; *Funk*, BB 2009, 867; *Herzig/Liekenbrock*, Ubg 2011, 313, 319; *Kahlert/Gehrke*, DStR 2010, 227; *Lang*, DStZ 2006, 789; Lüdicke/Sistermann/*Loose/Maier*, Unternehmensteuerrecht, § 17 Rn. 95; *Schmidt/Mielke*, Ubg 2009, 395, 397.

den Bestand der Forderung grundsätzlich unberührt lässt, sind bei der Ausgestaltung der Rangrücktrittsvereinbarung steuerlich bedingte Restriktionen zu beachten, damit eine Gewinnauswirkung letztlich auch tatsächlich unterbleibt.

1. Zivil- und insolvenzrechtliche Einordnung

Eine Rangrücktrittsvereinbarung ist ein verfügender Schuldänderungsvertrag[1105], durch den die Erfüllungsmodalitäten der Schuld dahingehend modifiziert werden, dass sich der Gläubiger mit einer nachrangigen Bedienung seiner Forderung begnügt.[1106] Der Gläubiger besteht folglich auch weiterhin auf seine Forderung, stellt die Erfüllung dieser jedoch hinter die der anderen Gläubiger zurück.[1107] Mit einem Rangrücktritt wird somit gerade kein Erlass der Forderung erklärt, in dessen Folge die Forderung erlischt.[1108] Ein Rangrücktritt tangiert den Bestand der Forderung vielmehr nicht.[1109]

a) Rechtslage vor Inkrafttreten des MoMiG

Vor dem Inkrafttreten des Gesetzes zur Modernisierung des GmbH-Rechts und zur Bekämpfung von Missbräuchen (MoMiG) war im Hinblick auf das Entfallen der Pflicht zum Ausweis einer Verbindlichkeit im insolvenzrechtlichen Überschuldungsstatus zwischen einem einfachen und einem qualifizierten Rangrücktritt zu unterscheiden. Bei einem einfachen Rangrücktritt vereinbaren die Parteien, dass der Gläubiger – gleich ob Gesellschafter oder Drittgläubiger – mit seiner Forderung hinter die Forderungen aller anderen Gläubiger zurücktritt.[1110] Dieser einfache Rangrücktritt wird regelmäßig mit einer Besserungsabrede verbunden. Darin vereinbaren die Parteien typischerweise, „dass eine Rückzahlung der Verbindlichkeit nur dann zu erfolgen“ hat, „wenn der Schuldner dazu aus zukünftigen Gewinnen, aus einem Liquidationsüberschuss oder aus anderem – freien – Vermögen künftig in der Lage

---

1105 So nun auch die höchstrichterliche Rechtsprechung, siehe BGH, Urteil vom 05.03.2015 – IX ZR 133/14, juris (juris-Tz. 27, 30 ff.).

1106 *Kahlert*/Rühland, Sanierungs- und Insolvenzsteuerrecht, 2. Aufl., Rn. 3.77; *Lang*, DStZ 2006, 789; *Rolf/Pankoke*, BB 2008, 2274, 2275; *Schildknecht*, DStR 2005, 181; *Taplan/Baumgartner/Baumgartner*, GmbHR 2015, 347, 349.

1107 *Ronneberger*, Stbg 2013, 201, 202.

1108 BFH, Urteil vom 20.10.2004 – I R 11/03, BStBl. II 2005, 581, 583; *Brinkmann*, StBp 2010, 33 f.; *Kahlert*/Rühland, Sanierungs- und Insolvenzsteuerrecht, 2. Aufl., Rn. 3.77; *Lang*, DStZ 2006, 789; *Schildknecht*, DStR 2005, 181.

1109 BFH, Urteil vom 20.10.2004 – I R 11/03, BStBl. II 2005, 581, 583; *Brinkmann*, StBp 2010, 33 f.; *Lang*, DStZ 2006, 789; *Schildknecht*, DStR 2005, 181.

1110 *Eilers/Bühring*, Sanierungssteuerrecht, Rn. 3.63; *Fox/Scheidle*, GWR 2009, 51 ff.; *Kahlert*, NWB 2015, 3018, 3019; Lüdicke/Sistermann/*Loose/Maier*, Unternehmensteuerrecht, § 17 Rn. 96; *Mühlhaus/Kaltenhäuser*, GmbH-StB 2012, 185, 186; *Schwenker/Fischer*, DStR 2010, 1117.

ist".[1111] Bei einem qualifizierten Rangrücktritt tritt der Gläubiger nicht nur hinter die Forderungen aller anderen Gläubiger zurück, eine solche Vereinbarung sieht erweiternd vor, dass die Forderung des Gläubigers nur simultan mit den Einlagerückgewähransprüchen der Gesellschafter befriedigt werden darf.[1112] Insoweit erklärt der Gläubiger im Rahmen eines qualifizierten Rangrücktritts sinngemäß, „er wolle wegen der genannten Forderung erst nach der Befriedigung sämtlicher Gesellschaftergläubiger und – bis zur Abwendung der Krise – auch nicht vor, sondern nur zugleich mit den Einlagerückgewähransprüchen der Gesellschafter berücksichtigt, also so behandelt werden, als handele es sich bei seiner" Forderung „um statutarisches Eigenkapital".[1113] Nur ein solcher qualifizierter Rangrücktritt war geeignet, die Pflicht zum Ausweis der Verbindlichkeit im insolvenzrechtlichen Überschuldungsstatus entfallen zu lassen.[1114] Im Falle eines einfachen Rangrücktritts war hingegen auch für die Überschuldungsbilanz eine fortdauernde Passivierung der Verbindlichkeit erforderlich.[1115]

b) Rechtslage nach Inkrafttreten des MoMiG

Durch das MoMiG sind die Anforderungen an einen Rangrücktritt gesetzlich kodifiziert worden, in Folge dessen eine Forderung nicht (mehr) in der Überschuldungsbilanz auszuweisen ist.[1116] So sieht § 19 Abs. 2 Satz 2 InsO vor, dass Forderungen auf Rückgewähr von Gesellschafterdarlehen oder aus Rechtshandlungen, die einem solchen Darlehen wirtschaftlich entsprechen, nicht im Überschuldungsstatus auszuweisen sind, sofern für sie gemäß § 39 Abs. 2 InsO zwischen Gläubiger und Schuldner der Nachrang im Insolvenzverfahren hinter den in § 39 Abs. 1 Nr. 1 bis 5 InsO bezeichneten Forderungen vereinbart worden ist.[1117] Die Vorschrift hat zunächst

---

1111 BMF, Schreiben vom 08.09.2006 – IV B 2 – S 2133 – 10/06, BStBl. I 2006, 497 Tz. 1.

1112 *Eilers/Bühring*, Sanierungssteuerrecht, Rn. 3.63; Lüdicke/Sistermann/*Loose/Maier*, Unternehmensteuerrecht, § 17 Rn. 96; *Schwenker/Fischer*, DStR 2010, 1117.

1113 BGH, Urteil vom 08.01.2001 – II ZR 88/99, BGHZ 146, 264, 271; BMF, Schreiben vom 08.09.2006 – IV B 2 – S 2133 – 10/06, BStBl. I 2006, 497 Tz. 2; vgl. auch BGH, Urteil vom 05.03.2015 – IX ZR 133/14, juris.

1114 BGH, Urteil vom 08.01.2001 – II ZR 88/99, BGHZ 146, 264, 271; BGH, Urteil vom 05.03.2015 – IX ZR 133/14, juris; siehe auch *Altendorf*, GmbH-StB 2012, 147; *Baschnagel*, Ubg 2014, 769 f.; *Fox/Scheidle*, GWR 2009, 51 ff.; *Hoos/Köhler*, GmbHR 2015, 729, 730; *Kahlert*, NWB 2015, 3018, 3019; *Lang*, DStZ 2006, 789; Lüdicke/Sistermann/*Loose/Maier*, Unternehmensteuerrecht, § 17 Rn. 97; *Schwenker/Fischer*, DStR 2010, 1117.

1115 BGH, Urteil vom 08.01.2001 – II ZR 88/99, BGHZ 146, 264, 272; siehe auch Lüdicke/Sistermann/*Loose/Maier*, Unternehmensteuerrecht, § 17 Rn. 97.

1116 *Eilers/Bühring*, Sanierungssteuerrecht, Rn. 3.64; *Funk*, BB 2009, 867; *Kahlert*, NWB 2015, 3018, 3020; *Kahlert/Gehrke*, DStR 2010, 227, 228; *Schwenker/Fischer*, DStR 2010, 1117.

1117 Siehe dazu auch *Eilers/Bühring*, Sanierungssteuerrecht, Rn. 3.64; *Förster*, Ubg 2010, 758, 764; *Herzig/Liekenbrock*, Ubg 2011, 313, 319; *Kahlert/Gehrke*, DStR 2010, 227, 228; *Schmidt/Mielke*, Ubg 2009, 395, 397; *Schwenker/Fischer*, DStR 2010, 1117.

eine gewisse Rechtsunsicherheit hinterlassen.[1118] Insbesondere war unklar, ob sie über ihren Wortlaut hinaus auch auf Verbindlichkeiten gegenüber Drittgläubigern Anwendung findet,[1119] mit der Konsequenz, dass es eines qualifizierten Rangrücktritts, wie ihn die höchstrichterliche Rechtsprechung[1120] bisher gefordert hat, fortan nicht mehr bedarf.

Dieser und weiterer Fragen hat sich der IX. Senat des BGH nunmehr in einer jüngeren Entscheidung[1121] angenommen und sich grundlegend zu den Anforderungen eines Rangrücktritts – sowohl für die Rechtslage vor als auch nach Inkrafttreten des MoMiG – geäußert. Dabei stellt er zunächst für die Rechtslage vor Inkrafttreten des MoMiG klar, dass eine Rangrücktrittsvereinbarung nur dann zur Vermeidung einer Insolvenz geeignet ist, wenn sie „sowohl vor als auch nach Verfahrenseröffnung" ausschließt, dass die Verbindlichkeit in die Überschuldungsbilanz aufzunehmen ist. Der Regelungsbereich der Vereinbarung müsse daher die Zeit vor und nach Eröffnung des Insolvenzverfahrens umfassen. Insoweit sei der Rangrücktritt „als rechtsgeschäftliches Zahlungsverbot des Inhalts auszugestalten, dass die Forderung des Gläubigers außerhalb des Insolvenzverfahrens nur aus ungebundenem Vermögen und in der Insolvenz nur im Rang nach den Forderungen sämtlicher normaler Insolvenzgläubiger (§ 38 InsO) befriedigt werden darf".[1122] Diese Voraussetzungen sieht der Senat in Fällen eines qualifizierten Rangrücktritts im vorstehend beschriebenen Sinne als erfüllt an.[1123] Daran anknüpfend bestimmt der Senat, dass auch eine Rangrücktrittsvereinbarung nach § 19 Abs. 2 Satz 2 i.V.m. § 39 Abs. 2 InsO „im Wesentlichen" den inhaltlichen Anforderungen an eine qualifizierte Rangrücktrittsvereinbarung genügen muss. Insbesondere müsse auch ein Rangrücktritt nach neuem Recht den Zeitraum vor Eröffnung des Insolvenzverfahrens umfassen, da der Überschuldungsstatus anderenfalls die Schuldendeckungsfähigkeit nicht zutreffend ausweise.[1124] Allerdings kann die Rangrücktrittserklärung im Hinblick auf den Gesetzeswortlaut dahingehend beschränkt werden, dass der Gläubiger mit seiner Forderung „hinter die Forderungen aus § 39 Abs. 1 Nr. 5 InsO" zurücktritt; einer darüber hinaus ausdrücklich erklärten „Gleichstellung mit den Einlagerückgewähransprüchen" bedarf es entgegen der früheren Rechtsprechung nicht mehr.[1125] Ferner schließt sich der Senat hinsichtlich des Anwendungsbereichs der Regelung in § 19 Abs. 2 Satz 2 i.V.m. § 39 Abs. 2

1118 Vgl. nur *Hoos/Köhler*, GmbHR 2015, 729, 730; *Kahlert*, NWB 2015, 3018, 3020.
1119 So die h.M., vgl. nur *Baschnagel*, Ubg 2014, 769, 770 m.w.N.; *Blaas/Schwahn*, DB 2013, 2350, 2352 m.w.N.; *Schmid*, FR 2012, 837, 838; *Taplan/Baumgartner/Baumgartner*, GmbHR 2015, 347, 349; siehe auch *Scheifele/Nees*, Der Konzern 2015, 417, 418 m.w.N. (Fn. 5).
1120 BGH, Urteil vom 08.01.2001 – II ZR 88/99, BGHZ 146, 264, 271.
1121 BGH, Urteil vom 05.03.2015 – IX ZR 133/14, juris.
1122 BGH, Urteil vom 05.03.2015 – IX ZR 133/14, juris (juris-Tz. 16).
1123 BGH, Urteil vom 05.03.2015 – IX ZR 133/14, juris (juris-Tz. 17).
1124 BGH, Urteil vom 05.03.2015 – IX ZR 133/14, juris (juris-Tz. 18 f.).
1125 BGH, Urteil vom 05.03.2015 – IX ZR 133/14, juris (juris-Tz. 18).

InsO der herrschenden Auffassung an, wonach dieser auch Verbindlichkeiten von Drittgläubigern erfasst.[1126] Abschließend bringt er zum Ausdruck, dass ein Rangrücktritt „auf Dauer“ ausgerichtet sein muss. Insoweit sei es unabdingbar, dass die Parteien der Rangrücktrittsvereinbarung eine Bindung anerkennen, „die eine freie Aufhebung“ der Vereinbarung ohne Mitwirkung der übrigen Gläubiger im Grundsatz ausschließt. Im Ergebnis werde daher mit einer Rangrücktrittsvereinbarung stets auch ein Vertrag zugunsten der übrigen Gläubiger des Schuldners i.S.d. § 328 Abs. 2 BGB geschlossen.[1127]

Vor dem Hintergrund dieser Entscheidung und auf der Grundlage der gegenwärtigen gesetzlichen Bestimmungen in § 19 Abs. 2 Satz 2 i.V.m. § 39 Abs. 2 InsO erfordert die Nichtberücksichtigung einer Verbindlichkeit im Überschuldungsstatus daher eine Rangrücktrittsvereinbarung

- die für die Zeit vor Insolvenzeröffnung ein Zahlungsverbot vorsieht, wenn die Gesellschaft zahlungsunfähig oder überschuldet ist bzw. ihr durch die Zahlung die Zahlungsunfähigkeit oder die Überschuldung droht,
- nach der für die Zeit nach Insolvenzeröffnung gem. § 19 Abs. 2 Satz 2 InsO der Rücktritt der Forderung im Rang hinter die in § 39 Abs. 1 Nr. 1 bis 5 InsO bezeichneten Forderungen vereinbart ist, und
- die als Vertrag zugunsten der übrigen Gläubiger qualifiziert und die daher – jedenfalls im Grundsatz – nicht ohne deren Mitwirkung aufgehoben werden kann.[1128]

Als Beispiel für eine Rangrücktrittsvereinbarung in diesem Sinne wird in der Literatur folgende Formulierung vorgeschlagen:[1129]

> *„Zur Vermeidung einer Überschuldung vereinbaren Gläubiger und Gesellschaft das Folgende:*
>
> 1. *Vor einem etwaigen Insolvenzverfahren über das Vermögen der Gesellschaft darf die Gesellschaft auf die Forderung nicht zahlen, wenn die Gesellschaft zahlungsunfähig oder überschuldet ist oder durch die Zahlung die Zahlungsunfähigkeit oder die Überschuldung der Gesellschaft droht („Insolvenzreife“).*[1130]
> *Gläubiger und Gesellschaft vereinbaren diese Ziffer 1 als Vertrag zugunsten der Gläubiger der Gesellschaft (§ 328 BGB) mit der Folge, dass eine Aufhebung dieser Ziffer 1*

1126 BGH, Urteil vom 05.03.2015 – IX ZR 133/14, juris (juris-Tz. 18).

1127 BGH, Urteil vom 05.03.2015 – IX ZR 133/14, juris (juris-Tz. 36, 38, 42).

1128 Vgl. *Kahlert*, NWB 2015, 3018, 3020 f.; *ders.*, DStR 2015, 734 f.; siehe auch *Hoos/Köhler*, GmbHR 2015, 729, 732 f.; *Müller*, BB 2016, 491; *Scheifele/Nees*, Der Konzern 2015, 417, 418.

1129 Formulierungsvorschlag nach *Kahlert*, NWB 2015, 3018, 3026 f.

1130 Über die hier gewählte Formulierung hinaus wird von Teilen der Literatur empfohlen, nach wie vor ausdrücklich die Möglichkeit der Tilgung aus „sonstigem freien Vermögen“ vorzusehen, siehe dazu *Crezelius*, NZI 2015, 459, 460; *Hoos/Köhler*, GmbHR 2015, 729, 732; *Rekers*, ZInsO 2015, 706, 707; *Schnitger*, DB 2015, 1989.

ohne deren Mitwirkung nur zulässig ist, wenn keine Insolvenzreife der Gesellschaft vorliegt oder die Insolvenzreife der Gesellschaft beseitigt worden ist.

2. *In einem etwaigen Insolvenzverfahren über das Vermögen der Gesellschaft tritt der Gläubiger mit seiner Forderung gem. §§ 19 Abs. 2 Satz 2, 39 Abs. 2 InsO im Rang hinter die in § 39 Abs. 1 Nr. 1–5 InsO bezeichneten Forderungen zurück.*"

2. Steuerliche Auswirkungen

Im Gegensatz zum Überschuldungsstatus hat der Rangrücktritt – gleich welcher Ausgestaltung – auf die Pflicht zur Bilanzierung der Verbindlichkeit in der Handelsbilanz keine Auswirkung.[1131] Entscheidend ist insoweit, dass der Rangrücktritt den Bestand der Forderung grundsätzlich unberührt lässt und die Verbindlichkeit daher zivilrechtlich fortbesteht.[1132] Da die Verbindlichkeit in Folge dessen als wirtschaftliche Belastung des Schuldnerunternehmens weiterhin existiert, ist sie nach den allgemeinen Bilanzierungsgrundsätzen auch in der Handelsbilanz zu passivieren.[1133]

1131 BFH, Urteil vom 20.10.2004 – I R 11/03, BStBl. II 2005, 581, 582 f.; BFH, Urteil vom 10.11.2005 – IV R 13/04, BStBl. II 2006, 618, 621; BMF, Schreiben vom 08.09.2006 – IV B 2 – S 2133 – 10/06, BStBl. I 2006, 497 Tz. 4; *Adler/Düring/Schmaltz*, Rechnungslegung und Prüfung von Unternehmen, Teilband 6, § 246 Rn. 140; *Altendorf*, GmbH-StB 2012, 147, 148; *Baschnagel*, Ubg 2014, 769; *Bäuml*, GmbHR 2009, 632, 635; Beck'scher Bilanz-Kommentar/*Schubert*, § 247 Rn. 232; *Blaas/Schwahn*, DB 2013, 2350, 2352; *Eilers/Bühring*, Sanierungssteuerrecht, Rn. 3.67; *Förster*, Ubg 2010, 758, 764; *Funk*, BB 2009, 867, 870; *Herzig/Liekenbrock*, Ubg 2011, 313, 319; *Kahlert*/Rühland, Sanierungs- und Insolvenzsteuerrecht, 2. Aufl., Rn. 3.77; *Lang*, DStZ 2006, 789; Lüdicke/Sistermann/*Loose/Maier*, Unternehmensteuerrecht, § 17 Rn. 98.

1132 BFH, Urteil vom 20.10.2004 – I R 11/03, BStBl. II 2005, 581, 583; BGH, Urteil vom 05.03.2015 – IX ZR 133/14, juris (juris-Tz. 32); BMF, Schreiben vom 08.09.2006 – IV B 2 – S 2133 – 10/06, BStBl. I 2006, 497 Tz. 4; *Adler/Düring/Schmaltz*, Rechnungslegung und Prüfung von Unternehmen, Teilband 6, § 246 Rn. 140; *Blaas/Schwahn*, DB 2013, 2350, 2352; Beck'scher Bilanz-Kommentar/*Schubert*, § 247 Rn. 232; *Förster*, Ubg 2010, 758, 764; *Funk*, BB 2009, 867, 870; *Herzig/Liekenbrock*, Ubg 2011, 313, 319; *Kahlert*/Rühland, Sanierungs- und Insolvenzsteuerrecht, 2. Aufl., Rn. 3.77; *Lang*, DStZ 2006, 789; Lüdicke/Sistermann/*Loose/Maier*, Unternehmensteuerrecht, § 17 Rn. 98; *Wälzholz*, GmbH-StB 2015, 259, 262.

1133 BFH, Urteil vom 20.10.2004 – I R 11/03, BStBl. II 2005, 581, 583; BMF, Schreiben vom 08.09.2006 – IV B 2 – S 2133 – 10/06, BStBl. I 2006, 497 Tz. 4; *Adler/Düring/Schmaltz*, Rechnungslegung und Prüfung von Unternehmen, Teilband 6, § 246 Rn. 140; *Altendorf*, GmbH-StB 2012, 147, 148; Beck'scher Bilanz-Kommentar/*Kozikowski/Schubert*, § 247 Rn. 232; *Funk*, BB 2009, 867, 870.

Auf Grund der Maßgeblichkeit der Handelsbilanz (§ 5 Abs. 1 EStG) gelten die vorstehenden Ausführungen grundsätzlich auch für die Steuerbilanz.[1134] Die Verbindlichkeit ist daher ungeachtet des Rangrücktritts im Grundsatz weiterhin in der Steuerbilanz zu passivieren.[1135] Eine Gewinnauswirkung entfaltet der Rangrücktritt danach grundsätzlich nicht. Etwas anderes ergibt sich jedoch unter Umständen dann, wenn das Maßgeblichkeitsprinzip durch eine steuerliche Regelung durchbrochen wird. Im Kontext des Rangrücktritts ist insoweit der in § 5 Abs. 2a EStG geregelte Passivierungsaufschub zu beachten.

Nach § 5 Abs. 2a EStG dürfen Verpflichtungen, die nur zu erfüllen sind, soweit künftig Einnahmen oder Gewinne anfallen, erst dann durch den Ansatz einer Verbindlichkeit oder die Bildung einer Rückstellung bilanziell erfasst werden, wenn die Einnahmen oder Gewinne angefallen sind. Der Anwendungsbereich des § 5 Abs. 2a EStG setzt demnach voraus, dass zwischen der Tilgung der Verbindlichkeit und zukünftigen Gewinnen und Einnahmen eine Konnexität besteht.[1136] Soweit dies der Fall ist, besteht hinsichtlich der Verbindlichkeit für die Steuerbilanz nach § 5 Abs. 2a EStG ein Passivierungsaufschub. Wird für eine bisher passivierte Verbindlichkeit nunmehr durch eine Vereinbarung zwischen Gläubiger und Schuldnergesellschaft ein dem § 5 Abs. 2a EStG unterfallendes Abhängigkeitsverhältnis geschaffen, ist die Verbindlichkeit dementsprechend aus der Steuerbilanz der Schuldnergesellschaft gewinnwirksam auszubuchen.[1137] Ob eine Rangrücktrittsvereinbarung ein solches Abhängigkeitsverhältnis schafft und § 5 Abs. 2a EStG demnach auf sie Anwendung findet, hängt von der Ausgestaltung der Vereinbarung zwischen Gläubiger und Schuldner im Einzelfall ab.

1134 *Baschnagel*, Ubg 2014, 769, 770; *Bäuml*, GmbHR 2009, 632, 635; *Förster*, Ubg 2010, 758, 764; *Herzig/Liekenbrock*, Ubg 2011, 313, 319; Lüdicke/Sistermann/*Loose/Maier*, Unternehmensteuerrecht, § 17 Rn. 98; Schmidt/Uhlenbruck/*Crezelius*, Die GmbH in Krise, Sanierung und Insolvenz, 2. Teil, Rn. 2.436.

1135 BFH, Urteil vom 20.10.2004 – I R 11/03, BStBl. II 2005, 581, 583; BMF, Schreiben vom 08.09.2006 – IV B 2 – S 2133 – 10/06, BStBl. I 2006, 497 Tz. 4; *Altendorf*, GmbH-StB 2012, 147, 148; *Blaas/Schwahn*, DB 2013, 2350, 2352; *Förster*, Ubg 2010, 758, 764; *Funk*, BB 2009, 867, 870; *Taplan/Baumgartner/Baumgartner*, GmbHR 2015, 347, 351.

1136 Siehe auch BMF, Schreiben vom 08.09.2006 – IV B 2 – S 2133 – 10/06, BStBl. I 2006, 497 Tz. 6.

1137 *Bäuml*, GmbHR 2009, 632, 635; *Förster*, Ubg 2010, 758, 765; Lüdicke/Sistermann/*Loose/Maier*, Unternehmensteuerrecht, § 17 Rn. 100; a.A. *Rätke*, StuB 2012, 338, 340, der die Auffassung vertritt, § 5 Abs. 2a EStG gelte nur für „bedingt entstehende Verbindlichkeiten", d. h. solche Verbindlichkeiten, die erstmals entstehen, falls zukünftig Einnahmen oder Gewinne entstehen; auf nachträgliche Vereinbarungen – wie einen Rangrücktritt – soll die Vorschrift hingegen nicht anzuwenden sein.

a) *Rangrücktrittsvereinbarungen nach Rechtslage vor Inkrafttreten des MoMiG*

Im Zusammenhang mit den Rangrücktrittsvereinbarungen nach alter Rechtslage ist zunächst zwischen Vereinbarungen ohne Besserungsabrede und solchen mit Besserungsabrede zu unterscheiden. Wurde eine Rangrücktrittsvereinbarung ohne Besserungsabrede geschlossen, wie dies bei einem einfachen Rangrücktritt ohne eine Regelung der Rückzahlungsmodalitäten der Fall ist, findet § 5 Abs. 2a EStG keine Anwendung, weil es an der erforderlichen Konnexität zwischen der Tilgung der Verbindlichkeit und zukünftigen Gewinnen und Einnahmen fehlt. Enthält die Rangrücktrittsvereinbarung demgegenüber eine Besserungsabrede, ist wiederum danach zu unterscheiden, ob diese ausdrücklich oder konkludent geschlossen wurde.

aa) *Ausdrücklich vereinbarte Besserungsabreden*

Ist die Besserungsabrede in der Rangrücktrittsvereinbarung ausdrücklich bestimmt, wie dies typischerweise bei der Festlegung von Rückzahlungmodalitäten im Rahmen eines einfachen Rangrücktritts der Fall ist,[1138] kommt es auf die konkrete Formulierung der Besserungsabrede an. Sieht diese vor, dass eine Rückzahlung der Verbindlichkeit nur dann zu erfolgen hat, „wenn der Schuldner dazu aus zukünftigen Gewinnen, aus einem Liquidationsüberschuss oder *aus anderem – freien – Vermögen* künftig in der Lage ist",[1139] schließt dies die Anwendung des § 5 Abs. 2a EStG aus.[1140] Auf Grund der Bezugnahme auf die Möglichkeit der Tilgung der Verbindlichkeit auch aus sonstigem – freiem – Vermögen, besteht die für die Anwendung des § 5 Abs. 2a EStG erforderliche Konnexität zwischen der Tilgung der Verbindlichkeit und zukünftigen Gewinnen und Einnahmen nicht.[1141] Entscheidend ist, dass § 5 Abs. 2a EStG seinem Wortlaut nach eine ausschließliche Konnexität zwischen der Tilgung der Verbindlichkeit und zukünftigen Gewinnen und Einnahmen voraussetzt („Verpflichtungen, die *nur* zu erfüllen sind, soweit künftige Einnahmen oder Gewinne anfallen"), die bei einer Besserungsabrede unter Bezugnahme auf die Möglichkeit der Tilgung der Verbindlichkeit *auch* aus sonstigem – freiem – Vermögen, gerade nicht

---

1138 Vgl. dazu obiges Formulierungsbeispiel.

1139 BMF, Schreiben vom 08.09.2006 – IV B 2 – S 2133 – 10/06, BStBl. I 2006, 497 Tz. 1.

1140 BFH, Urteil vom 10.11.2005 – IV R 13/04, BStBl. II 2006, 618, 621; BFH, Urteil vom 30.11.2011 – I R 100/10, BStBl. II 2012, 332, 334; BMF, Schreiben vom 08.09.2006 – IV B 2 – S 2133 – 10/06, BStBl. I 2006, 497 Tz. 6; *Blaas/Schwahn*, DB 2013, 2350, 2353; *Bäuml*, GmbHR 2009, 632, 635; *Förster*, Ubg 2010, 758, 765; *Gänsler*, Ubg 2013, 154, 160; *Hamminger*, NWB 2012, 1498, 1500 f.; *Helios/Kröger*, DStR 2015, 2478; *Henkel/Wentzler*, GmbHR 2013, 239, 241; *Horst*, DB 2013, 656, 659; *Mühlhaus/Kaltenhäuser*, GmbH-StB 2012, 213, 215; *Rätke*, StuB 2012, 338, 339; Schmidt/ *Weber-Grellet*, EStG, § 5 Rn. 315; *Schmidt/Mielke*, Ubg 2009, 395, 397; *Schwenker/Fischer*, DStR 2010, 1117, 1118; kritisch *Altendorf*, GmbH-StB 2012, 147, 149; *Schmid*, FR 2012, 837, 840.

1141 BMF, Schreiben vom 08.09.2006 – IV B 2 – S 2133 – 10/06, BStBl. I 2006, 497 Tz. 6; *Blaas/Schwahn*, DB 2013, 2350, 2353.

vorliegt. Fehlt hingegen bei einer solchen ausdrücklich vereinbarten Besserungsabrede die Bezugnahme auf die Möglichkeit der Tilgung aus sonstigem – freiem – Vermögen, schließt § 5 Abs. 2a EStG die Bilanzierung der Verbindlichkeit aus.[1142] Denn die von § 5 Abs. 2a EStG geforderte ausschließliche Konnexität zwischen der Tilgung der Verbindlichkeit und zukünftigen Gewinnen liegt dann gerade vor.

bb) Konkludent geschlossene Besserungsabreden

Ergibt sich die Besserungsabrede konkludent aus der Rangrückstrittsvereinbarung, wie dies bei einem qualifizierten Rangrücktritt regelmäßig der Fall ist,[1143] und ist eine weitere ausdrückliche Besserungsabrede nicht vorgesehen,[1144] ist der Ansatz einer Verbindlichkeit nach der Rechtsprechung des BFH nicht bereits deshalb ausgeschlossen, weil „eine ausdrückliche Bezugnahme auf die Möglichkeit der Tilgung auch aus einem Liquidationsüberschuss oder aus sonstigem freien Vermögen" fehlt.[1145] Denn eine nicht näher präzisierte Rangrücktrittsvereinbarung ist nicht dahingehend auszulegen, „dass der Gläubiger für den Fall der Besserung auf die Rückzahlung" der Verbindlichkeit „aus einem Liquidationsüberschuss oder aus dem die sonstigen Verbindlichkeiten übersteigendem Vermögen" verzichtet.[1146] Nach der Auffassung des BFH ist die Rückgriffsmöglichkeit auf sonstiges – freies – Vermögen bei einer konkludenten Besserungsvereinbarung daher auch ohne ausdrückliche Bezugnahme möglich, mit der Folge, dass § 5 Abs. 2a EStG in diesen Fällen nicht zwingend Anwendung findet.[1147] Vielmehr greift § 5 Abs. 2a EStG nach zutreffender

---

1142 BFH, Urteil vom 30.11.2011 – I R 100/10, BStBl. II 2012, 332, 333 f.; BFH, Urteil vom 15.04.2015 – I R 44/14, juris; BMF, Schreiben vom 08.09.2006 – IV B 2 – S 2133 – 10/06, BStBl. I 2006, 497 Tz. 6; *Blaas/Schwahn*, DB 2013, 2350, 2353; *Eilers/Bühring*, Sanierungssteuerrecht, Rn. 3.72; *Helios/Kröger*, DStR 2015, 2478, 2481; *Horst*, DB 2013, 656, 659; *Mühlhaus/Kaltenhäuser*, GmbH-StB 2012, 213, 214; *Rätke*, StuB 2012, 338, 339; so wohl auch *Gosch*, BFH/PR 2012, 149.

1143 Die Besserungsabrede ergibt sich in obigem Formulierungsbeispiel aus dem Einschub „– bis zur Abwendung der Krise –", vgl. dazu auch *Schmid*, FR 2012, 837.

1144 Soweit auch im Rahmen eines qualifizierten Rangrücktritts darüber hinaus eine explizite Besserungsabrede getroffen wird, gelten die vorstehend erläuterten Grundsätze entsprechend, mit der Folge, dass § 5 Abs. 2a EStG nicht zur Anwendung kommt, wenn die Besserungsabrede die Möglichkeit der Tilgung der Verbindlichkeit auch aus sonstigem – freiem – Vermögen vorsieht. Ebenso *Mühlhaus/Kaltenhäuser*, GmbH-StB 2012, 213, 215.

1145 BFH, Urteil vom 10.11.2005 – IV R 13/04, BStBl. II 2006, 618, 621.

1146 BFH, Urteil vom 10.11.2005 – IV R 13/04, BStBl. II 2006, 618, 621.

1147 Blümich/*Krumm*, EStG/KStG/GewStG, § 5 EStG Rn. 920 Stichwort „Rangrücktritt", 957a ff. (Stand: August 2015); *Horst*, DB 2013, 656, 659 ff.; *Kahlert/Gehrke*, DStR 2010, 227, 231; *Kahlert*/Rühland, Sanierungs- und Insolvenzsteuerrecht, 2. Aufl., Rn. 3.72; Lüdicke/Sistermann/*Loose/Maier*, Unternehmensteuerrecht, § 17 Rn. 99; *Rätke*, StuB 2012, 338, 342; *Schwenker/Fischer*, DStR 2010, 1117, 1118; *Wälzholz*, GmbH-StB 2015, 259, 261; a.A. wohl *Bäuml*, GmbHR 2009, 632, 635.

Ansicht des BFH nur dann ein, wenn im Rahmen der Besserungsabrede ein Rückgriff auf sonstiges – freies – Vermögen ausdrücklich ausgeschlossen ist.[1148]

b) Rangrücktrittsvereinbarungen nach § 19 Abs. 2 Satz 2 InsO

Bei Rangrücktrittsvereinbarungen nach § 19 Abs. 2 Satz 2 i.V.m. § 39 Abs. 2 InsO ist im Hinblick auf die voneinander zu unterscheidenden Regelungen für die Zeit vor und die Zeit nach Insolvenzeröffnung eine entsprechend differenzierende Betrachtung vorzunehmen.[1149] Wird für die Zeit vor Eröffnung des Insolvenzverfahrens eine Vereinbarung entsprechend vorstehendem Formulierungsbeispiel[1150] geschlossen, steht § 5 Abs. 2a EStG der Passivierung der Verbindlichkeit in der Steuerbilanz nicht entgegen. Denn nach Ziffer 1 der Vereinbarung darf die Schuldnergesellschaft in dieser Zeits die Verbindlichkeit tilgen, sofern sie ohne die Gefahr der Insolvenz über die dafür erforderlichen finanziellen Mittel verfügt.[1151] Maßstab der ihr zur Verfügung stehenden finanziellen Mittel ist dabei das „ungebundene Vermögen".[1152] Damit stehen ihr zur Tilgung der Verbindlichkeit nicht nur (zukünftige) Einnahmen oder Gewinne zur Verfügung, sondern ihr gesamtes die Verbindlichkeiten übersteigendes Aktivvermögen.[1153] Eine Abhängigkeit zwischen der Tilgung der Verbindlichkeit und zukünftigen Einnahmen und Gewinnen i.S.d. § 5 Abs. 2a EStG besteht nach der Vereinbarung daher nicht.[1154]

Gleiches gilt im Ergebnis für die Vereinbarung für die Zeit nach Insolvenzeröffnung, wonach der Gläubiger mit seiner Forderung gem. §§ 19 Abs. 2 Satz 2, 39 Abs. 2 InsO im Rang hinter die in § 39 Abs. 1 Nr. 1 – 5 InsO bezeichneten Forderungen zurücktritt. Diese schafft ebenfalls kein Abhängigkeitsverhältnis i.S.d. § 5 Abs. 2a EStG, da die Befriedigung des Nachranggläubigers im Insolvenzverfahren nicht von künftigen Einnahmen oder Gewinnen abhängig ist.[1155]

1148 BFH, Urteil vom 10.11.2005 – IV R 13/04, BStBl. II 2006, 618, 621; siehe auch Blümich/*Krumm*, EStG/KStG/GewStG, § 5 EStG Rn. 920 Stichwort „Rangrücktritt", 957a ff. (Stand: August 2015); *Eilers/Bühring*, Sanierungssteuerrecht, Rn. 3.72; *Kahlert/Gehrke*, DStR 2010, 227, 231; Lüdicke/Sistermann/*Loose/Maier*, Unternehmensteuerrecht, § 17 Rn. 99; *Rätke*, StuB 2012, 338, 342; *Schwenker/Fischer*, DStR 2010, 1117, 1118.

1149 *Kahlert*, NWB 2015, 3018, 3021 ff.; *ders.*, DStR 2015, 734, 735 ff.; *Scheifele/Nees*, Der Konzern 2015, 417, 422 f.

1150 Siehe dazu unter **VI.1.b)**.

1151 *Kahlert*, NWB 2015, 3018, 3023.

1152 Vgl. BGH, Urteil vom 05.03.2015 – IX ZR 133/14, juris (juris-Tz. 16).

1153 *Kahlert*, NWB 2015, 3018, 3023; *ders.*, DStR 2016, 209, 210.

1154 *Kahlert*, NWB 2015, 3018, 3023; *ders.*, DStR 2016, 209, 210 m.w.N.; *Scheifele/Nees*, Der Konzern 2015, 417, 423.

1155 *Scheifele/Nees*, Der Konzern 2015, 417, 423; siehe auch *Kahlert*, DStR 2015, 734, 737.

c) *Ergebnis*

Steuerliche Auswirkungen im Zuge eines Rangrücktritts stehen demnach nur bei Vereinbarungen nach alter Rechtslage (vor MoMiG) zu befürchten. Diese haben dann steuerliche Implikationen, wenn eine ausdrückliche Besserungsabrede geschlossen wird und diese keine Tilgungsmöglichkeit durch sonstiges freies Vermögen vorsieht, oder wenn eine Tilgungsmöglichkeit durch sonstiges freies Vermögen im Falle einer konkludenten Besserungsabrede explizit ausgeschlossen ist. Rangrücktrittsvereinbarungen nach gegenwärtiger Rechtslage ziehen demgegenüber keine steuerlichen Folgen nach sich.[1156]

1156 Ebenso *Kahlert*, NWB 2015, 3018, 3021 ff.; *ders.*, DStR 2015, 734, 735 ff.; *ders.*, DStR 2016, 209, 210 m.w.N.; *Scheifele/Nees*, Der Konzern 2015, 417, 422 f.; *Tauser*, FR 2015, 976, 979.

F. Ergebnisse

Eine nachhaltige finanzielle Entschuldung über den Abbau von Verbindlichkeiten ist regelmäßig[1157] mit einer Betriebsvermögensmehrung bei dem defizitären Unternehmen verbunden und führt damit grundsätzlich zu einem steuerpflichtigen Gewinn. Dieser Gewinn indiziert gleichwohl keine positive objektive wirtschaftliche Leistungsfähigkeit des Unternehmers, die als Anknüpfungspunkt für eine Ertragsbesteuerung geeignet ist. Der Gewinn ist daher im Wege einer Spezialregelung von der Besteuerung auszunehmen. Besondere Beachtung gilt dabei dem Umstand, dass die Spezialregelung nicht nur eine an der Leistungsfähigkeit ausgerichtete Besteuerung gewährleistet, sondern gleichzeitig auch den geltenden gemeinschaftsrechtlichen Anforderungen gerecht werden muss. Diese Vorgaben erfüllt der Sanierungserlass nicht. Zum einen bleibt er in einigen Aspekten hinter dem zurück, was für eine an der wirtschaftlichen Leistungsfähigkeit ausgerichtete Ertragsbesteuerung erforderlich ist. Zum anderen erfüllt er nicht die derzeit geltenen gemeinschaftsrechtlichen Anforderungen. Die einzelnen Defizite des Sanierungserlasses sind im Folgenden zusammenfassend dargestellt.

I. Mangelnde Planungssicherheit

Zentrale Voraussetzung eines jeden Sanierungsvorhabens ist eine gewisse Planungssicherheit. In Bezug auf das Steuerrecht drückt sich diese vorwiegend dadurch aus, dass die an der Sanierung Beteiligten vor der vertraglichen Einigung über die Sanierung des Unternehmens Rechtssicherheit darüber haben, welche steuerlichen Auswirkungen die geplanten Sanierungsmaßnahmen nach sich ziehen.[1158] Vor dem Hintergrund der ohnehin bestehenden Unsicherheit über den Erfolg der Sanierung, werden insbesondere die Gläubiger kaum zu einem Sanierungsbeitrag bereit sein, wenn die daraus resultierenden Steuerfolgen den Sanierungserfolg zusätzlich gefährden und die Früchte der Sanierungsmaßnahme in erster Linie dem Fiskus zu Gute kommen.[1159] Dass geplante Sanierungsvorhaben sodann wegen der drohenden Steuerfolgen letztlich unterbleiben, ist zweifelsohne ein unbefriedigendes Ergebnis, das es zu verhindern gilt.

Das im Sanierungserlass verankerte Verfahren zur ertragsteuerlichen Behandlung von Sanierungsgewinnen ist indes nicht geeignet, vorab – d. h. vor Durchführung der Sanierungsmaßnahme – die erforderliche Rechtssicherheit darüber zu verschaffen, dass der aus der Sanierungsmaßnahme resultierende Gewinn steuerfrei

---

1157 Mit Ausnahme der Schuldübernahme unter Regressverzicht durch eine nahestehende Person.

1158 Siehe auch Drüen/*Schauhoff*, JbFfSt 2009/2010, 183, 188.

1159 Ebenso *Gondert/Büttner*, DStR 2008, 1676, 1679.

bleiben wird.[1160] Dies ist in erster Linie auf die fehlende gesetzliche Kodifizierung der steuerlichen Begünstigung von Sanierungsgewinnen zurückzuführen.

1. Rechtmäßigkeit des Sanierungserlasses

Insoweit besteht nach wie vor Unsicherheit bezüglich der Rechtmäßigkeit des Sanierungserlasses. Zwar hat der X. Senat des BFH sowohl in seinem Urteil vom 14.07.2010[1161], als auch in dem jüngst ergangenen Beschluss vom 25.03.2015[1162] die Auffassung vertreten, der Sanierungserlass verstoße nicht gegen den Grundsatz der Gesetzmäßigkeit der Verwaltung. Bis zu einer abschließenden Entscheidung des Großen Senats bleibt die Rechtslage jedoch nach wie vor offen.

2. Unsicherheit bei den Kriterien des Sanierungserlasses

Daneben sind die Unternehmen auch hinsichtlich des Vorliegens der Kriterien des Sanierungserlasses weiterhin von den Entscheidungen der Finanzverwaltung abhängig, da die Kriterien der Billigkeitsregel nicht in allen Punkten eindeutig sind.[1163] Zu denken ist in diesem Zusammenhang unter anderem an die unzureichende Konkretisierung der Begriffe „Unternehmen“ und „betriebliche Gründe“ in Teilziffer 2 des Sanierungserlasses sowie die fehlende Adaption der Kriterien für einen nach dem Sanierungserlass begünstigten Sanierungsgewinn in Fällen der Nichtfortführung des Unternehmens. Ebenso können sich Schwierigkeiten im Zusammenhang mit den „klassischen“ Kriterien für einen nach dem Sanierungserlass begünstigten Sanierungsgewinn ergeben. Dahingehend sorgen vor allem Unklarheiten hinsichtlich der Auslegung des Kriteriums der Sanierungsabsicht bei Sanierungsmaßnahmen durch Gesellschafter einer Kapitalgesellschaft für erhebliche Unsicherheit in der Sanierungspraxis. Eine einheitliche Würdigung der Kriterien durch die zuständigen Behörden bei der Anwendung des Sanierungserlasses ist folglich nicht ausnahmslos sichergestellt.[1164] Es verbleibt daher in rein praktischer Hinsicht eine unter Umständen entscheidungserhebliche Rechtsunsicherheit.[1165]

1160 Ebenso Drüen/*Schauhoff*, JbFfSt 2009/2010, 183, 188.

1161 BFH, Urteil vom 14.07.2010 – X R 34/08, BStBl. II 2010, 916.

1162 BFH, Beschluss vom 25.03.2015 – X R 23/13, DStR 2015, 1443.

1163 Ebenso *Braun/Geist*, BB 2009, 2508, 2511; *Eilers/Bühring*, StuW 2009, 246, 253; *Geist*, BB 2008, 2658, 2663; *Hierstetter*, DStR 2010, 882, 884; Lüdicke/Sistermann/*Loose/Maier*, Unternehmensteuerrecht, § 17 Rn. 121; *Strüber/von Donat*, BB 2003, 2036, 2037 f.

1164 Ebenso Lüdicke/Sistermann/*Loose/Maier*, Unternehmensteuerrecht, § 17 Rn. 121; *Strüber/von Donat*, BB 2003, 2036.

1165 Ähnlich auch *Geist*, BB 2008, 2658, 2663.

II. Gewerbesteuer

Neben der einkommen- bzw. körperschaftsteuerlichen Begünstigung des Sanierungsgewinns ist auch die Abwendung einer etwaigen Gewerbesteuerbelastung des Sanierungsgewinns für eine erfolgreiche Unternehmenssanierung von elementarer Bedeutung. Dies wird nicht zuletzt dadurch deutlich, dass die Gewerbesteuerbelastung nicht selten einen der aktuellen Körperschaftsteuerbelastung von 15 % entsprechenden Wert erreicht und damit einen beachtlichen Anteil der ertragsteuerlichen Gesamtbelastung ausmacht. Umso problematischer ist es daher für geplante Sanierungsvorhaben, dass der Sanierungserlass keine bindende Regelung hinsichtlich der auf den Sanierungsgewinn entfallenden Gewerbesteuer trifft. Vielmehr steht den Gemeinden sowohl für das Festsetzungs- als auch für das Erhebungsverfahren, jedenfalls in den Flächenstaaten, faktisch das alleinige Recht zur Vornahme von Billigkeitsmaßnahmen im Rahmen der gewerbesteuerlichen Besteuerung von Sanierungsgewinnen zu. Insbesondere ergibt sich für die Finanzämter aus dem Sanierungserlass nicht die Befugnis, Billigkeitsmaßnahmen im Rahmen der Festsetzung des Gewerbesteuermessbetrages nach § 184 Abs. 2 Satz 1 AO i.V.m. § 163 Satz 1 AO vorzunehmen. Dies macht unter Umständen einen sehr umfangreichen Abstimmungsprozess mit einer Vielzahl von inländischen Betriebsstätten-Gemeinden erforderlich, der nicht nur besonders aufwendig ist, sondern zudem die Gefahr birgt, dass die einzelnen Gemeinden widersprüchliche Entscheidungen treffen oder eine positive Entscheidung ihrerseits von der positiven Entscheidung anderer Gemeinden abhängig machen.[1166] In der Folge können anvisierte Sanierungsvorhaben unnötig blockiert werden, was vor dem Hintergrund, dass Sanierungen regelmäßig unter einem sehr großen Zeitdruck beschlossen und vollzogen werden müssen, den Erfolg des Sanierungsvorhabens erheblich gefährden kann.[1167] Ebenfalls ist denkbar, dass ein Erlass der auf den Sanierungsgewinn entfallenden Gewerbesteuer seitens der Gemeinde gänzlich unterbleibt, sofern diese, abweichend von der Auffassung des Finanzamts, einen Erlass aus Billigkeitsgründen ablehnt. Dies kann die Erfolgsaussichten des Sanierungsvorhabens grundlegend in Frage stellen.

III. Anordnung der vorrangigen und totalen Verlustverrechnung

Die in Teilziffer 8 des Sanierungserlasses angeordnete vorrangige und totale Verlustverrechnung ist nicht nur einer der zentralen Unterschiede der Verwaltungsregelung im Vergleich zu § 3 Nr. 66 EStG aF, sie stellt auch eine ihrer Schwachstellen dar. Denn obwohl die vorrangige Verrechnung des Sanierungsgewinns mit sämtlichen

---

1166 Ebenso *Frey/Mückl*, GmbHR 2010, 1193, 1197; *Seer*, FR 2010, 306, 310; siehe auch *Breuninger*, JbFfSt 2011/2012, 282, 289, der allgemein auf die Problematik der Zuständigkeit der Gemeinden hinweist.

1167 Ebenso *Fleischer*, Stbg 2009, 437, 438 f.; *Frey/Mückl*, GmbHR 2010, 1193, 1197; *Seer*, FR 2010, 306, 309.

negativen Einkünften und vorgetragenen sowie rückgetragenen Verlusten dem Ansatz nach interessengerecht ist, ist die im Rahmen des Sanierungserlasses vorgenommene Ausgestaltung der Regelung in zweifacher Hinsicht problematisch.

1. Nichtbeachtung der gesetzlichen Verlustverrechnungsbeschränkungen

Zunächst ist die vom BMF geforderte umfassende und uneingeschränkte vorrangige Verrechnung von Verlusten und negativen Einkünften mit dem Sanierungsgewinn rechtlich unzulässig. Das BMF setzt insoweit die gesetzlichen Verlustverrechnungsbeschränkungen schlichtweg außer Kraft.[1168] Ein solches Vorgehen der Finanzverwaltung verstößt gegen den in Art. 20 Abs. 3 GG verankerten Grundsatz der Gesetzmäßigkeit der Verwaltung.[1169]

2. Ausweitung der vorrangigen Verlustverrechnung

Daneben ist die Ausweitung der vorrangigen Verlustverrechnung auf Verluste aus anderen Einkunftsquellen des Unternehmers kritisch zu betrachten. Zum einen ist die darin liegende Berücksichtigung von individuellen Merkmalen des Unternehmensträgers im Gesamtkontext des Sanierungserlasses systematisch verfehlt, da der Sanierungserlass im Übrigen durch einen unternehmensbezogenen Ansatz geprägt ist. Zum anderen ist die Ausweitung der vorrangigen Verlustverrechnung auf etwaige Verluste aus anderen Einkunftsquellen des Unternehmers in der praktischen Anwendung nicht sachgerecht, da sie bei der Sanierung von durch Einzelunternehmer geführte Unternehmen zu einer ungleichen steuerlichen Belastung bei gleicher objektiver wirtschaftlicher Leistungsfähigkeit des Unternehmers in Bezug auf das zu sanierende Unternehmen führen kann.

IV. Steuerliche Begünstigung von Forderungserlassen durch Gesellschafter

Soweit die Sanierung einer Gesellschaft ansteht, ist es zunächst an den betreffenden Gesellschaftern, einen entsprechenden Beitrag zu leisten, um die defizitäre Gesellschaft aus der Krise zu führen. Sofern der Gesellschafter keine zusätzlichen liquiden Mittel bereitstellen kann oder möchte, bietet sich als Sanierungsbeitrag der Erlass einer gegen die Gesellschaft gerichteten Forderung an. Dieser ist jedoch nach aktueller Rechtslage mit einem besonderen steuerlichen Risiko behaftet, da

---

1168 *Janssen*, DStR 2003, 1055, 1057; *Kahlert/Rühland*, Sanierungs- und Insolvenzsteuerrecht, Teil A Rn. 178; *Maus*, Steuern im Insolvenzverfahren, Rn. 424; *Strüber/von Donat*, BB 2003, 2036, 2038.

1169 *Janssen*, DStR 2003, 1055, 1058; *Khan/Adam*, ZInsO 2008, 899, 905; *Maus*, Steuern im Insolvenzverfahren, Rn. 424; *Strüber/von Donat*, BB 2003, 2036, 2038.

der daraus – jedenfalls im Falle eines Erlasses durch einen Gesellschafter einer Kapitalgesellschaft – regelmäßig entstehende Gewinn in einer Vielzahl der Fälle nicht nach dem Sanierungserlass steuerlich begünstigt sein wird. Hintergrund dessen ist die insoweit verfehlte restriktive Auslegung des Kriteriums der Sanierungsabsicht durch die Finanzverwaltung. Diese lehnt die Anwendbarkeit des Sanierungserlasses in den Fällen, in denen sich fremde Gläubiger nicht an dem Forderungserlass beteiligen, weitgehend mit der Begründung ab, dem alleinig erlassenden Gesellschafter fehle die erforderliche Sanierungsabsicht, da der Erlass allein auf das Beteiligungsverhältnis zurückzuführen sei.[1170]

Diese Auffassung der Finanzverwaltung stellt sich nicht nur für geplante Sanierungsvorhaben als besonders nachteilig dar, sie ist in ihrer Schlussfolgerung auch unzutreffend.[1171] Im Hinblick darauf, dass ein steuerpflichtiger Gewinn ausschließlich aus einem betrieblich veranlassten Forderungserlass bzw. dem betrieblich veranlassten Teil eines Forderungserlasses hervorgehen kann, vermag die Argumentation der Finanzverwaltung – eine gesellschaftsrechtliche Veranlassung des Erlasses verbiete die steuerliche Begünstigung des entstehenden Sanierungsgewinns – schlichtweg nicht zu überzeugen. Gleichwohl ist diese Auslegung gegenwärtig gängige Verwaltungspraxis, obwohl auch der Gesetzgeber von der grundsätzlichen Anwendbarkeit des Sanierungserlasses auf Forderungserlasse eines Gesellschafters gegenüber seiner Kapitalgesellschaft ausgeht.[1172]

Sofern die Gesellschafter auf Grund dieser Verwaltungspraxis von einem Forderungserlass Abstand nehmen, könnte dies die Sanierung der defizitären Gesellschaft in Gänze gefährden, da Drittgläubiger ohne einen signifikanten Beitrag der Gesellschafter kaum zu einem Sanierungsbeitrag ihrerseits zu bewegen sein dürften. Sollten die Gesellschafter dennoch einen Forderungserlass erklären und die Finanzverwaltung die Anwendbarkeit des Sanierungserlasses entgegen der hier vertretenen Auffassung ablehnen, kann eine an der objektiven wirtschaftlichen Leistungsfähigkeit der Gesellschaft ausgerichtete Ertragsbesteuerung nicht gewährleistet werden, da der in Höhe des nicht mehr werthaltigen Teils der Forderung entstehende Gewinn sodann grundsätzlich voll ertragsteuerlich belastet würde.

V. Unternehmerbezogene Sanierung

Nach der im Anwendungsbereich des § 3 Nr. 66 EStG aF bestehenden Rechtslage konnte grundsätzlich auch eine unternehmerbezogene Sanierung steuerlich begünstigt sein. Dies ist im Hinblick auf das Prinzip der Besteuerung nach der

---

1170 Siehe *Drews/Götze*, DStR 2009, 945 f.; *Gragert*, NWB 2013, 2141, 2145; *Kahlert/Rühland*, Sanierungs- und Insolvenzsteuerrecht, Teil A Rn. 315; *Schmidt/Mielke*, Ubg 2009, 395, 401; *Töben/Lohbeck/Specker*, NWB 2009, 1484, 148; die Auffassung der Finanzverwaltung befürwortend Dötsch/*Pung*/Möhlenbrock, KStG, § 8b Rn. 244 (Stand: Dezember 2014).

1171 Siehe dazu **E.I.2.**

1172 Gesetzesbegründung zu § 8b Abs. 3 S. 4–7 KStG, BT-Drucks. 16/6290, S. 74.

wirtschaftlichen Leistungsfähigkeit stimmig, da der Zweck der Steuerbefreiung des Sanierungsgewinns – Nichtbesteuerung von Maßnahmen, die nur zur Wiederherstellung der Leistungsfähigkeit dienen – grundsätzlich auch für die Fälle gelten muss, in denen die Leistungsfähigkeit im Hinblick auf den Schuldner als Subjekt der Einkommensteuer wiederhergestellt wird.[1173] Der Sanierungserlass weicht jedoch entscheidend von dieser Rechtslage ab und nimmt unternehmerbezogene Sanierungen ausdrücklich aus seinem Anwendungsbereich aus.[1174] Ungeachtet der überzeugenden Argumente für eine steuerliche Begünstigung von unternehmerbezogenen Sanierungen[1175] hat der BFH die insoweit für den Steuerpflichtigen nachteilige Abweichung des Sanierungserlasses von der Rechtslage im Geltungsbereich des § 3 Nr. 66 EStG aF bestätigt. Diese restriktive Auslegung kann allerdings dazu führen, dass eine an der wirtschaftlichen Leistungsfähigkeit ausgerichtete Ertragsbesteuerung in Fällen einer unternehmerbezogenen Sanierung nicht gewährleistet werden kann, da der aus dem Forderungserlass resultierende Gewinn, mangels Anwendbarkeit des Sanierungserlasses, grundsätzlich voll der Ertragsbesteuerung unterliegt.

VI. Pflicht zur Passivierung der Steuerschuld in der Handels- und Überschuldungsbilanz

Wirtschaftspolitisch verfolgt die steuerliche Begünstigung des aus einer Sanierungsmaßnahme entstehenden Gewinns vornehmlich den Zweck, zu vermeiden, dass die Entschuldung des defizitären Unternehmens durch die daraus resultierende Steuerforderung konterkariert wird. Ohne eine entsprechende steuerliche Begünstigung des Sanierungsgewinns stünde zu befürchten, dass es nicht zu einer hinreichenden Entschuldung, sondern vielmehr nur zu einer partiellen Umschuldung von den Gläubigern auf den Fiskus kommt.[1176] Nicht selten hätte dies ein Wiederauftreten der Überschuldung des Unternehmens zur Folge, deren Abwendung gerade das mit der Sanierungsmaßnahme beabsichtigte Ziel war.

Auch hinsichtlich dieser wirtschaftspolitischen Zielsetzung bleibt der Sanierungserlass entschieden hinter der für die betroffenen Unternehmen erforderlichen Unterstützung zurück. Die im Sanierungserlass zunächst vorgesehene bloße

---

1173 Ebenso BFH, Urteil vom 14.03.1990 – I R 106/85, BStBl. II 1990, 813, 815; *Uhländer*, ZInsO 2005, 76, 77.

1174 BMF, Schreiben vom 27.03.2003 – IV A 6 – S 2140 – 8/03, BStBl. I 2003, 240, Tz. 2 Satz 2.

1175 Siehe FG Münster, Urteil vom 27.05.2004 – 2 K 1307/02, EFG 2004, 1572; FG Köln, Urteil vom 24.04.2008 – 6 K 2488/06, EFG 2008, 1555, 1557; *Janssen*, BB 2005, 1026, 1027; *Kahlert/Rühland*, Sanierungs- und Insolvenzsteuerrecht, Teil A Rn. 139; Lüdicke/Sistermann/*Loose/Maier*, Unternehmensteuerrecht, § 17 Rn. 126; *Uhländer*, ZInsO 2005, 76, 77.

1176 BFH, Urteil vom 26.04.1986 – IV R 282/84, BStBl. II 1986, 672, 673; *Dziadkowski*, DB 1997, 447, 448; *Fritsche*, DStR 2000, 2171, 2172; *Maus*, ZIP 2002, 589, 591; ähnlich auch *Wagner*, BB 2008, 2671.

Steuerstundung entbindet das Unternehmen schließlich nicht von der Verpflichtung, die betreffende Steuerforderung in der Handels- und Überschuldungsbilanz auszuweisen. Vor allem, wenn der Schulderlass zur Abwendung einer (drohenden) Überschuldung des defizitären Unternehmens erfolgt, ist die durch den Sanierungserlass gewährleistete steuerliche Unterstützung daher völlig unzureichend. Die von dem betroffenen Unternehmen fortzuführende Passivierung der Steuerschuld birgt nicht nur die Gefahr einer (erneuten) Überschuldung und einer daraus folgenden Insolvenzantragspflicht.[1177] Sie wirkt sich auch dahingehend äußerst sanierungshemmend aus, als sie die Gefahr impliziert, dass angestrebte Sanierungsbemühungen von vorneherein unterlassen werden, da die Gläubiger nicht zu einem Schulderlass bereit sein werden, wenn der Schuldner unmittelbar anschließend wegen der resultierenden Steuerforderung Insolvenzantrag wegen (erneuter) Überschuldung stellen muss.[1178]

VII. EU-Beihilferecht

Eine staatliche Maßnahme, die zum Ziel hat, wirtschaftlich angeschlagene Unternehmen in bestimmter Form zu unterstützen, ist immer auch im Kontext mit dem EU-Beihilferecht zu sehen. Dies trifft ebenso auf den Sanierungserlass zu, da auch Steuerverwaltungsvorschriften Beihilfecharakter haben können.[1179] Die besondere Brisanz eines möglichen Verstoßes des Sanierungserlasses gegen EU-Beihilferecht ergibt sich nicht nur daraus, dass in dessen Folge alle auf der Grundlage des Sanierungserlasses erlassenen Steuern zurückgefordert werden könnten.[1180] Vielmehr kommt noch verschärfend hinzu, dass die betroffenen Unternehmen im Falle einer Rückforderung grundsätzlich keine Staatshaftung auf den Beihilfewert geltend machen können, da die Rückforderung sonst umgangen und die Beihilfe indirekt dennoch gewährt würde.[1181]

Umso schwerer wiegt das Ergebnis der obigen Untersuchung, nach der der Sanierungserlass einer beihilferechtlichen Prüfung nicht standhält. Indem der Sanierungserlass ausschließlich Unternehmen in der Krise begünstigt und daneben die Finanzverwaltung in die Lage versetzt, die Maßnahme selektiv anzuwenden und

---

1177 Siehe auch *Becker*, DStR 2003, 1602, 1605; *Frey/Mückl*, GmbHR 2010, 1193, 1197; *Kahlert/Rühland*, Sanierungs- und Insolvenzsteuerrecht, Teil A Rn. 187; *Linse*, ZinsO 2003, 934, 935; Lüdicke/Sistermann/*Loose/Maier*, Unternehmensteuerrecht, § 17 Rn. 136.

1178 *Maus*, Steuern im Insolvenzverfahren, Rn. 425.

1179 Siehe BMF, Schreiben vom 13.09.2002, ZIP 2002, 1916.

1180 So zuletzt auch Europäische Kommission, Beschluss vom 26.01.2011 – C 7/2010, Rn. 135; siehe auch *Boochs/Dauernheim*, Steuerrecht in der Insolvenz, 179; *Herrmann*, ZinsO 2003, 1069, 1078; *Kahlert*/Rühland, Sanierungs- und Insolvenzsteuerrecht, 2. Aufl., Rn. 2.53; *Khan/Adam*, ZInsO 2008, 899, 907; *Strüber/von Donat*, BB 2003, 2036, 2040.

1181 *Dörr*, NWB 2011, 690, 699.

bestimmte Unternehmen von der Maßnahme auszuschließen, bietet er gleich zwei Gesichtspunkte, unter denen die in ihm geregelte Maßnahme als selektiv zu qualifizieren ist.[1182] Während sich die aus der Beschränkung des Sanierungserlasses auf Unternehmen in der Krise resultierende Selektivität unmittelbar aus den Grund- und Leitprinzipien des Steuersystems ableiten lässt und damit durch die Natur oder den inneren Aufbau des Steuersystems gerechtfertigt werden kann, gelingt eine Rechtfertigung der sich aus dem verbleibenden Entscheidungsspielraum der Finanzverwaltung ergebenden Selektivität nach der hier vertretenen Auffassung nicht.[1183] Ein verbleibender Entscheidungsspielraum der Finanzverwaltung steht der mit dem Sanierungserlass verfolgten Zielsetzung – Wahrung der Grund- und Leitprinzipien des EStG – vielmehr sogar entgegen.[1184]

Besonders die den betroffenen Unternehmen drohenden Konsequenzen eines Verstoßes des Sanierungserlasses gegen EU-Beihilferecht verdeutlichen, dass die im Sanierungserlass verankerte Regelung zur ertragsteuerlichen Behandlung von Sanierungsgewinnen ein erhebliches Risiko für die Sanierungspraxis darstellt. Dieses Risiko wird auch nur bedingt dadurch begrenzt, dass die EU-Kommission dem Vernehmen nach keine Bedenken bezüglich der Vereinbarkeit des Sanierungserlasses mit dem EU-Beihilferecht hat und offenkundig nicht beabsichtigt, ein förmliches Prüfungsverfahren gegen den Sanierungserlass einzuleiten.[1185] Denn die Frage der Vereinbarkeit des Sanierungserlasses mit der Regelung des Art. 107 AEUV kann nach wie vor über eine Konkurrentenklage Bedeutung erlangen und, soweit die hier vertretene Auffassung zutreffend sein sollte, dazu führen, dass sich die aus einem Verstoß der Regelung gegen Art. 107 AEUV resultierenden Konsequenzen für die Betroffenen Unternehmen realisieren.

1182 Ebenso *Herrmann*, ZinsO 2003, 1069, 1075; *Khan/Adam*, ZInsO 2008, 899, 906; *Strüber/von Donat*, BB 2003, 2036, 2041.

1183 Ebenso *Herrmann*, ZinsO 2003, 1069, 1077; *Khan/Adam*, ZInsO 2008, 899, 906; *Strüber/von Donat*, BB 2003, 2036, 2043.

1184 *Strüber/von Donat*, BB 2003, 2036, 2043.

1185 *Blaas/Schwahn*, DB 2013, 2350, 2358; *Gragert*, NWB 2013, 2141, 2142; *Hackemann/Sydow*, IStR 2013, 786, 790.

G. Schlussfolgerungen zur Arbeits- sowie zur Ausgangsfrage

Die in den Abschnitten **D.** und **E.** dargelegte Untersuchung hat gezeigt, dass die tatsächlich bestehenden Möglichkeiten dem Konflikt zwischen den Gewinnauswirkungen von Sanierungsbemühungen einerseits und der Wahrung des Prinzips der Besteuerung nach der wirtschaftlichen Leistungsfähigkeit andererseits nicht genügen. Der Sanierungserlass ist in Folge verschiedener Defizite – insbesondere wegen seiner Unvereinbarkeit mit dem EU-Behilferecht – nicht geeignet, eine an der objektiven wirtschaftlichen Leistungsfähigkeit des Unternehmers ausgerichtete Ertragsbesteuerung in Bezug auf die bei den typischen Sanierungssachverhalten auftretenden Gewinne zu gewährleisten. Daraus folgt für die Ausgangsfrage, dass zum Abbau bestehender Sanierungshindernisse, über die mit dem ESUG vorgenommenen Änderungen hinaus, ein weitergehender gesetzgeberischer Handlungsbedarf in Form einer Neuregelung der ertragsteuerlichen Behandlung von Sanierungsgewinnen besteht.

H. Grundsätze für eine Neuregelung

Es schließt sich deshalb die Frage an, von welchen Grundsätzen eine solche Neuregelung getragen sein sollte, damit eine Verbesserung der gegenwärtigen steuerlichen Rechtslage erreicht werden kann.

I. Gesetzliche Kodifizierung

Vor allem die unter dem Aspekt der mangelnden Planungssicherheit dargelegten Probleme verdeutlichen, dass die steuerliche Begünstigung von Sanierungsgewinnen dringend einer gesetzlichen Kodifizierung bedarf. Die Abwendung drohender oder gar bereits bestehender Insolvenzeröffnungsgründe muss regelmäßig unter einem enormen Zeitdruck vollzogen werden, sodass hinsichtlich der (steuer) rechtlichen Rahmenbedingungen ein hohes Maß an Rechtssicherheit unabdingbar ist, um die erforderlichen Maßnahmen gezielt und vor allem schnell umsetzen zu können. Bezüglich der aus den Sanierungsmaßnahmen resultierenden Gewinne ist daher eine verlässliche und berechenbare Regelung zur steuerlichen Behandlung dieser Sanierungsgewinne erforderlich,[1186] damit die an der Sanierung Beteiligten die steuerlichen Folgen vorab einschätzen und in ihrer Entscheidung entsprechend berücksichtigen können. Dies kann jedoch – das zeigen die mit dem Sanierungserlass zusammenhängenden Rechtsunsicherheiten – nur im Wege einer gesetzlichen Regelung gewährleistet werden.[1187]

II. Materiell-rechtliche Steuerbefreiung oder „Rücklagensystem“

Im Hinblick auf die Frage, wie eine gesetzliche Neuregelung ausgestaltet sein könnte, kommen insbesondere zwei Alternativen in Betracht: (i) die (erneute) Einführung einer materiell-rechtlichen Steuerbefreiung im Rahmen des § 3 EStG oder aber

---

1186 Siehe auch Drüen/*Schauhoff*, JbFfSt 2009/2010, 183, 188; *Eilers/Bühring*, DStR 2009, 137, 139.

1187 Übereinstimmend fordert eine Vielzahl der in der Fachliteratur vertretenen Stimmen eine (erneute) gesetzliche Regelung der steuerlichen Behandlung von Sanierungsgewinnen, siehe *Bauer/Dimmling*, NZI 2011, 517, 520; *Boochs*, BB 2011, 857, 860; *Braun/Geist*, BB 2013, 351, 352; Drüen/*Schauhoff*, JbFfSt 2009/2010, 183, 188; *Eilers/Bühring*, DStR 2009, 137, 141; *Fox/Scheidle*, GWR 2009, 51 ff.; *Herzig/Liekenbrock*, Ubg 2011, 313, 318; *Kahlert*, DStR 2014, 902, 903; *Khan/Adam*, ZInsO 2008, 899, 907; *Knebel*, DB 2009, 1094, 1097; *Mückl*, FR 2009, 497, 506; *Oelke/Wöhlert/Degen*, BB 2010, 299, 300; *Olbing*, Stbg 2010, 216; *Schäfer-Elmayer/Müller*, StB 2009, 190, 192; *Schmidt/Mielke*, Ubg 2009, 395, 401 f.; *Strüber/von Donat*, BB 2003, 2036, 2039; *Töben*, FR 2010, 249, 256; *Wagner*, BB 2010, 2612, 2614.

(ii) die Implementierung eines sog. „Rücklagensystems" im Einkommen- und Gewerbesteuerrecht. Nach dem sog. „Rücklagensystem" soll dem Unternehmen durch Einführung entsprechender Regelungen im EStG und GewStG ein Wahlrecht eingeräumt werden, „in Höhe des Sanierungsgewinns [...] eine gewinnmindernde Rücklage zu bilden."[1188] Soweit auf eine vorherige Abschmelzung des Sanierungsgewinns mit bestehendem Verlustverrechnungspotential verzichtet würde, wirke die Rücklage in diesen Fällen so, als wäre der Sanierungsgewinn steuerfrei.[1189] Das von *Tschersich*[1190] vorgeschlagene Konzept zur Umsetzung des „Rücklagensystems" ist im Wesentlichen von folgenden Merkmalen geprägt:

(i) Gewinne, die im Jahr der Sanierung durch den Erlass von Schulden oder die Umwandlung von Forderungen in Beteiligungen entstehen, können auf Antrag in eine gewinnmindernde Rücklage eingestellt werden;
(ii) die Rücklage ist ab Bildung mit jährlich acht Prozent zu verzinsen;
(iii) die Rücklage ist spätestens bis zum fünften auf ihre Bildung folgenden Wirtschaftsjahr gewinnerhöhend aufzulösen;
(iv) die Rücklage ist abweichend von (iii) aufzulösen, wenn bei einem Forderungserlass gegen Besserungsschein die Verbindlichkeit mit Eintritt des Besserungsfalls wieder auflebt.

Diesem Konzept ist zuzugeben, dass es Sanierungsgewinne zumindest in der „Hochphase" der finanziellen Krise sachgerecht von der Ertragsbesteuerung ausnimmt. Gemessen an der gegenwärtigen Rechtslage führt das „Rücklagensystem" somit gerade durch seine Ausweitung auch auf die Gewerbesteuer zu einer Verbesserung der steuerrechtlichen Rahmenbedingungen für Unternehmenssanierungen.

Gleichwohl hat das vorgeschlagene Konzept im Vergleich zu einer materiellrechtlichen Steuerbefreiung einen grundsätzlichen Nachteil. Anders als bei einer Steuerbefreiung nach § 3 EStG bleibt der Sanierungsgewinn im Rahmen des Rücklagensystems nicht dauerhaft unbesteuert. Vielmehr wird das Unternehmen spätestens mit der zwingenden Auflösung der Rücklage im fünften auf ihre Bildung folgenden Wirtschaftsjahr von der Besteuerung des Sanierungsgewinns eingeholt. In diesem Zusammenhang ist zu beachten, dass die ertragsteuerliche Begünstigung von Sanierungsgewinnen nicht nur der Wahrung des Prinzips der Besteuerung nach der wirtschaftlichen Leistungsfähigkeit dient, sondern aus einem wirtschaftspolitischen Blickwinkel auch den Zweck verfolgt, dem Unternehmen einen „fresh start" zu ermöglichen und damit zur Nachhaltigkeit der Sanierung beizutragen. Diese Beweggründe für die ertragsteuerliche Begünstigung von Sanierungsgewinnen finden im Rahmen des vorgeschlagenen Rücklagensystems nicht die gebotene Berücksichtigung; die zwingende zeitnahe Auflösung der Rücklage ist der Nachhaltigkeit der Sanierung vielmehr hinderlich.

1188 *Tschersich*, Ertragsbesteuerung der Unternehmenssanierung, 283 ff. m.w.N.
1189 *Tschersich*, Ertragsbesteuerung der Unternehmenssanierung, 283 ff. m.w.N.
1190 *Tschersich*, Ertragsbesteuerung der Unternehmenssanierung, 285 f.

Insoweit ist zunächst zu bedenken, dass eine umfassende Restrukturierung der Passivseite im Wege einer Vielzahl von Einzelmaßnahmen und die sich daran anschließende wirtschaftliche Wiedergesundung des Unternehmens einige Zeit, u.U. mehrere Jahre, in Anspruch nehmen kann. Grade in solchen Fällen einer langwierigen Sanierung werden die betroffenen Unternehmen regelmäßig davon Abstand nehmen, die Rücklage bereits in den ersten Jahren ratierlich aufzulösen, um die Wiedergesundung nicht zu gefährden. Damit geht jedoch das Risiko einher, dass sich das Unternehmen im unmittelbaren Anschluss an den „turnaround" mit der zwingenden Auflösung der Rücklage in voller Höhe und der Besteuerung des daraus resultierenden Buchgewinnes konfrontiert sieht, was der Nachhaltigkeit der Sanierung nicht zuträglich ist. Soweit das Unternehmen das vorstehende Risiko zu umgehen sucht und die Rücklage noch während der andauernden Sanierungsphase ratierlich auflöst, besteht wiederum der Nachteil, dass dies dem Unternehmen einen Teil der für die erfolgreiche Wiedergesundung benötigten Finanzsubstanz entzieht, deren Bestand durch die Begünstigung des Sanierungsgewinns gerade gesichert werden soll. Das vorgeschlagene „Rücklagensystem" kann daher ungeachtet dessen, welchen Weg das Unternehmen wählt, gerade in Fällen zeitintensiver Sanierungen einer nachhaltigen Wiedergesundung hinderlich sein kann. Zu berücksichtigen ist zudem, dass die zwingende zeitnahe Auflösung der Rücklage und das damit verbundene Risiko für die Nachhaltigkeit der Sanierung auch die grundsätzliche Bereitschaft der Gläubiger und etwaiger neuer Investoren hemmen kann, sich an der Sanierung des defizitären Unternehmens zu beteiligen. Dies gilt vor allem deshalb, weil die aus der Auflösung der Rücklage resultierende Gewinnmehrung gerade in den Fällen ein Risiko für das Gelingen der Sanierung und ihre Nachhaltigkeit darstellt, in denen bestehende Verlustvorträge im Zuge der Sanierungsmaßnahme untergegangen sind, was jedoch bei einem Einstieg neuer Investoren oder der Beteiligung bisheriger Gläubiger am Unternehmen durch die Umwandlung von Forderungen in Eigenkapital häufig der Fall sein wird.

Vor diesem Hintergrund erscheint es vorzugswürdig, eine gesetzliche Neuregelung in Form einer materiell-rechtlichen Steuerbefreiung nach § 3 EStG[1191] umzusetzen.[1192] Eine Steuerbefreiung nach § 3 EStG hat im Vergleich zu dem vorgeschlagenen „Rücklagensystem" vor allem den Vorteil, dass sie Sanierungsgewinne nicht nur für eine pauschaliert zugrundegelegte „Krisenzeitspanne", sondern dauerhaft von einer ertragsteuerlichen Belastung ausnimmt. Anders als das vorgeschlagene „Rücklagensystem" wird sie damit sowohl dem Erfordernis einer am Leistungsfähigkeit ausgerichteten Ertragsbesteuerung von Sanierungsgewinnen gerecht, als auch dem

---

1191 Eine schlichte Wiedereinführung des § 3 Nr. 66 EStG aF scheint insoweit gleichwohl nicht zielführend. Vielmehr sollte sich die anvisierte Regelung nur in einigen Grundzügen an dem aufgehobenen § 3 Nr. 66 EStG aF orientieren, ansonsten jedoch elementare Modifikationen erfahren. Siehe dazu sogleich **J.**

1192 Ebenso *Eilers/Bühring*, DStR 2009, 137, 141; *Khan/Adam*, ZInsO 2008, 899, 907; *Olbing*, Stbg 2010, 216; *Schäfer-Elmayer/Müller*, StB 2009, 190, 192; *Schmidt/Mielke*, Ubg 2009, 395, 401 f.

Erfordernis, den betroffenen Unternehmen einen „fresh start" zu ermöglichen und so zur Nachhaltigkeit der Sanierung beizutragen.

Gemessen an der gegenwärtigen Rechtslage bringt eine Steuerbefreiung nach § 3 EStG – wie auch das Rücklagensystem – den Vorteil, dass sich die steuerliche Begünstigung des Sanierungsgewinns gleichzeitig auf eine etwaige Gewerbesteuerbelastung auswirkt. Denn Betriebsvermögensmehrungen, die auf Grund einer Steuerbefreiung nach § 3 EStG bei der Ermittlung der Einkünfte nicht zu berücksichtigen sind, zählen in der Folge auch nicht zum Gewerbeertrag nach § 7 Satz 1 GewStG. Aus diesem Grund würde ein nach § 3 EStG steuerfreier Sanierungsgewinn zugleich auch nicht der Gewerbesteuer unterliegen. Auf diesem Weg könnten die Gefahren der aktuellen Verwaltungspraxis gebannt und eine an der objektiven wirtschaftlichen Leistungsfähigkeit ausgerichtete Besteuerung auch im Hinblick auf die Gewerbesteuer gewährleistet werden. Außerdem entfiele bei einer Neuregelung in Form einer materiell-rechtlichen Steuerbefreiung die gegenwärtige Problematik, dass das zu sanierende Unternehmen die unter Anwendung des Sanierungserlasses zunächst nur gestundete Steuerschuld (temporär) in der Handelsbilanz und im Überschuldungsstatus i.S.d. § 19 InsO weiter zu passivieren hat. Anders als nach gegenwärtiger Rechtslage, nach der eine Steuerverbindlichkeit materiell-rechtlich zunächst entsteht und erst in Folge eines verfahrensrechtlichen Erlasses durch das Finanzamt ausgebucht werden darf, entstünde eine entsprechende Steuerverbindlichkeit im Anwendungsbereich einer solchen Neuregelung erst gar nicht. In der Konsequenz würde der mit der Sanierungsmaßnahme anvisierte Entlastungseffekt nicht – auch nicht temporär – durch die Passivierung einer aus der Sanierungsmaßnahme entstandenen Steuerverbindlichkeit konterkariert.

III. Abkehr von subjektiven Tatbestandsmerkmalen

Sowohl der Sanierungserlass als auch die vormalige Steuerbefreiung des § 3 Nr. 66 EStG aF setzen die subjektiven Tatbestandsmerkmale der „Sanierungsabsicht der Gläubiger" und der „Sanierungsfähigkeit des Unternehmens" voraus. Vorwiegend diese nicht objektiv überprüfbaren Kriterien führen jedoch zu den bereits mehrfach angesprochenen Unsicherheiten hinsichtlich der tatbestandlichen Reichweite der Regelung und erschweren eine einheitliche Handhabung der steuerlichen Begünstigung durch die Finanzverwaltung. Dies wirkt sich nicht nur negativ auf die für die Sanierung erforderliche Planungssicherheit aus, sondern eröffnet zudem unnötig Anknüpfungspunkte für gemeinschaftsrechtliche Bedenken gegen die Regelung. Die Neuregelung sollte daher zur Erhöhung der Rechtssicherheit und als Beitrag zu ihrer Konformität mit dem EU-Beihilferecht auf diese subjektiven Merkmale verzichten.

1. Beihilferechtliche Aspekte

Die gemeinschaftsrechtlichen Bedenken gegen den Sanierungserlass sind vornehmlich durch die der Finanzverwaltung verbleibenden Entscheidungsspielräume bedingt. Diese resultieren ihrerseits aus der teilweise unzureichenden Konkretisierung der Kriterien des Sanierungserlasses sowie daraus, dass der Anwendungsbereich des Sanierungserlasses nicht allein von objektiv überprüfbaren Kriterien abhängig ist. Allein aus beihilferechtlichen Gesichtspunkten sollte die Neuregelung daher ausschließlich an objektive und konkret ausgestaltete Merkmale geknüpft werden, um den gegen den Sanierungserlass vorgebrachten gemeinschaftsrechtlichen Bedenken für die Neuregelung die Grundlage zu entziehen.[1193] Gerade vor dem Hintergrund der mit einem möglichen Verstoß gegen das Gemeinschaftsrecht verbundenen Risiken stellt die Konformität mit dem EU-Beihilferecht einen Aspekt der Neuregelung dar, dem besondere Aufmerksamkeit geschuldet ist. Zur Gewährleistung der Vereinbarkeit mit dem Gemeinschaftsrecht ist daher eine Ausgestaltung der Neuregelung zu wählen, die mit Blick auf die Konformität der Regelung mit dem EU-Beihilferecht mit einem möglichst geringen Risiko behaftet ist. Insoweit bietet es sich an, die Anwendung der Neuregelung auf Tatbestandsebene allein[1194] von der „Sanierungsbedürftigkeit des Unternehmens" sowie der „Sanierungseignung des Schulderlasses" abhängig zu machen und auf die subjektiven Tatbestandsmerkmale zu verzichten.[1195] Ein solches Vorgehen würde einen entscheidenden Beitrag zur Konformität der Neuregelung mit dem EU-Beihilferecht leisten, da die Gefahr einer selektiven Anwendung der Regelung durch die Anknüpfung an allein objektive Kriterien erheblich minimiert würde.[1196]

2. Keine Ausweitung des Anwendungsbereiches der Regelung

Der vorgeschlagene Verzicht auf die subjektiven Merkmale der Sanierungsabsicht und der Sanierungsfähigkeit führt auch nicht zu einer bedenklichen Ausweitung des Anwendungsbereiches der Regelung.

a) Sanierungsabsicht

Unter Bezugnahme auf die Rechtsprechung des BFH zu § 3 Nr. 66 EStG aF dürfte der Anwendungsbereich einer Neuregelung, die auf die Sanierungsbedürftigkeit und die Sanierungseignung abstellt, jedoch auf die Sanierungsabsicht verzichtet, nicht wesentlich von dem einer Regelung abweichen, die nach wie vor die Sanierungsabsicht voraussetzt. Denn nach dieser Rechtsprechung sind an das Vorliegen der Sanierungsabsicht ohnehin keine hohen Anforderungen zu stellen.[1197] Vielmehr wird

---

1193 Ebenso *Herrmann*, ZinsO 2003, 1069, 1078; *Strüber/von Donat*, BB 2003, 2036, 2043.

1194 Neben dem Vorliegen einer „Sanierung" und eines „Sanierungsgewinns" i.S.d. Neuregelung.

1195 Vgl. dazu *Strüber/von Donat*, BB 2003, 2036, 2038, die alle Merkmale neben der „Sanierungsbedürftigkeit des Unternehmens" als überflüssig ansehen.

1196 Siehe dazu auch sogleich unter **J.IV.** Ebenso wohl auch *Herrmann*, ZinsO 2003, 1069, 1078; *Strüber/von Donat*, BB 2003, 2036, 2043.

1197 BFH, Urteil vom 26.11.1980 – I R 52/77, BStBl. II 1981, 181, 183; BFH, Urteil vom 26.02.1988 – III R 257/84, BFH/NV 1989, 436, 437; BFH, Urteil vom 22.01.1991 – VIII

eine Schuld nach Auffassung des BFH in der Regel in Sanierungsabsicht erlassen, wenn das Unternehmen sanierungsbedürftig und der Schulderlass sanierungsgeeignet ist.[1198] Die Sanierungsabsicht des Gläubigers wird daher bei Vorliegen der Sanierungsbedürftigkeit des Unternehmens und der Sanierungseignung des Schulderlasses von der Rechtsprechung vermutet.

Diese Beurteilung dürfte auch für von Gesellschaftergläubigern erklärte Forderungserlasse gelten. Die Sanierungsabsicht eines erlassenden Gläubigers ist im Allgemeinen dann anzunehmen, wenn der Forderungserlass nach den Vorstellungen des Gläubigers erfolgt, um den finanziellen Zusammenbruch des betroffenen Unternehmens zum Zweck des Weiterbetriebes zu verhindern und eine dauerhafte finanzielle Gesundung zu erzielen.[1199] Bei einem Erlass eines Gesellschafters einer Kapitalgesellschaft entsteht ein Sanierungsgewinn nur dann und soweit, wie die Forderung nicht mehr werthaltig ist und es dem zu Folge nicht zu einer verdeckten Einlage in die Gesellschaft kommt. Der Sanierungsgewinn resultiert in diesen Fällen mithin aus einem Erlass, der gerade nicht die Stärkung der Beteiligung des Gesellschaftergläubigers im Blick hat, sondern vielmehr die Befreiung der Gesellschaft von Verbindlichkeiten, die für den Gesellschafter zwar wertlos geworden sind, die Gesellschaft gleichwohl belasten. Der Erlass eines Gesellschafters auf den wertlosen Teil seiner Forderung gegen die Gesellschaft dürfte daher in nahezu allen Fällen – jedenfalls überwiegend – von der Vorstellung des Gesellschafters getragen sein, auf diesem Weg den finanziellen Zusammenbruch des Unternehmens zum Zweck des Weiterbetriebes zu verhindern und eine dauerhafte finanzielle Gesundung zu erzielen. Eigennütze Motive, wie die Stärkung der Beteiligung, werden hingegen eine lediglich untergeordnete Rolle spielen, da diese durch einen Erlass des nicht mehr werthaltigen Teils der Forderung gerade nicht realisiert werden können.[1200]

R 12/88, BFH/NV 1991, 806, 807; BFH, Urteil vom 19.03.1993 – III R 79/91, BFH/NV 1993, 536, 537; BFH, Urteil vom 27.01.1998 – VIII R 64/96, BStBl. II 1998, 537, 539; BFH, Urteil vom 12.10.2005 – X R 20/03, BFH/NV 2006, 713, 715.

1198 BFH, Urteil vom 16.05.2002 – IV R 11/01, BStBl. II 2002, 854, 856; BFH, Urteil vom 10.04.2003 – IV R 63/01, ZIP 2003, 1949, 1950; BFH, Urteil vom 12.10.2005 – X R 20/03, BFH/NV 2006, 713, 715.

1199 *Geist*, BB 2008, 2658, 2662; Lüdicke/Sistermann/*Loose/Maier*, Unternehmensteuerrecht, § 17 Rn. 132.

1200 Insoweit untergeordnete eigennützige Motive des Gesellschaftergläubigers sind für die Annahme der Sanierungsabsicht ohnehin unbeachtlich, soweit die Sanierungsabsicht jedenfalls mitentscheidend war. Siehe BFH, Urteil vom 26.11.1980 – I R 52/77, BStBl. II 1981, 181, 183; BFH, Urteil vom 24.04.1986 – IV R 282/84, BStBl. II 1986, 672, 674; BFH, Urteil vom 26.02.1988 – III R 257/84, BFH/NV 1989, 436, 437; BFH, Urteil vom 22.01.1991 – VIII R 12/88, BFH/NV 1991, 806, 807; BFH, Urteil vom 19.03.1993 – III R 79/91, BFH/NV 1993, 536, 537; BFH, Urteil vom 27.01.1998 – VIII R 64/96, BStBl. II 1998, 537, 539; BFH, Urteil vom 16.05.2002 – IV R 11/01, BStBl. II 2002, 854, 856; BFH, Urteil vom 10.04.2003 – IV R 63/01, ZIP 2003, 1949, 1950; BFH, Urteil vom 17.11.2004 – I R 11/04, BFH/NV 2005, 1027, 1028; BFH, Urteil vom 12.10.2005 – X R 20/03, BFH/NV 2006, 713, 715.

Soweit das Unternehmen vor dem finanziellen Zusammenbruch steht und eine dauerhafte finanzielle Gesundung nur über einen Schulderlass erzielt werden kann – Vorliegen der Sanierungsbedürftigkeit des Unternehmens und der Sanierungseignung des Schulderlasses – kann mithin davon ausgegangen werden, dass auch der unter diesen Umständen erlassende Gesellschaftergläubiger vornehmlich zur Vermeidung des finanziellen Zusammenbruchs und zur Erzielung der finanziellen Gesundung handelt.

b) Sanierungsfähigkeit

Ähnlich verhält es sich mit dem subjektiven Merkmal der Sanierungsfähigkeit des Unternehmens. Dieses geht als sinnlogische Voraussetzung der Sanierungseignung des Schulderlasses in diesem Tatbestandsmerkmal auf, sodass auch ein Verzicht auf dieses Merkmal den Anwendungsbereich kaum tangieren dürfte.

IV. Keine vorrangige Verlustverrechnung

Von einer Beschränkung der steuerlichen Begünstigung auf einen das bestehende Verlustverrechnungspotential übersteigenden Sanierungsgewinn sollte bei einer Neuregelung ebenfalls Abstand genommen werden.[1201] Dafür spricht einerseits, dass ein zwingender Bedarf an einer vorrangigen Verlustverrechnung nicht (mehr) besteht und ein Erhalt der Verluste andererseits zur Nachhaltigkeit der Gesundung des Unternehmens beiträgt.[1202] Außerdem könnte eine Neuregelung auch so ausgestaltet werden, dass es in der überwiegenden Zahl der Fälle auch ohne eine vorrangige Verlustverrechnung zu einer korrekten Totalbesteuerung kommt.

1. Gefahr einer steuerlichen Doppelbegünstigung besteht nur noch bedingt

Die Anordnung der vorrangigen Verlustverrechnung im Sanierungserlass ist letztlich eine Reaktion des BMF auf die Erwägungen des Gesetzgebers zur Aufhebung des § 3 Nr. 66 EStG aF. Der Gesetzgeber war nach Einführung des unbegrenzten Verlustvortrags der Auffassung, dass die Steuerbefreiung des Sanierungsgewinns – die ursprünglich einen Ausgleich für nicht abzugsfähige Verluste darstellen sollte – nun im Zusammentreffen mit der Möglichkeit, Verluste unbeschränkt vorzutragen, zu einer systemwidrigen Doppelbegünstigung des Steuerpflichtigen führen könnte.[1203] Um diese Gefahr einer steuerlichen Doppelbegünstigung für den Anwendungsbereich des Sanierungserlasses auszuschließen, hat das BMF die steuerliche Begünstigung im Sanierungserlass auf einen nach Ausschöpfen

---

1201 Ebenso Drüen/*Schauhoff*, JbFfSt 2009/2010, 183, 188 f.; *Knebel*, DB 2009, 1094, 1097.

1202 Gegen eine vorrangige Verlustverrechnung sprechen zudem auch die der Verlustverrechnungsregelung im Sanierungserlass anhaftenden Probleme.

1203 Siehe dazu **D.II.5.**

der ertragsteuerlichen Verlustverrechnungsmöglichkeiten verbleibenden Sanierungsgewinn beschränkt. Entgegen der früheren Rechtslage besteht die Gefahr einer steuerlichen Doppelbegünstigung – zumindest in der Form, wie sie zur Aufhebung des § 3 Nr. 66 EStG aF geführt hat – heute jedoch nicht mehr.[1204] Im Gegensatz zur damaligen Annahme des Gesetzgebers eröffnet das deutsche (Einkommen-)Steuerrecht nach gegenwärtiger Rechtslage gerade nicht die Option einer unbegrenzten Verlustverrechnung.[1205] Vielmehr hat der Gesetzgeber die Verlustverrechnungsmöglichkeiten in den letzten Jahren sowohl in sachlicher, als auch in zeitlicher Hinsicht zunehmend eingeschränkt.[1206] Zu denken ist in diesem Zusammenhang insbesondere an die Beschränkung der Abziehbarkeit unverbrauchter Verlustvorträge in Folge schädlicher Beteiligungserwerbe (§ 8c KStG) oder die Einführung der Mindestbesteuerung (§ 10 d Abs. 2 EStG).

Es zeigt sich folglich, dass die Überlegungen, die den Gesetzgeber zur Aufhebung des § 3 Nr. 66 EStG aF bewogen haben, in Ansehung der gegenwärtigen Rechtslage und der Entwicklungen der letzten Jahre nicht mehr tragen.[1207] Die Gefahr einer steuerlichen Doppelbegünstigung ist wesentlich dadurch begrenzt, dass die Nutzung von mit dem Sanierungsgewinn zusammenhängenden Verlusten zur tatsächlichen Abschmelzung künftiger Gewinne weitgehend durch die gesetzlichen Verlustverrechnungsbeschränkungen limitiert ist. Insoweit bringen grundlegende Umstrukturierungsmaßnahmen – wie z. B. Debt-Equity-Swaps – häufig auch eine wesentliche Veränderung der Beteiligungsverhältnisse mit sich und haben einen teilweisen oder sogar vollumfänglichen Untergang bestehender Verlustvorträge zur Folge. Zudem können im Wege des Verlustvortrags ggf. erhaltene Verluste tatsächlich nur im sehr eingeschränkten Rahmen der Mindestbesteuerung zur Abschmelzung künftiger Gewinne genutzt werden. Im Unterschied zum Schreiben des BMF, das zeitlich vor der Einführung der Mindestbesteuerung im Jahr 2004 und des § 8c KStG[1208] im Jahr 2008 veröffentlicht wurde, besteht daher im Rahmen einer Neuregelung kein zwingender Bedarf (mehr), die steuerliche Begünstigung auf einen das bestehende Verlustverrechnungspotential übersteigenden Sanierungsgewinn zu beschränken.

2. Erhalt der Verluste trägt zur Nachhaltigkeit der Sanierung bei

Daneben ist es aus wirtschaftlichen Gesichtspunkten vorzugswürdig, bestehendes Verlustverrechnungspotential nicht alternativ, sondern kumulativ zur steuerlichen

---

1204 Ebenso *Braun/Geist*, BB 2009, 2508, 2509 f.; Drüen/*Schauhoff*, JbFfSt 2009/2010, 183, 184; *Geist*, BB 2008, 2658, 2660; *Wagner*, BB 2010, 2612, 2614.

1205 Drüen/*Schauhoff*, JbFfSt 2009/2010, 183, 184.

1206 *Braun/Geist*, BB 2009, 2508, 2509 f.; Drüen/*Schauhoff*, JbFfSt 2009/2010, 183, 184; *Geist*, BB 2008, 2658, 2660.

1207 Ebenso *Wagner*, BB 2010, 2612, 2614.

1208 Insoweit ist zu berücksichtigen, dass § 8c KStG im Gegensatz zu seiner Vorgängerregelung (§ 8 Abs. 4 KStG aF) keine (anwendbare) Sanierungsklausel enthält.

Begünstigung des Sanierungsgewinns zu erhalten.[1209] Dadurch können die betroffenen Unternehmen nach erfolgreicher Sanierung mit einem Verlustvortrag starten. Dies trägt zur Nachhaltigkeit der Sanierung der Unternehmen bei, da diese nicht sofort nach Überwindung der Krise durch auf die Anlaufgewinne entfallende Steuerforderungen belastet werden.[1210]

3. Korrekte Totalbesteuerung ohne vorrangige Verlustverrechnung

Der Verzicht auf eine vorrangige Verlustverrechnung hat auch nicht zur Folge, dass dem Prinzip der korrekten Totalbesteuerung im Rahmen der Neuregelung gänzlich keine Rechnung getragen wird. Im Gegensatz zu § 3 Nr. 66 EStG aF stellt die im Folgenden unter **J.** vorgeschlagene Neuregelung Sanierungsgewinne nicht schlechthin vollumfänglich steuerfrei, sondern differenziert hinsichtlich des Umfangs der Steuerbegünstigung nach der Bedürftigkeit des defizitären Unternehmens. In der Folge wird in einer Vielzahl der Fälle auch bei Anwendung der Neuregelung ein – wenn auch wesentlich geringerer – steuerpflichtiger Sanierungsgewinn verbleiben. Um eine tatsächliche Steuerbelastung zu vermeiden, wird das Unternehmen dann bestehendes Verlustverrechnungspotential zum Ausgleich dieses Sanierungsgewinns nutzen. Im Anwendungsbereich der Neuregelung wird es daher auch ohne vorrangige Verlustverrechnung häufig zu einer Abschmelzung von mit dem Sanierungsgewinn zusammenhängenden und noch bestehenden Verlusten kommen (nachrangige Verlustverrechnung) und damit das Prinzip der korrekten Totalbesteuerung – jedenfalls annähernd – gewahrt werden. Soweit es in Anwendung der Neuregelung zu einer vollumfänglichen Steuerbefreiung des Sanierungsgewinns kommt, wird eine korrekte Totalbesteuerung hingegen unter Umständen nicht gewährleistet werden können. In diesen Fällen, in denen das Unternehmen bereits überschuldet und/oder zahlungsunfähig ist, sollte die erdrückende wirtschaftliche Situation des Unternehmens jedoch den Ausschlag dafür geben, dass dem kumulativen Erhalt ggf. erhaltener Verluste der Vorzug vor der Wahrung des Prinzips der korrekten Totalbesteuerung gegeben wird.

V. Anwendung auf unternehmerbezogene Sanierungen

Die Neuregelung sollte zudem neben unternehmensbezogenen Sanierungen und übertragenden Sanierungen, insbesondere auch unternehmerbezogene Sanierungen erfassen. Diese Abweichung von dem Sanierungsbegriff des Sanierungserlasses ist zur Gewährleistung einer am Leistungsfähigkeitsprinzip ausgerichteten Besteuerung geboten.[1211]

1209 Ebenso Drüen/*Schauhoff*, JbFfSt 2009/2010, 183, 189.

1210 Siehe Drüen/*Schauhoff*, JbFfSt 2009/2010, 183, 189; Drüen/*Haarmann*, JbFfSt 2009/2010, 285, 296; ähnlich *Carli/Rieder/Mückl*, ZIP 2010, 1737, 1742.

1211 Siehe dazu oben **D.IV.3.**

J. Neuregelung der ertragsteuerlichen Behandlung von Sanierungsgewinnen

Im Folgenden soll nunmehr eine mögliche Neuregelung zur ertragsteuerlichen Behandlung von Sanierungsgewinnen aufgezeigt und erörtert werden.

I. Hintergrund

In der konzeptionellen Ausgestaltung ist die vorgeschlagene Neuregelung maßgeblich vom Spannungsverhältnis der mit einem Sanierungsgewinn einhergehenden bilanziellen Mehrung des Betriebsvermögens einerseits und der gleichwohl fehlenden positiven objektiven wirtschaftlichen Leistungsfähigkeit des Gewerbetreibenden andererseits geprägt.

1. Spannungsverhältnis zwischen bilanzieller Betriebsvermögensmehrung und fehlender positiver wirtschaftlicher Leistungsfähigkeit

Nach der Rechtsprechung des Bundesverfassungsgerichts ist die Besteuerung zur Wahrung des Gebots der Steuergerechtigkeit zwingend an der wirtschaftlichen Leistungsfähigkeit des jeweiligen Steuerpflichtigen auszurichten.[1212] Dieser Grundsatz gilt insbesondere für die Einkommensteuer, für die der Gesetzgeber explizit hervorgehoben hat, dass jeder Steuerpflichtige ausschließlich „nach Maßgabe seiner finanziellen und wirtschaftlichen Leistungsfähigkeit" mit Steuern zu belasten ist.[1213] Dem Prinzip der Besteuerung nach der wirtschaftlichen Leistungsfähigkeit folgend, sind Sanierungsgewinne von der Ertragsbesteuerung auszunehmen, da sie kein Indikator einer positiven wirtschaftlichen Leistungsfähigkeit sind und demnach nicht als Anknüpfungspunkt für eine am Leistungsfähigkeitsprinzip ausgerichtete Ertragsbesteuerung in Betracht kommen.[1214] Demgegenüber ist gleichwohl zu beachten, dass es durch den im Rahmen der Sanierungsmaßnahme bewirkten Wegfall der zuvor passivierten Verbindlichkeit zu einer „Entlastung auf der Passivseite der

---

1212 BVerfG, Beschluß des Ersten Senats vom 23.11.1976 – 1 BvR 150/75, BVerfGE 43, 108, 120; BVerfG, Beschluß des Ersten Senats vom 03.11.1982 – 1 BvR 620/78, 1335/78, 1104/79 und 363/80, BVerfGE 61, 319, 343 f.; BVerfG, Beschluß des Ersten Senats vom 22.02.1984 – 1 BvL 10/80, BVerfGE 66, 214, 223.

1213 BVerfG, Beschluß des Ersten Senats vom 03.11.1982 – 1 BvR 620/78, 1335/78, 1104/79 und 363/80, BVerfGE 61, 319, 343 f.; BVerfG, Beschluß des Ersten Senats vom 22.02.1984 – 1 BvL 10/80, BVerfGE 66, 214, 223.

1214 Siehe dazu ausführlich oben **D.I.**

Bilanz" des Unternehmens kommt.[1215] Die Bilanz des Unternehmens wird dabei um einen Passivposten verkürzt, der bis zur Vornahme der Sanierungsmaßnahme Aktiva des Unternehmens neutralisierte.[1216] Der Wegfall der Verbindlichkeit und das damit einhergehende „Freiwerden von Aktiva" bewirken somit eine Mehrung des Betriebsvermögens,[1217] die grundsätzlich zu einem steuerpflichtigen Gewinn i.S.d. §§ 4 Abs. 1, 5 Abs. 1 EStG und damit zu steuerbaren Einkünften nach § 2 Abs. 1 Nr. 2, Abs. 2 Nr. 1 EStG führt.

In diesem Spannungsverhältnis einer rein bilanziell entstehenden Betriebsvermögensmehrung, die jedoch keine positive wirtschaftliche Leistungsfähigkeit indiziert, ist die ertragsteuerliche Behandlung des aus der Sanierungsmaßnahme entstehenden Gewinns zu beurteilen. Insoweit gilt es, diese divergierenden Aspekte ins Verhältnis zu setzen und entsprechend zu gewichten. Dabei muss zur sachgerechten Lösung dieses Konfliktes insbesondere die spezielle Situation eines in der Krise befindlichen Unternehmens berücksichtigt und in die Beurteilung entsprechend einbezogen werden.

2. Steuerliches Übermaßverbot

Besondere Bedeutung gewinnt in diesem Kontext ein weiteres leitendes Grundprinzip des deutschen Steuerrechts – das steuerliche Übermaßverbot. Dieses ist in Art. 106 Abs. 3 Satz 4 Nr. 2 GG ausdrücklich geregelt. Danach sind die Deckungsbedürfnisse des Bundes und der Länder so aufeinander abzustimmen, dass eine Überbelastung der Steuerpflichtigen vermieden wird. Das Übermaßverbot soll gewährleisten, dass der steuerliche Eingriff „in die freiheitlich geschützte Sphäre" des Steuerpflichtigen auf solche Maßnahmen beschränkt ist, „die das gewählte Mittel in ein vernünftiges Verhältnis zum angestrebten Zweck setzen."[1218] Eine steuerliche Belastung ist demnach unverhältnismäßig und verstößt gegen das Übermaßverbot, sofern sie für den Steuerpflichtigen Nachteile auslöst, die außer Verhältnis zum beabsichtigten steuerlichen Erfolg stehen.[1219] Unter Berücksichtigung der Rechtsprechung des Bundesverfassungsgerichts ist insoweit von einer für den Steuerpflichtigen nicht mehr zumutbaren Belastung auszugehen,[1220] wenn die Steuerzahlungsverpflichtung den Steuerpflichtigen derart (übermäßig) belastet, dass seine Vermögensverhältnisse grundlegend beeinträchtigt würden.[1221] Eine übermäßige,

---

1215 *Redeker*, BB 2007, 673, 674.
1216 *Redeker*, BB 2007, 673, 674.
1217 *Redeker*, BB 2007, 673, 674.
1218 Tipke/*Lang*, Steuerrecht, § 3 Rn. 180.
1219 Tipke/*Lang*, Steuerrecht, § 3 Rn. 181; *Winnefeld*, DB 1991, 2208, 2011.
1220 Das Bundesverfassungsgericht zog in den betreffenden Fällen einen Verstoß gegen Art. 14 GG in Betracht.
1221 BVerfG, Urteil des Zweiten Senats vom 24.07.1962 – 2 BvL 15, 16/61, BVerfGE 14, 221, 241; BVerfG, Beschluß des Zweiten Senats vom 14.05.1968 – 2 BvR 544/63, BVerfGE 23, 288, 315; BVerfG, Beschluß des Zweiten Senats vom 09.03.1971 – 2

die Vermögensverhältnisse des Steuerpflichtigen grundlegend beeinträchtigende Belastung liegt insbesondere dann vor, wenn die Besteuerung erdrosselnde Wirkung hat[1222] und den Steuerpflichtigen in seiner Existenz bedroht.[1223]

a) Existenzgefährdende Wirkung der Sanierungsgewinnbesteuerung durch die Bindung existenzieller Finanzmittel

Auf Grund der besonderen Situation eines sanierungsbedürftigen Unternehmens entfaltet die Besteuerung des aus einer Sanierungsmaßnahme entstehenden Gewinns für dieses jedoch regelmäßig eine erdrosselnde, die wirtschaftliche Existenz des Unternehmens gefährdende Wirkung.[1224] Ein sanierungsbedürftiges Unternehmen, das sich wirtschaftlich in der Nähe der Insolvenzeröffnungsgründe befindet bzw. bei dem ein solcher oder im schlimmsten Fall beide bereits vorliegen, wird wegen des bei einem Forderungserlass fehlenden tatsächlichen Vermögenszuflusses häufig nicht über die erforderliche Liquidität verfügen, um der daraus resultierenden Zahlungsverpflichtung gegenüber dem Fiskus nachkommen zu können.[1225] Die Besteuerung des Sanierungsgewinns belastet das Unternehmen dann im Übermaß, da der steuerliche Zugriff dem Unternehmen die für seine Sanierung, und damit für seine weitere wirtschaftliche Existenz notwendige Finanzsubstanz entzieht.[1226] Das ohnehin angeschlagene Unternehmen wird durch die Besteuerung des lediglich bilanziell entstandenen Gewinns zusätzlich geschwächt, da jedenfalls ein Teil der ggf. noch vorhandenen Liquidität zur Erfüllung der Steuerverbindlichkeit aus dem Unternehmen abfließt.[1227] Im schlimmsten Fall muss das Unternehmen sogar zusätzliches Fremdkapital aufnehmen, um die Steuerforderung erfüllen zu können. Dies erhöht zum einen die Gefahr einer (erneuten) Überschuldung, zum anderen dürfte dies auf Grund der wirtschaftlichen Situation und der damit einhergehenden geringen Kreditwürdigkeit des Unternehmens nicht nur sehr schwierig, sondern auch nur zu sehr ungünstigen Konditionen möglich sein. Krisenverschärfend kommt

BvR 326, 327, 341, 342, 343, 344, 345/69, BVerfGE 30, 250, 272; BVerfG, Beschluß des Ersten Senats vom 17.07.1974 – 1 BvR 51, 160, 285/69, 1 BvL 16, 18, 26/72, BVerfGE 38, 61, 102.

1222 Zum Verbot der Erdrosselungssteuer siehe BVerfG, Beschluß des Zweiten Senats vom 25.09.1992 – 2 BvL 5, 8, 14/91, BVerfGE 87, 153, 169; BVerfG, Beschluss des Zweiten Senats vom 22.06.1995 – 2 BvL 37/91, BVerfGE 93, 121, 135.

1223 *Gondert/Büttner*, DStR 2008, 1676, 1679; *Thouet*, ZinsO 2008, 664, 665; *Winnefeld*, DB 1991, 2208, 2011.

1224 Siehe auch *Fritsche*, DStR 2000, 2171, 2174; *Gondert/Büttner*, DStR 2008, 1676, 1679; *Thouet*, ZinsO 2008, 664, 665; *Winnefeld*, DB 1991, 2208, 2011.

1225 Ebenso *Geist*, BB 2008, 2658, 2659.

1226 Siehe auch *Weber*, DStZ 1994, 129 f.; *Winnefeld*, DB 1991, 2208, 2010 f.; ähnlich *Braun/Geist*, BB 2009, 2508; *Dziadkowski*, DB 1997, 447, 449.

1227 Ebenso *Braun/Geist*, BB 2009, 2508; *Dziadkowski*, DB 1997, 447, 449; *Geist*, BB 2008, 2658, 2659; *Schmidt/Mielke*, Ubg 2009, 395, 401.

dann noch hinzu, dass die dabei entstehenden Finanzierungskosten – auf Grund der an das in der Krise regelmäßig schwindend geringe EBITDA des Unternehmens geknüpften Zinsschrankenregelung (§ 4h EStG) – häufig[1228] nur bedingt abzugsfähig sein werden.[1229]

In einer Vielzahl von Fällen wird die Vermögens- und Finanzstruktur des betroffenen sanierungsbedürftigen Unternehmens durch die Besteuerung des Sanierungsgewinns folglich in derart erheblichem Umfang beeinträchtigt, dass die Wiederherstellung der positiven wirtschaftlichen Leistungsfähigkeit als Basis für die weitere Existenz des Unternehmens in besonderem Maße erschwert, wenn nicht sogar gänzlich verhindert wird.[1230] Das Unternehmen sieht sich dann einer steuerlichen Belastung ausgesetzt, die, wie soeben dargestellt, seine Vermögensverhältnisse in unter Umständen existenzgefährdendem Maße beeinträchtigt.

b) Vermeidung einer Übermaßbelastung

Im Hinblick auf das dargestellte Spannungsverhältnis muss dieser Aspekt bei der Neuregelung der steuerlichen Behandlung von Sanierungsgewinnen deshalb besondere Berücksichtigung finden. Es ist sicherzustellen, dass Sanierungsgewinne dann und insoweit nicht steuerlich belastet werden, wenn dadurch das defizitäre Unternehmen im Sinne der vorstehenden Ausführungen „im Übermaß" belastet würde.

II. Konzept – Steigende steuerliche Begünstigung bei abnehmender wirtschaftlicher Leistungsfähigkeit

In Umsetzung dessen liegt es nahe, die steuerliche Begünstigung des an sich steuerbaren und steuerpflichtigen Vorgangs – Entstehen eines Buchgewinns durch Wegfall einer Verbindlichkeit – von der wirtschaftlichen Situation des jeweiligen Unternehmens abhängig zu machen. Die steuerliche Begünstigung des rein bilanziell vermögensmehrenden Vorgangs wird dabei an die tatsächlich fehlende wirtschaftliche Leistungsfähigkeit des Gewerbetreibenden geknüpft. Ein solches Vorgehen wird der Problematik gerecht, dass es sich systematisch zwar um einen steuerpflichtigen Vorgang handelt (bilanzielle Mehrung des Betriebsvermögens), eine korrespondierende Mehrung der *positiven* Leistungsfähigkeit seitens des Unternehmens auf Grund der wirtschaftlichen Lage (Situation negativer Leistungsfähigkeit) jedoch nicht oder nur eingeschränkt besteht.

Dabei ist in Bezug zu nehmen, dass mit der Verschärfung der wirtschaftlichen Situation des Unternehmens auch die Werthaltigkeit der gegen das Unternehmen

---

1228 In diesem Zusammenhang ist zu beachten, dass die Zinsschrankenregelung für (kleinere) Unternehmen, bei denen der Betrag der Zinsaufwendungen weniger als drei Millionen Euro beträgt, regelmäßig nicht relevant wird, § 4h Abs. 2 lit. a) EStG.

1229 Siehe auch *Eilers/Bühring*, StuW 2009, 246, 253.

1230 Ähnlich *Winnefeld*, DB 1991, 2208, 2010 f.

gerichteten Forderung abnimmt. In Folge dessen vergrößert sich der Anteil der Forderung, den der Gläubiger zu erlassen bereit sein wird, da dieser für ihn ohnehin wertlos geworden ist. Sofern der daraus resultierende Sanierungsgewinn steuerlich nicht begünstigt ist, steigt sodann als weitere Konsequenz die Steuerbelastung für das Unternehmen. Insbesondere um eine erdrosselnde Wirkung der Besteuerung auszuschließen, gilt es diesen Effekt einer – im Falle des Wegfalls der Verbindlichkeit – steigenden Steuerbelastung bei abnehmender wirtschaftlicher Leistungsfähigkeit zu entschärfen. Dies wird verwirklicht, indem die soeben angesprochene Verknüpfung von steuerlicher Begünstigung des Sanierungsgewinns und wirtschaftlicher Leistungsfähigkeit des Unternehmens derart ausgestaltet wird, dass die steuerliche Begünstigung korrespondierend mit der Verschärfung der wirtschaftlichen Lage stetig ansteigt. Als Bezugspunkt für die wirtschaftliche Situation des Unternehmens dient dabei die Werthaltigkeit der gegen das Unternehmen gerichteten Forderung, da diese die wirtschaftliche Lage des Unternehmens widerspiegelt. Wie bereits erörtert, wird die Werthaltigkeit einer Forderung maßgeblich durch die Bonität des Schuldners beeinflusst. Ist die Erfüllung der Forderung auf Grund der schlechten Vermögensverhältnisse oder der mangelnden Zahlungsfähigkeit des Schuldnerunternehmens zweifelhaft, bestimmt sich der Teilwert deshalb maßgeblich danach, in welchem Umfang mit einiger Wahrscheinlichkeit mit dem Ausfall der Forderung zu rechnen ist.[1231] In Konsequenz dessen wird im Falle eines sanierungsbedürftigen Unternehmens regelmäßig eine der wirtschaftlichen Lage des Unternehmens entsprechend verminderte Werthaltigkeit der gegen dieses gerichteten Forderung vorliegen. Als Spiegelbild der wirtschaftlichen Situation des Unternehmens ist die Werthaltigkeit der gegen das Unternehmen gerichteten Forderung daher besonders geeignet, um als Bezugspunkt für die steuerliche Begünstigung herangezogen zu werden.

III. Neuregelung – Verknüpfung der steuerlichen Begünstigung mit der Werthaltigkeit der untergehenden Forderung

Dem Grundsatz nach knüpft die Neuregelung daher die steuerliche Begünstigung des aus der Sanierungsmaßnahme entstehenden Gewinns dergestalt an die Werthaltigkeit der untergehenden Forderung, dass die steuerliche Begünstigung korrespondierend zur abnehmenden Werthaltigkeit der Forderung ansteigt. Konkret nimmt sie den Sanierungsgewinn in der Höhe des Anteils von der Besteuerung aus, in der die erlassene Forderung im Vergleich zu ihrem ursprünglichen Nominalwert in ihrer Werthaltigkeit gemindert ist.

1231 BFH, Urteil vom 20.08.2003 – I R 49/02, BStBl. II 2003, 941, 942; Blümich/*Ehmcke*, EStG/KStG/GewStG, § 6 EStG, Rn. 901 m.w.N (Stand: August 2014); Herrmann/Heuer/Raupach/*Kleinle/Dreixler*, EStG/KStG, § 6 EStG Anm. 912 (Stand: August 2011).

1. Wortlaut der Neuregelung

§ 3 Steuerfreie Einnahmen

Steuerfrei sind

[...]

Nr. 66 ***nF.*** *Erhöhungen des Betriebsvermögens, die dadurch entstehen, dass Schulden zum Zweck der Sanierung ganz oder teilweise erlassen werden, in der Höhe des Anteils, um den die mit der erlassenen Schuld korrespondierende Forderung im Wert gemindert ist.*

2. Allgemeine Erläuterungen

Ausgehend von der Annahme, dass die Werthaltigkeit der gegen das Unternehmen gerichteten Forderung einen Bezugspunkt für die wirtschaftliche Situation des Unternehmens darstellt, trifft diese gleichzeitig eine verifizierbare Aussage hinsichtlich des für das Unternehmen konkret erforderlichen Umfangs der steuerlichen Begünstigung des Sanierungsgewinns. Ein bereits überschuldetes Unternehmen, dessen erdrückende wirtschaftliche Situation zum Stichtag des Forderungserlasses bedingt, dass die Forderung mit „Null“ zu bewerten ist, bedarf einer umfassenderen steuerlichen Begünstigung des Sanierungsgewinns als ein Unternehmen, dessen wirtschaftliche Lage zum betreffenden Stichtag (noch) weniger gravierend und bei dem die Forderung noch zu 40% werthaltig ist.

Entsprechend dem Ausmaß des im Beispiel vorliegenden Wertverlustes an der Forderung (100% bzw. 60%) – und insoweit entsprechend dem Ausmaß der Krise des jeweiligen Unternehmens – nimmt die vorgeschlagene Neuregelung den entstehenden Sanierungsgewinn in den aufgezeigten Konstellationen zu 100% bzw. 60% von der Besteuerung aus. Dabei ist zur Ermittlung des Wertverlustes auch in den Fällen, in denen die Forderung in den Vorjahren nach und nach wertberichtigt wurde, auf ihren ursprünglichen Nominalwert abzustellen und dieser mit dem gegenwärtigen Teilwert zu vergleichen. Auf diesem Weg kommt einem zu sanierenden Unternehmen eine steuerliche Begünstigung zu Gute, die in ihrem Umfang an der wirtschaftlichen Lage des Unternehmens ausgerichtet ist.

3. Werthaltigkeit der Forderung – ein objektiv bestimmbares Merkmal

Die grundlegende Bindung der steuerlichen Begünstigung an die Werthaltigkeit der untergehenden Forderung gewährleistet, dass die Anwendung der Regelung, insbesondere ihre Reichweite, von einem objektiv bestimmbaren und objektiv überprüfbaren Kriterium abhängig ist. Dies ist nicht nur im Hinblick auf die Wahrung des Grundsatzes der Steuergerechtigkeit, sondern auch zur Eindämmung von Missbrauchsmöglichkeiten von Bedeutung.

a) *Vermeidung von Missbrauchspotential*

Alternativ zu der hier vorgesehenen Ausgestaltung könnte auch eine Bindung der steuerlichen Begünstigung des Sanierungsgewinns an die prozentuale Quote des Schulderlasses erfolgen.[1232] Ein Sanierungsgewinn würde dann in der Höhe des Prozentsatzes von der Besteuerung ausgenommen, in der der Gläubiger seine Forderung erlassen hat. Eine solche Regelung würde zwar im typisierten Idealfall, in dem ein Drittgläubiger genau in der Höhe seine Forderung erlässt, in der sie nicht mehr werthaltig ist, zum gleichen Ergebnis führen, gleichzeitig jedoch ungewollte Missbrauchsmöglichkeiten eröffnen. Die steuerliche Begünstigung des Sanierungsgewinns in Höhe der prozentualen Quote des Schulderlasses würde den an der Sanierung beteiligten Parteien nämlich die Option gewähren, auch bei einer nur anteiligen Wertminderung der in Frage stehenden Forderung (z. B. 60%) durch einen vollständigen Schulderlass eine 100%ige Steuerbefreiung zu erlangen. Insbesondere Gesellschaftergläubiger oder Drittgläubiger, die dem Unternehmen bzw. Unternehmer in irgendeiner Weise nahestehen, könnten dazu verleitet werden, unabhängig von der tatsächlichen Wertminderung die gesamte Forderung zu erlassen, nur um eine vollständige Steuerbegünstigung des Sanierungsgewinns für das Unternehmen herbeizuführen.

Zur Vermeidung dieser „Missbrauchsoptionen" wird im Rahmen der hier vorgeschlagenen Neuregelung nicht auf die prozentuale Quote des Schulderlasses, sondern ausschließlich auf das objektiv bestimmbare Merkmal der Werthaltigkeit der Forderung abgestellt. Die prozentuale Quote der steuerlichen Begünstigung ist dadurch gänzlich unabhängig von der prozentualen Quote des Schulderlasses, sodass ein Sanierungsgewinn in der vorbezeichneten Konstellation – Wertminderung der Forderung in Höhe von 60% und Schulderlass in Höhe von 100% – gleichwohl nur zu 60% von der Besteuerung ausgenommen würde.

b) *Erwägungen der Steuergerechtigkeit*

In entgegengesetzter Richtung könnten sich aus der aufgezeigten Alternativregelung auch Nachteile für die betroffenen Unternehmen ergeben. So ist es denkbar, dass sich ein Drittgläubiger trotz der erdrückenden Lage des Schuldnerunternehmens nur zu einem anteiligen Schulderlass bereit erklärt, obwohl die Forderung für ihn vollumfänglich wertlos geworden ist. Nach den hier erarbeiteten Grundsätzen

---

1232 Eine ähnliche Regelung ist in § 36 Abs. 3 EStG Österreich umgesetzt. Diese Regelung sieht vor, dass die Steuer vom Einkommen zunächst sowohl einschließlich, als auch ausschließlich der aus dem Schulderlass resultierenden Gewinne zu ermitteln ist (§ 36 Abs. 3 Nr. 1). Auf den ermittelten Unterschiedsbetrag (Sanierungsgewinn) ist sodann der dem Schulderlass entsprechende Prozentsatz anzuwenden (§ 36 Abs. 3 Nr. 2). In Höhe des dem Schulderlass entsprechenden Prozentsatzes wird dem Steuerpflichtigen der Unterschiedsbetrag schließlich nachgelassen, d. h. in entsprechender Höhe nicht festgesetzt (§ 36 Abs. 3 Nr. 3).

wäre auf Grund der völlig entfallenen Werthaltigkeit der Forderung in einem solchen Fall objektiv eine Steuerbefreiung des Sanierungsgewinns in Höhe von 100% angezeigt. Durch die in der Alternativregelung verankerte Verknüpfung der steuerlichen Begünstigung an die prozentuale Quote des Schulderlasses würde jedoch nur eine Steuerbefreiung in Höhe der geringeren, dem Schulderlass entsprechenden Quote gewährt. Mit Blick auf die Vermeidung einer erdrosselnden Wirkung der Sanierungsgewinnbesteuerung ist dieses Ergebnis nicht hinnehmbar. Es wäre gerade nicht sichergestellt, dass ein Unternehmen eine seiner wirtschaftlichen Situation entsprechende steuerliche Begünstigung erhält. Vielmehr wäre es insoweit von einem entsprechenden Entgegenkommen seiner Gläubiger abhängig. Daneben kann ein solches Ergebnis auch aus Erwägungen der Steuergerechtigkeit nicht überzeugen. Die alternative Ausgestaltung könnte zur Folge haben, dass Gewerbetreibende mit gleicher wirtschaftlicher Leistungsfähigkeit unter Umständen völlig willkürlich unterschiedlichen Steuerbelastungen unterworfen werden.

c) Bestimmung der Werthaltigkeit

Für die Wertbestimmung der Forderung kommen zwei Möglichkeiten in Betracht. Entsprechend der im Rahmen des ESUG für Debt-Equity-Swaps vorgesehenen Verfahrensweise ist die Werthaltigkeit der Forderung auch für die hier vorgeschlagene Neuregelung grundsätzlich anhand eines Wertgutachtens nachzuweisen.[1233] Diese Form der Wertbestimmung dürfte am besten geeignet sein, eine präzise und objektive Bewertung der Forderung zu gewährleisten. Gleichwohl ist sie mit dem Nachteil behaftet, dass das Unternehmen durch die Einholung des Gutachtens mit weiteren Kosten belastet wird.[1234] Der Werthaltigkeitsnachweis anhand eines Gutachtens könnte sich daher gerade für Unternehmen in fortgeschrittenen Krisenstadien als problematisch darstellen. Im Hinblick auf die Förderung der Sanierungsmöglichkeiten im Wege des Insolvenzplanverfahrens und den dahingehend beabsichtigten Abbau von Sanierungshindernissen ist deshalb eine alternative Möglichkeit zur Werthaltigkeitsbestimmung zu gestatten. Für die Werthaltigkeitsbestimmung der Forderung kann daher vereinfachend auf den Wert zurückgegriffen werden, mit dem die mit ihr korrespondierende Verbindlichkeit im Rahmen einer – auf den Zeitpunkt des Forderungserlasses fiktiv erstellten – Überschuldungsbilanz auszuweisen wäre. Die mit der Forderung korrespondierende Verbindlichkeit ist mithin auf den Zeitpunkt des Forderungserlasses fiktiv nach den Grundsätzen für die

---

1233 Da die Werthaltigkeit der bei einem Debt-Equity-Swap vom Gläubiger eingebrachten Forderung auf Grund der wirtschaftlichen Lage des Schuldners regelmäßig unter dem Nennwert liegen wird, bestimmt der Gesetzgeber, dass zur Bestimmung der Werthaltigkeit ggf. ein Wertgutachten einzuholen ist. Siehe dazu Gesetzesbegründung zum Gesetz zur weiteren Erleichterung der Sanierung von Unternehmen, BT-Drucks. 17/5712, S. 32.

1234 Zur Problematik der zusätzlichen Kostenbelastung siehe auch *Meyer/Degener*, BB 2011, 846, 849.

Erstellung einer Überschuldungsbilanz zu bewerten. Der insoweit ermittelte Betrag ist sodann auch für die Wertbestimmung der Forderung maßgeblich. Diese wird in Folge dessen regelmäßig mit dem Betrag anzusetzen sein, mit dem sie gegenüber der Insolvenzmasse geltend gemacht werden könnte.[1235] Eine solche Vorgehensweise bietet außerdem den Vorteil, dass unter Umständen zusätzlich vereinfachend auf den Wert aus einer bereits erstellten Überschuldungsbilanz zurückgegriffen werden kann. Voraussetzung ist gleichwohl, dass zwischen deren Erstellung und dem tatsächlichen Forderungserlass ein situativer Zusammenhang besteht. Das bedeutet, dass sich das Unternehmen zum Zeitpunkt des tatsächlichen Schulderlasses in einer zum Zeitpunkt der Überschuldungsbilanzerstellung vergleichbaren wirtschaftlichen Situation befindet.

4. Anwendungsbeispiele

Die Wirkung der vorgeschlagenen Neuregelung soll im Folgenden anhand von zwei Beispielen veranschaulicht werden. Beispiel 1 betrifft den Fall eines durch einen Drittgläubiger des Unternehmens ausgesprochenen Forderungserlasses, im Beispiel 2 erlässt der Gesellschafter einer Kapitalgesellschaft dieser eine Forderung.

a) Beispiel 1: Forderungserlass durch einen Drittgläubiger

Die Forderung, die im Rahmen der Sanierung zum Erlöschen gebracht werden soll, beträgt 100.000. Es wird davon ausgegangen, dass – wie bei einem Forderungserlass durch einen Drittgläubiger üblich – ein Erlass in der Höhe erfolgt, in der die Forderung nicht mehr werthaltig ist. Dargestellt werden drei fiktive Krisensituationen, in denen ein Forderungserlass erfolgen könnte. Dabei reflektiert die abnehmende Werthaltigkeit der Forderung die Verschärfung der wirtschaftlichen Lage des Unternehmens bis hin zur Überschuldung.

1235 Siehe auch *Meyer/Degener*, BB 2011, 846, 849 die hinsichtlich der im Rahmen eines Debt-Equity-Swaps eingebrachten Forderung die Auffassung vertreten, dass zu deren Wertbestimmung anstatt der Einholung eines Wertgutachtens vielmehr auf den Wert abzustellen sei, „der der Forderung außerhalb des Insolvenzplanes durch die Anwendung der normalen Insolvenzquote noch beizumessen wäre." Siehe ebenfalls Gesetzesbegründung zum Gesetz zur weiteren Erleichterung der Sanierung von Unternehmen, BT-Drucks. 17/5712, S. 32, in der hervorgehoben wird, dass hinsichtlich der Werthaltigkeit der Forderung auch die Quotenerwartung miteinbezogen werden kann.

Werthaltigkeit der Forderung	40 %	20 %	0 %
Erlassquote	60 %	80 %	100 %
Betriebsvermögensmehrung (Sanierungsgewinn)	60.000	80.000	100.000
Auf die Betriebsvermögensmehrung anzuwendende Quote	60 %	80 %	100 %
Steuerfreie Betriebsvermögensmehrung	36.000	64.000	100.000
Verbleibende Betriebsvermögensmehrung	24.000	16.000	0

Erfolgt der Forderungserlass in Höhe des nicht mehr werthaltigen Teils der Forderung, würde der bei einem Erlass anfallende Sanierungsgewinn mit Verschärfung der wirtschaftlichen Lage immer größer (siehe Zeile 3). Dieser Effekt wird durch die hier vorgeschlagene Regelung entschärft, indem der Sanierungsgewinn in Höhe des Prozentsatzes von der Besteuerung ausgenommen wird, in der die betreffende Forderung nicht mehr werthaltig ist (Zeile 4). In der Konsequenz steigt der steuerbefreite Anteil des Sanierungsgewinns mit Verschlechterung der wirtschaftlichen Situation des Unternehmens stetig an (Zeile 5) und die letztlich entstehende steuerliche Belastung nimmt – trotz mit der Erlassquote ansteigendem Sanierungsgewinn – kontinuierlich ab (Zeile 6). Sofern die wirtschaftliche Lage des Unternehmens derart erdrückend ist, dass die betreffende Forderung mit einem Teilwert von Null anzusetzen ist, ist der entstehende Sanierungsgewinn vollumfänglich steuerfrei.

b) Beispiel 2: Forderungserlass durch einen Gesellschafter einer Kapitalgesellschaft

Wie im ersten Beispiel beträgt die erlassgegenständliche Forderung 100.000. Ebenso werden erneut drei fiktive Krisensituationen dargestellt, in denen ein Forderungserlass erfolgen könnte. Die abnehmende Werthaltigkeit der Forderung reflektiert dabei auch hier die Verschärfung der wirtschaftlichen Lage des Unternehmens bis hin zur Überschuldung. Zunächst ist zwischen einem betrieblich veranlassten und einem gesellschaftsrechtlich veranlassten Forderungserlass zu unterscheiden.

aa) Betrieblich veranlasster Forderungserlass

Wie bereits oben ausführlich erläutert, ist eine betriebliche Veranlassung eines Forderungserlasses in dem Umfang anzunehmen, in dem ein Drittgläubiger der Gesellschaft ebenfalls seine Forderung erlassen hätte. Diesbezüglich kann davon ausgegangen werden, dass ein Drittgläubiger regelmäßig (nur) zu einem Erlass in Höhe des nicht mehr werthaltigen Teils der Forderung bereit sein dürfte. Den Fremdvergleich zu Grunde legend, reicht die betriebliche Veranlassung eines Gesellschaftererlasses daher soweit, wie die Forderung nicht mehr werthaltig ist.

In den Fällen eines rein betrieblich veranlassten Forderungserlasses ergeben sich daher keine Unterschiede zum obigen Beispiel 1. Ein betrieblich bedingter Forderungserlass liegt dann – und insoweit – vor, wie der Forderungserlass des

Gesellschafters in seiner Höhe dem Wertverlust der Forderung entspricht, sodass die Erlassquote mit der auf den Sanierungsgewinn anzuwendenden Quote korrespondiert. Ist dies der Fall, bestehen keine Besonderheiten oder Unterschiede zum im Beispiel 1 dargestellten Erlass eines Drittgläubigers. Der Sanierungsgewinn wird in Höhe des Prozentsatzes von der Besteuerung ausgenommen, in der die betreffende Forderung nicht mehr werthaltig ist (Zeile 4).

Werthaltigkeit der Forderung	40 %	20 %	0 %
Verzichtsquote	60 %	80 %	100 %
Betriebsvermögensmehrung (Sanierungsgewinn)	60.000	80.000	100.000
Auf die Betriebsvermögensmehrung anzuwendende Quote	60 %	80 %	100 %
Steuerfreie Betriebsvermögensmehrung	36.000	64.000	100.000
Verbleibende Betriebsvermögensmehrung	24.000	16.000	0

bb) Gesellschaftsrechtlich veranlasster Forderungserlass

Erlässt der Gesellschafter hingegen einen größeren Anteil als den nicht mehr werthaltigen Teil der Forderung,[1236] handelt es sich bei dem Erlass auf den noch werthaltigen Teil der Forderung um einen gesellschaftsrechtlich veranlassten Erlass (verdeckte Einlage), da ein Nichtgesellschafter, bei Anwendung der Sorgfalt eines ordentlichen Kaufmanns, der Gesellschaft den durch den Erlass entstehenden Vermögensvorteil nicht eingeräumt hätte.

Werthaltigkeit der Forderung	40 %	20 %	10 %
Verzichtsquote	100 %	100 %	100 %
Sanierungsgewinn	100.000	100.000	100.000
Auf die Betriebsvermögensmehrung anzuwendende Quote	60 %	80 %	90 %
Steuerfreie Betriebsvermögensmehrung	60.000	80.000	90.000
Verbleibende Betriebsvermögensmehrung	40.000	20.000	10.000
Verdeckte Einlage	40.000	20.000	10.000

Entsprechend der oben entwickelten Grundsätze wird der Sanierungsgewinn – trotz des 100%igen Forderungserlasses – von der hier vorgeschlagenen Regelung lediglich in der Höhe des Prozentsatzes von der Besteuerung ausgenommen, in der

1236 Bei einem Forderungserlass eines Gesellschafters zu Gunsten seiner Gesellschaft wird dieser regelmäßig die gesamte Forderung erlassen.

die erlassene Forderung in ihrer Werthaltigkeit gemindert ist (Zeile 4).[1237] Die vorgeschlagene Regelung gewährt bei einem vollumfänglichen Forderungserlass eines Gesellschafters damit – quotal betrachtet – die gleiche steuerliche Begünstigung, die bei einem rein betrieblich veranlassten Forderungserlass erzielt worden wäre. In Höhe des Prozentsatzes, in der die betreffende Forderung ggf. noch werthaltig ist, verbliebe, wie in den obigen Beispielen, indes eine Betriebsvermögensmehrung (Zeile 6).

Gleichwohl ist zu beachten, dass diese im Falle eines gesellschaftsrechtlich veranlassten Forderungserlasses letztlich auch nicht steuerlich belastet würde. Da die verbleibende Betriebsvermögensmehrung der Höhe des noch werthaltigen Teils der Forderung entspricht, würde diese vollumfänglich durch den Ansatz einer verdeckten Einlage außerbilanziell neutralisiert (Zeile 7).[1238] Ein gesellschaftsrechtlich veranlasster Forderungserlass eines Gesellschafters einer Kapitalgesellschaft bleibt daher nach der hier vorgeschlagenen Regelung regelmäßig vollumfänglich steuerneutral.

5. Tatbestandsmerkmale

Nachfolgend sollen die Tatbestandsmerkmale der Neuregelung dargestellt werden.

a) Sanierungsbegriff

Eine Sanierung im Sinne der vorliegenden Neuregelung ist eine Maßnahme, die darauf gerichtet ist, ein Unternehmen oder einen Unternehmensträger (juristische oder natürliche Person) vor dem finanziellen Zusammenbruch zu bewahren und wieder ertragsfähig zu machen. Die vorgeschlagene Regelung erfasst insoweit neben (fortführenden) unternehmensbezogenen Sanierungen und übertragenden Sanierungen, insbesondere auch unternehmerbezogene Sanierungen. Sie findet sowohl auf außergerichtliche Sanierungsmaßnahmen, als auch auf Maßnahmen im Rahmen eines Planinsolvenzverfahrens nach §§ 217 ff. InsO Anwendung.

b) Sanierungsgewinn

Ein Sanierungsgewinn im Sinne der Neuregelung ist die Erhöhung des Betriebsvermögens, die dadurch entsteht, dass Schulden zum Zweck der Sanierung ganz oder teilweise erlassen werden. Die Regelung erfasst daher insbesondere die folgenden Sachverhalte:

1237 Dies gilt ebenso für Fälle, in denen ein Drittgläubiger einen größeren oder kleineren Teil der Forderung erlässt, als den für ihn wertlos gewordenen Teil. Wie bereits ausgeführt, findet im Rahmen der hier vorgeschlagenen Neuregelung nicht die prozentuale Quote des Schulderlasses, sondern ausschließlich die prozentuale Quote der Werthaltigkeit der untergehenden Forderung auf den Sanierungsgewinn Anwendung.

1238 Dies ergibt sich aus dem Einlagenbeschluss des Großen Senats des BFH, siehe BFH, Urteil vom 09.06.1997 – GrS 1/94, BStBl. II 1998, 307, 310.

- Erlassvertrag nach § 397 Abs. 1 BGB, einschließlich der Gestaltungen, in denen dieser Vertrag mit einer Besserungsabrede verknüpft ist
- Negatives Schuldanerkenntnis nach § 397 Abs. 2 BGB
- Rückkauf der Forderung durch den Schuldner (Debt-Buy-Back)
- Umwandlung der Forderung in Eigenkapital (Debt-Equity-Swap)

Auch bei den beiden letztgenannten Sanierungsmaßnahmen entsteht die Betriebsvermögensmehrung ungeachtet der abweichenden Sachverhaltsgestaltung letztlich aus einem Schulderlass des Gläubigers. Indem der Gläubiger die Forderung im Rahmen des Debt-Buy-Back unter Nominalwert an den Schuldner verkauft, verzichtet er teilweise auf die Begleichung der Forderung und erlässt dem Schuldner damit einen Teil seiner Schuld.[1239]Die dabei generierte Betriebsvermögensmehrung in Höhe des Differenzbetrages zwischen Kaufpreis und Nominalwert der Forderung resultiert demnach aus einem teilweisen Forderungserlass des Gläubigers und damit aus einem Erlass von Schulden zum Zweck der Sanierung. Dadurch, dass die Verbindlichkeit der Schuldnergesellschaft bei einem Debt-Equity-Swap durch die Einbringung der Forderung in Höhe des Nennwertes erlischt, der Gläubiger jedoch nur eine Beteiligung in Höhe des regelmäßig geringeren gemeinen Wertes der Forderung erhält, liegt in Höhe der Differenz ein unentgeltlicher Forderungserlass des Gläubigers zu Gunsten der Schuldnergesellschaft vor. Dieser deckt sich mit der Höhe des entstehenden Sanierungsgewinns, sodass der im Rahmen eines Debt-Equity-Swaps entstehende Sanierungsgewinn aus einem unentgeltlichen Schulderlass des Gläubigers resultiert.

c) Sanierungsbedürftigkeit des Unternehmens und Sanierungseignung des Schulderlasses

Im Weiteren setzt die Neuregelung auf der Tatbestandebene noch die Sanierungsbedürftigkeit des Unternehmens und die Sanierungseignung des Schulderlasses voraus.[1240] Hinsichtlich der inhaltlichen Ausgestaltung nimmt die Regelung explizit und vollumfänglich auf die zu diesen Merkmalen ergangene Rechtsprechung des BFH zu § 3 Nr. 66 EStG aF Bezug.

IV. Beihilferechtliche Würdigung der Neuregelung

Im Hinblick auf die mit einem gemeinschaftsrechtlichen Verstoß verbundenen Risiken, ist die vorstehende Neuregelung abschließend auf ihre Vereinbarkeit mit dem EU-Beihilferecht hin zu prüfen.

1239 So auch die überwiegende Auffassung in der Literatur, siehe *Fox/Scheidle*, GWR 2009, 51 ff.; *Förster*, Ubg 2010, 758, 762; *Ilberg/Tschesche*, BB 2010, 259, 261; *Töben/Lohbeck/Specker*, NWB 2009, 1484, 1489.

1240 Zum Verzicht auf die subjektiven Merkmale der „Sanierungsfähigkeit des Unternehmens“ und der „Sanierungsabsicht der Gläubiger“ siehe soeben unter **H.III.**

1. Verstoß gegen Art. 107 Abs. 1 AEUV[1241]

Eine Maßnahme ist dann als staatliche Beihilfe zu qualifizieren, wenn sie dem Begünstigten einen Vorteil verschafft (siehe a), dieser Vorteil vom Staat oder aus staatlichen Mitteln gewährt wird (siehe b), die Maßnahme selektiv ist (siehe c) und den Wettbewerb sowie den Handel zwischen den Mitgliedstaaten beeinträchtigt (siehe d).[1242]

a) Vorteil

Die Maßnahme muss dem Begünstigten zunächst einen Vorteil verschaffen.[1243] Ein beihilferechtlich relevanter Vorteil kann auch dann vorliegen, wenn die Steuerlast des Unternehmens „durch vollständige oder teilweise Ermäßigung des Steuerbetrages" – z. B. im Wege einer Steuerbefreiung – vermindert wird.[1244] Da Sanierungsgewinne seit der Aufhebung des § 3 Nr. 66 EStG aF grundsätzlich voll steuerpflichtig sind, stellt die auf den Sanierungsgewinn entfallende Steuerforderung nach der allgemeinen Steuersystematik eine für den Begünstigten normalerweise zu tragende Last dar.[1245] Indem die Neuregelung Sanierungsgewinne unter bestimmten Voraussetzungen gleichwohl von der Besteuerung ausnimmt, verschafft sie dem Begünstigten folglich einen Vorteil durch die Befreiung von einer ansonsten zu tragenden Last. Entsprechend der zum Sanierungserlass dargelegten Ausführungen ergibt sich auch aus dem Kriterium des „marktwirtschaftlich handelnden Wirtschaftsbeteiligten"[1246] keine abweichende Beurteilung.

1241 Die nachstehende Prüfung der Neuregelung am Maßstab des Art. 107 Abs. 1 AEUV nimmt Bezug auf die entsprechenden Ausführungen zum Sanierungserlass (**D.IV.6.**) und verzichtet daher zur Vermeidung von Wiederholungen (stellenweise) auf eine detaillierte Darstellung der einzelnen Tatbestandsmerkmale.

1242 Siehe Mitteilung der Kommission über die Anwendung der Vorschriften über staatliche Beihilfen auf Maßnahmen im Bereich der direkten Unternehmensbesteuerung, ABl. C 384 vom 10.12.1998, S. 3 ff. Rn. 9–12.

1243 Mitteilung der Kommission über die Anwendung der Vorschriften über staatliche Beihilfen auf Maßnahmen im Bereich der direkten Unternehmensbesteuerung, ABl. C 384 vom 10.12.1998, S. 3 ff. Rn. 9.

1244 Mitteilung der Kommission über die Anwendung der Vorschriften über staatliche Beihilfen auf Maßnahmen im Bereich der direkten Unternehmensbesteuerung, ABl. C 384 vom 10.12.1998, S. 3 ff. Rn. 9.

1245 Siehe auch *Herrmann*, ZinsO 2003, 1069, 1074.

1246 Vgl. dazu Entwurf der Bekanntmachung der Kommission zum Begriff der staatlichen Beihilfe nach Art. 107 AEUV, abrufbar unter www.ec.europa.eu/competition/consultations/2014_state_aid_notion/draft_guidance_de.pdf (05.04.2015), S. 25 ff. Rn. 76 ff.

b) Aus staatlichen Mitteln gewährter Vorteil

Der dem Begünstigten gewährte Vorteil muss zudem aus staatlichen Mitteln finanziert werden und die Verwendung staatlicher Mittel muss dem Staat zuzurechnen sein.[1247] Dabei ist auch dann von einer Vorteilsgewährung aus staatlichen Mitteln auszugehen, wenn die betreffende Maßnahme zu einer Verringerung der Steuereinnahmen führt.[1248] Dies trifft hinsichtlich der Neuregelung zu, da sie für den Staat Mindereinnahmen in Höhe der entgangenen Steuer zur Folge hat. Diese Verwendung staatlicher Mittel ist dem Staat auch zuzurechnen, da sie auf der Grundlage eines Gesetzes gewährt wird.[1249]

c) Selektivität der Maßnahme

Daneben muss die Maßnahme spezifisch oder selektiv in dem Sinne sein, dass sie nur bestimmte Unternehmen oder Produktionszweige begünstigt.[1250] Die Selektivitätsprüfung erfolgt in zwei Schritten. Zunächst ist zu prüfen, ob die betreffende Maßnahme „eine Ausnahme von der Anwendung des allgemein geltenden Steuersystems zugunsten bestimmter Unternehmen" darstellt. Soweit eine solche selektive Ausnahme vorliegt, ist dann in einem zweiten Schritt zu fragen, ob diese „durch die Natur oder den inneren Aufbau des Steuersystems gerechtfertigt" ist.[1251]

1247 Mitteilung der Kommission über die Anwendung der Vorschriften über staatliche Beihilfen auf Maßnahmen im Bereich der direkten Unternehmensbesteuerung, ABl. C 384 vom 10.12.1998, S. 3 ff. Rn. 10.

1248 Siehe zuletzt Europäische Kommission, Beschluss vom 26.01.2011 – C 7/2010, Rn. 50.

1249 Mitteilung der Kommission über die Anwendung der Vorschriften über staatliche Beihilfen auf Maßnahmen im Bereich der direkten Unternehmensbesteuerung, ABl. C 384 vom 10.12.1998, S. 3 ff. Rn. 10.

1250 Mitteilung der Kommission über die Anwendung der Vorschriften über staatliche Beihilfen auf Maßnahmen im Bereich der direkten Unternehmensbesteuerung, ABl. C 384 vom 10.12.1998, S. 3 ff. Rn. 12; siehe auch Entwurf der Bekanntmachung der Kommission zum Begriff der staatlichen Beihilfe nach Art. 107 AEUV, abrufbar unter www.ec.europa.eu/competition/consultations/2014_state_aid_notion/draft_guidance_de.pdf (05.04.2015), S. 39 Rn. 118.

1251 Mitteilung der Kommission über die Anwendung der Vorschriften über staatliche Beihilfen auf Maßnahmen im Bereich der direkten Unternehmensbesteuerung, ABl. C 384 vom 10.12.1998, S. 3 ff. Rn. 16, siehe auch Europäische Kommission, Beschluss vom 26.01.2011 – C 7/2010, Rn. 65 ff, 80 ff sowie Entwurf der Bekanntmachung der Kommission zum Begriff der staatlichen Beihilfe nach Art. 107 AEUV, abrufbar unter www.ec.europa.eu/competition/consultations/2014_state_aid_notion/draft_guidance_de.pdf (05.04.2015), S. 41 Rn. 128.

aa) Referenzsystem

Insoweit kann vollumfänglich auf die Ausführungen zum Sanierungserlass (**D.IV.6.**) verwiesen werden. Im Ergebnis ist die Besteuerung von Sanierungsgewinnen nach dem geltenden Ertragsteuersystem der Regelfall und damit als Referenzsystem anzusehen.[1252]

bb) Selektive Ausnahme vom Referenzsystem

Die in der Neuregelung umgesetzte Maßnahme stellt dem zu Folge eine Ausnahme von diesem Referenzsystem dar, da sie Sanierungsgewinne, entgegen der allgemeinen Regel, unter bestimmten Voraussetzungen von der Besteuerung ausnimmt. Um Beihilfequalität zu entfalten, muss diese Ausnahme allerdings auch selektiv sein. Dies ist sie dann, wenn sie lediglich zu Gunsten bestimmter Unternehmen gilt bzw. geeignet ist, andere Unternehmen, die sich in Bezug auf den Zweck des Steuersystems in einer vergleichbaren rechtlichen und tatsächlichen Situation befinden, nicht zu begünstigen.[1253] Zu prüfen ist daher, ob die Maßnahme zwischen Wirtschaftsteilnehmern differenziert, die sich mit Blick auf den Zweck des Steuersystems in einer vergleichbaren rechtlichen und tatsächlichen Situation befinden.[1254] Eine solche Differenzierung zwischen Wirtschaftsteilnehmern könnte sich durch die Neuregelung – wie auch im Rahmen des Sanierungserlasses – unter zwei Aspekten ergeben.

(1) Ausschließliche Begünstigung sanierungsbedürftiger Unternehmen

Eine beihilferechtlich relevante Differenzierung zwischen Wirtschaftsteilnehmern kann darin gesehen werden, dass der Anwendungsbereich der Neuregelung auf wirtschaftlich angeschlagene Unternehmen beschränkt ist. Die Neuregelung begünstigt ausschließlich sanierungsbedürftige Unternehmen, während wirtschaftliche gesunde bzw. (noch) nicht sanierungsbedürftige Unternehmen von vorneherein aus dem Anwendungsbereich ausscheiden.[1255] Allein der Umstand, dass die Neuregelung die Sanierungsbedürftigkeit des Unternehmens voraussetzt, rechtfertigt die Annahme, dass die Maßnahme nicht allen Unternehmen in gleicher Weise offensteht und damit selektiv ist.[1256] Entsprechend der Ausführungen zum Sanierungserlass kann dieser Beurteilung nicht mit dem Argument begegnet werden, die insoweit vorgenommene Differenzierung betreffe nicht Unternehmen in einer vergleichbaren

---

1252 Ebenso *Herrmann*, ZinsO 2003, 1069, 1075; *Khan/Adam*, ZInsO 2008, 899, 906; *Strüber/von Donat*, BB 2003, 2036, 2041.

1253 *Herrmann*, ZinsO 2003, 1069, 1075.

1254 Europäische Kommission, Beschluss vom 26.01.2011 – C 7/2010, Rn. 65, 68 ff.

1255 Vgl. zum Sanierungserlass *Herrmann*, ZinsO 2003, 1069, 1075; *Khan/Adam*, ZInsO 2008, 899, 906; zweifelnd *Strüber/von Donat*, BB 2003, 2036, 2042, die gleichwohl betonen, dass die Kommission dazu geneigt sein könnte, eine Maßnahme schon deshalb als selektiv zu qualifizieren, weil sie gesunde Unternehmen nicht erfasst.

1256 Vgl. zum Sanierungserlass *Herrmann*, ZinsO 2003, 1069, 1075; so wohl auch *Khan/Adam*, ZInsO 2008, 899, 906.

rechtlichen und tatsächlichen Situation. Denn es ist jedenfalls nicht völlig ausgeschlossen, dass auch (noch) nicht sanierungsbedürftige Unternehmen Buchgewinne aus Forderungserlassen erzielen und sich folglich mit Blick auf das Steuersystem in einer vergleichbaren Situation befinden.[1257]

(2) Keine Entscheidungsspielräume der Finanzverwaltung

Daneben können auch der Verwaltung gewährte Ermessensspielräume bei der Anwendung einer Maßnahme zu deren Selektivität führen, „insbesondere wenn die Ermessenausübung nicht [...] nach objektiven Kriterien erfolgt"[1258] oder wenn „die Kriterien für die Gewährung der Beihilfe so allgemein oder vage formuliert sind, dass bei der Prüfung zwangsläufig ein Ermessensspielraum besteht."[1259] Im Unterschied zum Sanierungserlass eröffnet die Neuregelung insoweit jedoch keinen weiteren Ansatzpunkt für die Annahme einer Selektivität. Zum einen ist sie – unter Verzicht auf die Merkmale der Sanierungsabsicht und der Sanierungsfähigkeit – ausschließlich auf die objektiv überprüfbaren Kriterien der Sanierungsbedürftigkeit und der Sanierungseignung gestützt. Zum anderen sind diese objektiven Merkmale durch die gefestigte Rechtspechung des BFH zu § 3 Nr. 66 EstG aF hinreichend konkret ausgestaltet. Diese in der Neuregelung angelegten Modifikationen stellen sicher, dass der Finanzverwaltung – anders als im Rahmen des Sanierungserlasses – bei der Prüfung der Tatbestandsmerkmale kein subjektiver Entscheidungsspielraum verbleibt, der diese in die Lage versetzen würde, die Regelung selektiv anzuwenden.

Im Zusammenhang mit der konkreten Ausgestaltung von Tatbestandsmerkmalen ist ebenfalls hervorzuheben, dass die Neuregelung – die grundsätzlich auch die unternehmerbezogene Sanierung begünstigt – auf eine Sonderregelung für die Fälle der Nichtfortführung des Unternehmens i.S.d. Tz. 2 des Sanierungserlasses verzichtet. Dies trägt ebenfalls zur einheitlichen Anwendung der Neuregelung bei, da sich die derzeit in diesem Kontext auftretenden Unsicherheiten[1260] somit erst gar nicht stellen. Dadurch wird die Gefahr gebannt, dass die Finanzverwaltung diese äußerst problematischen Fragestellungen divergierend entscheidet, was ansonsten insbesondere deshalb zu befürchten, da – im Gegensatz zu den von der Neuregelung geforderten Tatbestandsmerkmalen – hinsichtlich der Konkretisierung der Begriffe

---

1257 Vgl. dazu soeben unter **D.IV.6.**

1258 Mitteilung der Kommission über die Anwendung der Vorschriften über staatliche Beihilfen auf Maßnahmen im Bereich der direkten Unternehmensbesteuerung, ABl. C 384 vom 10.12.1998, S. 3 ff. Rn. 21 mit Hinweisen zur Rechtsprechung des EuGH.

1259 Entwurf der Bekanntmachung der Kommission zum Begriff der staatlichen Beihilfe nach Art. 107 AEUV, abrufbar unter www.ec.europa.eu/competition/consultations/2014_state_aid_notion/draft_guidance_de.pdf (05.04.2015), S. 41 Rn. 125.

1260 Wie die Definition der Begriffe „Unternehmen" und „betriebliche Gründe" sowie die erforderliche Adaption der Merkmale für einen begünstigten Sanierungsgewinn.

„Unternehmen“ und „betriebliche Gründe“ nicht auf eine über Jahrzehnte gefestigte Rechtsprechung zurückgegriffen werden kann.

cc) Zwischenergebnis

Im Unterschied zum Sanierungserlass ist die Neuregelung daher nur insoweit „selektiv“ i.S.d. Art. 107 Abs. 1 AEUV, als ihr Anwendungsbereich auf wirtschaftlich angeschlagene Unternehmen beschränkt ist. Einen weiteren Ansatzpunkt für die Selektivität eröffnet die Neuregelung nicht. Die in der Neuregelung umgesetzte Maßnahme stellt gleichwohl im Hinblick auf den Umstand, dass sie nur auf wirtschaftlich angeschlagene Unternehmen Anwendung findet, eine selektive Ausnahme von der Anwendung des allgemein geltenden Steuersystems dar. Die in der Neuregelung umgesetzte Maßnahme ist demnach *prima facie* selektiv.

dd) Rechtfertigung der Ausnahme „durch die Natur oder den inneren Aufbau“ des Steuersystems

Nach der Rechtsprechung des EuGH ist das Merkmal der Selektivität indes letztlich nicht gegeben, wenn die Maßnahme zwar eine Ausnahme vom allgemein geltenden Steuersystem zu Gunsten bestimmter Unternehmen darstellt, diese Differenzierung jedoch durch die Natur oder den inneren Aufbau des Steuersystems gerechtfertigt ist.[1261] Sofern sich die Maßnahme als *prima facie* selektiv darstellt, ist daher zu prüfen, ob sich die darin vorgesehene Differenzierung „unmittelbar aus den Grund- und Leitprinzipien des Steuersystems“ des jeweiligen Mitgliedsstaats ergibt.[1262] Dabei ist zu beachten, dass ausschließlich solche Ziele der Regelung als Rechtfertigungsgrund für die vorgesehene Differenzierung in Betracht kommen, die durch die dem Steuersystem immanenten Mechanismen bedingt sind.[1263] Nach der hier vertretenen Auffassung gelingt die Rechtfertigung der in der Neuregelung umgesetzten Maßnahme. Insoweit ist entscheidend, dass die Besteuerung von Sanierungsgewinnen, die sich aus den dem Einkommensteuersystem immanenten Mechanismen (§ 2 Abs. 1 Nr. 2, Abs. 2 Nr. 1 i.V.m. §§ 4 Abs. 1, 5 Abs. 1 EStG) ergibt, dem Grund- und Leitprinzip einer Besteuerung nach der wirtschaftlichen Leistungsfähigkeit zuwiderläuft und die in der Neuregelung verankerte Maßnahme zum Ziel hat, dieses Leitprinzip durch (teilweise) Steuerbefreiung des Sanierungsgewinn zu wahren. Die in der Neuregelung umgesetzte Maßnahme stellt damit zwar eine selektive

---

1261 Europäische Kommission, Beschluss vom 26.01.2011 – C 7/2010, Rn. 80 mit Verweis auf EuGH, Urteil vom 08.11.2001, Rechtssache C-143/99, *Adria-Wien Pipeline*, Slg. 2001, I-8365, Rn. 42; EuGH, Urteil vom 29.04.2004, Rechtssache C-308/01, *GIL Insurance und andere*, Slg. 2004, I-4777, Rn. 72; EuGH, Urteil vom 03.05.2005, Rechtssache C-172/03, *Heiser*, Slg. 2005, I-1627, Rn. 43.

1262 Mitteilung der Kommission über die Anwendung der Vorschriften über staatliche Beihilfen auf Maßnahmen im Bereich der direkten Unternehmensbesteuerung, ABl. C 384 vom 10.12.1998, S. 3 ff. Rn. 16.

1263 Europäische Kommission, Beschluss vom 26.01.2011 – C 7/2010, Rn. 83.

Ausnahme vom allgemein geltenden Steuersystem dar, indem sie Sanierungsgewinne ausschließlich bei sanierungsbedürftigen Unternehmen von der Besteuerung ausnimmt. Gleichwohl ergibt sich diese Differenzierung unmittelbar aus den Grund- und Leitprinzipien des EStG. Die in der Neuregelung verankerte Ausnahme zu Gunsten sanierungsbedürftiger Unternehmen ist deshalb durch den inneren Aufbau des Steuersystems gerechtfertigt.

ee) Ergebnis

Im Ergebnis stellt sich die in der Neuregelung verankerte Maßnahme nicht als spezifisch oder selektiv i.S.d. Art. 107 Abs. 1 AEUV dar. Zwar dürfte die Maßnahme als *prima facie* selektiv einzuordnen sein, gleichwohl dient die vorgesehene Differenzierung zwischen wirtschaftlich angeschlagenen und gesunden Unternehmen unmittelbar der Wahrung der Grund- und Leitprinzipien des EStG und ist deshalb durch den inneren Aufbau des Steuersystems gerechtfertigt.

2. Ergebnis

Die vorstehend dargestellte Neuregelung verstößt daher nicht gegen Art. 107 Abs. 1 AEUV.

K. Schlussbetrachtung

Die ertragsteuerliche Behandlung von Sanierungsgewinnen ist nach wie vor ein nicht abschließend geklärtes Themengebiet. Dies gilt ungeachtet dessen, dass die Thematik in den vergangenen Jahren Gegenstand zahlreicher Abhandlungen in der Literatur und einiger gerichtlicher Entscheidungen war. Gerade im Hinblick auf die zentralen Problempunkte ist die Rechtslage noch immer offen. Dies gilt vor allem für die auch in der Praxis besonders relevanten Fragestellungen der Rechtmäßigkeit des Sanierungserlasses, seiner Anwendung im Bereich der Gewerbesteuer und im Rahmen von Gesellschaftermaßnahmen sowie seine gemeinschaftsrechtlichen Implikationen. Der Gesetzgeber sollte daher die nicht nur hier, sondern die vielfach in der Literatur geäußerte Anregung aufgreifen und die ertragsteuerliche Behandlung von Sanierungsgewinnen erneut gesetzlich kodifizieren. Denn schließlich steht nicht nur die Wahrung des steuerrechtlichen Grundprinzips der Besteuerung nach der wirtschaftlichen Leistungsfähigkeit im Raum, sondern vor allem auch das gesetzgeberische Ziel, die Sanierung erhaltenswerter Unternehmen sowie den Erhalt der mit diesen verbundenen Arbeitsplätze zu fördern.

Literaturverzeichnis

Altendorf, Klaus: Neue Entscheidung des BFH zum qualifizierten Rangrücktritt, GmbH-StB 2012, S. 147.

Bareis, Peter/ **Kaiser,** Andreas: Sanierung als Steuersparmodell?, DB 2004, S. 1841.

Baschnagel, Matthias: Der Rangrücktritt von Forderungen und der Forderungsverzicht in der Handelsbilanz, im Überschuldungsstatus und in der Steuerbilanz, Ubg 2014, S. 769.

Bassenge, Peter u. a.: Palandt, Bürgerliches Gesetzbuch, 74., neubearbeitete Auflage, München 2015.

Bauer, Andreas/ **Dimmling,** Andreas: Endlich im Gesetz(entwurf): Der Debt-Equity-Swap, NZI 2011, S. 517.

Baumbach, Klaus J. u. a.: Handelsgesetzbuch, 36., neubearbeitete Auflage, München 2014.

Baumbach, Adolf/ **Hueck,** Alfred: GmbHG, 20. Auflage, München 2013.

Bauschatz, Peter: Steuerpflicht des Sanierungsgewinns im Spannungsfeld zwischen Mindestbesteuerung und Billigkeitsmaßnahmen, GmbHR 2008, S. 1204.

Bäuml, Swen O.: Gesellschafterdarlehen nach MoMiG: (Steuer-)Rechtliche Beratungsschwerpunkte in der Krise, GmbHR 2009, S. 632.

Bea, Franz Xaver/ **Schweitzer,** Marcell: Allgemeine Betriebswirtschaftslehre, Band 1: Grundfragen, 10., überarbeitete und erweiterte Auflage, Stuttgart 2009.

Becker, Axel: Die steuerliche Behandlung von Sanierungsgewinnen, DStR 2003, S. 1602.

Becker, Bernhard/ **Pape,** Markus/ **Wobbe,** Christian: Forderungsverzicht mit Besserungsschein – ein vermehrt genutztes Instrument zur Überwindung der Krise, DStR 2010, S. 506.

Benz, Sebastian/ **Böing,** Christian: Zur Werthaltigkeit der Gesellschafterforderung beim Forderungsverzicht im Konzern, Ubg 2012, S. 440.

Berg, Hans-Georg/ **Schmich,** Rolf: Die Auswirkungen eines Forderungsverzichts mit Besserungsschein im Rahmen des § 8 Abs. 4 KStG, FR 2004, S. 520.

Bildstein, Christoph/ **Dallwitz,** Holger: Das Schicksal von Verpflichtungen aus Besserungsscheinen in Umwandlungsfällen, DStR 2009, S. 1177.

Bippus, Birgit Elsa: Neuer Ärger mit verdeckten Gewinnausschüttungen – Störfall Verfahrensrecht?, GmbHR 2002, S. 951.

Birk, Dieter/ **Desens,** Marc/ **Tappe,** Henning: Steuerrecht, 16., neu bearbeitete Auflage, Heidelberg 2013.

Birle, Jürgen Paul u. a.: Beck'sches Steuer- und Bilanzrechtslexikon, München 2015.

Blaas, Ulrich/ **Schwahn,** Alexander: Steueroptimierte Restrukturierung, Teil 1, DB 2013, S. 2350.

–: Steueroptimierte Restrukturierung, Teil 2, DB 2013, S. 2412.

Blöse, Jochen: Besteuerung von Sanierungsgewinnen: Gesteigerte Sanierungschancen durch das BMF-Schr. v. 27.3.2003, GmbHR 2003, S. 579.

Bogenschütz, Eugen: Regresslose Schuldübernahme als Sanierungsinstrument, Ubg 2010, S. 407.

Born, Alexander: Aktuelle Steuerfragen im Zusammenhang mit Debt-Equity-Swap-Transaktionen, BB 2009, S. 1730.

Boochs, Wolfgang: Steuerliche Auswirkungen des RegE-ESUG, BB 2011, S. 857.

Boochs, Wolfgang/ **Dauernheim,** Jörg: Steuerrecht in der Insolvenz, 3. Auflage, Neuwied 2007.

Böing, Christian: Übertragung eines Besserungsscheins im Hinblick auf § 8 Abs. 4 KStG a.F.: nicht missbräuchlich, GmbH-StB 2012, S. 329.

Braun, Eckhart/ **Geist,** Andreas: Zur Steuerfreiheit von Sanierungsgewinnen – Bestandsaufnahme und Empfehlungen, BB 2009, S. 2508.

–: Forderungsverzicht im »Bermudadreieck« von Sanierungsgewinn, Verlustverrechnung und Mindestbesteuerung, BB 2013, S. 351.

Breuninger, Gottfried E.: Verluste, Verlustnutzung, Debt Equity Swap, JbFfSt 2011/2012, S. 282.

Brinkmann, Michael: Forderungsverzicht gegen Besserungsschein, StBp 2010, S. 33.

Busche, Jan u. a.: J. von Staudingers Kommentar zum Bürgerlichen Gesetzbuch mit Einführungsgesetz und Nebengesetzen, Buch 2, Berlin 2012.

Carli, Winfried M./ **Rieder,** Markus S./ **Mückl,** Norbert: Debt-to-Equity-Swaps in der aktuellen Transaktionspraxis, ZIP 2010, S. 1737.

Corsten, Hans/ **Reiß,** Michael: Betriebswirtschaftslehre, Band 1, 4., vollständig überarbeitete und wesentlich erweiterte Auflage, München 2008.

Crezelius, Georg: Aktuelle Steuerrechtsfragen in Krise und Insolvenz, NZI 2009, S. 94.

–: Aktuelle Steuerrechtsfragen in Krise und Insolvenz, NZI 2012, S. 72.

–: Aktuelle Steuerrechtsfragen in Krise und Insolvenz, NZI 2014, S. 255.

–: Aktuelle Steuerrechtsfragen in Krise und Insolvenz, NZI 2015, S. 268.

–: Aktuelle Steuerrechtsfragen in Krise und Insolvenz, NZI 2015, S. 459.

Demuth, Ralf: Gesellschafterforderungen im Ertragsteuerrecht – Entstehung, Verzinsung, Verzicht, KÖSDI 2008, S. 16177.

Diffring, Philipp: Umwandlung von Forderungen zur Sanierung von Kapitalgesellschaften, Dissertation, Münster 2012.

Dörr, Ingmar: Steuerliche Sanierung gescheitert: EU-Kommission kippt § 8c Abs. 1a KStG, NWB 2011, S. 690.

Dörr, Ingmar/ **Eggert,** Andreas: Gestaltungsmodell Mantelkauf mit Abtretung einer Besserungsanwartschaft gegen die GmbH, NWB 2013, S. 22.

Dötsch, Ewald/ **Pung,** Alexandra/ **Möhlenbrock,** Rolf: Die Körperschaftsteuer, Stuttgart.

Drews, Ernesto/ **Götze,** Andreas: Der Gesellschafterverzicht in der Sanierung als Steuerfalle für Private Equity Investoren, DStR 2009, S. 945.

Drouven, Ralph/ **Nobiling,** Jesko: Reverse Debt-Equity-Swaps – Auch steuerlich eine Alternative?, DB 2009, S. 1895.

Düll, Alexander/ **Fuhrmann,** Gerd/ **Eberhard,** Martin: Aktuelles Beratungs-Know-how mittelständische Kapitalgesellschaften, DStR 2002, S. 1030.

–: Aktuelles Beratungs-Know-how mittelständische Kapitalgesellschaften, DStR 2003, S. 862.

Dziadkowski, Dieter: Wider die voreilige Aufhebung der Steuerbefreiung für Sanierungsgewinne nach § 3 Nr. 66 EStG, DB 1997, S. 447.

Dziadkowski, Dieter/ **Treisch,** Corinna: Zur Steuerfreiheit des Sanierungsgewinns nach § 3 Nr.66 EStG, FR 1995, S. 330.

Ebbinghaus, Mark/ **Hinz,** Bogdan: Sanierungshindernis Gewerbesteuer?, ZInsO 2013, S. 911.

Ebbinghaus, Mark/ **Neu,** Peter: Der Sanierungsgewinn bei Einstellung der Geschäftstätigkeit, DB 2012, S. 2831.

Ebbinghaus, Mark/ **Neu,** Peter/ **Hinz,** Bogdan: Forderungsverzicht oder Debt-Equity-Swap bei der Eigensanierung im Insolvenzplanverfahren, NZI 2014, S. 729.

Ebbinghaus, Mark/ **Osenroth,** Marcel/ **Hinz,** Bogdan: Schuldübernahme durch Gesellschafter als Sanierungsinstrument unter Berücksichtigung der Schenkungsteuer, BB 2013, S. 1374.

Eicke, Rolf: Auswirkungen der Europarechtswidrigkeit der Sanierungsklausel auf den Sanierungserlass, PISTB 2012, S. 131.

Eilers, Stephan: Der Debt Equity Swap – Eine Sanierungsmaßnahme für unternehmerische Krisensituationen, GWR 2009, S. 3.

–: Das neue Sanierungssteuerrecht -- ein wirksamer Beitrag zur Krisenbewältigung?, StuW 2010, S. 205.

Eilers, Stephan/ **Bühring,** Franziska: Das Ende des Schönwetter-Steuerrechts, DStR 2009, S.137.

–: Sanierungssteuerrecht – Selbst ein Sanierungsfall?, StuW 2009, S. 246.

–: Sanierungssteuerrecht, Köln 2012.

–: Sanierungserlass: Zuständigkeit für die abweichende Festsetzung des Gewerbesteuermessbetrags, FR 2013, S. 44.

Erhardt, Alexander/ **Zeller,** Johannes: Steuerneutraler Forderungsverzicht durch Gesellschafter einer (Familien-) Personengesellschaft zur Abwendung einer bilanziellen Überschuldung, DStR 2012, S.1636.

Erle, Bernd/ **Sauter,** Thomas: Körperschaftsteuergesetz, 3., neu bearbeitete Auflage, Heidelberg 2010.

Fehrenbacher, Oliver: Steuerrecht, 5. Auflage, Baden-Baden 2015.

Fest, Timo: Plädoyer für ein effektives Verfahren über den Gewerbesteuererlass im RegE-ESUG, NZI 2011, S. 345.

Fichtelmann, Helmar: Neuere Entwicklungen zur Steuerfreiheit des Sanierungsgewinns nach § 3 Nr. 66 EStG (Teil I), DStR 1992, S. 237.

Fleischer, Heinrich: Besteuerung von Kapitalmaßnahmen der Gesellschafter in der Sanierung – Steine statt Brot?, Stbg 2009, S. 437.

Forster, Karl-Heinz u. a.: Adler/Düring/Schmaltz, Rechnungslegung und Prüfung der Unternehmen, 6. Auflage, Stuttgart 1998.

Fox, Thomas/ **Scheidle,** Andreas: Steuerliche Aspekte von Gestaltungsmaßnahmen in der Krise, GWR 2009, S. 51.

Förschle, Gerhart/ **Grottel,** Bernd/ **Schmidt,** Stefan/ **Schubert,** Wolfgang J./ **Winkeljohann,** Norbert: Beck'scher Bilanzkommentar, Handelsbilanz, Steuerbilanz, 9., neubearbeitete Auflage, München 2014.

Förster, Guido: Steuerliche Aspekte der Entlastung einer Kapitalgesellschaft von Verbindlichkeiten durch ihre Gesellschafter, Ubg 2010, S. 758.

Förster, Guido/ **Wendland,** Jan: Steuerliche Folgen von Gesellschafterdarlehen in der Krise der GmbH, GmbHR 2006, S. 169.

Frank, Achim/ **Heinrich,** Jens: Von Zielen und (Irr-)Wegen – Gedanken zur Reform des Insolvenzrechts, ZInsO 2011, S. 1826.

Frey, Johannes/ **Nebelin,** Norman: Kommentar zu BFH, Beschluss vom 25.03.2015 – X R 23/12, GmbHR 2015, S. 823.

Frey, Johannes/ **Mückl,** Norbert: Sanierungen – steuerliche Fallstricke und Gestaltungsmöglichkeiten in der Praxis, GmbHR 2010, S. 1193.

Frey, Johannes/ **Weißgerber,** Arnd: Die neue Gegenständlichkeit des BFH bei der Verlustnutzung, GmbHR 2002, S. 135.

Friedl, Markus J./ **Natusch,** Ingo: Debt-Buy-Backs – Analyse und Gestaltungsmöglichkeiten, FB 2009, S. 227.

Fritsche, Heinz-Günter: Die Streichung von § 3 Nr. 66 EStG als Sanierungshindernis und die Sicherung des Sanierungserfolgs mittels Erlass nach §§ 163, 227 AO, DStR 2000, S. 2171.

Frotscher, Gerrit: Körperschaftsteuer Gewerbesteuer, 2. Auflage, München 2008.

Frotscher, Gerrit/ **Maas,** Ernst: KStG/GewStG/UmwStG, Freiburg.

Fuhrmann, Claas/ **Strahl,** Martin: Änderungen im Unternehmensteuerrecht durch das JStG 2008, DStR 2008, S. 125.

Funk, Thomas E.: Der Rangrücktritt bei Gesellschafterdarlehen nach MoMiG im Steuerrecht, BB 2009, S. 867.

Gänsler, Katrin: Unternehmenssanierung – Steuerliche Fallstricke erkennen und vermeiden, Ubg 2013, S. 154.

Geist, Andreas: Die Besteuerung von Sanierungsgewinnen – Zur Anwendbarkeit, Systematik und Auslegung des BMF-Schreibens vom 27.03.2003, BB 2008, S. 2658.

Goette, Wulf/ **Habersack,** Mathias: Münchener Kommentar zum Aktiengesetz, Band 1, 4. Auflage, München 2016.

–: Münchener Kommentar zum Aktiengesetz, Band 4, 3. Auflage, München 2011.

Gondert, Heinz-Günter/ **Büttner,** Benjamin: Steuerbefreiung von Sanierungsgewinnen – Anmerkung zum Urteil des Finanzgerichts München vom 12.12.2007, DStR 2008, S. 1676.

Gosch, Dietmar, Beermann/Gosch, AO/FGO, Bonn: Kommentar zu BFH, Urteil vom 20.12.2001 – I B 74/01, StBp 2002, S. 117.

–: Körperschaftsteuergesetz, 3., völlig neubearbeitete Auflage, München 2015.

–: Kein Gestaltungsmissbrauch bei Abtretung der Besserungsanwartschaft auf eine Forderung eines Gesellschafters an den Anteilserwerber im Rahmen eines Mantelkaufs, BFH/PR 2012, S. 403.

–: Passivierung „angeschafter" Rückstellungen bei steuerlichem Ausweisverbot, BFH/PR 2012, S. 147.

Gottwalt, Peter: Insolvenzrechtshandbuch, 4., neu bearbeitete Auflage, München 2010.

Graf, Ulrich/ **Wunsch,** Irene: Eigenverwaltung und Insolvenzplan – gangbarer Weg in der Insolvenz von Freiberuflern und Handwerkern?, ZIP 2001, S. 1029.

Gragert, Katja: Besteuerung von Sanierungsgewinnen, NWB 2011, S. 1438.

–: Steuerliche Behandlung von Sanierungsgewinnen, NWB 2013, S. 2141.

Groh, Manfred: Abschaffung des Sanierungsprivilegs, DB 1996, S. 1890.

–: Einlage wertgeminderter Gesellschafterforderungen in Kapitalgesellschaften, BB 1997, S.2523.

Grube, Frank/ **Altrichter-Herzberg,** Torsten: Aktuelles im Bereich von steuerlichen Verlustvorträgen bei Körperschaften im Zusammenhang mit § 8 Abs. 4 KStG, GmbHR 2005, S. 284.

Haarmann, Wilhelm: Forderungsverzicht, Sanierungserlass und Mindeststeuer, JbFfSt 2009/2010, S. 285.

Hackemann, Tim/ **Sydow,** Sabine: Richtungsentscheidung des EuGH in der. Rs. C-6/12, P Oy für die Voraussetzungen der Einstufung einer Sanierungsklausel als staatliche Beihilfe; Auswirkungen auf die suspendierte deutsche Sanierungsklausel des § 8c Abs. 1a KStG, IStR 2013, S. 786.

Hageböke, Jens/ **Hasbach,** Alexander: Gewerbesteuerliche Kompetenzfragen beim Sanierungserlass – Kritische Anmerkungen zur Kurzinformation GewSt Nr. 02/2015 der OFD NRW v. 6.2.2015, DStR 2015, S. 1713.

Hahn, Hartmut: Wie effizient ist § 42 AO neuer Fassung?, DStZ 2008, S. 483.

Hamminger, Alexander: Passivierung oder keine Passivierung bei qualifiziertem Rangrücktritt?, NWB 2012, S. 1498.

Haratsch, Andreas/ **Koenig,** Christian/ **Pechstein,** Matthias: Europarecht, 7., völlig neu bearbeitete Auflage, Tübingen 2010.

Harder, Phillip-Boie: Gewerbesteuerliche Behandlung von Sanierungsgewinnen, ZInsO 2013, 1070.

–: Kommentar zu BGH, Urteil vom 13.03.2014 – IX ZR 23/10, NZI 2014, S. 671.

Hartmann, Simone/ **Zwirner,** Christian: Ist ein Steuereinnahmenverlust mit dem EU-Beihilfenrecht vereinbar?, WPg 2014, S. 1105.

Häuselmann, Holger: Rangrücktritt versus Forderungsverzicht mit Besserungsabrede, BB 1993, S. 1552.

–: Restrukturierung von Finanzverbindlichkeiten und ihre Abbildung in der Bilanz, BB 2010, S. 944.

Heinz, Carsten: Steuereffiziente Verlustnutzung als Bestandteil einer steuerzentrierten Sanierungsberatung, FR 2010, S. 1134.

Helios, Marcus/ **Kröger,** Tobias: Aktuelle steuerliche Rechtsfragen von Rangrücktrittsvereinbarungen – Zugleich Anmerkung zum BFH-Urteil v. 15.4.2015 – I. R 44/14, DStR 2015, 1551, DStR 2015, S. 2478.

Helm, Markus T./ **Krinninger,** Markus: Steuerrechtliche Folgen des Gesellschafterverzichts auf Forderungen gegenüber einer Kapitalgesellschaft, DB 2005, S. 1989.

Henkel, Andreas/ **Wentzler,** Jochen: Die rechtssichere Gestaltung des Rangrücktritts, GmbHR 2013, S. 239.

Herbst, Christian/ **Stegemann,** Dieter: Zur Reichweite der korrespondierenden Bilanzierung bei Mitunternehmerschaften, DStR 2013, S. 176.

Herrmann, Juliane: Beihilferechtliche Risiken im Alltag der Sanierungspraxis – Steuerfreiheit von Sanierungsgewinnen als rechtswidrige Beihilfe?, ZInsO 2003, S. 1069.

Herzig, Norbert/ **Liekenbrock,** Bernhard: Überlegungen zur Beseitigung von steuerlichen Sanierungshindernissen – Ein Beitrag zur steuerlichen Flankierung der geplanten Insolvenzrechtsreform, Ubg 2011, S. 313.

Heuermann, Bernd/ **Brandis,** Peter: Blümich, EStG, KStG, GewStG, München.

Hey, Johanna: Gestaltungsmissbrauch im Steuerrecht nach der Neufassung des § 42 AO und dem dazu ergangenen BMF-Erlass, BB 2009, S. 1044.

Hey, Johanna/ **Wendt,** Michael: Herrmann/Heuer/Raupach, Einkommensteuer- und Körperschaftsteuergesetz, Köln.

Hierstetter, Felix: Steuerliche Risiken der Entschuldung einer Kapitalgesellschaft in der Krise, DStR 2010, S. 882.

Hofert, Sebastian/ **Möller,** Christian: GmbH-Finanzierung: Debt Mazzanine Swap – der bessere Debt Equity Swap für Unternehmen in der Krise, GmbHR 2009, S. 527.

Hoffmann, Wolf-Dieter: Kritische Anmerkungen zum sog. Einlagebeschluß des Großen BFH-Senats, DB 1998, S. 1983.

–: Kommentar zu BFH, Urteil vom 20.12.2001 – I B 74/01, GmbHR 2002, S. 222.

–: Kommentar zu BFH, Urteil vom 30.01.2002 – I R 13/01, GmbHR 2002, S. 750.

–: Forderungsverzicht des Gesellschafters einer Kapitalgesellschaft gegen Besserungsschein bei Gesellschafterwechsel, DStR 2004, S. 293.

–: Eigenkapitalersetzende Darlehen und Rangrücktritt als Bilanzierungsproblem, BC 2006, S. 49.

Hoos, Jan-Philipp/ **Köhler,** Oliver: Überschuldungsverhindernde Rangrücktrittsvereinbarungen in der Finanzierungs- und Restrukturierungspraxis, GmbHR 2015, S. 729.

Horst, Alexander: Überblick über Entschuldungsinstrumente und ihre bilanz- und steuerrechtlichen Auswirkungen, DB 2013, S. 656.

–: Sanierungsbedürftigkeit eines Einzelunternehmers nur bei Einbeziehung des Privatvermögens, DB 2014, S. 1642.

Hölzle, Gerrit: Besteuerung der Unternehmenssanierung – Die steuerlichen Folgen gängiger Sanierungsinstrumente, FR 2004, S. 1193.

Hüffer, Uwe: Aktiengesetz, 11. Auflage, München 2014.

Ilberg, Philipp von/ **Tschesche,** Frank: Rechtliche und steuerliche Betrachtung des Rückkaufs von Schulden (Debt-Buy-Back), BB 2010, S. 259.

Ismer, Roland/ **Piotrowski,** Sophia: Zur beihilferechtlichen Argumentation im Vorlagebeschluss zum Sanierungserlass, DStR 2015, 1993.

Jakob, Wolfgang: Einkommenssteuer, 3., völlig überarbeitete Auflage, München 2013.

Janssen, Bernhard: Erlass von Steuern auf Sanierungsgewinne, DStR 2003, S. 1055 Steuererlass in Sanierungsfällen – faktisches Wiederaufleben des § 3 Nr. 66 a.F.?!, BB 2005, S. 1026.

Jarass, Hans D./ **Pieroth,** Bodo: Grundgesetz, 12. Auflage, München 2012.

Jauernig, Othmar: Bürgerliches Gesetzbuch, 15., neubearbeitete Auflage, München 2014.

Jungbluth, Jochen/ **Lohmann,** Christoph: Kurzkommentar zu FG München, Urteil vom 12.12.2007 – 1 K 4487/06, EWiR 2008, S. 231.

Junker, Markus: Juris Praxiskommentar BGB, Band 2.1, 5. Auflage, Saarbrücken 2010.

Kahlert, Günter: Ein Plädoyer für eine gesetzliche Regelung der Steuerfreiheit des Sanierungsgewinns, ZIP 2009, S. 643.

–: Gastkommentar: Keine Billigkeitsmaßnahmen bei unternehmerbezogenen Sanierungen – Kurzkommentar zur Entscheidung des BFH vom 14.7.2010, X R 34/08, DStR 36/2010, S. VI.

–: Haftung des Steuerberaters bei fehlendem Hinweis auf den sog. Sanierungserlass, DStR 2014, S. 902.

–: Ertragsbesteuerung in Krise und Insolvenz, FR 2014, S. 731.

–: Insolvenzrecht und Steuerrecht – Gemeinsam für ein wettbewerbsfähiges Insolvenzrecht, ZIP 2014, S. 1101.

–: Rangrücktritt und (sonstiges) freies Vermögen – Der (Irr-)Weg zur Steuerneutralität, NWB 2015, S. 3018.

–: Steuerbilanzielle Behandlung des Rangrücktritts nach dem Konzept des IX. Senats des BGH, DStR 2015, S. 734.

–: Aktuelle Rechtsfragen von Rangrücktrittsvereinbarungen – Anmerkung zu. *Helios/Kröger* DStR 2015, 2478 – Zugleich Anmerkung zum BFH-Urteil v. 15.4.2015 (I R 44/14, DStR 2015, 1551), DStR 2016, S. 209.

Kahlert, Günter/ **Gehrke,** Hans Dieter: Der Rangrücktritt nach MoMiG im GmbH-Recht: Insolvenz- und steuerrechtliche Aspekte, DStR 2010, S. 227.

Kahlert, Günter/ **Rühland,** Bernd: Sanierungs- und Insolvenzsteuerrecht, Köln 2007; 2. Auflage, Köln 2011.

Kamps, Heinz-Willi/ **Weil,** Karina: Erlass der auf einem Sanierungsgewinn beruhenden Gewerbesteuer durch die Gemeinden, FR 2014, S. 913.

Kanzler, H.-J.: Steuerfreiheit des Sanierungsgewinns durch Billigkeitserlaß oder: zurück zu den Wurzeln, FR 2003, S. 480.

–: Kommentar zu BFH, Beschluss vom 25.03.2015 – X R 23/12, FR 2015, S. 898.

Keuthen, Markus/ **Hübner,** Rudolf: Aktuelle steuerliche Fragen bei Sanierungsgewinnen – Vereinbarkeit des Sanierungserlasses mit dem Grundsatz der Gesetzmäßigkeit der Verwaltung; Anforderungen an einen Forderungsverzicht durch einen Gesellschafter, FR 2015, S. 865.

Khan, Sascha/ **Adam,** Sven: Die Besteuerung von Sanierungsgewinnen aus steuerrechtlicher, insolvenzrechtlicher und europarechtlicher Sicht, ZInsO 2008, S. 899.

Kirchhof, Paul: Einkommensteuergesetz, 14., neu bearbeitete Auflage, München 2015.

Klein, Franz/ **Orlopp,** Gerd: Abgabenordnung, 12. Auflage, München 2014.

Kleinert, Jens/ **Podewils,** Felix: Neues zu Teilwertabschreibungen auf Gesellschafterdarlehen, GmbHR 2009, S. 849.

Knebel, Andreas: Der Forderungsverzicht als Sanierungsmaßnahme, DB 2009, S. 1094.

Knebel, Andreas/ **Schmidt,** Thomas: Gestaltungen zur Eigenkapital-Optimierung vor dem Hintergrund der Finanzkrise, BB 2009, S. 430.

Knobbe-Keuk, Brigitte: Bilanz- und Unternehmenssteuerrecht, 9., völlig überarbeitete und erweiterte Auflage, Köln 1993.

Kohlhaas, Karl-Fr.: Die GmbH in der Krise – wie werthaltig sind Gesellschafterforderungen?, GmbHR 2009, S. 531.

Kollmar, Jens: Rechtliche und steuerliche Möglichkeiten der Sanierung mittelständischer Unternehmen, ZSteu 2009, S. 365.

Korff, Arne: Die Grenzen des Debt-to-Equity-Swap, ZInsO 2013, S. 2411.

Kreft, Gerhart: Heidelberger Kommentar zur Insolvenzordnung, 7., neu bearbeitete Auflage, Heidelberg 2014.

Kretz, Karl/ **Heine,** Peter: Steuerlicher Verlustabzug und steuerliche Behandlung von Sanierungsmaßnahmen/-gewinnen vor dem Hintergrund des wirtschaftlichen Abschwungs, KStZ 2009, S. 141.

Kreutziger, Stefan/ **Schaffner,** Margit/ **Stephany,** Ralf: Bewertungsgesetz, 3., völlig neu bearbeitete Auflage, München 2013.

Kroniger, Axel/ **Korb,** Markus: Die Handhabung von Sanierungsgewinnen vor und nach dem Urteil des Finanzgerichts München vom 12.12.2007, BB 2008, S. 2656.

Kroschel, Jörg: Rechtskritische Anmerkungen zur steuerlichen Behandlung von Sanierungsgewinnen, DStR 1999, S. 1383.

Lang, Bianca: Gelöste und ungelöste Probleme des Rangrücktritts, DStZ 2006, S. 789.

Lay, Henrik/ **Sommer,** Ulrike: Tagungsbericht zum 2. Hamburger Forum für Unternehmenssteuerrecht 2012 am 16./17.02.2012 in der Bucerius Law School, Hamburg, FR 2012, S. 300.

Lenger, Norman/ **Gohlke,** Maik: Sanierungsgewinn reloaded?!, NZI 2014, S. 9.

Linse, Thomas: Ertragsteuerliche Behandlung von Sanierungsgewinnen, ZInsO 2003, S. 934.

Littmann, Eberhard/ **Bitz,** Horst/ **Pust,** Hartmut: Das Einkommensteuerrecht, Stuttgart.

Looschelders, Dirk: Schuldrecht Besonderer Teil, 10., neu bearbeitete Auflage, Köln 2015.

Lornsen-Veit, Birgitt/ **Behrendt,** Lars: Forderungsverzicht mit Besserungsschein nach dem SEStEG – weiterhin Direktzugriff auf das Einlagekonto, FR 2007, S. 179.

Lukas, Karsten: Steuerfreiheit von Sanierungsgewinnen nach dem Wegfall des § 3 Nr. 66 EStG, NWB 2011, S. 3022.

Lutter, Marcus/ **Hommelhoff,** Peter: GmbHG, 18., völlig neu bearbeitete Auflage, Köln 2012.

Lüdicke, Jochen/ **Sistermann,** Christian: Unternehmensteuerrecht, München 2008.

Mangoldt, Hermann von/ **Klein,** Friedrich/ **Stark,** Christian: Grundgesetz, 6., vollständig neubearbeitete Auflage, München 2011.

Maus, Karl Heinz: Die Besteuerung des Sanierungsgewinns – ein Problem für die Sanierungspraxis, die Insolvenzgerichte und die Insolvenzverwalter, ZIP 2002, S. 589.

–: Steuern im Insolvenzverfahren, Recklinghausen 2004.

Michalski, Lutz: GmbHG, 2., neu bearbeitete Auflage, München 2010.

Mitschke, Wolfgang: Abweichende Steuerfestsetzung aus Billigkeitsgründen wegen eines Sanierungsgewinns kann zulässig sein, FR 2014, S. 661.

Meier, Norbert: Aktuelle Überlegungen zur Zuständigkeit hinsichtlich des Gewerbesteuererlasses bei Sanierungsgewinnen, FR 2013, S. 849.

Meyer, Heinrich/ **Degener,** Jan-Moritz: Debt-Equity-Swap nach dem RegE-ESUG, BB 2011,S. 846.

Musil, Andreas: Europäisches Beihilferecht und nationales Steuerrecht, FR 2014, S. 953.

Mückl, Norbert: Der Debt-Equity-Swap als Sanierungsinstrument im Steuerrecht, FR 2009, S. 497.

Mühlhaus, Gunter/ **Kaltenhäuser,** Nicola: Rangrücktritt zur finanziellen Restrukturierung (I), GmbH-StB 2012, S. 185.

–: Rangrücktritt zur finanziellen Restrukturierung (II), GmbH-StB 2012, S. 213.

Müller, Welf: Bilanzierung des qualifizierten Rangrücktritts, BB 2016, S. 491.

Neumann, Ralf: Einschränkung des Verlustabzugs bei Kapitalgesellschaften nach § 8 Abs. 4 KStG, § 12 Abs. 3 UmwStG und § 15 Abs. 4 UmwStG (Teil I), StB 2002, S. 246.

Neumann, Rolf/ **Stimpel,** Thomas: Ausgewählte Zweifelsfragen zur neuen Verlustabzugsbeschränkung nach § 8c KStG, GmbHR 2007, S. 1194.

Neumann, Rolf/ **Watermeyer,** Heinrich: Forderungsverluste von Gesellschaftern im Betriebsvermögen (§ 8b Abs. 3 Sätze 4 ff. KStG und § 3c Abs. 2 EStG), Ubg 2008, S. 748.

Nosky, Jürgen/ **Hörner,** Steffen C.: Kommentar zu BFH, Beschluss vom 28.02.2012 – VIII R 2/08, FR 2012, S. 693.

Oelke, Herbert/ **Wöhlert,** Helge-Torsten/ **Degen,** Stephan: Debt Mezzanine Swap – Königsweg für die Restrukturierungsfinanzierung?, BB 2010, S. 299.

Olbing, Klaus: Sanierung durch Steuergestaltung, 3., neu bearbeitete Auflage, Köln 2003.

–: Die mühsame Wiederauferstehung des steuerfreien Sanierungsgewinns, Stbg 2010, S. 216.

Ostermayer, Franz/ **Erhart,** Gabriele: Kapitalersetzende Gesellschafterdarlehen: BFH harmoniert Darlehensausfall und Darlehensverzicht, BB 2003, S. 449–454.

Parczyk, Wolfgang: Gesellschaftsrechtlicher Schulderlaß, BB 1998, S. 928.

Paus, Bernhard: Forderungsverzicht betrieblicher Gläubiger, EStB 2003, S. 433.

–: Forderungsverzicht gegen Besserungsschein, insbesondere bei späterem Ankauf der GmbH-Anteile, GmbHR 2004, S. 1568.

Pfeiffer, Thomas: Soergel, Bürgerliches Gesetzbuch, Band 5/3, Schuldrecht 3/3, 13. Auflage, Stuttgart 2010.

Pflugbeil, Antje: Steuerliche Auswirkungen von Sanierungsmaßnahmen bei Kapitalgesellschaften, Dissertation, Aachen 2006.

Pohl, Carsten: Entwicklung des steuerlichen Einlagekontos beim Forderungsverzicht mit Besserungsschein – Änderung der Rechtslage durch das SEStEG? DB 2007, S. 1553.

–: Die Auswirkung eines Forderungsverzichts mit Besserungsschein im Rahmen des § 8c KStG, DB 2008, S. 1531.

Prinz, Markus: Die Besteuerung der Schuldbefreiung, FR 2011, S. 444.

Pyszka, Tillmann: Forderungsverzicht des Gesellschafters gegenüber seiner Personengesellschaft, BB 1998, S. 1557.

Rauber, David: Erlass der Gewerbesteuer für Sanierungsgewinne, Der Gemeindehaushalt 2010, S. 83.

Rätke, Bernd: Gewinnerhöhung durch Rangrücktritt? – BFH erweckt § 5 Abs. 2a EStG zum Leben, StuB 2012, S. 338.

Redecker, Rouven: Kontrollerwerb an Krisengesellschaften: Chancen und Risiken des Debt-Equity-Swap, BB 2007, S. 673.

Reimer, Philipp: Stundung, Erlass und Niederschlagung von Forderungen der. öffentlichen Hand – sämtlich verbotene Beihilfen?, NVwZ 2011, S. 263.

Rekers, Martin: Anmerkung zu BFH, Urteil v. 15.4.2015 – I R 44/14, ZInsO 2015, S. 706.

Rixecker, Roland/ **Säcker,** Franz Jürgen: Münchener Kommentar zum Bürgerlichen Gesetzbuch, Band 2, 6. Auflage, München 2012.

Rolf, Henning/ **Pankoke,** Frank: Gewinnrealisierung und Aufwandsentlastung als Gegenmaßnahmen zur Verlustabzugsbeschränkung innerhalb von Konzernstrukturen, BB 2008, S. 2274.

Romswinkel, Marco/ **Weßling,** Johannes: Erlass von Steuern auf Sanierungsgewinne sachgerecht?, ZInsO 2003, S. 886.

Ronneberger, Thomas: Steuerliche Gestaltungsüberlegungen zum Rangrücktritt unter besonderer Berücksichtigung des BFH-Urteils vom 30.11.2011, Stbg 2013, S. 201.

Roth, Günther H./ **Altmeppen,** Holger: GmbHG, 8. Auflage, München 2015.

Rowedder, Heinz/ **Schmidt-Leithoff,** Christian: GmbHG, 5. Auflage, München 2013.

Rödder, Thomas/ **Möhlenbrock,** Rolf: Die Neuregelung des § 8c KStG betr. Verluste von Kapitalgesellschaften bei Beteiligungserwerben, Ubg 2008, S. 595.

Rödding, Adalbert/ **Bühring,** Franziska: Neue Transaktionsformen als Folge der Finanzmarktkrise – Überblick über die steuerlichen Aspekte, DStR 2009, S. 1933.

Römermann, Volker,: Ein Jahr ESUG, – Eine Bestandsaufnahme aus dem Blickwinkel der GmbH-Beratung –, GmbHR 2013, S. 337.

Schauhoff, Stephan: Neues Sanierungssteuerrecht, JbFfSt 2009/2010, S. 183.

Schäfer-Elmayer, Pascal/ **Müller,** Dominik: Besteuerung in Sanierungsfällen, StB 2009, S. 191.

Scheifele, Matthias/ **Nees,** Claudia: Der Rangrücktritt aus steuerrechtlicher Sicht – Unter Berücksichtigung von BGH vom 05.03.2015 – IX ZR 133/14 und BFH vom 15.04.2015 – I R 44/14 –, Der Konzern 2015, S. 417.

Scheunemann, Marc P./ **Hoffmann,** Guido: Debt-Equity-Swap, DB 2009, S. 983.

Schildknecht, Urs: Passivierungsverbote nach Rangrücktrittsvereinbarungen, DStR 2005, S. 181.

Schmid, Hubert: Der erfolgswirksame Rangrücktritt, FR 2012, S. 837.

Schmidt, Frank/ **Mielke,** Axel: Steuerfolgen von Sanierungsmaßnahmen, Ubg 2009, S.395.

Schmidt, Karsten: Der insolvenzabwendende Rangrücktritt ein steuerrechtlicher Wiedergänger?, in: Das Steuerrecht der Unternehmen – Festschrift für Gerrit Frotscher zum 70. Geburtstag, 2013, S. 535.

Schmidt, Karsten/ **Lutter,** Marcus: Aktiengesetz, 2., neubearbeitete Auflage, Köln 2010.

Schmidt, Karsten/ **Uhlenbruck,** Wilhelm: Die GmbH in Krise, Sanierung und Insolvenz, 5., neu bearbeitete und erweiterte Auflage, Köln 2016.

Schmidt, Lutz/ **Hageböke,** Jens: Schuldübernahmen als Sanierungsinstrument zur Nutzung von steuerlichen Verlustvorträgen im Konzern, DStR 2002, S. 2150.

Schmittmann, Jens M.: Rückforderung gemeinschaftsrechtswidriger Beihilfen, NZI 2015 Heft 3, S. 84.

Schnitger, Arne: Einlage bei Verbindlichkeiten i.S.d. § 5 Abs. 2a EStG – Analyse des BFH-Urteils vom 15.04.2015 (I R 44/14, DB 2015 S. 1633), DB 2015, S. 1989.

Schnitger, Arne/ **Fehrenbacher,** Oliver: KStG, Wiesbaden 2012.

Scholz, Franz: GmbHG, 11. Auflage, Köln 2014.

Schuhmann, Helmut: Der „neue“ § 42 AO 1977, StBp 2008, S. 232.

Schulze zur Wiesche, Dieter: Schenkungsteuerpflichtige Tatbestände im Zusammenhang mit Beteiligungen an Kapitalgesellschaften, GmbHR 2015, S. 234.

Schuster, Silvia: Anmerkung zu BFH, Beschluss vom 25.03.2015 – X R 23/13, juris-PR-SteuerR 32/2015 Anm. 2.

Schwahn, Alexander/ **Meretzki,** Ayk: Zuständigkeit für eine abweichende Festsetzung des Gewerbesteuermessbetrags unter dem Sanierungserlass nach der Neufassung von § 184 Abs. 2 S. 1 AO, FR 2015, S. 593.

Schwarz, Bernhard/ **Pahlke,** Armin: AO/FGO, Freiburg.

Schwenker, Jörg/ **Fischer,** Carola: Restrukturierungsmaßnahmen in der Krise der GmbH, DStR 2010, S. 1117.

Seer, Roman: Der sog. Sanierungserlass vom 27.03.2003 als Rechtsgrundlage für Maßnahmen aus sachlichen Billigkeitsgründen, FR 2010, S. 307.

–: Insolvenz, Sanierung und Ertragsteuern – verfassungs- und europarechtliche Überlegungen, FR 2014, S. 721.

–: Abschlussbericht der Kommission zur Harmonisierung von Insolvenz- und Steuerrecht, ZIP 2014, S. 1.

Simon, Stefan/ **Merkelbach,** Matthias: Gesellschaftsrechtliche Strukturmaßnahmen im Insolvenzplanverfahren nach dem ESUG, NZG 2012, S. 121.

Sistermann, Christian/ **Brinkmann,** Jan: Verlustabzugsbeschränkungen nach § 8c KStG – Anmerkungen zum BMF-Schreiben vom 4.7.2008, BB 2008, S. 1928.

Söhn, Hartmut/ **Heuermann,** Bernd: Hübschmann/Hepp/Spitaler, AO/FGO, Köln.

Spindler, Wolfgang: Der „Gesamtplan" in der Rechtsprechung des BFH, DStR 2005, S. 1.

Spliedt, Jürgen D.: Dept-Equity-Swap und weitere Strukturänderungen nach dem ESUG, GmbHR 2012, S. 462.

Stangl, Ingo/ **Hageböke,** Jens: Billigkeitsregelungen i.S.d. § 163 Satz 1 AO in BMF-Schreiben und ihre Wirkung in der Gewerbesteuer, Ubg 2013, S. 299.

Steinhauff, Dieter: Zuständigkeit für eine abweichende Festsetzung des GewSt-Messbetrags unter dem Sanierungserlass nach der Neufassung von § 184 Abs. 2 S. 1 AO, AO-StB 2015, S. 249.

Strahl, Martin: Kapitaleinkünfte bei Kapitalgesellschaften, Stbg 2010, S. 152.

Streck, Michael: Körperschaftsteuergesetz, 8., völlig neubearbeitete Auflage, München 2014.

Ströfer, Joachim: Unternehmenssanierungs und Steuerrecht, StuW 1982, S. 231.

Strüber, Malte/ **Donat,** Christoph von: Die ertragsteuerliche Freistellung von. Sanierungsgewinnen durch das BMF-Schreiben vom 27.3.2003, BB 2003, S. 2036.

Taplan, Matthias/ **Baumgartner,** Gerald/ **Baumgartner,** Egid: Die Rangrücktrittsvereinbarung im Insolvenz- und Steuerrecht, GmbHR 2015, S. 347.

Tauser, Kian: Ertragsteuerliche Aspekte von Rangrücktritten in Akquisitionen und Sanierungen – zugleich Anmerkungen zu dem BFH-Urteil v. 15.4.2015 – I R 44/14, FR 2015, 995, FR 2015, S. 976.

Theiselmann, Rüdiger: Debt Equity Swaps als Instrument zur finanziellen Restrukturierung, GmbH-StB 2013, S. 150.

Thiele, Frank: Steuerliche Folgen von Sanierungsschritten innerhalb und außerhalb der Insolvenz – Teil 1, ZInsO 2014, S. 325.

Thouet, Philipp: Der Sanierungserlass des BMF – (k)eine Rechtswohltat contra legem, ZInsO 2008, S. 664.

Tipke, Klaus/ **Kruse,** Heinrich Wilhelm: Abgabenordnung, Köln.

Tipke, Klaus/ **Lang,** Joachim: Steuerrecht, 22., neu bearbeitete Auflage, Köln 2015.

Toth-Feher, Geza M./ **Schick,** Olaf: Distressed Opportunities – Rechtliche Probleme beim Erwerb notleidender Forderungen von Banken, ZIP 2004, S. 491.

Töben, Thomas: Eilvorlage: Praktikables Krisensteuerrecht dringender denn je – Ein Appell an Gesetzgeber und Verwaltung, FR 2010, S. 249.

Töben, Thomas/ **Lohbeck,** Allit/ **Specker,** Gerhard: Rettungsmaßnahmen auf der Schuldenseite zur Überwindung der Krise, NWB 2009, S. 1484.

Tschersich, Stephanie: Ertragsbesteuerung der Unternehmenssanierung, Dissertation, Köln 2014.

Uhländer, Christoph: Erlass der Einkommensteuer auf den Sanierungsgewinn, ZInsO 2005, S. 76.

Uhlenbruck, Wilhelm/ **Hirte,** Heribert/ **Vallender,** Heinz: Insolvenzordnung, 13., völlig neu bearbeitete Auflage, München 2010.

Ulmer, Peter/ **Habersack,** Mathias/ **Winter,** Martin: GmbHG, Tübingen 2008.

Undritz, Sven-Holger: Restrukturierung in der Insolvenz, ZGR 2010, S. 201.

Urbahns, Rüdiger: Zur Bewertung verdeckter Einlagen beim Forderungsverzicht im Konzern, DStZ 2005, S. 148.

Vogel, Jochen/ **Schlüter,** Jörg: GewSt auf den Sanierungsgewinn, DB 2015, S. 344.

Vogt, Gabriele: Steuerliche Behandlung des Verzichts auf eigenkapitalersetzende Darlehen, DStR 2001, S. 1881.

Vögeli, Ansgar: Sanierungsgewinn – Gewinn oder Grund erneuter Insolvenz?, ZInsO 2000, S. 144.

Wagner, Thomas: Die Besteuerung von Sanierungsgewinnen ist sachlich unbillig, wenn die korrespondierenden Aufwandsposten keine Beachtung finden, BB 2008, S. 2671.

–: Steuerstundung und Steuererlass geboten, BB 2010, S. 2612.

Wälzholz, Eckhard: Vertragsgestaltung bei Rangrücktritt und Forderungsverzicht, GmbH-StB 2006, S. 76.

–: Mehr Sicherheit beim Rangrücktritt – Gestaltungspraxis nach der BGH-Entscheidung v. 5.3.2015 (IX ZR 133/14) und der BFH-Entscheidung v. 15.4.2015. (I R 44/14), GmbH-StB 2015, S. 259.

Weber, Jens/ **Schneider,** Petra: Die nach dem Gesetz zur weiteren Erleichterung der Sanierung von Unternehmen (ESUG) vorgesehene Umwandlung von Forderungen in Anteils- bzw. Mitgliedschaftsrechte (Debt-Equity-Swap), ZInsO 2012, S. 374.

Weber, Klaus: Auswirkungen eines steuerfreien Sanierungsgewinns bei Kommanditisten mit negativem Kapitalkonto, DStZ 1994, S. 129.

Weber-Grellet, Heinrich: Schmidt, Einkommensteuergesetz, 34., völlig neubearbeitete Auflage, München 2015.

Wedelstädt, Alexander von: Die Änderungen der Abgabenordnung durch das Jahressteuergesetz 2008, DB 2007, S. 2558.

Wehner, André: Der Sanierungserlass des BMF vom 27.3.2003 – Ein Verstoß gegen EU-Beihilferecht?, NZI 2012, S. 537.

de **Weerth**, Jan: Sanierungsklausel, Sanierungserlass und andere Steuererleichterungen im Fokus des EU-Behilferechts, DStR 2014, S. 2485.

Westpfahl, Lars/ **Janjuah,** Riaz K.: Zur Modernisierung des deutschen Sanierungsrechts, ZIP 2008, Beilage zu Heft 3, S. 1.

Wiese, Götz/ **Lukas,** Philipp: Sanierungsgewinne und Gewerbesteuer – Zuständigkeit der Finanzämter für Billigkeitsmaßnahmen nach § 184 AO idF ZKAnpG, DStR 2015, S.1222.

Wiese, Götz Tobias/ **Schmid,** Hubert: Steuerliche Behandlung von Verlusten aus Gesellschafterdarlehen und –bürgschaften, GmbHR 1999, S. 698.

Willemsen, Reinhard/ **Rechel,** Janine: Die Reform des Insolvenzplanverfahrens – Ein Zwischenstandsbericht: Anmerkungen zu den vorgeschlagenen Änderungen, BB 2010, S. 2059.

Wimmer, Klaus: Frankfurter Kommentar zur Insolvenzordnung, 7., neu bearbeitete Auflage, Köln 2013.

Winkeljohann, Norbert/ **Fuhrmann,** Sven: SEStEG: Einlagekonto, Körperschaftsteuer-Guthaben und Nachversteuerung von EK 02-Beträgen auf dem Weg nach Europa, DB 2006, S. 1862.

Winnefeld, Robert: Bilanz-Handbuch, 5. vollständig überarbeitete und erweiterte Auflage, München 2015.

–: Die Ausweitung des steuerfreien Sanierungsgewinns gem. § 3 Nr. 66 EStG, DB 1991, S. 2208.

Wirsch, Stefan A.: Debt Equity Swap und Risiko der Insolvenzanfechtung, NZG 2010, S. 1131.

Wittinger, Michaela/ **Wendt,** Rudolf/ **Ress,** Georg: Zur Steuerfreiheit von Sanierungsgewinnen, in: Verfassung – Völkerrecht – Kulturgüterschutz – Festschrift für Wilfried Fiedler zum 70. Geburtstag, 2011, S. 823.

Forum Unternehmens-, Steuer- und Bilanzrecht
Deutsche, europäische und internationale Rechtsfragen
Herausgegeben von Oliver Fehrenbacher / Michael Stöber

Band 1 Patrick Hoor: Verdeckte Gewinnausschüttung und freigebige Zuwendung einer GmbH. 2016.

Band 2 Stephan Kappes: Ertragsteuerliche Behandlung von Sanierungsgewinnen. 2016.

www.peterlang.com

www.ingramcontent.com/pod-product-compliance
Ingram Content Group UK Ltd.
Pitfield, Milton Keynes, MK11 3LW, UK
UKHW021841290926
8980IPUK00005B/571

9 783631 672372